L'ENCYCLOPÉDIE DES MÉTIERS

SOMMAIRE

CRÉATION - DESIGN 161

CULTURE - PATRIMOINE 173

DISTRIBUTION 185

SOCIAL 445

SPORT 459

TOURISME 471

TRANSPORT ET LOGISTIQUE 481

INTRODUCTION

LES MÉTIERS D'AVENIR

En s'appuyant sur les évolutions actuelles, il semble beaucoup plus facile de faire des prévisions en matière de secteurs que de métiers. Dans l'absolu, tous les secteurs embauchent et continueront d'embaucher, ne serait-ce que pour équilibrer les départs à la retraite et autres vacations. Mais ce qui nous intéresse plus particulièrement ici, ce sont les secteurs au sein desquels on peut observer des créations de postes, c'est-à-dire ceux qui connaissent une expansion durable et continue.

À partir des tendances aujourd'hui constatées et en intégrant le développement futur de certains besoins, on peut établir que les débouchés de demain seront assurés par les secteurs du commerce, de l'éducation et de la formation, de la santé et de l'aide aux personnes, de la culture, de l'environnement, de la sécurité et du gardiennage, de l'informatique et des hautes technologies.

Les services

L'explosion du secteur des services ne représente pas une nouveauté en soi, mais ce phénomène, déjà bien avancé dans tous les pays industrialisés, n'est pas près de s'essouffler. Commerce, assurances, finance, santé, transports, formation, éducation, loisirs... : le secteur tertiaire est vaste et très diversifié. Et pour cause de concurrence, cette profusion et cette variété vont perdurer et se développer en favorisant notamment la création de nouvelles activités. Souple et ouvert à l'innovation (car très concurrentiel), ce secteur s'adresse à deux publics très demandeurs : les entreprises d'une part et les particuliers de l'autre, lesquels sont de gros consommateurs de services.

Du côté des entreprises, les plus fortes demandes concernent les services de nettoyage industriel, de conseil et d'assistance (études de marché, analyses, assistance juridique, services externes tels que le secrétariat, le téléphone, etc.) et de maintenance (la panne est devenue une véritable hantise...). En termes de création d'emplois, la progression des services aux entreprises apparaît deux fois plus importante que celle des services aux particuliers.

Du côté des particuliers, les loisirs et les transports, la santé et le cadre de vie (sécurité, environnement, médiation, aide familiale, etc.) sont les grands créneaux porteurs et créateurs d'emplois à l'avenir. Après avoir cherché à remplacer les hommes par les machines dans tous les domaines, on constate que l'amélioration de la qualité de la vie passe par la satisfaction d'une demande croissante en contacts humains. Aujourd'hui déjà, on assiste à une explosion des services aux particuliers, et notamment de tout ce qui touche aux aides à domicile, sans oublier le développement prodigieux des activités liées à l'enlèvement et au traitement des déchets (aussi bien pour les entreprises que les particuliers), ainsi qu'aux secteurs des assurances et de la finance.

Les services aux particuliers

Pour gagner du temps, pour se libérer de certaines contraintes et pour réussir à gérer les situations difficiles, les ménages (du célibataire à la famille nombreuse) sont de plus en plus demandeurs d'aides extérieures. Ces services aux particuliers prennent de multiples formes : assistants maternels, aide familiale, services à domicile, gardiennage, mais aussi conseil et information (tous domaines), aide psychologique et de plus en plus assistance aux personnes âgées, etc. Le secteur associatif déjà très impliqué dans le domaine, continuera à prendre le relais là où le secteur marchand et les institutions seront défaillants.

Le développement durable

Développement durable et environnement sont aujourd'hui incontournables. L'État et les entreprises privées investissent des milliers d'euros dans la prévention de notre environnement et de nouveaux métiers sont apparus. À ce titre, les secteurs des énergies renouvelables, de l'écoconstruction et du recyclage des déchets sont dynamiques en termes de recrutement. Ainsi, la filière électrique devrait créer, à l'horizon 2030, plus de 200 000 emplois, dont 80 000 dédiés à la rénovation énergétique des bâtiments et 30 à 60 000 aux énergies renouvelables.

La grande distribution

La grande distribution est l'un des secteurs français les plus dynamiques, avec un chiffre d'affaires avoisinant les 190 milliards d'euros (soit 8 % du PIB de la France), 660 000 emplois directs (dont 89 % en CDI) et quelque 44 000 points de vente. Les consommateurs ayant modifié leur manière de consommer, la fréquentation des hypermarchés diminue. Une baisse qui profite notamment au e-commerce. Le secteur poursuit sa progression et représente désormais 9 % du chiffre d'affaires du commerce de détail en France.

L'information et la communication

La communication est le moyen de transmettre des informations. Or la disponibilité et la diversité des informations, ainsi que la technicité et la fiabilité des moyens de communication, profitent largement du développement des sciences et des technologies. Pour une efficacité améliorée, les outils de communication sont de plus en plus individuels et la sélection des informations personnalisée. Autres tendances actuelles : l'interactivité et l'immédiateté des échanges.

Le secteur du numérique représentait plus de 538 000 emplois pour un chiffre d'affaires de 30,1 milliards en 2020. Selon Numeum, l'organisation professionnelle de l'écosystème numérique qui regroupe plus de 2 500 ESN (Entreprises de Services du Numérique), éditeurs de logiciels et plateformes et sociétés d'ingénierie et de conseil en technologies (née de la fusion entre le Syntec Numérique et TECH IN France), 230 000 recrutements sont prévus d'ici 2027 !

Le secteur commercial

On compte actuellement quelque 710 000 commerciaux en France (soit 2,5 % de la population active). D'après une étude du cabinet Michael Page, en 2021, les profils les plus recherchés sont les ingénieurs commerciaux ou business developers, les responsables grands comptes, les chefs des ventes. Selon le cabinet Uptoo spécialisé dans le recrutement de commerciaux, les entreprises vont avoir de forts besoins en 2023 pour rattraper le ralentissement des recrutements engendré par la crise sanitaire de 2020. Certains profils commerciaux sont déjà en pénurie.

La santé

La santé semble depuis quelque temps déjà revenue au centre des préoccupations et elle le restera encore longtemps. La condition physique (forme, longévité), avec des dimensions morales (dynamisme, sociabilité) et mentales (capacités intellectuelles), occupe les esprits de façon croissante.
Et la crise sanitaire liée à l'épidémie de Covid-19 n'a pas mis à l'arrêt les recrutements dans le secteur. Bien au contraire, les professionnels de santé n'ont jamais été autant sollicités.
Si les offres d'emploi ne tarissent pas, les candidats manquent, en revanche, cruellement à l'appel. Un phénomène qui ne date pourtant pas d'hier.

Depuis plusieurs années, le secteur des métiers de la santé recrute sous l'effet conjugué de deux facteurs démographiques : celui du vieillissement de la population et son accroissement naturel et celui du renouvellement des professionnels de la santé (à cause des départs à la retraite massifs depuis une décennie).

L'HÔTELLERIE-RESTAURATION

Si le secteur de l'hébergement et de la restauration a été impacté par les mesures prises, en France, pour lutter contre l'épidémie de Covid-19, le secteur reste porteur et recruteur de profils très variés. Chaque année, des centaines de milliers d'emploi y sont à pourvoir. Comme le montre la dernière enquête annuelle « Besoins en main d'œuvre » (BMO) 2022 du Pôle emploi. Le secteur de l'hébergement-restauration annonçait 360 610 projets de recrutement en France en 2022.

Crise ou non, l'hôtellerie se renouvelle sans cesse : hôtellerie éthique et éco-responsable, hôtellerie d'affaires, auberges de jeunesse... L'industrie hôtelière présentera de nouvelles opportunités dans les années à venir pour répondre à de nouvelles aspirations au voyage, à l'expérience, à la découverte... De son côté, la restauration poursuit son développement dans la « food tech », avec notamment la hausse des réservations en ligne, des livraisons et du click & collect.

La culture

Selon le SNJV (Syndicat national du jeu vidéo), le jeu vidéo est la première industrie culturelle innovante et créative en France. Le secteur produit chaque année plus de 1 200 nouveaux jeux. L'industrie vidéoludique profite même de la crise sanitaire liée à l'épidémie de Covid-19. D'après le SELL (Syndicat des éditeurs de logiciels de loisirs), son chiffre d'affaires atteint 5,6 milliards d'euros en 2021 (+ 1,6 % par rapport à 2020).

Côté édition, en 2022, les Français ont acheté 364 millions de livres neufs imprimés générant un chiffre d'affaire de 4,3 milliards d'euros (en recul de 2% vs 2021).

La fonction publique

La fonction publique recrute malgré la volonté du gouvernement de faire des économies sur les fonds publics. Le rapport des chiffres clés 2022 du ministère de la Fonction publique montre que les chiffres sont stables pour les trois fonctions publiques : État, territoriale, hospitalière. Fin 2020, 5,66 millions de salariés y travaillent, soit +0,3 % par rapport à 2019.

Le top 10 des entreprises qui ont le plus recruté en 2022

	Sociétés	Secteur	Recrutements 2022
1	**LVMH**	Industrie du luxe	16700
2	**SNCF**	Transport, logistique	16000
3	**Vinci**	Travaux publics, construction	12000
4	**Capgemini**	Conseil en innovation et ingénierie	9400
5	**Bouygues (groupe)**	Construction, télécoms	9000
6	**Saint-Gobain**	Travaux publics, construction	5500
7	**Engie**	Énergie	5450
8	**Eiffage**	Construction, bâtiment, travaux publics	5000
9	**La Poste (Groupe)**	Transport, logistique, banque	4500
10	**Alten**	Conseil en innovation et ingénierie	4000

Source : enquête et infographie *L'Usine nouvelle*, janvier 2022.

LEXIQUE DES FORMATIONS

Au fil de cet ouvrage, vous trouverez les sigles des différents diplômes du système éducatif français. Afin de vous éclairer sur le niveau et l'accès à ces formations, nous vous proposons un lexique des formations.

• **Bac général :** le Baccalauréat général se suit en un an après une classe de première générale. Ce Bac permet une poursuite d'études dans le supérieur (universités, classes préparatoires aux grandes écoles, BUT, BTS, écoles spécialisées). Depuis 2021, il n'y a plus de série en voie générale mais des parcours choisis par chaque lycéen en fonction de ses goûts et de ses ambitions.

• **Bac pro :** le Baccalauréat professionnel se prépare en trois ans après la troisième. Il atteste l'aptitude à exercer une activité professionnelle hautement qualifiée dans l'une de ses 80 spécialités (aéronautique ; commerce ; fonderie ; hygiène, propreté et stérilisation ; logistique ; métiers de la mode – vêtements ; métiers du cuir ; optique lunetterie ; services de proximité et vie locale ; technicien d'usinage ; travaux publics ; vente, etc.). Les lycéens suivent une seconde, une première et une terminale professionnelles. Si l'insertion professionnelle reste l'objectif prioritaire des élèves de Baccalauréat professionnel, la poursuite d'études en BTS tend à se développer.

• **Bac techno :** on compte huit Baccalauréats technologiques que l'on peut suivre en un an après une première technologique. Les huit bacs technos sont : STMG (sciences et technologies du management et de la gestion), STI2D (sciences et technologies de l'industrie et du développement durable), STD2A (sciences et technologies du design et des arts appliqués), STL (sciences et technologies de laboratoire), ST2S (sciences et technologies de la santé et du social), STAV (sciences et technologies de l'agronomie et du vivant), S2TMD (sciences et techniques du théâtre, de la musique et de la danse) et STHR (sciences et technologies de l'hôtellerie et de la restauration). Le Bac techno permet une poursuite d'études dans le Supérieur (universités, classes préparatoires aux grandes écoles, BUT, BTS, écoles spécialisées).

• **BEP :** le brevet d'études professionnelles est un diplôme intermédiaire intégré au parcours professionnel mais n'est pas obligatoire pour obtenir le Bac professionnel. Quand le BEP relève du domaine agricole, on parle de BEPA. Attention : le BEP devient un diplôme intermédiaire dans l'obtention du bac profesionnel.
Seuls 4 BEP restent en place et seront progressivement réformés :
- BEP optique lunetterie,
- BEP conduite et services dans le transport routier,
- BEP carrières sanitaires et sociales,
- BEP métiers de la restauration et de l'hôtellerie.

• **BMA :** le brevet des métiers d'art est un diplôme de même niveau que le Bac.

• **BP :** le brevet professionnel se prépare en deux ans par la voie de l'apprentissage après un CAP ou un BEP.

• **BTS :** le brevet de technicien supérieur nécessite deux années d'études après le Bac dans une STS (section de techniciens supérieurs). Le BTSA (Brevet de technicien supérieur agricole), quant à lui, est l'homologue du BTS dans le secteur agricole.

• **CAP :** le certificat d'aptitude professionnelle se prépare en deux ans après la troisième dans un lycée professionnel, il peut être suivi au sein d'un CFA (centre de formation des apprentis) par la voie de l'apprentissage. Le CAPA (Certificat d'aptitude professionnelle agricole) se réalise dans les mêmes conditions que le CAP.

• **DEUST :** le diplôme d'études universitaires scientifiques et techniques est un diplôme de niveau Bac+2, ouvert aux bacheliers. Créé en partenariat avec la région dont il dépend géographiquement, il répond à une demande concrète en termes de formation. À noter : Il existe de moins en moins de DEUST.

• **DMA :** le diplôme des métiers d'art, de niveau Bac+2, nécessite deux ans d'études après le Bac technologique STI arts appliqués ou un BMA. Il est progressivement remplacé par le DN MADE (diplôme national des métiers d'art et du design).

• **DN MADE :** créé à la rentrée 2018, le diplôme national des métiers d'art et du design (DN MADE), de niveau Bac+3, confère le grade de Licence. Il permet de poursuivre des études dans l'enseignement supérieur en Master ou en diplôme supérieur des arts appliqués (DSAA).
Cette formation remplace la mise à niveau en arts appliqués (MANAA), le diplôme des métiers d'art (DMA) et les BTS de design, qui ont disparu.

• **Doctorat :** il correspond aux trois ans de préparation de la thèse, il se prépare après l'obtention d'un Master. De niveau Bac+8, il sanctionne la réalisation de travaux de recherche originaux et de haut niveau.

• **DU :** le diplôme universitaire propose généralement une formation dans un domaine très précis pour lequel il n'existe pas en France de diplôme national. Il se prépare en un an. Il existe à tous les niveaux de l'enseignement supérieur.

• **BUT :** le Bachelor Universitaire de Technologie est le nouveau nom du DUT (Diplôme Universitaire de Technologie). Toujours dispensé dans les IUT (Instituts universitaires de technologie), ce diplôme requiert désormais trois ans d'études après le Bac (contre deux ans auparavant). Le BUT n'est pas forcément adapté pour des poursuites d'études, mais parfois cela est possible.

• **Licence :** elle est accessible après le Bac. Son cycle est de trois ans (L1, L2, L3). La spécialisation est progressive pour permettre soit le choix d'une Licence professionnelle en fin de deuxième année, soit la poursuite d'études vers un Master universitaire ou des écoles spécialisées..

• **Licence professionnelle :** elle accueille des publics divers issus aussi bien des formations générales (L2) que des formations professionnalisées (BTS, BUT) ou en formation continue. D'une durée d'un an, elle comporte un stage de douze à seize semaines ainsi qu'un projet tutoré. Elle confère un niveau Bac+3. Depuis la réforme du DUT qui est le devenu le BUT, les Licences professionnelles ont elles aussi évoluées. Elles peuvent exister en 3 ans après le Bac, 2 ans après un Bac+1 ou en un 1 an après un Bac+2.

• **Masters :** ils sont accessibles avec une Licence et ont une durée de deux ans (M1, M2). Le Master est un diplôme de niveau Bac+5.

• **MC :** la mention complémentaire se prépare dans un lycée professionnel, en un an après certains CAP, BEP ou Bacs pro, voire après un Bac techno ou un Bac général. Elle peut se préparer par la voie de l'apprentissage.

ET QUELQUES AUTRES...

BM : brevet de maîtrise
BT : brevet de technicien
BTM : brevet technique des métiers
DE : diplôme d'État
DT : diplôme de technicien
MBA : *Master of Business Administration*
Miage : maîtrise de méthodes informatiques appliquées à la gestion des entreprises

ADMINISTRATIF
SECRÉTARIAT

À NOTER

Les salaires sont donnés à titre indicatif et exprimés en salaires bruts mensuels.
Pour connaître la signification des différents sigles que vous rencontrerez dans les fiches métiers, reportez-vous au lexique des formations (voir page 27), ainsi qu'aux listes en fin d'ouvrage (pages 544-546).

ADJOINT ADMINISTRATIF DE L'ÉDUCATION NATIONALE ET DE L'ENSEIGNEMENT SUPÉRIEUR

Ses missions

Il exerce des tâches administratives d'exécution comportant la connaissance et l'application de règlements administratifs. Il a vocation à exercer au sein de l'administration centrale, dans les services déconcentrés (rectorats d'académie) et dans les établissements d'enseignement. Il peut assurer des fonctions de secrétariat ou de gestion dans un collège, un lycée ou un établissement d'enseignement supérieur, comme dans une structure administrative du ministère de l'Éducation nationale, du ministère de l'Enseignement supérieur et de la Recherche ou du ministère des Sports.

Sa formation

Concours déconcentré (organisés par les rectorats pour des postes en académie) sans condition de diplôme ou d'âge.

Sa rémunération

À partir de 1 541 euros en début de carrière, au 1er échelon (hors primes et indemnités).

ATTACHÉ D'ADMINISTRATION DE L'ÉTAT AU MINISTÈRE DE L'ÉDUCATION NATIONALE ET DE L'ENSEIGNEMENT SUPÉRIEUR (ADAENES)

Ses missions

Lorsqu'il est affecté dans des établissements scolaires et universitaires, il contribue à l'éducation et à la formation des élèves ou des étudiants. Dans les services centraux ou déconcentrés et dans les établissements publics autres que d'enseignement, il participe à l'élaboration et à la mise en œuvre de la politique publique d'éducation. Il est chargé de fonctions de conception, d'expertise, de gestion et de pilotage d'unités administratives. Il peut être appelé à remplir les fonctions d'ordonnateur secondaire et se voir confier la gestion matérielle et financière d'un établissement.

Sa formation

Les candidats ont accès au corps des attachés d'administration par concours. Le concours d'attaché externe est organisé par les IRA (instituts régionaux d'administration) et est ouvert aux fonctionnaires et agents publics justifiant d'au moins quatre ans de services publics au 1er janvier de l'année au titre de laquelle le concours est organisé.

Rémunération

Entre 1 827 et 3153 euros, pour un attaché d'administration de l'État de classe normale.

CHARGÉ D'ACCUEIL

Ses missions

Le chargé d'accueil est la première image d'un établissement, d'une entreprise, d'une banque, d'un magasin ou d'une administration. Il est en effet le premier interlocuteur du client ou du visiteur. Son rôle consiste à l'accueillir et à répondre au mieux à toutes ses demandes. Dans le cas d'un accueil téléphonique, le but reste le même : satisfaire l'interlocuteur en transmettant la communication à la bonne personne ou en prenant un message. Ce poste clé peut impliquer des missions annexes telles que la distribution du courrier, la commande d'un coursier, la préparation de salles de réunion...

Sa formation

Bac pro métiers de l'accueil ; Bac pro métiers du commerce et de la vente ; Bac pro gestion-administration ; Bac pro services aux personnes et aux territoires ; MC accueil dans les transports ou MC accueil-réception. Au niveau Bac+2 : BTS tourisme.

Rémunération

À partir du Smic.

SECRÉTAIRE

Ses missions

Selon le service où elle travaille (la profession est largement féminine), ses compétences varient. Cependant, ses activités consistent la plupart du temps à la saisie sur ordinateur, au classement des dossiers, aux contacts téléphoniques, aux prises de rendez-vous... Elle doit donc maîtriser les logiciels de traitement de texte et les tableurs, l'utilisation de la télécopie et d'internet. Elle se charge bien souvent, dans les petites structures, de l'accueil des personnes, de la frappe du courrier, de l'organisation des réunions ou de la tenue de l'agenda de son supérieur.

Interface entre le service et l'extérieur, elle joue un rôle de coordination et d'organisation au sein de l'équipe. Elle doit faire preuve d'une compréhension fine des activités de l'entreprise, de ses partenaires, d'explications techniques sommaires et savoir détecter certains dysfonctionnements du service.

Sa formation

Bac pro gestion-administration ou Bac pro Secrétariat ; BTS gestion de la PME ; BTS support à l'action managériale ; BUT gestion administrative et commerciale des organisations ; Licence pro e-commerce et marketing numérique ; Licence pro métiers du marketing opérationnel...

Rémunération

À partir de 1 800 euros bruts par mois.

SECRÉTAIRE ADMINISTRATIF DE L'ÉDUCATION NATIONALE ET DE L'ENSEIGNEMENT SUPÉRIEUR (SAENES)

Ses missions

Un secrétaire administratif est chargé de tâches administratives d'application. Il participe à la mise en œuvre des textes de portée générale et exerce des tâches administratives de gestion dans les domaines des ressources humaines, logistiques, financiers ou comptables. Il peut se voir confier des tâches de rédaction et être chargé de l'animation d'une équipe. Il peut également assurer des fonctions d'assistant de direction.

Sa formation

Concours niveau Bac.

Rémunération

De 1 607 à 2 357 euros (classe normale).

SECRÉTAIRE-ASSISTANTE DE DIRECTION

Ses missions

Se charger des tâches en amont pour éviter à son responsable d'être envahi par des questions secondaires : tel est le *credo* de la secrétaire-assistante de direction. Elle réalise les missions les plus classiques comme les plus variées : maîtrise des outils informatiques, tâches d'organisation et de coordination, traitement et exploitation de l'information, organisation de rendez-vous, gestion des affaires, encadrement, voire formation, d'une équipe... Elle est surtout en contact permanent avec un ou plusieurs responsables qu'elle assiste.

Sa formation

BTS support à l'action managériale, complété par une formation juridique ; BTS gestion de la PME ; BUT carrières juridiques ; Licence professionnelle activités juridiques : assistant juridique.

Rémunération

De 1 800 à 2 300 euros environ, selon l'expérience et le niveau de qualification.

SECRÉTAIRE-ASSISTANTE JURIDIQUE

Ses missions

Secrétaire spécialisée, elle assiste avocats, avoués, huissiers, notaires. Elle peut également être la collaboratrice des services juridiques d'entreprises. Les grandes entreprises apprécient leur bonne connaissance du fonctionnement des juridictions, des procédures existantes et du vocabulaire spécifique au secteur. Elle assure bien entendu les tâches traditionnelles du secrétariat (accueil, saisie, gestion d'agenda, préparation et classement des dossiers, standard...). Dans certaines structures, elle peut être cantonnée à de la dactylographie mais la plupart du temps elle peut aussi organiser des réunions, y assister et en faire le compte rendu. De ce fait, elle doit être douée d'une bonne expression orale et écrite et maîtriser les outils bureautiques. La pratique d'une ou deux langues étrangères est le plus souvent nécessaire pour la transcription de documents sur des règlements internationaux.

Sa formation

BTS support à l'action managériale, complété par une formation juridique; BUT carrières juridiques; Licence professionnelle activités juridiques: assistant juridique.

Rémunération

En moyenne, 1 800 euros. Son salaire varie en fonction de l'expérience et de la qualification.

POUR EN SAVOIR PLUS

Un ouvrage paru aux éditions Studyrama: *Le guide des concours de la fonction publique*, collection « Guides J ».

Le site internet http://assistanteplus.fr, premier site d'emploi pour les secrétaires et assistant(e) s: vous y trouverez des offres d'emploi, des fiches pratiques, etc.

AÉRONAUTIQUE

AGENTS COMMERCIAUX

Sous le terme d'agents commerciaux, on regroupe les professions suivantes : agent de réservation, agent de comptoir ou agent de vente, et agent d'escale. Tous sont salariés de l'aéroport ou d'une compagnie aérienne. Ils ont en commun des horaires souvent très décalés ainsi que des conditions de travail fatigantes. Pour tous les métiers liés aux fonctions commerciales, il faut être titulaire d'un BTS tourisme ou d'une Licence en langues. À ces postes en relation avec le public et les clients, les salariés incarnent l'image de la compagnie aérienne. Une excellente présentation et la pratique courante de l'anglais constituent donc un minimum pour être embauché.

Agent de réservation : il est le premier interlocuteur du passager ou de l'agence de voyages dont il traite les appels téléphoniques. À l'écoute des besoins et des envies de son client, il cherche avec lui les moyens de le satisfaire et peut lui proposer des services complémentaires (location de voiture, chambre d'hôtel, etc.). Il travaille au service de vente des compagnies aériennes.

Agent de comptoir ou agent de vente : il remplit plus ou moins les mêmes fonctions que l'agent de réservation mais directement face au client, au comptoir de vente. Il peut travailler dans un aéroport ou au sein de l'une des agences des compagnies aériennes dans les grandes villes.

Agent d'escale : il apporte aux passagers toute l'assistance dont ils peuvent avoir besoin (accompagnement des jeunes enfants, des personnes âgées ou des personnes handicapées, par exemple). Il doit être efficace, souriant et aimer le contact. Ses horaires dépendent totalement de l'intensité du trafic.

Agent de fret : comme son nom l'indique, cet agent s'occupe des bagages et des colis. Il calcule les coûts d'acheminement, vérifie les documents officiels liés à l'exportation ou à l'importation du fret. Il peut également être amené à gérer les capacités, les délais de livraison, etc.

Rémunération

Le salaire d'un débutant se situe entre 1 600 et 2 500 euros, auxquels il faut ajouter les indemnités liées aux horaires décalés, qui peuvent doubler le salaire initial. Autre avantage : chez certains employeurs, le personnel commercial bénéficie de billets d'avion à tarif préférentiel...

ASTRONAUTE

Ses missions

Qu'on le nomme astronaute (aux États-Unis et en Europe), cosmonaute (en Russie) ou taïkonaute (en Chine), sa mission consiste à voyager dans l'espace (ou dans le cosmos) à bord d'un vaisseau spatial. Pour cela, il devra posséder une formation d'ingénieur, de pilote ou devra être un scientifique expérimenté car astronaute n'est pas un métier à part entière. En effet, avant et après son vol (encore que la plupart des astronautes ne voleront jamais), l'astronaute se consacre à des activités de toutes sortes au sein de l'ESA (*European Space Agency*).

Sa formation

Il n'existe pas de formation à proprement parler. Mais pour espérer être recruté par l'ESA, qui recherche avant tout des spécialistes capables de recueillir et d'analyser des données, un Master ou un Doctorat en sciences (physique, chimie, mathématiques, biologie, ingénierie ou médecine) est le minimum requis. Les candidats ayant une expérience en tant que pilote civil ou militaire sont également avantagés (à condition d'avoir au moins 1 000 heures de vol à son actif).
La pratique de l'anglais (voire du russe) est également obligatoire.

Rémunération

Selon la grille des Organisations coordonnées, un spationaute européen de l'ESA (*European Space Agency*) débutant gagne environ 7 000 € bruts mensuels. Après quelques années d'expérience et/ou un vol dans l'espace, il peut compter environ 9 200 € bruts mensuels.

CONTRÔLEUR AÉRIEN/AIGUILLEUR DU CIEL

Ses missions

Le contrôleur ou l'aiguilleur du ciel a pour mission d'aider le pilote à trouver la meilleure route possible pour son vol et ce en fonction de la météorologie, l'intensité du trafic, les caractéristiques techniques de l'avion… Pour cela, il communique par radio avec le pilote : en français, quand il s'agit d'un pilote francophone et en anglais, pour tous les autres. Il doit savoir anticiper sur les conflits potentiels (deux avions se dirigeant l'un vers l'autre, par exemple) pour les résoudre. Il gère également le trafic au-dessus des aéroports et, par conséquent, l'attente de chacun des avions qui patientent en l'air avant d'atterrir.

Sa formation

Dans le secteur civil, une seule voie possible : la formation dispensée sous contrôle de la DGAC (Direction générale de l'aviation civile) par l'École nationale de l'aviation civile (ENAC). Le recrutement se fait sur concours ouvert aux titulaires d'un Bac+2 à dominante scientifique.

Rémunération
Un contrôleur aérien gagne environ 4900 euros bruts, en début de carrière, dans l'aviation civile.

HÔTESSE DE L'AIR/STEWARD

Les hôtesses de l'air et les stewards sont désignés sous l'appellation PNC (personnel navigant commercial).

Leurs missions
Ils doivent assurer l'accueil et le bien-être des passagers. Ainsi, ils servent les passagers au moment des repas, leur apportent à la demande journaux, oreillers, couvertures, etc. Outre ces fonctions purement commerciales (auxquelles il faut ajouter sur les grandes lignes la vente de parfums, cigarettes et autres), ils sont, en cabine, le relais du commandant de bord. Ils doivent être à l'écoute de la moindre anomalie et, en cas de problème, garder leur sang-froid, éviter l'affolement général et prendre les mesures qui s'imposent et, si nécessaire, effectuer les premiers soins.
Avant l'embarquement des passagers, ils contrôlent tous les équipements de la cabine, depuis les gilets de sauvetage aux éclairages en passant par les interphones qui leur permettent de communiquer d'un bout à l'autre de l'avion et avec la cabine de pilotage.
Tout comme les pilotes, les aspirants PNC doivent avoir une bonne condition physique et nerveuse. Ces critères sont d'ailleurs imposés aux compagnies aériennes par la DGAC (Direction générale de l'aviation civile).

Leur formation
Pour exercer, les candidats doivent impérativement détenir le CCA (*Cabin Crew Attestation*) délivré à l'issue d'une formation payante (2100 euros environ). Obligatoire, cette dernière est dispensée dans un organisme agréé par la Direction générale de l'aviation civile (liste disponible sur le site de la DGAC).

Rémunération
Entre 1600 et 2000 euros en début de carrière. Ce salaire est sujet à variations en fonction de l'expérience et de la compagnie. Il peut atteindre 3500 euros en fin de carrière.

INGÉNIEUR COMMERCIAL/INGÉNIEUR MARKETING

Leurs missions

Deux métiers proches mais néanmoins différents pour une même mission : vendre des avions. L'ingénieur marketing utilise ses compétences pour mettre au point le contenu des brochures qui vantent les qualités des aéronefs de son constructeur. Il travaille sur les supports papier ou Internet. Il assure également la présentation en conférence de la gamme d'avions dont il a la charge. Il est donc amené à se déplacer partout où se trouvent des clients potentiels. L'ingénieur commercial fait de la prospection de marchés et négocie avec les clients. Il se déplace beaucoup pour aller à la rencontre de ces derniers.

Ces deux métiers font donc appel à une double compétence : compétences commerciales d'une part (argumentation, négociation) et techniques d'autre part (pour vendre un avion, il semble en effet préférable de connaître son fonctionnement). Les avionneurs recrutent essentiellement à ces postes des ingénieurs en aéronautique qui connaissent leur sujet et sauront mettre en avant telle ou telle qualité technique de l'appareil. C'est une question d'efficacité et de crédibilité.

Parler anglais couramment et posséder de réelles aptitudes à la communication sont des préalables indispensables.

Leur formation

Diplôme d'ingénieur en aéronautique ou d'un Master en mécanique, électronique, énergétique ou structures et systèmes aéronautiques.

Rémunération

3 300 euros bruts en moyenne.

INGÉNIEUR DE RECHERCHE

Ses missions

Une formation d'ingénieur en aéronautique offre l'avantage de travailler dans des secteurs très variés (recherche, marketing, encadrement...) et dans des domaines technologiques très étendus (motorisation, aérodynamique, optronique...). L'ingénieur de recherche intervient en amont de la chaîne de réalisation d'un nouvel avion, contrairement à son collègue ingénieur commercial qui intervient en aval. Il participe à l'élaboration des avions de demain et travaille bien évidemment beaucoup avec l'informatique.

Rigueur, mais aussi créativité et aptitude à communiquer sont des qualités indispensables à la fonction d'ingénieur de recherche.

Sa formation
Les écoles d'ingénieurs en général.

Rémunération
À partir de 3 500 euros bruts en moyenne.

INGÉNIEUR DU CONTRÔLE DE LA NAVIGATION AÉRIENNE (ICNA)

Ses missions
Il est en charge de la sécurité et de la régulation du trafic aérien.

Sa formation
Concours de la fonction publique de niveau Bac+2. L'ENAC assure la formation pendant trois ans.

Rémunération
Dans la fonction publique d'État, les ICNA gagnent 1 818 euros bruts mensuels (hors primes) au 1er échelon de la classe normale et jusqu'à 4 531 euros bruts au dernier échelon (grade d'ingénieur en chef du contrôle de la navigation aérienne).

Bon à savoir: les élèves sont rémunérés dès leur entrée en formation. En 2022, la rémunération mensuelle brute d'un élève ICNA de première année est de 1 504 euros (hors primes).

INGÉNIEUR ÉLECTRONICIEN DES SYSTÈMES DE LA SÉCURITÉ AÉRIENNE (IESSA)

Ses missions
La mission de l'IESSA est d'installer et d'assurer l'évolution et la maintenance des systèmes liés à la sécurité de la navigation aérienne: radars, systèmes informatiques, systèmes d'atterrissage automatiques... Il peut également répondre à des fonctions d'encadrement et de formation dans les services qui utilisent ces matériels. Dans les services régionaux ou à l'administration centrale, on le retrouve à des postes de chargé d'études ou d'expérimentation.

Sa formation
Concours accessible aux titulaires d'un diplôme de niveau 5 (Bac+2) relevant des domaines des mathématiques, des sciences et des formations techniques.

Rémunération
Les élèves IESSA sont rémunérés dès leur entrée en formation. En première année, la rémunération brute mensuelle est de 1 556 euros. Elle s'élève à environ 1 950 euros en deuxième année et près de 2 400 euros en dernière année.

INGÉNIEUR ENAC (IENAC)

Ses missions
L'IENAC travaille dans quatre domaines d'intervention correspondant au choix d'option pris à l'ENAC : opérations aériennes et sécurité (OPS) ; systèmes informatiques du transport aérien (SITA) ; systèmes avioniques (AVI) ou télécommunications aéronautiques et spatiales (SAT). Il remplit des missions d'exploitation, d'études, de recherche ou d'enseignement (il peut également enseigner à l'ENAC).

Sa formation
Concours commun INP qui s'adresse principalement à des étudiants de 2e année de classe préparatoire scientifique, dans les filières MP, MPI, PC, PSI, TPC, PT et TSI.

Rémunération
Les IENAC gagnent environ 4 900 euros brut par mois en début de carrière.

MÉCANICIEN

Ses missions
Sa mission est double : elle consiste d'une part, à réparer et traquer la moindre panne et d'autre part, à assurer la maintenance des différentes pièces. Il a donc un rôle très important dans un domaine où le moindre dysfonctionnement en plein vol peut entraîner des conséquences dramatiques... Le mécanicien contrôle et répare les moteurs, les cellules et tous les équipements de l'avion avant et après le vol. Il travaille de manière autonome mais toujours au sein d'une équipe de spécialistes ; il est par ailleurs amené à dialoguer avec le personnel navigant.

Sa formation
CAP aéronautique (options avionique, structure ou systèmes) ; Bac pro aéronautique ; ou encore le BTS aéronautique et le BTS électrotechnique. Au niveau Bac+3 : le BUT GIM - génie industriel et maintenance spécialité aéronautique ou une Licence professionnelle métiers de l'industrie : industrie aéronautique.

Rémunération
Selon qu'il est titulaire d'un CAP, d'un Bac pro ou d'un BTS, un débutant gagne entre le Smic et 1 900 euros mensuels.

MONTEUR-CÂBLEUR

Ses missions

Un avion peut être comparé à un être humain : il est parcouru par un ensemble de liaisons câblées, qui, comme les nerfs chez l'homme, lui permettent de commander toutes les opérations nécessaires à son bon fonctionnement. C'est le câbleur qui s'occupe de l'installation de tous ces câblages. Cette profession compte plusieurs spécialisations, et suivant celle qu'il a choisie, le câbleur n'accomplira pas les mêmes tâches : le câbleur électricien réalisera des équipements électriques, le câbleur en microélectronique s'occupera de câbler entre eux des composants et des puces informatiques. Rigueur et sens de l'organisation apparaissent indispensables pour exercer cette profession où l'approximation n'a pas sa place. Il s'agit avant tout d'un métier manuel exigeant par conséquent une grande habileté.

Sa formation

Bac pro aéronautique option avionique ; Bac pro métiers de l'électricité et de ses environnements connectés ; Bac pro systèmes numériques option réseaux informatiques et systèmes communicants ou Bac pro option Métiers de l'électricité et de ses environnements connectés..

Rémunération

Environ 1 800 euros.

PERSONNEL D'ENCADREMENT

Ses missions

Le personnel d'encadrement a la charge d'organiser et de superviser le travail des mécaniciens. Il doit garder en permanence un œil sur les résultats d'exploitation pour mettre en place, le cas échéant, les mesures nécessaires destinées à améliorer la qualité des prestations fournies. Comme les mécaniciens qu'il encadre, le personnel d'encadrement peut travailler au service d'un grand aéroport, ou bien pour une compagnie ou une société de services. Rapidité, sens de l'organisation et résistante physique sont indispensables à l'exercice de la profession.

Sa formation

Les mécaniciens avec une grande expérience du métier constituent une partie des recrutements aux postes d'encadrement. Mais les titulaires d'un BTS aéronautique, d'une Licence professionnelle maintenance aéronautique ou d'une Licence pro métiers de l'industrie : industrie aéronautique, sont également très appréciés.

Rémunération

À partir de 2 000 euros.

PILOTE DE CHASSE

Ses missions

Par temps de guerre, aux commandes d'un Mirage ou d'un Rafale, il largue des bombes, tire des missiles et photographie le territoire ennemi. Moins éprouvant en temps de paix, son travail consiste à s'entraîner en permanence et intervient seulement quand un intrus survole la France. Il consulte au quotidien son planning afin d'élaborer son plan de vol à l'aide de cartes, données qu'il introduira ensuite, avant le décollage, sur une carte mémoire branchée sur l'ordinateur de bord. Une excellente vue, un bon rythme cardiaque et un self-control à toute épreuve sont indispensables pour devenir pilote de chasse, ainsi qu'une bonne résistance physique : dans les accélérations et les virages, son corps peut subir une pression cinq à six fois supérieure à son poids.

Sa formation

La formation est délivrée par l'École de l'air de Salon-de-Provence ; elle est rémunérée et s'effectue en trois ans. L'accès au métier est conditionné par la réussite aux examens spécifiques sur la base aérienne 705 de Tours, les résultats d'aptitude spécifique aux tests médicaux et la validation des acquis au cours de chaque phase de formation. La formation se termine avec l'obtention du brevet de pilote de chasse.

Rémunération

Un élève aviateur gagne 1 408 euros nets par mois, 1 761 € nets au grade d'aspirant au grade d'aspirant et jusqu'à 3 585 euros nets par mois, lorsqu'il obtient le grade de lieutenant.

PILOTE DE LIGNE

Ses missions

Le pilote doit, avant de s'installer dans son avion, vérifier la route qu'il va prendre et se renseigner sur la météo. Arrivé au pied de l'appareil, il en fait le tour pour vérifier que tout va bien, échanger des informations avec les mécaniciens et les techniciens présents, etc. Une fois dans l'avion, il contrôle le bon état de marche de toute l'instrumentation. Quand tout le monde est installé, et après avoir reçu l'autorisation de la tour de contrôle, il peut commencer à rouler vers la piste d'envol… À l'arrivée, il doit à nouveau faire le tour de son avion et établir la check-list d'arrivée. Dans l'avion, le commandant de bord est le seul maître. Toutes les informations convergent vers lui et il est chargé de prendre les décisions, secondé dans sa tâche par un copilote. Une parfaite santé, une bonne vue et une bonne ouïe, des nerfs solides, de la rigueur, ainsi que le sens du travail en équipe feront de vous un excellent pilote de ligne.

Sa formation

Des brevets et une Licence de pilote professionnel, la CPL (Licence pilote professionnel qui comprend une qualification de vol aux instruments et un examen théorique de pilote de ligne), sont nécessaires pour piloter un avion. Si les brevets sont acquis définitivement, la Licence doit être renouvelée régulièrement en fonction du nombre d'heures de vol accomplies. Le commandant de bord doit, en outre, posséder la Licence de pilote de ligne (ATPL). Trois filières principales préparent au métier de pilote : la filière d'État (ENAC), les formations privées (modulaires ou intégrées) et la voie militaire (armée de l'air et Marine nationale).

Rémunération

De 1 800 à 3 500 euros bruts pour un débutant, en fonction de la taille de la compagnie qui l'emploie. Ce salaire peut atteindre rapidement 13 000 à 18 000 euros pour un commandant de bord expérimenté.

STRATIFIEUR-DRAPEUR

Ses missions

Le stratifieur participe à la construction des éléments de la cellule d'un avion. Si l'on compare un avion à un corps humain, disons qu'il réalise la « peau » de l'avion, son enveloppe, alors que le câbleur conçoit les « nerfs ». Son travail repose sur la stratification : cette opération consiste à fabriquer des pièces grâce à la juxtaposition de couches de matériaux divers. Il peut être ouvrier qualifié ou technicien, en fonction de sa formation de départ et de son expérience professionnelle. La formation continue représente une nécessité absolue dans ce métier qui implique l'utilisation de matériaux toujours à la pointe des technologies.
Les conditions de travail en atelier peuvent parfois être difficiles. En raison des matériaux employés, ce métier suppose l'utilisation d'équipements de sécurité : il faut donc être rigoureux et savoir respecter scrupuleusement les consignes de sécurité.

Sa formation

CAP plasturgie ; CAP composites, plastiques chaudronnés.
Pour des postes comprenant davantage de responsabilités : Bac pro plastiques et composites ou Bac pro aéronautique option structure.

Rémunération

Le Smic en début de carrière.

TECHNICIEN AÉRONAUTIQUE (TAE)

Ses missions
Sous ce terme sont regroupés différents métiers relativement proches les uns des autres: agent d'exploitation, agent de trafic ou coordonnateur; tous ont la lourde charge de préparer, planifier et organiser les vols. Ils centralisent les informations relatives à l'organisation du vol (type d'appareil, destination, poids en bagage, etc.). Véritables pivots vers lesquels convergent toutes les informations, ils sont en relation avec des interlocuteurs variés qui touchent tous à des activités différentes (transport, commercial...). Autant d'éléments nécessaires au pilote pour organiser son vol et à toute l'équipe d'exploitation pour résoudre les problèmes qui ne manquent jamais de se poser. Ils assurent donc l'assistance d'escale depuis le moment où l'avion touche la piste jusqu'à celui où il décolle.

Sa formation
La plupart de ces techniciens sont d'anciens commerciaux formés en interne par les compagnies. À noter néanmoins l'existence à l'ENAC d'une formation de *Flight Dispatcher* de 415 heures, répartie sur 18 semaines d'enseignement théorique et 4 semaines de stage au sein du service opérations d'une compagnie aérienne.

Rémunération
Environ 2000 euros.

TECHNICIEN DE MAINTENANCE AÉRONAUTIQUE

Ses missions
Il s'occupe de la maintenance et des réparations de tous les équipements électroniques de bord. Ses qualifications lui permettent également d'assurer la maintenance des simulateurs de vol qui servent à former les pilotes. Il assure aussi le lien entre les services de maintenance et les constructeurs et fournisseurs de pièces. Précision, rigueur et rapidité sont les qualités indispensables à l'exercice du métier.

Sa formation
BTS aéronautique; BTS électrotechnique ou une Licence professionnelle Maintenance des systèmes pluritechniques aéronautiques de niveau Bac+3.

Rémunération
Environ le Smic en début de carrière.

TECHNICIEN ÉLECTRONICIEN

Ses missions

Comme son nom l'indique, ce technicien spécialisé réalise l'intégration des différentes pièces électroniques qui permettent à un aéronef de s'élever dans les airs. C'est-à-dire qu'il supervise leur installation et effectue tous les contrôles nécessaires pour vérifier après installation que chacun de ces éléments fonctionne correctement. Il joue également un rôle de conseil auprès de l'équipe qui fabrique ces éléments pour les améliorer ou faciliter leur intégration. Par ailleurs, ce technicien est chargé de la gestion de tous les outils qui lui permettent de faire des tests de fonctionnement : de plus en plus souvent, il travaille avec l'informatique et des logiciels de tests. Il peut être amené à travailler sur des avions ou des hélicoptères, mais aussi sur des satellites, des fusées ou des missiles.

Sa formation

BUT génie électrique et informatique industrielle (GEII) ; BTS systèmes numériques, option B électronique et communications ; Licence électronique, énergie électrique, automatique ; Licence pro équipements aéronautiques et spatiaux.

Rémunération

Environ 2 000 euros bruts mensuels en début de carrière.

TECHNICIEN SUPÉRIEUR DE L'AVIATION (TSA)

Ses missions

Cette formation réunit des étudiants de « statut fonctionnaire » ou de « statut civil ». Au sein de la Direction générale de l'aviation civile, le technicien supérieur de l'aviation « fonctionnaire » rejoint le corps des techniciens supérieurs des études et de l'exploitation de l'aviation civile, où il est amené à exercer des fonctions très diverses (contrôle de la circulation aérienne sur de nombreux aérodromes, études et élaboration de procédures de circulation aérienne, information aéronautique… Le technicien supérieur de l'aviation « civil » travaille quant à lui dans des entreprises du secteur aéronautique dans lesquelles il assure diverses fonctions comme la participation à des études opérationnelles relatives à l'exploitation du domaine aéroportuaire.

Sa formation

Concours post-Bac à dominante scientifique pour une formation en 3 ans.

Rémunération

Dans la fonction publique d'État, un technicien supérieur des études et de l'exploitation de l'aviation civile de classe normale gagne environ 1 700 euros bruts par mois en début de carrière.

POUR EN SAVOIR PLUS

Quelques ouvrages parus aux éditions Studyrama :
- *Bien choisir son école d'ingénieurs*;
- *Bien choisir son école de commerce.*

Nous vous conseillons également de vous rendre sur les sites internet suivants :
- www.airemploi.org : espace d'information et d'orientation vers les métiers et formations de la construction aéronautique et spatiale et du transport aérien ;
- www.ecologie.gouv.fr/politiques/aviation-civile : site du ministère de la Transition écologique et solidaire, pour tout savoir sur l'aviation civile ;
- www.enac.fr : site de l'École nationale de l'aviation civile ;
- www.ffa-aero.fr : site de la Fédération française aéronautique.

AGRICULTURE
AGROALIMENTAIRE

ACHETEUR

Ses missions

L'acheteur est un intermédiaire entre les fournisseurs et l'entreprise. Sa mission consiste à prospecter le marché, puis à négocier le tarif des produits achetés. En contact permanent avec les fournisseurs, il négocie pour son entreprise les meilleures conditions d'achat : les prix, la quantité, les ristournes… et les meilleurs délais de livraison. Son objectif est de réduire au maximum les stocks et le coût de production ou de vente du produit, afin d'augmenter les marges de bénéfice.

Sa formation

BUT techniques de commercialisation ; Licence pro commerce ; écoles de commerce ou encore Masters (par ex. : Master management des achats et de la qualité fournisseurs).

Rémunération

Entre 1 500 et 2 000 euros bruts mensuels pour un débutant.

AGENT DE RELATION AVEC LA PRODUCTION AGRICOLE

Ses missions

Développée dans les années 1960, cette activité est très dépendante du domaine dans lequel elle s'exerce. Ainsi, dans le secteur des céréales, l'agent de relation a pour mission de rencontrer les agriculteurs pour leur apporter des méthodes de conduite optimales et les aider ainsi à gérer leur exploitation. Dans le secteur bétail/viandes, il doit répondre aux besoins des éleveurs en leur donnant des conseils en alimentation pour les animaux, sur l'aménagement du bâtiment ou encore sur les constructions mises en œuvre. Ce poste comporte donc des responsabilités importantes, l'agent pouvant être confronté à de sérieux litiges s'il ne donne pas le conseil adéquat.

Sa formation

Le niveau requis est celui du BTSA (productions animales pour le secteur bétail/viandes ; agronomie : productions végétales pour celui des cultures ; production horticole pour le secteur de l'horticulture). Mention spéciale également pour le BUT génie biologique option agronomie.

Rémunération

Autour du Smic.

CONDUCTEUR DE MACHINES AGRICOLES

Ses missions

Cet ouvrier qualifié n'est pas uniquement affecté à la conduite des véhicules, il intervient également dans le choix et l'achat du matériel, puis il gère l'utilisation qui en est faite, ainsi que l'entretien et la maintenance (notamment dans les grandes exploitations). Autant de tâches qui exigent de ce professionnel une certaine endurance, un sens pratique à toutes épreuves mais aussi une grande habileté manuelle. Par ailleurs, une disposition pour la mécanique et le goût de l'action s'avèrent des qualités indispensables à l'exercice de ce métier.

Sa formation

CAP agricole métiers de l'agriculture ; Bac pro agroéquipement ; BTSA génie des équipements agricoles ou BTS techniques et services en matériels agricoles.

Rémunération

À partir du Smic.

CONSEILLER AGRICOLE

Ses missions

Il offre une vaste gamme de services tels que le conseil d'entreprise, autrement dit l'aide à la décision. Il analyse ainsi le fonctionnement global de l'exploitation et définit, avec l'exploitant, les objectifs à atteindre ainsi que les moyens d'y parvenir. Il dispense également un conseil spécialisé et élabore des références. Concrètement, il s'agit ici de mettre à disposition des agriculteurs les résultats des centres de recherche tels que l'INRA ou les instituts techniques. Enfin, le conseil au développement local ou l'animation de projet sont également de son ressort. Dans ce cas de figure, le conseiller doit agir dans une zone d'intervention géographique précise. Il écoute les besoins des agriculteurs et tente d'y apporter une réponse. Les études économiques constituent une dernière option pour ce professionnel. Il s'agit alors d'analyser les marchés régionaux actuels ou potentiels afin d'identifier des débouchés pour les exploitations.

Sa formation

BTSA en particulier dans les spécialités suivantes : productions animales ; agronomie ; productions végétales ; analyse, conduite et stratégie de l'entreprise agricole ou viticulture-œnologie. Par ailleurs, les diplômes d'ingénieur (Agrosup Dijon, Bordeaux Sciences Agro) semblent de plus en plus valorisés pour ce type de postes.

Rémunération

De 1 800 à 2 300 euros bruts mensuels pour un débutant.

CONSEILLER EN AGRO-DÉVELOPPEMENT INTERNATIONAL

Ses missions

C'est un ingénieur exerçant dans la filière agricole des pays en développement. Son métier comporte trois dimensions : d'une part scientifique et agronomique puisque, de par ses connaissances pointues de la production agricole et de l'univers agroalimentaire et de l'agro-industrie, il est capable de faire des recherches, d'émettre des avis et des recommandations sur la qualité des produits agricoles. Ce professionnel est d'autre part sensible aux questions d'ordre économique : en plus de savoir comment se transforment les matières premières, il connaît également le circuit de production et de commercialisation par lequel elles transitent. Enfin, la dimension socioculturelle occupe une place toute particulière dans son métier. En effet, chaque action de développement durable qu'il conduit est adaptée aux différences culturelles et sociales des populations et aux territoires intertropicaux en mutation.

Sa formation

Elle est pluridisciplinaire et mène à un diplôme Bac+5 dispensé en écoles d'ingénieurs (ISTOM, par exemple).

Rémunération

Entre 1 600 et 3 100 euros bruts.

EXPLOITANT AGRICOLE

Ses missions

Ce métier exige à la fois d'être un bon gestionnaire et un entrepreneur hors pair. En effet, le chef d'exploitation doit savoir très précisément quel type d'investissements réaliser (machines agricoles, bâtiments, emprunts financiers, etc.). Il doit se tenir informé des réglementations en vigueur, aussi bien du côté de l'Union européenne et des marchés financiers que des perspectives liées aux produits traités. C'est lui encore qui effectue les choix de production en fonction des sols et des débouchés commerciaux. Il s'agit d'un métier extrêmement complexe où l'agriculteur doit savoir maîtriser la conduite technique de son exploitation : des erreurs dans l'entreprise peuvent en effet remettre en cause son existence même.

Sa formation

BTSA ou Bac pro. Notez que le Bac pro conduite et gestion de l'entreprise agricole apparaît comme le diplôme de référence. Toutefois, le BTSA semble de plus en plus recommandé.

Rémunération
Le salaire mensuel d'un agriculteur se situe entre 1 600 et 2 200 euros en fonction du produit cultivé.

À noter : à côté des postes d'exploitants, la production agricole emploie également des ouvriers et des techniciens recrutés à tous niveaux de compétences. Le secteur des cultures spécialisées est celui où le besoin se fait le plus sentir : horticulture, maraîchage, viticulture en particulier. Hormis les exploitations, les ouvriers ou techniciens de la production agricole ont des débouchés dans les chambres d'agriculture et les organismes para-agricoles.

INGÉNIEUR AGRONOME

Ses missions
L'ingénieur agronome a pour rôle d'améliorer les techniques de production et de transformation des produits issus de l'agriculture. Il contribue également à la protection de l'environnement. Intermédiaire entre la science et le monde agricole, ce scientifique peut exercer différentes activités dans le domaine de l'agriculture, de l'environnement et de l'agroalimentaire. L'objectif premier de l'ingénieur agronome : être au service des agriculteurs. Pour cela, il se spécialise dans une région en particulier comme l'agronomie tropicale ou l'agronomie continentale. D'un autre côté, l'ingénieur agronome endosse le rôle de chercheur et/ou de professeur dans un domaine en particulier comme la génétique végétale ou animale. On le retrouve aussi dans les départements achats, gestion de la production, qualité, gestion des risques et marketing d'entreprises agroalimentaires.

Sa formation
Le titre d'ingénieur agronome est accessible aux titulaires d'un diplôme d'école d'ingénieurs spécialisée en agriculture (Bac+5), accessible après le Bac ou après une classe prépa.

Rémunération
En début de carrière, l'ingénieur(e) touche entre 26 et 40 000 € bruts par an. Après quelques années d'expérience, le salaire peut monter jusqu'à 50 000 € bruts par an.

INGÉNIEUR DE FABRICATION OU DE PRODUCTION

Ses missions
Il organise au quotidien la réalisation du programme de fabrication dans le respect des coûts, des objectifs de productivité et de la qualité des produits. Il prend en charge la maintenance et a pour objectif l'amélioration de la productivité.

Sa formation

Les ingénieurs agronomes diplômés de l'Agro Paris Tech, ENSAIA, Oniris (École nationale vétérinaire, agroalimentaire et de l'alimentation Nantes Atlantique) sont particulièrement recherchés. Les ingénieurs généralistes ont également leurs chances.

Rémunération

À partir de 2 500 euros en moyenne pour un débutant.

RESPONSABLE QUALITÉ

Ses missions

Le responsable qualité a pour objectif d'assurer une qualité constante à tous les stades de la fabrication d'un produit dans le respect des normes et des réglementations en vigueur. Ce qui implique une connaissance parfaite des directives gouvernementales et européennes concernant son domaine de production.

Sa formation

Dans les grandes entreprises, il s'agit surtout d'un poste d'expérience. Son détenteur est souvent passé par tous les stades de l'entreprise et en connaît bien les rouages. Les jeunes recrues ont plus de chances d'intégrer des petites structures à la condition qu'elles aient une première expérience en qualité ou un Master dans ce domaine. Les écoles d'ingénieurs en agronomie et en chimie restent les meilleures formations.

Rémunération

2 500 euros en moyenne.

TECHNICO-COMMERCIAL EN INDUSTRIES AGROALIMENTAIRES

Ses missions

Le TC (technico-commercial) est un professionnel de terrain qui va à la rencontre de clients de l'entreprise, puis analyse leurs problèmes et leurs besoins en termes de produits, de prix et de services. Suite à cela, il offre une solution adaptée en tenant compte de la faisabilité de la demande en se fondant sur les coûts, les plannings de production et les délais de livraison. Il est également chargé de gérer les stocks de façon à valoriser au mieux chaque lot. Il effectue le même genre de travail pour des prospections de nouveaux clients.

Sa formation

BTS Conseil et Commercialisation de Solutions Techniques ou un BTSA technico-commercial ; BUT techniques de commercialisation ; école de commerce ou d'ingénieurs, selon les responsabilités et les produits.

Rémunération
Du Smic à 2000 euros environ, selon le diplôme obtenu.

POUR EN SAVOIR PLUS

Un ouvrage paru aux éditions Studyrama, collection « Guides J » :
• *Travailler avec des animaux.*

Rendez-vous également sur les sites internet suivants :
• https://chambres-agriculture.fr : site des chambres d'agriculture ;
• https://agriculture.gouv.fr : site du ministère de l'Agriculture et de l'Alimentation ;
• www.agrojob.com : pour une recherche d'emploi dans l'agroalimentaire, l'agriculture, la distribution, l'environnement, la restauration et l'équipement industriel ;
• www.apecita.com : site de l'Association pour l'emploi des cadres, ingénieurs et techniciens de l'agriculture ;
• www.educagri.fr : site de l'enseignement général, professionnel et technologique agricole français ;
• www.salon-agriculture.com : le site du Salon international de l'agriculture qui se tient en février-mars à Paris.

ART ET ARTISANAT

ANTIQUAIRE

Ses missions

L'antiquaire cherche des objets rares et de qualité qu'il vendra ensuite. Très au courant du marché, il est aussi un historien d'art, des techniques et des styles. Il doit garantir ses ventes comme authentiques (à la différence des brocanteurs). C'est un métier qui se pratique le plus souvent de père en fils, mais on peut également débuter comme assistant.

Sa formation

Bien qu'aucun diplôme ne soit exigé pour exercer cette profession, il est néanmoins conseillé de suivre des études en histoire de l'art. Les Licences en histoire de l'Art ou la Licence professionnelle Commerce, option Commerce de l'art et des antiquités et le Master 2 Recherche Histoire de l'Art sont des formations envisageables.

Rémunération

Variable selon les objets possédés et vendus.

CRÉATEUR OU DESIGNER TEXTILE

Ses missions

Camaïeux, dégradés, les créateurs de motifs manient les couleurs comme le poète, les mots. Tout est question d'harmonie et d'équilibre. Un « carré » Hermès – le célèbre foulard – peut être composé de quarante tons différents. Pour choisir le thème d'un foulard, les créateurs se documentent. S'il s'agit de chevaux, ils vont observer en détail tous les accessoires (de la sellerie à la bombe). Les créateurs réalisent ensuite sur papier la maquette du foulard.
Un créateur doit posséder un réel talent de dessinateur car sa fonction est de réinterpréter le thème et d'harmoniser son dessin en fonction du style de la maison.
Pour l'industrie, le créateur ou designer textile doit également faire preuve de minutie et de créativité. Selon les tendances de la mode et du textile, le créateur réalise des croquis et imagine des thèmes de nouveaux motifs.

Sa formation

Le Bac pro Métiers de la mode - vêtement, le DN MADE mention textile (Bac+3) et le DSAA mention mode et innovation textile (Bac+5) sont notamment des formations qui préparent au métier. Les écoles de mode privées sont également envisageables.

Rémunération

À partir du Smic, mais il peut atteindre 4600 euros nets mensuels après plusieurs années d'expérience.

EXPERT D'ART

Ses missions

Il est chargé de déterminer la véracité des œuvres d'art, de les estimer et de les dater. Il procède par recoupement à l'aide de catalogues et d'ouvrages de référence. Il exerce en libéral et perçoit un pourcentage d'une vente auprès des particuliers, des commissaires-priseurs, des compagnies financières, des tribunaux ou des douanes.

Sa formation

Histoire de l'art ; négoce de l'art. Écoles privées (IESA, ICART, EAC).

Rémunération

De 3 à 8,5 % d'une vente. Lors d'une expertise seule, l'expert définit le montant de ses honoraires.

GALERISTE

Ses missions

Interface entre l'artiste et le marché, le galeriste a un rôle de découvreur, et ce parfois à travers le monde. Ateliers d'artistes mais également foires et salons, salles de ventes aux enchères, etc., permettent de croiser de nouvelles créations, de nouveaux artistes et de se tenir au courant des grandes tendances du marché. Toujours à l'affût, le galeriste compulse la presse spécialisée, les revues internationales ainsi que les ouvrages sur l'art et les guides des cotes.

Le temps fort du métier est l'activité au sein de la galerie. Elle s'articule autour de l'exposition des œuvres, de la gestion de la clientèle et de l'accueil du public. Choix des artistes, de leurs œuvres, mises en valeur des objets ou des tableaux, études des lumières, une véritable mise en scène pour présenter au mieux l'œuvre au public.

Autre aspect de la profession : les relations avec les artistes, à savoir le suivi de la création, le choix et l'achat des œuvres, l'établissement des contrats, les négociations...

Sa formation

Aucun diplôme particulier n'est requis en théorie, mais il faut avoir l'œil et un solide bagage artistique, que l'on peut acquérir sur le tas ou à l'école. Il s'agit d'un milieu assez fermé auquel on accède souvent *via* la famille ou les relations...

Rémunération

Aucune estimation n'est possible, la rémunération provenant de la vente des œuvres exposées. En général, outre les négociations, la galerie touche de 30 à 50 % des ventes.

MÉTIERS DE LA CÉRAMIQUE

Céramiste d'art: il réalise des poteries en choisissant ses différentes terres (terre cuite, grès, faïence ou porcelaine à finalité décorative ou utilitaire). Il travaille au tour, fait du modelage, du coulage de la matière liquide dans les moules et de l'estampage.
Formation: CAP tournage en céramique; BMA céramique; DN MADE mention matériaux; DN MADE mention objet.

Décorateur-céramiste: il embellit les objets de céramique par des dessins et des peintures sur émail (support cuit) comme la porcelaine, ou sur sous-émail (support cru) comme les faïences.
Formation: CAP décoration en céramique; BMA céramique; DN MADE mention matériaux; DN MADE mention objet.

Mosaïste: il choisit des matériaux, les découpe en tesselles et les dispose sur des murs, des meubles ou des tableaux. Exerçant souvent en indépendant, il travaille en relation avec des architectes, des archéologues...
Formation: DN MADE mention espace spécialité décor architectural-pictural grand format; DN MADE mention ornement; BTS étude et réalisation d'agencement.

Tourneur en céramique: il exécute les formes choisies ou qu'il sélectionne lui-même pour créer des poteries. En atelier, il travaille pour le décorateur-céramiste.
Formation: CAP tournage en céramique permet aussi de travailler dans l'industrie.

MÉTIERS DU BOIS

Doreur: il se consacre à la restauration des objets d'art, principalement en bois, en appliquant une pellicule dorée. Il travaille essentiellement sur commande de l'État.
Formation: CAP doreur à la feuille ornemaniste.

Ébéniste: précis et réfléchi, capable de s'adapter aux différentes techniques et matériaux, l'ébéniste possède également du goût et du savoir-faire en matière de mobilier. C'est un menuisier, spécialiste de l'ouvrage en bois, qui fabrique des ouvrages de luxe grâce, notamment, à la technique du placage (revêtement d'une matière ordinaire par une matière plus précieuse).
Formation: le CAP arts du bois option marqueteur ou le CAP ébéniste permet d'embrasser la carrière sans le Bac. Niveau Bac, on peut citer le BMA ébéniste, ou le BTM ébéniste. Au niveau Bac+2/3, vous pouvez opter pour un BTMS ébéniste, un DN MADE mention objet ou mention patrimoine.

Encadreur : il travaille entièrement à la main. Il met en valeur des œuvres d'art.
Formation : CAP encadreur.

Laqueur : il décore le bois au pinceau ou au pistolet avec une pâte composée de pigments, d'agglutinant et de diluant.
Formation : DMA décor architectural, option domaine du décor du mur, option laque (2 ans), DN MADE mention matériaux ou espace (3 ans).

Marqueteur : il applique sur des meubles des revêtements décoratifs de différents matériaux (bois, métaux, nacre, écaille).
Formation : CAP art du bois option marqueteur.

Menuisier en sièges : il réalise des sièges mais aussi du mobilier tel que des canapés, des consoles, des paravents, des appliques en bois…
Formation : CAP menuisier en sièges ; Bac pro artisanat et métiers d'art ; DN MADE mention objet.

Sculpteur sur bois : il taille le bois afin de faire naître des motifs ou des formes. Deux techniques de sculpture peuvent être distinguées : la sculpture ornementale et la sculpture en ronde-bosse. La première consiste à créer des reliefs sur une surface plane par enlèvement de matières, sa grande époque se situe aux XVIIe et XVIIIe siècles. La sculpture en ronde-bosse est en volume, en trois dimensions, cette technique permet de créer des objets décoratifs, des statues et des sculptures monumentales. Le sculpteur ornemaniste utilise son savoir-faire pour embellir meubles et panneaux, il œuvre ainsi dans le domaine du mobilier et de l'architecture intérieure.
Formation : CAP arts du bois option sculpteur ornemaniste ; Bac pro technicien de fabrication bois et matériaux associés ou DN MADE mention spectacle.

Tourneur sur bois : il fabrique des objets aux formes arrondies ou cylindriques.
Formation : CAP arts du bois, option tourneur ; DN MADE mention objet.

Vannier-rempailleur : il élabore des articles en rotin, osier, bambou, jonc ou paille.
Formation : CAP cannage-paillage en ameublement ou CAP vannerie.

MÉTIERS DU MÉTAL

Bijoutier-joaillier : il utilise les pierres précieuses, l'or, l'argent ou le platine pour créer ou réparer des objets de parure. Le bijoutier fabrique ou répare alors que le joaillier monte les pierres précieuses. Le créateur en bijouterie fantaisie crée des parures n'utilisant pas des métaux précieux mais du bois, du cuir, du plastique ou autres. On peut se spécialiser en sertissage, ciselage, polissage, tournage repoussage, gravure.

Formation : CAP art et techniques de la bijouterie-joaillerie option polissage finition, ou option bijouterie sertissage, ou option bijouterie-joaillerie ; BMA bijou option bijouterie-joaillerie ; DN MADE mention objet.

Bronzier : il travaille le bronze, mais aussi le cuivre et le laiton. Il crée des luminaires ou des accessoires d'ameublement d'après des dessins ou des modèles en plâtre, bois ou plastiline. Autour de lui travaillent le tourneur qui façonne les pièces rondes, le ciseleur qui réalise les motifs et le monteur qui assemble.
Formation : CAP bronzier ; Bac pro fonderie ; BMA arts graphiques ; DN MADE matériaux.

Ciseleur sur métal : il utilise des ciselets (petits ciseaux ou pointes) pour décorer des objets en or, argent ou bronze. Il travaille en bijouterie, en orfèvrerie, pour les luminaires...
Formation : CAP orfèvre ; CAP bronzier.

Diamantaire : il taille le diamant avec un outillage spécifique et l'apport de la poudre de diamant.
Formation : CAP lapidaire option pierres de couleur.

Dinandier : il crée des objets en cuivre.
Formation : DMA décor architectural option domaine du métal ou DN MADE objet.

Émailleur d'art : il applique de l'émail sur des bijoux, médailles, pièces d'orfèvrerie... pour les décorer.
Formation : CAP émailleur sur métaux

Ferronnier d'art : il fabrique des objets en fer forgé aussi bien pour l'extérieur que l'intérieur (grilles, balcons, meubles...).
Formation : CAP ferronnier d'art ; diplômes d'écoles d'art.

Gemmologue : il différencie les pierres synthétiques des pierres précieuses.
Formation : BP gemmologue, Bachelor gemmologue expert de l'Institut national de gemmologie.

Graveur : il travaille des pièces d'orfèvrerie et de bijouterie, des plaques de cuivre ou des livres, par la technique de la taille-douce ou de la gravure en creux. Il peut également créer des matrices pour fabriquer des objets en métal, ce que l'on appelle gravure en modelé.
Formation : CAP métiers de la gravure option gravure d'ornementation ou option gravure d'impression ; DN MADE mention graphisme.

Horloger : Il fabrique et répare des montres, des horloges, des réveils. Il travaille chez un artisan, dans un magasin ou dans l'industrie. Compter six ans d'études à partir du CAP pour ouvrir sa propre horlogerie.
Formation : CAP horlogerie ; BMA horlogerie ; DN MADE mention instrument.

Lapidaire : il taille les pierres de couleur comme le rubis, le saphir, l'émeraude. Il travaille en atelier ou dans l'industrie.
Formation : CAP lapidaire option pierres de couleur.

Orfèvre : il crée des objets de métal, précieux ou non, qu'il met en forme, cisèle et grave. Il s'agit généralement d'objets de culte ou pour la maison (couverts, théières, plats...). Il travaille à la commande comme créateur-fabricant, réalise des prototypes en tant que designer, ou sous-traite en série avec des artisans comme fabricant.
Formation : CAP orfèvre options monteur en orfèvrerie, tourneur-repousseur en orfèvrerie, polisseur-aviveur en orfèvrerie, planeur en orfèvrerie.

Potier d'étain : il crée des objets en étain par fonte, laminage, battage, forgeage et soudage.
Formation : Il n'existe pas de formation initiale spécifique à la poterie d'étain. Il est nécessaire de suivre une formation en orfèvrerie avant de se spécialiser.

Tourneur-repousseur : il repousse le métal contre un mandrin de bois ou d'acier pour lui donner la forme qu'il désire.
Formation : CAP orfèvre option B tourneur repousseur en orfèvrerie.

MÉTIERS DU VERRE

Souffleur de verre : au chalumeau, il travaille le verre en le chauffant, lui donne forme en soufflant dessus et le transforme à l'aide d'un chalumeau.
Formation : CAP arts du verre et du cristal ou CAP souffleur de verre option enseigne lumineuse ou BMA souffleur de verre.

Tailleur sur cristaux : il crée des motifs sur des objets en cristal d'après des dessins, à l'aide d'une molette diamantée.
Formation : CAP arts du verre et du cristal ; DN MADE mention matériaux ou mention objet.

Vitrailliste : il fabrique et répare des vitraux. D'après des dessins, il crée une maquette grandeur nature, le carton, dont les motifs sont ensuite appliqués sur des feuilles de verre, qu'il assemble, peint, cuit et sertit de plomb.
Formation : CAP arts et techniques du verre option vitrailliste ; BMA verrier décorateur ; DN MADE mention matériaux ou mention ornement.

LES DIPLÔMES NATIONAUX DÉLIVRÉS PAR LES ÉCOLES NATIONALES ET TERRITORIALES

- Le DNA (diplôme national d'art) propose un cursus de trois années d'études post-Baccalauréat.
- Le DNSEP (diplôme national supérieur d'expression plastique) sanctionne un cursus de cinq années d'études post-Baccalauréat (grade de Master).

PEINTRE EN DÉCORS

Ses missions

Le peintre en décors est, comme son nom l'indique, spécialisé dans la peinture décorative, c'est-à-dire dans la maîtrise d'un décor peint dans un espace architectural ou appliqué à des formes en trois dimensions. Au-delà des connaissances qui concernent le dessin, les fournitures, l'outillage, ainsi que les supports et la réalisation de fonds, le peintre en décors maîtrise les harmonies de couleurs, les différentes techniques de patines, les travaux de filage, les effets métalliques, l'imitation des bois et des pierres, l'ornementation, le décor mural panoramique, le trompe-l'œil, la dorure...

Sa formation

CAP peintre applicateur de revêtements, BMA option graphisme et décors, DN MADE mention ornement ou mention espace ; école d'art.

Rémunération

À partir du Smic.

RESTAURATEUR D'ART

Ses missions

Un brin de connaissances scientifiques pour manier les dernières innovations technologiques (nettoyage des façades au laser, par exemple), un solide bagage en histoire de l'art pour établir un diagnostic et adapter le traitement, un bon tour de main et un doigté de fée : les restaurateurs d'art doivent faire preuve de compétences diverses. Quel que soit leur créneau d'intervention (cuir, vitrail, lice, dorure, etc.), ils doivent être capables d'identifier la pièce qui leur est confiée, de déterminer les différentes mesures à prendre et de les exécuter. Leurs principaux clients, lorsqu'ils exercent en indépendants ou au sein d'ateliers, sont les institutions et établissements publics (qu'ils relèvent de l'État ou des collectivités territoriales) et, dans une moindre mesure, les marchands d'art, les collectionneurs et les particuliers.

Sa formation
DN MADE mention patrimoine, DNA mention Conservation-restauration des biens culturels spécialité œuvres sculptées, Bachelors, Masters et mastères spécialisés dans la conservation du patrimoine.

Rémunération
De 1 600 à 4 000 euros bruts par mois en fonction des travaux réalisés et de l'expérience.

TRAVAIL DE LA PIERRE

Graveur sur pierre : il reproduit des inscriptions et des décorations sur les monuments en pierre, granit, marbre ou grès. Il travaille en atelier ou sur le terrain.
Formation : CAP métiers de la gravure ; BMA gravure sur pierre.

Marbrier : il travaille le marbre pour les cheminées, les dessus de meubles, les monuments funéraires, etc.
Formation : CAP marbrier du bâtiment et de la décoration ; Bac pro métiers et arts de la pierre.

Staffeur : il réalise des décors intérieurs (rosaces…) à partir de dessins avec du staff (matériau constitué de plâtre à mouler armé de fibres végétales). Il travaille souvent avec des architectes et des décorateurs. Ce métier requiert de solides connaissances en histoire de l'art.
Formation : CAP staffeur ornemaniste ; BMA volumes, staff et matériaux associés.

Stucateur : il pose sur les murs et les plafonds une pâte à enduire faite de plâtre, de poudre de marbre et de colorants imitant le marbre.
Formation : CAP staffeur ornemaniste ; Bac pro aménagement et finition du bâtiment ; ou BMA volumes option staff et matériaux associés.

Tailleur de pierre : il donne une forme voulue à un bloc de pierre, à partir de croquis. Il travaille dans la construction neuve et la restauration du patrimoine.
Formation : CAP tailleur de pierre ; Bac pro métiers et arts de la pierre.

POUR EN SAVOIR PLUS

Quelques ouvrages parus aux éditions Studyrama :
- *Bien choisir son école d'art*;
- *Les métiers de la création.*

Quelques sites internet susceptibles de vous intéresser :
- www.fnpca.fr : le Fonds national de promotion et de communication de l'artisanat ;
- www.culture.gouv.fr : le site du ministère de la Culture ;
- www.institut-metiersdart.org : le site de l'Institut national des métiers d'art.

AUDIOVISUEL

ACCESSOIRISTE

Ses missions

Il veille, sur le tournage, à la présence de tous les objets servant à l'action et au décor, qu'il aura si possible en plusieurs exemplaires. Dès la lecture du scénario, il souligne les objets qui apparaissent. L'accessoiriste est en étroite relation avec les acteurs : il fournit les cigarettes, l'assiette de couscous, etc. Il doit savoir faire de la buée sur les vitres, allumer un feu, faire s'enflammer le drap d'un lit, faire du vent dans les cheveux... Sa fierté est de trouver ce qu'il faut dans les pires conditions. Ce métier peut être le point de départ de grandes carrières puisque c'est là qu'ont débuté Frank Capra et John Wayne...

Sa formation

CAP accessoiriste-réalisateur ou le DN MADE mentions espace ou objet, mais le métier s'apprend souvent sur le tas.

Rémunération

1 200 euros bruts en moyenne, par semaine de tournage. La plupart des accessoiristes sont rémunérés à la mission avec un statut d'intermittent et le taux de rémunération dépend, dans ce cas, du budget de la production.

ANIMATEUR RADIO

Ses missions

Le travail de l'animateur en région est beaucoup plus complexe que dans une grosse station. Les équipes sont réduites et l'animateur concentre plusieurs rôles. Tout d'abord il conçoit l'émission, en donne l'idée, le thème, le contenu. Il organise les rendez-vous avec les invités, réalise interviews, reportages et montages. Parfois, il établit même la programmation musicale. Seul l'accès à la console lui est interdit. *Idem* pour les petites radios de la bande FM. Là, les conditions de travail sont à la limite de l'amateurisme, mais pour débuter dans le métier, c'est un formidable lieu d'expérimentation. Il n'y a là rien d'impossible ou d'insurmontable pour ceux qui se sentent une personnalité radiophonique. Le travail et la patience sont les principaux conseils pour réussir dans ce métier qui s'apprend lentement.

Sa formation

Il est possible d'intégrer une école de journalisme ou une école spécialisée proposant des formations d'animateur.

Rémunération

Variable.

ASSISTANT RÉALISATEUR

Ses missions

C'est le bras droit du réalisateur, la scripte étant sa complice. Son travail débute avant le tournage. Il analyse le scénario du film, ou le projet d'émission, puis élabore un plan de travail, indiquant pour chaque séquence les lieux, les décors, les acteurs, les costumes et les accessoires, les ambiances, les éclairages, les musiques, le matériel nécessaire. Ce plan constitue la base de travail des techniciens et des comédiens. Repérages, recherches de figurants, réservation de studios, respect du calendrier et du budget, coordination des participants sur le plateau, qualité artistique et technique des prises... : l'assistant est sur tous les fronts. Il a une vision globale du film et prépare le plan suivant, tout en surveillant le tournage du plan en cours.

Sa formation

Les diplômes ne font pas le métier. Préférez les formations principalement axées sur le cinéma. La Fémis forme à la réalisation, mais l'entrée est sélective. Le CLCF (Conservatoire libre du cinéma français), homologué par l'État, forme au métier d'assistant réalisateur, entre théorie et pratique.

Rémunération

Elle dépend du budget des projets, du nombre de jours de tournage et de l'expérience. Toutefois, dans la production audiovisuelle, on considère qu'un assistant réalisateur gagne environ 800 euros bruts par semaine de tournage. Dans la production cinématographique, un second assistant gagne au minimum 1 505 euros bruts et un premier assistant touche au minimum 2 105 euros bruts hebdomadaires.

ASSISTANT DE PRODUCTION

Ses missions

Les assistants de production sont indispensables : ils (ou le plus souvent « elles ») abattent un travail phénoménal souvent jusque très tard le soir. Ils s'occupent de toutes les réservations de véhicules pour le tournage, tapent les plannings, réservent le matériel, demandent les autorisations de tournage, achètent le petit matériel. Sur leurs épaules reposent toute l'organisation du tournage, puis le suivi de postproduction : demande des devis des laboratoires, réservation du studio de montage, de l'audit de mixage, copie et envoie des cassettes vidéo... Les assistants de production représentent le bras droit du directeur de production, voire sa tête. Ils doivent penser à tout, être efficaces, avoir un esprit d'initiative et agir vite, le tout sans s'énerver.

Sa formation
BTS métiers de l'audiovisuel, Licence Arts du spectacle ou Bachelor d'assistant de production audiovisuelle.

Rémunération
À partir de 810 euros bruts par semaine minimum, dans la production audiovisuelle.

CADREUR ET ASSISTANT OPÉRATEUR

Leurs missions
Cadreur: c'est lui qui filme selon les désirs (cadrage, angle...) du réalisateur et du chef opérateur. Désormais, il n'est plus le seul à voir le plan: une caméra vidéo branchée sur un moniteur permet à toute l'équipe d'avoir le retour de ce qui est filmé. Il peut tourner au pied ou à l'épaule, selon le style et le choix du metteur en scène. Le tournage à l'épaule apporte une grande souplesse et colle mieux au corps des comédiens. Au montage, il alternera champ et contrechamp et possédera l'intégralité de la discussion sur chaque personnage. Il peut aussi décider de filmer la scène à l'épaule et de passer d'une personne à l'autre sans couper. L'effet sera totalement différent. Toute la difficulté pour le cadreur consiste à suivre le comédien dans ses mouvements, en accompagnant ses déplacements sans les anticiper ni laisser le comédien sortir du cadre.
Assistant opérateur: il est responsable du bon fonctionnement de la caméra. Il la prépare et vérifie qu'aucune poussière ne s'est nichée dans l'appareil. Il installe et change les filtres, place les objectifs, charge et décharge les magasins. Il est aussi responsable de la netteté de l'image, ce qui lui vaut le surnom de pointeur. C'est une opération délicate, surtout lorsque le personnage se déplace, car il faut alors adapter la mise au point. Avant le début de chaque plan, il déroule son décamètre de l'objectif à l'objet filmé pour mesurer avec précision l'éloignement de sa cible. Il fait les comptes du métrage et veille à ce que les batteries soient chargées.

Leurs formations
BTS métiers de l'audiovisuel, option métiers de l'image; Fémis; École Louis-Lumière.

Rémunération
Pour une semaine de travail de 5 jours, dans la production cinématographique, un cadreur gagne en moyenne 1 850 euros bruts, et un premier assistant opérateur, environ 1 460 euros.

CHEF DÉCORATEUR

Ses missions

Dès la lecture du scénario, il établit un budget pour la décoration. Une fois l'accord de la production obtenu, le travail peut commencer. L'exercice n'est pas aisé car cette budgétisation a lieu très tôt dans l'avancée du travail : des idées nouvelles peuvent surgir. Mais il est risqué de trop gonfler la somme sous peine d'essuyer un refus du producteur. Parmi les qualités du chef décorateur : des compétences techniques et des qualités de gestionnaire. Il est important de se tenir au devis fixé et de maîtriser le processus de construction d'un décor. Même s'il ne réalise pas lui-même les plans ou la peinture, il doit être capable de tracer un croquis et avoir lui-même effectué des travaux pratiques. En fait, on demande à ce professionnel d'allier une culture artistique à un tempérament de chef d'entreprise : dans une main la calculatrice, dans l'autre le pinceau. Le chef décorateur supervise la construction du décor pour le film mais aussi celle des éléments qui servent au tournage : une cabine de maquillage, une plate-forme pour positionner les projecteurs...

Sa formation

Une formation en dessin couplée à une formation en design d'espace est nécessaire pour apprendre les techniques fondamentales de représentation. Certains viennent des arts plastiques, des arts décoratifs, des écoles d'architecture ou encore du théâtre.

Rémunération

À partir de 1 411 euros bruts pour 5 jours de tournage, pour un chef décorateur dans la production cinématographique.

À noter : sur les tournages de certains téléfilms, le budget est tellement réduit que la personne en charge du décor sera plutôt un ensemblier. Il habillera le décor avec des meubles, des accessoires, une couche de peinture, mais il ne créera pas un nouvel espace. C'est un travail qui ne nécessite pas de formation particulière. Il faut avoir de l'imagination et ne pas hésiter à bricoler !

CHEF OPÉRATEUR

Ses missions

Il est le collaborateur artistique du metteur en scène. Le « chef op » est responsable de l'image sur le film. Il supervise toute l'équipe image, la qualité des outils, le travail du laboratoire et l'étalonnage. C'est un poste à responsabilités, un poste d'autorité qui influe beaucoup sur l'ambiance du plateau. C'est aussi la personne la mieux payée. D'énormes responsabilités reposent sur ses épaules : une seule erreur et la journée de tournage est ratée. Il est difficile de reconnaître la griffe d'un chef opérateur. Il s'adapte à l'univers du metteur en scène, se met au service d'un scénario et pourtant s'investit totalement. L'image restera un mystère pour tous jusqu'à la projection des rushes. Jusqu'à ce moment-là, il est le seul à connaître ce secret. Lorsque le réalisateur découvre le résultat après développement, ce peut être une bonne ou une mauvaise surprise. Le passage par une école est incontournable pour faire ce métier, en tout cas pour acquérir les bases techniques. Le reste, c'est-à-dire l'essentiel, s'apprend sur le terrain.

Sa formation

La plupart des chefs opérateurs suivent une formation qui va de Bac +2 à Bac +5. Cela peut passer par l'École Louis-Lumière ou la Fémis.

Rémunération

Les chefs opérateurs touchent en moyenne 2 200 euros par semaine dans la production cinématographique.

COSTUMIER

Ses missions

Il habille un personnage : un chômeur déprimé, une caissière de province, une femme amoureuse... Autour du costume s'effectue tout un travail psychologique : il révèle des types ou des caractères. Il faut souvent du temps pour trouver la veste ou la robe qui va fonctionner et produire l'effet désiré. Ce métier est proche de l'art du costume de théâtre. La différence, dans un film, est que le costume est vu de très près. C'est toujours un travail très humain puisque le costumier est en étroit contact avec les comédiens. Sa part de créativité varie selon la place qui lui est réservée par le chef opérateur et le metteur en scène. Traditionnellement, une habilleuse s'occupe des retouches et de l'entretien des costumes. Elle suit le tournage et aide les comédiens à s'habiller. Sur les films à petit budget, les deux fonctions fusionnent.

Sa formation

Trois ans d'études après le Bac pour préparer un DN MADE mention mode ou mention spectacle.

L'École nationale supérieure des arts et techniques du théâtre de Lyon ou les écoles de stylisme sont également deux pistes à ne pas négliger.

Rémunération

Entre 1 500 et 2 000 euros par mois. Environ 1 000 euros pour 6 jours de tournage dans la production cinématographique.

DIRECTEUR DE PRODUCTION

Ses missions

C'est une sorte de chef de chantier qui veille à ce que le tournage se déroule de manière conforme au devis. Cela signifie qu'il est confronté à toutes les contraintes de la production. Il travaille pour un producteur et organise toute la réalisation concrète du projet. Au fur et à mesure de l'avancement, il tient le producteur au courant des dépenses. Dans la période de préparation, il doit chiffrer chacun des postes : salaires des participants, coûts des décors, location du matériel... Il prend contact avec les fournisseurs et les prestataires de services et règle tous les problèmes d'assurance. Il négocie les éventuels accords de publicité et dépose une déclaration d'ouverture de chantier à l'Inspection du travail. Parfois, il est amené à jouer un double jeu entre le réalisateur et le producteur : d'un côté, le désir de réussir le film, de l'autre, l'obligation ne pas dépasser le budget.

Sa formation

BTS métiers de l'audiovisuel option gestion de production ; écoles audiovisuelles comme la Fémis.

Rémunération

Il gagne en moyenne 1 688 euros bruts pour 6 jours de tournage, dans la production cinématographique.

OPÉRATEUR DE PRISES DE VUES (OPV)

Ses missions

Cette profession relève du domaine de la vidéo. Pour filmer les émissions de variété, le journal télévisé, les jeux, les débats, le réalisateur travaille avec plusieurs cameramen. Selon l'importance de l'émission, ils peuvent être très nombreux, jusqu'à douze ou treize. Chacun porte un casque par lequel il reçoit les indications de cadre du réalisateur qui se trouve en régie. Il peut travailler sur pied pour les débats et faire des plans très classiques ou tourner à l'épaule. Dans certaines émissions, notamment sur France 2, les OPV sont visibles : on peut les voir se déplacer sur le plateau. C'est devenu un style de les montrer à l'écran : maintenant ils se filment mutuellement...

Sa formation

École Louis-Lumière, Fémis après un BTS métiers de l'audiovisuel option métiers de l'image, par exemple.

Rémunération

1 348 euros bruts hebdomadaires (pour 39 heures de tournage), en moyenne, dans la production télévisuelle pour un chef OPV.

PRODUCTEUR

Ses missions

Commençons par le côté pratique. Il faut de l'or pour transformer les scénarios, même les plus beaux d'entre eux, en pellicule. Le budget d'un long-métrage français moyen tourne autour de 4 millions d'euros. Cette somme, le producteur va la chercher auprès des commissions et des chaînes de télévision. Avec lui, on entre dans le réel : l'argent, le budget, les moyens nécessaires pour concevoir un film. Le producteur fait figure de père : il permet aux projets de se réaliser. En fait, il les accompagne de leur conception jusqu'à leur émancipation. Il peut également être à l'origine de certains projets. C'est un métier à risques où l'art côtoie l'argent.

Sa formation

Une école de cinéma semble de loin la meilleure option.

Rémunération

Le salaire varie selon le nombre de projets qu'il produit et le pourcentage que ces derniers lui rapportent.

PROFESSIONNELS DU DESSIN ANIMÉ

***Layout man*:** toute une équipe va travailler à placer le story-board sur un format standard qui va faciliter l'animation. Plusieurs *layout men* vont se partager le dessin animé et chacun s'attaquer à une partie. Il s'agit de saisir la meilleure position pour un mouvement. Pour chaque action de l'histoire, il va exécuter au moins deux dessins des moments clés du déplacement. L'animation consistera à remplir ses intervalles.

Réalisateur: le rôle du réalisateur de dessins animés n'est pas très différent de celui des films de prises de vues réelles: il s'agit de raconter une histoire, de planter un décor et de faire vivre des personnages. La différence ici est que le décor et la lumière sont traités graphiquement. Au lieu de capter les comédiens dans leur gestuelle, le metteur en scène passe par l'intermédiaire de dessinateurs. Le réalisateur suit le film d'un bout à l'autre de la chaîne et fait le lien entre créateurs et techniciens. La multitude des personnes intervenant sur le film est assez déroutante. La fabrication comporte de nombreuses étapes et le passage d'une équipe à l'autre doit être bien suivi. La vérification est permanente car dans ce domaine, on travaille au 25e de seconde!

Scénariste: les scénaristes de dessins animés sont rares. Ce genre, inspiré de la caricature, n'attire guère les gens de l'écrit. La plupart du temps, c'est l'animateur qui réalise ce travail. L'adaptation de bandes dessinées ou de contes constitue une bonne partie des sujets des longs-métrages d'animation.

***Story-boarder*:** trois ou quatre personnes peuvent travailler sur le même story-board, c'est-à-dire la traduction en images du script. Ce dernier peut être crayonné de manière grossière ou davantage finalisé. En tout cas, il représente la référence ultime pour tous les collaborateurs du film. Le story-board contient les indications d'action, les dialogues et même les effets sonores.

Leurs formations
Écoles spécialisées dans l'animation du type Les Gobelins, Émile-Cohl, ARTFX, EICAR… et BTS métiers de l'audiovisuel option métiers de l'image.

PROFESSIONNELS DU SON

Mixeur: les auditoriums de mixage sont des lieux impressionnants. Est-ce à cause de la taille des consoles, de la quantité de boutons ou bien de l'atmosphère particulière qui règne au moment de la finition du film? Tous les éléments sonores sont présents: le mixeur dose les différents sons pour fabriquer la bande-son finale. Aujourd'hui, les consoles sont à mémoire et le mixage en numérique multipistes nécessite la collaboration d'un technicien spécialisé. Le matériel est extrêmement perfectionné, la tâche très délicate et la location du lieu très chère. Le mixeur et le réalisateur doivent s'entendre sur les silences, la présence de la musique. Il faut au mixeur une grande concentration, de la virtuosité et de la mémoire : il doit avoir en tête le son qui va arriver pour intervenir, au moment même de l'audition. Il doit en même temps agir sur un son et écouter le résultat.

Perchman : sa silhouette fait penser à celle de l'équilibriste. Le travail de cet homme à la perche est assez périlleux, il doit capter les voix des acteurs sans les déranger et sans dépasser la limite infranchissable du cadre. Il doit être au plus près, sans laisser de traces, pas même son ombre. Lorsque l'acteur se déplace, il le suit, souple et silencieux. Le perchman forme un tandem avec un chef opérateur du son : c'est lui qui le fait venir sur un tournage. Sur des tournages à deux caméras, le chef opérateur est souvent obligé d'utiliser des micros HF qu'il fixe sur les comédiens. Le résultat est toujours moins bon et le chef opérateur n'est pas près de se passer des bras agiles de son collaborateur. La suite logique pour un perchman est de devenir lui-même le chef du son.

Leur formation

BTS métiers de l'audiovisuel option métiers du son et écoles spécialisées.

RÉALISATEUR

Au cinéma

La France produit chaque année environ 300 longs-métrages. Une grande partie d'entre eux sont des premiers films. Pour beaucoup, il n'y en aura jamais de second. Souvent le réalisateur est aussi auteur de son projet et il se bat des années pour le monter. Il écrit, réécrit, le présente à des commissions, rencontre des personnes pour le soutenir, essuie un refus, réécrit, tente d'attirer l'attention d'une chaîne de télévision, essuie un refus, va frapper à une autre porte, recommence ailleurs, etc. Avoir un projet passionnant ne suffit pas : il faut des appuis. C'est un travail de longue haleine. Même s'il est accompagné d'un producteur, le réalisateur est le moteur principal et ne doit compter que sur ses propres forces. Il faut certainement être têtu et très solide pour faire ce métier. N'en attendez ni la fortune, ni la célébrité. Être réalisateur ne se décide pas.

Plateau

Le petit écran n'est pas qu'une pâle copie du cinéma. En tout cas, il ne l'a pas toujours été et certains noms de réalisateurs ont marqué son histoire. Ils ont imposé un style. C'est surtout visible pour le sport : la manière de filmer un match de foot ou une course cycliste en a fait un spectacle. Le réalisateur Jean-Paul Jaud a eu l'idée géniale de positionner une caméra derrière les buts et une autre aux dix-huit mètres. Pour les corridas, il a placé une caméra dans une grue, donnant ainsi une vision aérienne de l'affrontement. Avec *Taratata*, Gérard Puliccino a inventé une manière de filmer la musique live en plaçant un rail de travelling autour des musiciens. Cette façon de filmer est reprise lors de nombreux divertissements musicaux, c'est le moyen de faire vivre aux téléspectateurs ce qui se passe sur le plateau. Il existe deux façons de filmer un événement. Les caméras sont « commutées » et la réalisation s'effectue d'un car régie : c'est la commutation. Le réalisateur effectue le montage en direct. On peut aussi « diverger » les caméras : l'enregistrement se fait à plusieurs caméras sous des angles et des tailles de plans différents. Le montage se réalise dans un second temps.

De téléfilms

Beaucoup de réalisateurs de téléfilms viennent du cinéma. Le travail de mise en scène y est identique. Ce sont les conditions qui changent. Ici le réalisateur est employé par une chaîne qui apporte le scénario, le budget et décide des conditions de production, entre autres, la durée du tournage. Le choix de l'équipe et du *casting* se fait sous haute surveillance. Dans la marge de liberté qui lui reste, le réalisateur essaie de trouver sa place. C'est plus ou moins facile selon les chaînes : elles n'ont pas toutes les mêmes exigences artistiques et financières, heureusement.

Sa formation

La Fémis et École Louis-Lumière.

Rémunération

Compter près de 2930 euros hebdomadaires pour un réalisateur au cinéma et 3640 euros bruts par semaine, pour un réalisateur de films publicitaires.

RÉGISSEUR GÉNÉRAL

Ses missions

Il fait partie de ces gens de l'ombre sans lesquels un film n'existerait pas. La régie est l'organisation matérielle d'un tournage. Le régisseur règle les problèmes d'intendance, toujours à l'écoute des petits et gros problèmes pratiques qui se posent aux techniciens, aux acteurs et à la mise en scène. À lui de répondre à toute une série de questions aussi embarrassantes que : où gare-t-on le camion ? Où mange-t-on s'il pleut ? À lui de réserver les chambres d'hôtels, d'organiser les repas, de demander les autorisations de tournage et de négocier les éventuels branchements électriques avec EDF. En amont, il prépare le terrain pour que tout se passe au mieux à l'arrivée de l'équipe. On voit rarement un régisseur sur un plateau : il est passé sur le décor la veille et y passera éventuellement le lendemain. Toujours en décalage, en train d'organiser la suite ou le rendu du matériel et des décors.

Sa formation

BTS métiers de l'audiovisuel, écoles audiovisuelles mais il est aussi possible de se former sur le tas.

Rémunération

De 863 à 987 euros bruts par semaine pour un régisseur général intermittent dans la production audiovisuelle, et 1 415 euros bruts hebdomadaires, en moyenne, dans la production cinématographique.

SCÉNARISTE

Ses missions

L'écriture du scénario est un exercice littéraire très particulier. Le talent ne réside pas tant dans l'invention d'une anecdote que dans la manière de la raconter. Dans le cas du cinéma, l'auteur met en rapport des situations, des actions, des gestes bien avant les dialogues. Il peut choisir de situer une déclaration d'amour dans un train, devant un coucher de soleil ou dans un Lavomatic bruyant. Les trois situations ne produisent pas le même effet. Les histoires sont toujours un peu les mêmes, depuis la nuit des temps. L'essentiel réside dans le chemin que le narrateur emprunte, les situations, les émotions qu'il provoque. Un scénario se construit avec une grande rigueur. Cette technique, si technique il y a, s'apprend avec l'exercice du métier. Les livres, les faits divers, la vie des autres et la sienne sont des sources d'inspiration. Les moments de travail ne se limitent pas aux heures passées devant l'ordinateur.

Sa formation

ENSMIS, École Louis-Lumière, Conservatoire européen d'écriture audiovisuelle, certaines universités proposent également des formations spécialisées dans l'écriture de scénarios (par ex. : université Paris-Nanterre avec le Master arts, lettres, langues, mention cinéma et audiovisuel, parcours scénario et écritures audiovisuelles).

Rémunération

Variable selon l'utilisation et le succès du film.

SCRIPTE

Ses missions

Les scènes d'un film ne sont que très rarement tournées dans l'ordre. Un jour, on tourne la scène où l'acteur prend le train pour partir en vacances et on filmera l'arrivée à la plage trois semaines plus tard. C'est un peu compliqué pour les acteurs et pour toute l'équipe. Heureusement, il existe un personnage essentiel sur le tournage qui note chaque détail de manière à reconstituer le puzzle : la scripte. Ainsi, elle veille aux raccords et rétablit la logique du scénario. Surveiller les raccords signifie qu'il faut veiller à ce que les costumes, les coiffures, les cigarettes mais également l'ambiance, les regards, le rythme, la lumière soient cohérents d'un plan à l'autre. Elle rédige également plusieurs rapports nécessaires, entre autres, au développement et au montage du film, et à la production (avancement des travaux, incidents de tournage).

Sa formation

La Fémis propose une formation spécialisée ouverte aux diplômés Bac+2. Cependant, on trouve encore des scriptes formées sur le tas.

Rémunération

À partir de 1 250 euros pour une scripte dans la production cinématographique. Dans la production audiovisuelle, compter entre 863 et 987 euros bruts par semaine en moyenne avec le statut d'intermittent.

TECHNICIEN D'ANTENNE

Ses missions

Le rôle du technicien d'antenne varie beaucoup selon les structures. Du simple enchaînement des disques à l'enregistrement d'un concert classique, les capacités requises sont multiples. Leur statut est plus ou moins précaire et la tâche diffère quelque peu en fonction de l'importance de la radio. Les conseils aux débutants? Écoutez de la musique et faites-en sans modération, rien de mieux pour avoir le rythme dans la peau. Écoutez la radio et surtout changez de fréquence, il n'y a pas mieux pour apprendre les enchaînements, les mixages.

Sa formation

Pour devenir technicien dans une station de Radio France, il faut avoir un Bac technique (pour le technicien de maintenance, un BTS systèmes numériques option B électronique et communications est nécessaire).

Rémunération

Fluctuante.

POUR EN SAVOIR PLUS

Quelques ouvrages parus aux éditions Studyrama, collection «Guides J»:
- *Les métiers de la communication et du marketing*;
- *Faire du journalisme son métier*;
- *Les métiers de l'audiovisuel.*

Rendez-vous également sur les sites suivants:
- www.ina.fr: site de l'Institut national de l'audiovisuel;
- www.sntpct.fr: site du Syndicat national des techniciens et travailleurs de la production cinématographique et de la télévision.

AUTOMOBILE
MOTO

ACHETEUR

Ses missions

Les achats représentent jusqu'à 70 % du prix de revient d'un véhicule. On comprend alors toute l'importance de l'acheteur au sein de l'industrie automobile. Son rôle consiste à sélectionner les fournisseurs et à négocier les termes et la réalisation des contrats d'achats en ce qui concerne les délais, les coûts et la qualité et ce, tout en veillant au respect de la politique d'achats définie par la direction des achats. Il réalise également des audits fournisseurs et assure le *reporting*.

Sa formation

La plupart des acheteurs de l'automobile sont des ingénieurs. Ces postes sont rarement destinés à des débutants, sauf pour des postes d'assistants acheteurs. Notez que la pratique d'une langue étrangère, voire de deux, est la plupart du temps indispensable tant pour travailler chez un constructeur automobile que chez un équipementier. Par ailleurs, un BTS management commercial opérationnel, un BUT techniques de commercialisation ou un diplôme d'école de commerce semblent de bons tremplins pour débuter dans la profession.

Rémunération

À partir de 2 250 euros environ pour débuter.

CARROSSIER-RÉPARATEUR

Ses missions

Les voitures accidentées constituent sa matière première et son rôle consiste à remettre en bon état les carrosseries endommagées. Pour cela, il démonte les pièces abîmées et rétablit leur forme initiale quand cela est possible. Lorsque les éléments sont irrécupérables, à lui de les remplacer par des neufs. Le métier de carrossier connaît les mêmes effets que celui du mécanicien : ses techniques de réparation doivent changer et s'adapter à l'évolution constante de la conception des véhicules. L'utilisation de nouveaux matériaux, notamment dans la fabrication des carrosseries, implique de gros efforts d'adaptation de sa part.

Sa formation

Bac pro construction des carrosseries ; Bac pro réparation des carrosseries.

Rémunération

À partir du Smic.

CHAUFFEUR DE TAXI

Ses missions

Le chauffeur de taxi conduit dans sa voiture des clients jusqu'à la destination qu'ils ont choisie, moyennant rétribution. Il se doit de conduire parfaitement dans les meilleures conditions de sécurité et de rapidité (connaître les sens interdits, éviter les embouteillages...).

Sa formation

Certificat de capacité professionnelle à la conduite de taxis. Pour pouvoir le passer, il faut posséder le permis de conduire B depuis 3 ans.

Rémunération

Difficile de donner un chiffre, car de nombreux paramètres doivent être pris en compte: statut de salarié ou d'artisan, conduite en ville, nuit ou jour, pourboires... Cela dit, on estime qu'un salarié en ville touche environ 1 700 euros par mois et qu'un chauffeur de taxi artisan peut toucher entre 2600 et 3000 euros par mois.

CHEF DE PROJET ÉQUIPEMENTIER

Ses missions

Il a pour mission de mener à bien le développement et l'industrialisation d'un produit nouveau, dans le cadre d'objectifs de coût, de qualité et de délai qui lui sont fixés par sa hiérarchie. Dans ce but, il coordonne l'intervention des différents services concernés par le projet, des études à la qualité en passant par les achats et les méthodes-industrialisation. Chacun de ces services délègue auprès du chef de projet un représentant qui fait alors partie de l'équipe projet dont les membres les plus importants sont les cadres études et les cadres méthodes.

Son activité relève de quatre domaines: le contact et la négociation avec le client (le constructeur), la coordination de son équipe projet, le suivi de l'avancement du projet et la rentabilité de ce même projet. En règle générale, les chefs de projets équipementiers sont des cadres confirmés, c'est-à-dire répondant d'au moins cinq années d'expérience.

Sa formation

Diplôme d'écoles de commerce.

Rémunération

Elle varie entre 2000 et 5000 euros.

JEAN C., UN CHEF DE PROJET RAVI

À 30 ans, Jean est vraiment satisfait de son parcours professionnel depuis l'obtention de son diplôme d'ingénieur UTC. *«Dès mon entrée dans la vie active, j'ai été attiré par le commercial. J'ai débuté chez un équipementier automobile en tant qu'interface technique/client. J'ai ensuite obtenu un poste dans ma société actuelle, un autre équipementier, avec à peine cinq ans d'expérience si on enlève la période de service national passée en tant que coopérant»*, explique-t-il. Jean est entré dans cette entreprise en tant qu'ingénieur technico-commercial, il y a un an et demi seulement et ses supérieurs lui ont rapidement proposé un poste de chef de projet. *«Je travaille souvent en solo, toujours en déplacement entre le client, les fournisseurs et nos sites. Quand je suis à mon bureau, c'est en général pour lire mon courrier et le traiter autant que possible»*, dit-il sans hésiter, ajoutant non sans ironie que *«tout de même, je suis vraiment très bien payé pour le peu de minutes passées dans mon propre bureau!»*

CHEF DES VENTES DE VÉHICULES NEUFS

Ses missions

Ce professionnel de la vente sévit sur les points de ventes de véhicules neufs comme l'indique l'intitulé du poste. Sa mission est en revanche moins explicite puisqu'elle ne consiste pas à vendre des véhicules neufs mais à les faire vendre. En effet, il est chargé d'animer l'équipe de vendeurs du point de vente. Il arrive cependant que le chef des ventes entretienne sa propre clientèle. Toujours est-il que ses objectifs s'établissent en termes de volume, de qualité de services (par le biais de la satisfaction de la clientèle) et de résultats financiers, autrement dit les marges réalisées par l'équipe de vente.

Sa formation

BTS négociation et digitalisation de la relation client et écoles de commerce.

Rémunération

5 000 euros en moyenne, mais un professionnel confirmé peut toucher plus.

CONSEILLER COMMERCIAL VOITURES

Ses missions

Sa mission consiste à ce que les sept à dix points de vente de la zone géographique dont il dépend développent leurs parts de marché. Pour cela, il conseille à la fois le directeur de chaque point de vente et les chefs de ventes. Ce professionnel du commerce automobile est sans cesse sur la route, entre sa voiture, les chambres d'hôtels et les bureaux que lui prêtent les différents points de ventes qu'il visite.

Le conseiller commercial passe environ deux jours par mois dans chaque point de vente où ses activités sont les suivantes: négociation avec le directeur du point de vente d'un objectif d'achat de véhicules au constructeur ; contrôle de la fiabilité de l'organisation commerciale du point de vente ; vérification de la correcte application des méthodes préconisées par le constructeur ; conseil du directeur et des vendeurs dans de nombreux domaines (techniques de vente, marketing, publicité, ressources humaines, gestion, finance, etc.) ; suivi des affaires difficiles ; transmission des informations entre le point de vente et le constructeur et vice et versa concernant les pratiques des concurrents.

Sa formation

BTS négociation et digitalisation de la relation client ; diplôme d'école de commerce ; ou encore un certificat de qualification professionnelle d'attaché commercial automobile (en alternance).

Rémunération

2 000 euros en moyenne. Il n'est pas rare d'obtenir, en plus, une voiture de fonction.

CONTRÔLEUR TECHNIQUE

Ses missions

Comme son nom l'indique, le contrôleur technique organise, dans des installations agréées, le contrôle technique des véhicules n'excédant pas 3,5 tonnes et les visites techniques des véhicules automobiles qui concernent 133 points de contrôle (carrosserie, châssis, éclairage, freins, pneus, suspension, transmission...). Il effectue également toutes les formalités administratives relatives à ces contrôles : identification des véhicules, édition des rapports de contrôle et commentaire oral au client, etc. Mise en place en 1985, cette profession exige que le contrôleur soit agréé par l'État et qualifié.

Sa formation

Bac pro construction des carrosseries ; Bac pro réparation des carrosseries ; Bac pro maintenance des véhicules ; FCIL contrôleur technique ; BTS maintenance des véhicules option voitures particulières.

Rémunération

Le Smic pour débuter.

DESIGNER AUTOMOBILE

Ses missions

À l'heure de la CAO (conception assistée par ordinateur) et des matériaux composites, que peut-on bien demander à ce professionnel de la création ? Non pas de créer une ligne, mais d'enregistrer une tendance ; non pas de fasciner le public par son audace

novatrice comme autrefois, mais d'adapter l'automobile à un certain nombre de conditions de marché et de production.
Son travail, c'est-à-dire la proposition créative du secteur automobile, se situe désormais dans une zone que l'on pourrait qualifier de dépourvue de danger commercial : la zone du « concept-car », cette voiture boîte à idées du constructeur où il exprime ses intuitions en laissant libre cours à l'expression de ses designers. En concentrant sa création sur ce « concept-car », le designer automobile crée du rêve. Mais un rêve qui permet au constructeur de vendre de la réalité...

Sa formation

Écoles d'arts appliqués (DSAA) ; Beaux-Arts (DNA, DNSEP) ...

Rémunération

Compter entre 2500 et 5000 euros bruts (hors intéressement).

ÉLECTRICIEN ÉLECTRONICIEN AUTOMOBILE

Ses missions

Le rôle de l'électricien automobile est de comprendre, d'analyser puis de résoudre les dysfonctionnements des équipements de haute technologie dont sont pourvues les voitures modernes. À l'aide d'appareils de mesure sophistiqués, il recherche la panne des systèmes électriques et électroniques sur le véhicule pour remettre en état les circuits endommagés.

Sa formation

CAP maintenance des véhicules option voitures particulières ; MC maintenance des systèmes embarqués de l'automobile ; Bac pro maintenance des véhicules ; FCIL maintenance de véhicules électriques ou hybrides ; BTS maintenance des véhicules ; BTS systèmes numériques option électronique et communications ; BUT génie électrique et informatique industrielle ou encore Licence professionnelle maintenance et technologie (électronique, instrumentation ; organisation de la maintenance ou systèmes pluritechniques) ; Licence pro métiers de l'électronique (communication, systèmes embarqués ; fabrication de cartes et sous-ensembles électroniques ; ou microélectronique, optronique) ; Licence pro organisation et management des services de l'automobile.

Rémunération

Entre 1 500 euros bruts mensuels et 1 750 euros bruts mensuels pour un chef d'atelier.

EXPERT AUTOMOBILE

Ses missions

Après un accident de la circulation, il se prononce sur la responsabilité des conducteurs. Pour cela, il examine les constats à l'amiable ou, en cas d'accident grave, se rend directement sur les lieux, interroge les victimes et les témoins. Il calcule ensuite le coût global du dossier en évaluant la valeur du véhicule avant l'accident, le montant des réparations à effectuer ou le prix de vente de l'épave. Les sociétés d'assurances font également appel à lui pour lutter contre la fraude (véhicule surévalué, simulation d'accident…) grâce à des examens techniques appropriés. Pour mener à bien ses investigations, l'expert automobile dispose d'une abondante documentation sur les caractéristiques techniques de l'ensemble des véhicules du marché.

Sa formation

Diplôme d'expert en automobile en 2 ans après le Bac ou après un BTS maintenance des matériels de construction et de manutention, par exemple.

Rémunération

Professionnels libéraux rétribués sous forme d'honoraires. Leur rémunération dépend donc à la fois de leur volume d'activité et des tarifs pratiqués par les compagnies avec lesquelles ils ont l'habitude de travailler. Cependant, le salaire d'un débutant est de 1 800 euros bruts par mois environ, auxquels il faut ajouter les frais de mission.

INGÉNIEURS AUTOMOBILE

Les ingénieurs sont des hommes clés dans l'industrie en général et dans l'automobile en particulier. Ce sont des créateurs d'idées. Ils sont présents depuis la conception jusqu'à la commercialisation en passant par la fabrication, avec une ingéniosité qui leur permet de concrétiser ce qu'ils ont imaginé.

Ingénieur d'études: cet ingénieur a pour tâche de créer les nouveaux modèles de voitures ou de motos, c'est-à-dire qu'il va imaginer la carrosserie, le moteur ou le châssis qu'il va traduire sous forme de plans et de schémas. Dans ce but, l'ingénieur d'études dispose de plusieurs outils comme le calcul ou la conception assistée par ordinateur (CAO). Il est souvent spécialisé en mécanique, en électronique ou encore en électrodynamique. Son travail se finalise par des essais réels de ses créations. On trouve beaucoup de jeunes diplômés dans les rangs des ingénieurs d'études.

Ingénieur des méthodes: cet ingénieur est chargé de définir et d'expliquer comment le produit créé par l'ingénieur d'études sera fabriqué, partie par partie, en précisant les machines et le temps nécessaires pour chaque opération de la fabrication du véhicule. L'ingénieur des méthodes possède généralement une expérience conséquente car il doit bien connaître les rouages de la construction auto et moto pour pouvoir en définir les modalités.

Ingénieur qualité: l'ingénieur qualité est là pour veiller au respect des normes de qualité et des règles de sécurité. Sa tâche est de prévenir les défauts afin d'éviter les réparations en cours de fabrication.

Leur formation

Écoles d'ingénieurs proposant des spécialités dans la mécanique, l'électricité, etc., telles que l'ENSEM, l'ESTACA, l'ECE, l'École centrale de Lyon...

Rémunération

La rémunération de départ est variable selon l'employeur. Toutefois, on considère qu'un ingénieur débutant gagne environ 3 000 euros bruts auxquels peuvent s'ajouter des avantages comme des primes ou une voiture de fonction.

INSPECTEUR DU PERMIS DE CONDUIRE

Ses missions

L'inspecteur du permis de conduire et de la sécurité routière, fonctionnaire du ministère de l'Intérieur, doit posséder à la fois une compétence administrative et technique, sans omettre un sens affirmé du contact. Il est là pour garantir l'aptitude des conducteurs et le sérieux de leur formation. Il consacre la majeure partie de son temps de travail à remplir sa fonction d'examinateur du permis de conduire. Il fait donc passer les épreuves des permis toutes catégories (véhicule léger, motocycle, véhicule de transports de personnes et de marchandises). En contact avec le public, dans un rôle qui n'est pas toujours facile, il doit faire preuve d'une certaine autorité dans son jugement pour ne pas être contesté, et déterminer en vingt minutes si un candidat peut être laissé seul sur la route. Cela implique un jugement sûr et rapide, un grand sens des responsabilités, ainsi qu'une bonne résistance physique et nerveuse!

Sa formation

L'inspecteur du permis de conduire est fonctionnaire d'État (catégorie B), rattaché au ministère de l'Intérieur. Nommé dans un département, il travaille sous la responsabilité d'un délégué au permis de conduire. Le recrutement, organisé chaque année, est limité et requiert le Baccalauréat et le permis de conduire automobile en cours de validité.

Rémunération

Un inspecteur du permis de conduire et de la sécurité routière débutant gagne 1 607 euros bruts par mois, au 1er échelon de la 3e classe.

MAGASINIER EN FOURNITURES AUTOMOBILES

Ses missions

Il a sous sa coupe le stock de fournitures automobiles. Ses tâches essentielles consistent à réceptionner, contrôler, enregistrer, puis classer les produits livrés (pièces et accessoires automobiles). L'objectif du magasinier est de les ranger de manière fonctionnelle afin d'y avoir accès le plus rapidement possible par la suite. Ce rangement doit respecter quelques règles incontournables de présentation et parfois de conservation. Certaines normes de sécurité sont aussi à prendre en compte, notamment lorsque les produits lui parviennent sous forme de colis lourds et encombrants. Dans ce cas, il est de son ressort d'opter pour le moyen de manutention le plus adéquat pour respecter ces normes de sécurité. L'une de ses autres tâches est de surveiller son stock: il est chargé de la mise à jour régulière des fichiers ou des catalogues. Pour identifier les besoins qui pourraient apparaître, il enregistre les mouvements au sein du stock. Par ailleurs, il doit maîtriser certains logiciels professionnels spécifiques. Ces derniers lui permettent de vérifier que telle pièce ou tel accessoire se trouve effectivement dans son stock.

Sa formation

CAP équipier polyvalent du commerce; Bac pro logistique.

Rémunération

À partir du Smic.

MÉCANICIEN MOTO

Ses missions

Il est chargé de réparer et d'entretenir des motos mais aussi des cyclomoteurs. Certains réparent même des vélos, donc des cycles. Le métier a beaucoup évolué, notamment sous l'effet de l'arrivée de techniques et de matériaux nouveaux. Le mécanicien moto travaille en général seul ou exerce son métier au sein d'une toute petite équipe dans un atelier dont une porte seulement le sépare d'un magasin de vente. Sa bonne connaissance mécanique des divers modèles de motos fait de lui un essayeur avisé, que ce soit après une réparation effectuée ou pour le tout dernier modèle qu'il compte vendre dans son magasin.

Sa formation

CAP maintenance des véhicules option motocycles; Bac pro maintenance des véhicules option motocycles.

Rémunération

À partir du Smic. Un réparateur de motos à son compte peut espérer toucher environ 2000 euros mensuels.

MÉCANICIEN-RÉPARATEUR AUTOMOBILE

Ses missions

Il a pour mission d'assurer l'entretien, la réparation et le réglage des organes mécaniques des automobiles. Le déroulement de son intervention sur un véhicule en panne ou accidenté est le suivant : établissement d'un diagnostic, localisation de la panne ou des pièces mécaniques qui posent problème, choix du mode de réparation, puis réparation ou remplacement de la pièce ou de l'ensemble qui le nécessite. Le mécanicien effectue également les révisions et les contrôles réguliers des véhicules qui lui sont confiés. Les autres tâches qui lui incombent concernent la mise au point du moteur, le réglage d'une bonne partie des organes mécaniques, électriques, hydrauliques et pneumatiques, ainsi que les premières interventions que doivent subir les systèmes électriques et électroniques.

Sa formation

Bac pro maintenance des véhicules option voitures particulières ; BTS maintenance des véhicules option voitures particulières.

Rémunération

Dans un petit garage, le mécanicien auto perçoit un salaire se situant aux environs du Smic. Chez un concessionnaire, compter environ 1 600 euros. Un artisan expérimenté peut espérer toucher entre 2 500 et 4 500 euros.

MONITEUR D'AUTO-ÉCOLE

Ses missions

Il enseigne aussi bien la conduite d'une voiture de tourisme que d'une moto ou d'un camion pour certains d'entre eux. Ses clients ou élèves sont là dans un seul but : obtenir leur permis. À lui de leur donner l'envie de « vivre la route » et non pas seulement de savoir passer les vitesses et tourner le volant ! Pour atteindre cet objectif pas toujours gagné d'avance, l'enseignant de la conduite automobile et de la sécurité routière (couramment appelé « moniteur d'auto-école ») a en charge l'enseignement pratique de la conduite sous forme de leçons particulières, en s'adaptant à chaque élève et en organisant la progression des cours et l'enseignement théorique du code de la route dans le cadre de leçons collectives en salle (apprentissage des bons réflexes, de la maîtrise de soi et de la maîtrise du véhicule notamment).

Sa formation

Il faut être titulaire du certificat de compétence professionnelles d'enseignant de la conduite et de la sécurité routière (CCP ECSR) et obtenir une autorisation d'enseigner, délivrée par le préfet.

Pour enseigner la conduite des véhicules à deux-roues ou des poids lourds, le CCP ECSR doit être complété par deux certificats complémentaires de spécialisation : 2 roues et poids lourds.
Bien qu'il ne soit pas obligatoire, le Baccalauréat est recommandé.

Rémunération
À partir du Smic.

PEINTRE EN CARROSSERIE

Ses missions
Ce professionnel au coup d'œil aiguisé travaille en usine sur les voitures neuves qui sortent de la chaîne de montage, ou en atelier de réparation sur les véhicules abîmés. Il travaille à l'aide d'un pistolet protégé par une combinaison spéciale, des chaussures de sécurité, un masque et une paire de lunettes, dans l'atelier même ou dans une cabine de peinture s'il officie pour un constructeur sur des voitures neuves. Il intervient après le carrossier qui vient de mettre en forme le véhicule en soudant les différents morceaux de tôle qui le composent. Un autre aspect de son travail consiste à rechercher la teinte exacte de la peinture qu'il va utiliser. Pour ce faire, il a aujourd'hui recours à l'ordinateur. Le peintre en carrosserie peut ainsi visualiser sur son écran des dizaines de teintes différentes qu'il va lui falloir mélanger puis tester.

Sa formation
CAP peinture en carrosserie.

Rémunération
À partir du Smic.

PILOTE AUTOMOBILE

Ses missions
Nous entrons là dans un monde de passionnés, le métier de pilote automobile n'est exercé dans le monde que par une trentaine de pilotes en Formule 1 ou en rallye… Bien entendu, il ne faut pas s'interdire de rêver. Mais sachez que la grande majorité des autres pilotes qui courent en tant que professionnels en Formule 2 et 3, en rallye ou en course de côtes, exercent parallèlement un autre métier.
Les qualités du pilote automobile paraissent évidentes : une excellente condition physique, un grand pouvoir de concentration, des réflexes supérieurs à la moyenne, une bonne vue, une grande motivation, une passion sans limites, de la détermination et beaucoup de travail en entraînement. De l'extérieur, on n'imagine pas à quel point la vie de pilote automobile professionnel peut être usante, même si elle comporte bien des aspects passionnants. En effet, les compétitions sont souvent stressantes,

notamment lorsqu'il s'agit de trouver des sponsors ou, tout simplement, de ne pas faire d'écarts d'alimentation pour conserver la forme physique...

Sa formation

Il est conseillé d'obtenir une Licence sportive ou d'adhérer à une association automobile. Pour plus de renseignements, contactez la Fédération française du sport automobile (FFSA). Si vous désirez accéder rapidement aux épreuves de haut niveau, il faut effectuer au moins un stage complet dans une école de pilotage agréée par la FFSA, que ce soit sur circuit asphalté ou circuit en terre en fonction de votre préférence et de vos capacités. Les stages constituent le seul moyen de voir de quoi vous êtes vraiment capable !

Rémunération

Fluctuante.

RESPONSABLE SERVICES

Ses missions

Ce professionnel de l'automobile est responsable de l'après-vente d'un véhicule (entretien, ateliers de réparations) et du magasin de pièces de rechange. Il a le statut cadre et s'occupe d'un service comprenant plusieurs dizaines de personnes dont des agents de maîtrise. Il est à la fois manager et organisateur. Il remplit quatre fonctions principales : l'analyse des résultats (qui sont ses clients, où sont-ils, ce qu'ils achètent ou n'achètent pas...) ; les plans d'action (suppression des attentes, respect du délai, mise en place et entretien d'un accueil de qualité...) ; le management des équipes (visites régulières des équipes, écoute, transmission des messages, rencontre avec les agents de maîtrise...) et les relations clientèle (intervention en personne auprès des clients importants, des filiales, des agents).

Sa formation

Deux types de profils coexistent au sein de la profession : l'ancien vendeur de terrain qui a démarré sa carrière après l'obtention d'un BTS de vente ou un Bac pro et est passé par tous les échelons en suivant des formations spécifiques à chaque étape de sa carrière, et le jeune diplômé d'une grande école de commerce qui passe un ou deux ans dans le métier avant de poursuivre dans d'autres fonctions (finance, marketing...). Il existe également une Licence professionnelle organisation et management des services de l'automobile (proposée dans 5 établissements) et une Licence professionnelle maintenance et technologie : systèmes pluritechniques (proposée dans 35 établissements).

Rémunération

De 1 600 à 3 000 euros bruts par mois.

VENDEUR AUTOMOBILE

Ses missions

Ce professionnel représente la cheville ouvrière du commerce automobile. Il peut travailler dans une succursale, un garage ou chez un concessionnaire. Sa mission est de vendre. Cela suppose une parfaite connaissance des véhicules en vente, mais aussi une écoute attentive des désirs ou des besoins de ses clients. Il doit pouvoir argumenter face à n'importe quelle question posée par un client. Autrement dit, le vendeur automobile doit connaître les toutes dernières innovations du nouveau modèle de la gamme et les petits détails qui lui serviront à suggérer au client que ses voitures sont décidément les meilleures du marché ! Lorsque le client semble intéressé, encore faut-il le conseiller sur le plan de financement adapté, sachant que 90 % des ventes se font à crédit. Notez qu'on retrouve les mêmes fonctions chez le vendeur moto.

Sa formation

BTS négociation et digitalisation de la relation client ou BTS management commercial opérationnel.

Rémunération

La fourchette des salaires est difficile à donner tant elle est fonction des résultats du vendeur, lesquels peuvent varier considérablement. Compter 2000 à 2800 euros bruts par mois, en moyenne (commissions comprises).

POUR EN SAVOIR PLUS

Consultez les sites internet suivants :
- www.ffmoto.org : site de la Fédération française de motocyclisme ;
- www.ffsa.org : site de la Fédération française du sport automobile.

BANQUE FINANCE ASSURANCES

ACTUAIRE

Ses missions

Il conduit des études techniques (mathématiques, financières et statistiques) nécessaires à la création ou la modification de contrats d'assurance. Il élabore notamment des formules afin de fixer les tarifs au plus juste pour chaque catégorie de contrats. Par ailleurs, il effectue des modélisations et des simulations permettant de prévoir leur rentabilité à moyen et long terme. Autre mission de l'actuaire : assister les services opérationnels pour l'évaluation des risques. À partir des sinistres passés, il détermine ainsi la probabilité des sinistres à venir. Enfin, il est chargé de calculer le montant des réserves monétaires dont la compagnie doit disposer pour être capable d'honorer ses engagements vis-à-vis de ses assurés.

Sa formation

Elle s'effectue dans des écoles spécialisées (instituts d'actuariat, ENSAE), des universités (Master en mathématiques et en statistiques) ou des grandes écoles de commerce.

Rémunération

À partir de 3 300 euros bruts mensuels.

AGENT GÉNÉRAL

Ses missions

L'agent général d'assurances dirige une agence qui a pignon sur rue. Sa mission ? Faire office d'intermédiaire entre une entreprise d'assurances qu'il représente en vertu d'un traité de nomination et la clientèle. Concrètement, il porte trois casquettes. Conseiller, il aide ses clients à formuler leurs besoins de protection, tant dans le domaine des biens que de la personne, et leur propose les réponses les mieux adaptées. Commercial, il prospecte de nouveaux marchés et organise le suivi de ses clients : il gère leurs contrats et les accompagne, en cas de sinistre, jusqu'au versement des indemnités. Chef d'entreprise, il dirige son agence et anime en général une petite équipe de collaborateurs.

Sa formation

Une formation initiale de niveau Bac+2 (BTS, DEUST en assurance ou banque) est exigée. Elle est doublée d'un stage professionnel de 600 heures auprès d'une entreprise d'assurances ou d'un établissement agréé (formation au métier, aux produits, à la gestion et stage pratique) qui est validé par un examen.

Rémunération
Un agent général débutant ne perçoit pas un salaire mais des commissions sur la vente et la gestion des contrats d'assurance qu'il réalise, complétées par un intéressement aux résultats et à la qualité. La fourchette des commissions est comprise entre 1 600 et 13 000 euros par mois, pour les meilleurs agents.

ANALYSTE FINANCIER

Ses missions
Dans une salle des marchés, l'analyste financier intervient en support des activités de trading et de vente. Sur le marché des actions, par exemple, il est chargé de fournir des informations sur des sociétés cotées en Bourse et/ou sur des secteurs d'activité. Pour cela, il épluche les comptes des entreprises, analyse leur stratégie, étudie leurs méthodes de gestion. Ses investigations sont finalisées par des rapports dans lesquels il donne des préconisations d'achat ou de vente.
On trouve également des analystes financiers dans les bureaux d'études des établissements financiers. Ces derniers échafaudent des scénarios à moyen et long terme. Dans le domaine des obligations, par exemple, ils peuvent être chargés d'anticiper l'évolution des taux d'intérêt dans un pays donné en fonction de sa croissance, de l'état du marché du travail ou encore de sa politique monétaire. Leurs études sont destinées aux salles de marché et sont aussi utilisées dans d'autres services de la banque tels que les agences, les centres d'affaires, l'ingénierie financière...

Sa formation
Diplômes d'écoles de commerce et d'ingénieurs ; Master professionnel ou de recherche ayant trait à l'économie ou la finance (ex. : Master comptabilité, contrôle, audit ; Master droit bancaire et financier ; Master monnaie, banque, finance, assurance).

Rémunération
De 2 500 à 4 100 euros bruts par mois en moyenne.

CHARGÉ D'ACCUEIL

Ses missions
Lorsque vous entrez dans une banque, c'est la première personne que vous rencontrez. Il est chargé d'accueillir, de renseigner et de conseiller la clientèle, lui proposant les produits et les services commercialisés par son établissement. Il effectue lui-même le placement des plus simples d'entre eux : carte bleue, compte sur livret... Il oriente les clients vers les chargés de clientèle de particuliers pour les produits et services plus complexes : crédit immobilier, contrat d'assurance-vie, transaction boursière...

Son métier évolue avec l'automatisation des opérations, la multiplication des guichets automatiques et l'utilisation d'Internet et des applications sur mobile. Toutefois, son rôle reste important. Le chargé d'accueil est aux premières loges pour la communication au quotidien avec les clients. Il occupe donc un poste stratégique car c'est de lui dont dépend l'image véhiculée par la banque à l'extérieur.

Sa formation

Il est possible d'intégrer ce poste avec un Bac. Mais pour avoir des chances d'évoluer rapidement, mieux vaut débuter avec un diplôme commercial de niveau Bac+2/+3 (BTS ou BUT).

Rémunération

À partir de 1 700 euros bruts mensuels environ.

CHARGÉ D'AFFAIRES

Ses missions

Il est responsable d'un portefeuille d'entreprises industrielles et commerciales. Le chargé d'affaires propose à ses clients des solutions adaptées à leurs besoins : crédits, placements, outils informatiques, épargne salariale... La prospection et le suivi quotidien de sa clientèle occupent le plus clair de son temps. Très présent sur le terrain, il visite les entreprises et répond à leurs attentes sur des sujets variés. Il peut s'agir tout aussi bien de monter un programme d'investissement, de faciliter une implantation à l'étranger ou d'optimiser la gestion de la trésorerie. Avant toute décision importante, il analyse la situation financière de l'entreprise et évalue les risques, en concertation avec sa hiérarchie et avec l'appui de services spécialisés. Il dispose ensuite d'une marge de manœuvre importante pour négocier la vente des produits ou des services demandés.

Sa formation

Pour débuter, un Master professionnel ou le diplôme d'une grande école de commerce ou d'ingénieurs sont de bons atouts. Il est également possible d'exercer ce métier après une formation « sur le tas » ou en ayant préparé un diplôme réservé aux salariés des banques comme l'ITB-management bancaire proposé par l'École supérieure de la banque (ESBanque), par exemple.

Rémunération

Entre 2 100 et 2 500 euros en moyenne.

CHARGÉ D'ÉTUDES COMMERCIALES

Ses missions

Il coordonne les opérations de lancement des nouveaux produits sur le marché. Pour ce faire, il réalise des études de marché en liaison avec le réseau de vente. Il s'agit de s'assurer, avant l'émission d'un contrat, que celui-ci correspond bien aux attentes d'un segment de la clientèle. Le chargé d'études commerciales conçoit également des méthodes de commercialisation. Actuellement, la demande des sociétés se porte notamment sur l'approche directe, les nouveaux supports de vente (vente par correspondance, téléphone, internet...) et le développement de partenariats avec d'autres réseaux commerciaux, comme les banques ou la grande distribution. Enfin, il s'occupe de la communication vis-à-vis des clients, mais aussi des agents généraux et des courtiers. À ce titre, il réalise des brochures, rédige des courriers publicitaires ou encore organise des séminaires d'information.

Sa formation

Diplômes des grandes écoles de commerce, Masters universitaires en économie, avec une spécialisation en marketing.

Rémunération

À partir de 2000 euros bruts pour un débutant.

CHARGÉ DE CLIENTÈLE

Chargé de clientèle de particuliers

Ses missions

Il vend des produits et des services : carte bleue, plan d'épargne logement, crédit à la consommation... Il assume des fonctions à la fois techniques et commerciales. Techniques parce qu'il doit mettre en place des opérations de placement et de crédit. À ce titre, il délivre des conseils, effectue des analyses financières et développe une approche globale des problèmes patrimoniaux avant, si besoin est, d'orienter le client vers un spécialiste. Commerciales parce qu'il doit gérer et développer un portefeuille de clients. À cette fin, il propose à ses clients des produits susceptibles de répondre à leurs attentes. En outre, il prospecte de nouveaux clients dont le profil correspond à la cible de sa banque. Notons également que le chargé de clientèle de particuliers dispose aujourd'hui d'une vaste palette d'outils informatiques. Grâce à son ordinateur, il peut réaliser des opérations en temps réel, effectuer des simulations, organiser des tris de clients, etc.

Sa formation
BTS management commercial opérationnel ; BUT techniques de commercialisation ; Master professionnel gestion de patrimoine...

Rémunération
De 1 600 à 2 500 euros bruts.

Chargé de clientèle de professionnels

Ses missions
Il est l'interlocuteur privilégié des entrepreneurs individuels (commerçants, artisans et professionnels libéraux) sur un secteur géographique donné. Dans certaines banques, il n'est pas rattaché à une agence, mais à un centre d'affaires, structure autonome spécialisée dans le marché des professionnels et des entreprises. Il gère à la fois les comptes privés et les comptes commerciaux de ses clients. En premier lieu, son rôle est d'établir une convention avec chacun d'entre eux. Celle-ci définit l'ensemble des prestations offertes par la banque : facilité de caisse, crédits, installation de terminaux de paiements... Pour évaluer les risques, il utilise des méthodes d'aide au diagnostic qui prennent en compte toute une série d'éléments : bilan comptable de l'entreprise, compétences en gestion du client, nature des outils de production, patrimoine personnel... Une fois que la convention est signée, il dispose d'un pouvoir de délégation qui lui permet de gérer au jour le jour les affaires de sa clientèle.

Sa formation
Diplômes de grandes écoles de commerce ou Masters professionnels, diplôme commercial de niveau Bac+2 au terme d'une première expérience à un poste de chargé de clientèle de particuliers.

Rémunération
Entre 2 000 et 2 500 euros bruts environ pour un débutant.

CONSEILLER EN ASSURANCES

Ses missions
Il vend des produits d'assurance à des particuliers et des professionnels. L'organisation de son travail dépend de la société qui l'emploie. Le « nomade » appartient à une petite équipe animée par un inspecteur. Il démarche sa clientèle sur un secteur géographique donné. Pour cela, il a recours à diverses méthodes telles que le porte-à-porte, les réunions d'information dans des comités d'entreprise ou encore l'envoi de courrier personnalisé. Le « sédentaire » reçoit uniquement ses clients sur rendez-vous dans un bureau d'accueil. Il est également chargé d'opérations administratives telles que l'émission de contrats ou l'indemnisation en cas de sinistre. Enfin, le télévendeur

vend ses contrats par téléphone dans le cadre d'une relation à distance avec le client ou prospect.

Sa formation
Diplôme de niveau Bac+2 minimum (BTS assurance). Un Master universitaire en droit, économie ou commerce et les écoles de commerce sont également envisageables.

Rémunération
Entre 1600 et 2500 euros bruts mensuels en moyenne (hors part variable liée aux résultats obtenus).

CONSEILLER EN FUSION-ACQUISITION

Ses missions
Il conseille des entreprises dans la réalisation de montages financiers complexes: opérations d'achat, de vente, restructurations... Spécialisé dans un secteur d'activité (télécommunications, chimie, BTP...), il suit de près l'actualité financière afin de détecter des affaires alléchantes. Il rencontre ensuite ses clients potentiels pour leur faire part de ses idées. Lorsque ses propositions sont acceptées, il est mandaté pour suivre l'exécution de l'opération de A à Z. Il s'entoure alors d'une équipe d'experts (juristes, économistes...) et supervise toutes les facettes de l'affaire, de la phase de négociation à la mise en œuvre des modalités de la transaction.

Sa formation
Diplômes de grandes écoles de commerce ou d'ingénieurs, souvent assortis de Masters et/ou de MBA. Une expérience dans la banque d'affaires est souhaitée.

Rémunération
À partir de 3000 euros bruts mensuels, avec la possibilité de toucher des primes liées au succès des opérations, qui peuvent parfois multiplier plusieurs fois le salaire annuel!

CONSEILLER EN PATRIMOINE FINANCIER

Ses missions
Fini le temps où les gens nantis de quelques économies poussaient gaillardement la porte de la première agence pour placer leurs économies. Aujourd'hui, le client va dans une banque comme il va acheter un poste de télévision: il est à la recherche du meilleur produit financier et n'hésite pas à faire jouer la concurrence. Le conseiller en patrimoine financier est chargé au moins autant de prospecter la clientèle, au même titre qu'un chargé de clientèle, que de piloter la gestion des placements des clients. Autrement dit, il part d'un poste de vente pour arriver à un poste de conseil.

Sa formation
École de commerce ou Master professionnel.

Rémunération
Entre 2500 et 3000 euros en moyenne.

COURTIER

Ses missions
Le courtier est un travailleur indépendant inscrit au registre du commerce. Contrairement à l'agent général, il n'est pas lié à une compagnie d'assurances. Mandataire de ses clients (entreprises ou particuliers), il négocie pour eux la signature de contrats d'assurance ou de produits financiers, les assiste dans l'exécution de ceux-ci ou dans le règlement des sinistres. Il connaît parfaitement l'offre des différentes compagnies d'assurances et est à même de choisir les meilleures solutions en fonction de la situation de chaque client. Tout comme l'agent général, il est à la tête d'un cabinet et s'occupe du recrutement et de la gestion de son personnel salarié.

Sa formation
Formation commerciale ou juridique de niveau Bac+5 (ex. : Master droit des assurances, Master management de l'assurance, diplôme d'école spécialisé...). La délivrance de la carte professionnelle est notamment assujettie à la réalisation d'un stage de 150 heures minimum.

Rémunération
Rémunération à la commission. Dans les cabinets de courtage, les systèmes de rémunération varient. Certains comprennent un salaire fixe complété par des primes qui peuvent représenter un quart du salaire. Compter environ 2200 euros pour un débutant.

DÉVELOPPEUR DE PRODUITS

Ses missions
Il travaille au sein d'un bureau d'études en relation avec le marketing et les actuaires. Sa mission ? Créer de nouveaux produits ou adapter des produits existants (assurances IARD ou vie). En amont, le développeur de produits analyse l'évolution du marché : offre de la concurrence, besoins de la clientèle, contexte juridique, économique et fiscal... Il définit ensuite les caractéristiques du futur produit en termes de garanties offertes et de tarification, puis rédige toutes les instructions et la documentation technique. Destinée au réseau de vente, mais aussi aux services de production et de règlement, sa prose fait notamment le point sur les procédures de gestion interne et de règlement des indemnités.

Sa formation

Les recrutements s'opèrent au niveau Bac+5 et sont très diversifiés: écoles supérieures de commerce, écoles d'ingénieurs, maîtrise de droit ou de sciences économiques, instituts des assurances, Master pro assurances...

Rémunération

À partir de 2900 euros environ pour un débutant.

DIRECTEUR D'AGENCE BANCAIRE

Ses missions

Il exerce deux missions principales. La première consiste à définir et à mettre en œuvre une stratégie commerciale en fonction du tissu économique local. À ce titre, il organise l'aménagement de son agence et met en place des actions promotionnelles adaptées. En tant qu'interlocuteur le plus haut placé de la clientèle, il se déplace sur le terrain pour rencontrer les clients les plus importants et répondre directement aux réclamations des particuliers. La deuxième mission revient à gérer son agence comme un véritable centre de profit. Ce qui signifie qu'il est responsable du compte d'exploitation, de la rentabilité des opérations, des risques encourus et de la qualité du service. Il suit au jour le jour la comptabilité interne pour comprendre son évolution et détecter des dérapages éventuels. Il contrôle également le bon suivi des procédures et le respect de la réglementation. Enfin, il anime au quotidien l'équipe de l'agence.

Sa formation

Un diplôme commercial (BTS, BUT ou grande école de commerce) est indispensable mais insuffisant. Il faut également faire ses armes en passant par un ou plusieurs postes à l'exploitation (chargé de clientèle et/ou chargé d'affaires). Cette première expérience peut être complétée par un cycle de formation bancaire (ITB-management bancaire).

Rémunération

À partir de 3000 euros bruts mensuels, pour un débutant.

DIRECTEUR FINANCIER

Ses missions

Il exerce principalement dans les secteurs de l'industrie, le BTP, les transports, le commerce ainsi que les banques et les assurances. Son champ d'intervention s'étend aux domaines de l'administratif, de la comptabilité et de la finance. Ce professionnel est en constante relation avec les milieux bancaires. En tant que responsable de la comptabilité, il n'est pas producteur mais plutôt observateur. Le service comptable peut et doit tourner tout seul, il n'en demeure pas moins que certains dossiers non résolus arrivent parfois sur le bureau du responsable financier (comme dans le cas de

non-paiement des factures). L'essentiel de son travail consiste à observer ce qui se passe, mois par mois, et à produire une synthèse en fin d'exercice, quand des bilans sont produits. Le directeur financier se fait à la fois l'œil et l'oreille de l'entreprise, restituant ses résultats au comité de direction afin d'en discuter et, le cas échéant, de prendre les décisions appropriées.
Il s'occupe de la gestion des flux financiers, cherchant toujours à retarder le paiement des factures et à avancer les délais d'encaissement. Il collabore également à la prévision du budget avec le contrôleur de gestion, ce qui lui demande d'imaginer les hypothèses à partir de l'existant et du probable (quantités produites et vendues, par exemple). Il est aussi expert des moyens de financement de l'entreprise : des subventions sont-elles envisageables ? Le recours à des emprunts est-il sérieux ?

Sa formation

Écoles de commerce, Masters en économie, gestion, droit des affaires, ressources humaines ou finance-comptabilité, la maîtrise de l'anglais et de l'informatique est obligatoire. Ce poste à lourdes responsabilités requiert également plusieurs années d'expérience professionnelle comme directeur comptable, par exemple.

Rémunération

Variable selon la taille de l'entreprise. 5 000 euros bruts mensuels en moyenne.

EXPERT EN INCENDIES ET RISQUES DIVERS

Ses missions

Lors d'un sinistre (incendie ou dégât des eaux, par exemple), deux experts peuvent être mandatés : l'un par la société d'assurances, l'autre par l'assuré. Leur mission ? Déterminer de façon contradictoire le préjudice subi à partir des éléments en leur possession. Les experts se rendent sur place pour rechercher la cause, le point de départ et les circonstances du sinistre. Ils recueillent des témoignages, vérifient l'identité des lieux, l'exactitude des déclarations contenues dans le constat, le respect des normes de sécurité. Il leur incombe également d'établir, en amont du sinistre, la valeur des objets garantis et d'évaluer, en aval, celle des objets rescapés. Leurs conclusions servent ensuite de base à l'indemnisation selon les dispositions du contrat d'assurance.

Sa formation

Le CNPP (Centre national de prévention et de protection) a mis en place une certification de personnes pour les experts évaluateurs et d'assurances (EEA). Pour pouvoir postuler, vous devez justifier d'une formation initiale et d'un minimum d'expérience professionnelle. Il s'agit d'un titre de niveau 7 (Bac +5).

Rémunération

À partir de 1 700 euros bruts mensuels.

GESTIONNAIRE DE PATRIMOINE

Ses missions

Il conseille des particuliers fortunés (dirigeants de grandes entreprises, sportifs de très haut niveau...) dans la constitution ou l'optimisation de leur patrimoine. Après avoir effectué un bilan patrimonial, il définit avec eux une stratégie en tenant compte des avantages fiscaux et des contraintes juridiques de chaque type d'investissement. Il peut ainsi les orienter vers des placements classiques (immobilier, assurances...) ou choisir des solutions plus originales (achat d'objets d'art, acquisition d'une forêt, voire la production cinématographique). Suivant les établissements, les gestionnaires de patrimoine sont rattachés aux agences locales ou dépendent d'une direction nationale spécialisée.

Sa formation

Les titulaires d'un Master professionnel gestion de patrimoine sont évidemment très bien placés pour occuper ce poste délicat. Un Master de droit, de sciences économiques ou le diplôme d'une grande école de commerce peuvent également convenir.

Rémunération

À partir de 2500 euros environ (hors commissions et/ou primes).

INSPECTEUR-VÉRIFICATEUR

Ses missions

Avant d'assurer une entreprise, un bâtiment ou un chantier, les sociétés d'assurances envoient un inspecteur-vérificateur sur les lieux afin d'apprécier les risques encourus. Ce dernier est souvent amené à préconiser des mesures de sécurité. Il peut s'agir d'installer une porte coupe-feu dans un atelier d'usinage, d'entretenir des équipements anciens, de prendre des mesures visant à protéger l'environnement... Dans certaines sociétés, il peut aussi travailler auprès des communes partout où leur responsabilité civile est engagée : parkings municipaux, colonies de vacances, salles de spectacle... Enfin, quelle que soit sa spécialisation, l'inspecteur-vérificateur est chargé de concevoir et de mettre en œuvre des formations techniques destinées au réseau de vente.

Sa formation

L'idéal est de passer par une école d'ingénieurs ou de commerce, ou encore de suivre un Master en droit, économie ou gestion, puis de compléter son cursus par une formation en gestion des risques industriels.

Rémunération

De 2100 à 2850 euros pour un jeune collaborateur salarié.

OPÉRATEUR *BACK* ET *MIDDLE OFFICE*

Ses missions

Le *back office* regroupe un ensemble de tâches administratives ou logistiques liées à la vente (déclaration de la TVA, mise à jour des stocks, livraison, moyens de paiement, etc.). L'opérateur *back office* est donc chargé d'assurer le suivi administratif et comptable des opérations conclues au *front office*, c'est-à-dire dans les salles de marché. Il enregistre les transactions, informe les clients, effectue le règlement et la livraison des titres, gère le versement des dividendes des actions et des intérêts des obligations, reporte à la Banque de France et au Trésor public toutes les opérations effectuées. Il vérifie également la position des comptes et rapproche les résultats comptables avec les résultats de gestion. Enfin, il se doit de participer activement à la mise en place et à l'évolution des procédures et des systèmes informatiques. Il réalise ainsi des études d'organisation couvrant l'analyse fonctionnelle, les recettes et le fonctionnement du *back office*.

L'opérateur *middle office* est chargé de faire la jonction entre le *front* et le *back office*. Il saisit sur une base de données toutes les transactions effectuées par les *traders* et les *sales*. Il chiffre quotidiennement leurs gains, leurs pertes et les alerte lorsqu'ils sont dans le rouge. Enfin, il met en place avec eux des méthodes d'analyse des risques et définit des procédures homogènes par ligne de produits.

Sa formation

Diplômes d'écoles de commerce et d'ingénieurs, Masters universitaires spécialisés dans le contrôle des activités de marché. Pour les activités purement administratives, les établissements financiers font également appel à des BTS ou des BUT de commerce-gestion.

Rémunération

À partir de 2 000 euros bruts en moyenne.

RESPONSABLE DU FINANCEMENT DE PROJETS

Ses missions

De la Grande Arche de la Défense à une centrale électrique en Amérique du Sud, en passant par une usine chimique en Hongrie, il est présent en amont de toutes les grandes opérations internationales d'infrastructures. Des projets de longue haleine qui durent parfois plusieurs années. Il propose à des entreprises de travaux publics des modélisations financières sophistiquées à partir des spécificités juridiques et fiscales du pays concerné. Pour ce faire, il négocie avec le maître d'ouvrage, dialogue avec des conseillers techniques, orchestre l'intervention d'experts et celles d'autres partenaires financiers.

Sa formation
Ingénieurs dont l'esprit cartésien et la culture industrielle correspondent bien aux exigences de ce métier. Les diplômés des grandes écoles de gestion et de Sciences Po sont également appréciés pour leur créativité et leurs capacités de persuasion.

Rémunération
De 3500 à 7500 euros pour un cadre confirmé.

RISK-MANAGER

Ses missions
Il ne travaille pas pour une société d'assurances, mais pour une grande entreprise. Il conseille la direction générale sur la meilleure façon de gérer les risques fortuits (accident, incendie, vol...) et les dangers liés à des décisions stratégiques (lancement d'un produit, programme d'investissement...). En ligne de mire, il s'agit de réduire l'impact financier de tous les événements aléatoires qui pourraient survenir. Dans un premier temps, le *risk-manager* traque et quantifie la totalité des risques inhérents à l'activité de l'entreprise. L'objectif ? Donner aux décideurs les éléments d'information nécessaires afin qu'ils évitent de faire fausse route. Il joue ensuite un rôle de prévention. Il peut, par exemple, prescrire l'installation d'un système de protection pour lutter contre le piratage informatique. Enfin, il fait office d'interlocuteur vis-à-vis des sociétés d'assurances. Il négocie ainsi avec des courtiers et des agents généraux pour mettre au point des garanties spécifiques et trouver les meilleurs tarifs.

Sa formation
La formation initiale peut être soit technique (école d'ingénieurs), soit commerciale (école de commerce ou mastère spécialisé), ou encore juridique (Master pro en droit des assurances). Le plus important est d'avoir derrière soi une première expérience professionnelle liée au secteur d'activité de l'entreprise.

Rémunération
À partir de 3300 euros en moyenne.

SOUSCRIPTEUR

Ses missions
Il est souvent spécialisé dans un domaine pointu : production industrielle, transport de marchandises, travaux publics... Il évalue des risques d'entreprises à partir d'informations qui lui sont transmises par l'inspecteur-vérificateur ou par le réseau de distribution. Si les risques sont trop importants, il peut décider de ne pas les garantir. Dans le cas contraire, il détermine les conditions de la garantie et fixe le montant des primes. De plus, il est souvent sollicité en tant qu'expert pour participer à des études

sur de nouveaux produits d'assurances. Il définit alors les barèmes de tarification ainsi que les conditions de garantie (clauses, exclusions) qui seront appliquées ensuite par tous les souscripteurs et rédacteurs.

Sa formation

Institut des assurances; Master pro en droit des assurances ou en finance; école de commerce ou d'ingénieurs, etc. Acquérir ensuite une double compétence en relation avec le type de risques assurés constitue un plus indéniable.

Rémunération

À partir de 2600 euros bruts mensuels en moyenne.

TECHNICO-COMMERCIAL

Ses missions

Il gère les relations commerciales avec la clientèle de son établissement. Il existe deux catégories de technico-commerciaux: les généralistes et les spécialistes. Les premiers négocient les opérations de change et de placement en actions ou obligations auprès d'un certain type d'acheteurs (entreprises, caisses de retraite, fonds de pension anglo-saxons...). En relation avec les opérateurs de marché, ils conseillent leurs clients et leur proposent des produits adaptés à leurs besoins. Les seconds assurent la vente d'un produit donné (swaps de taux, obligation...), opération commerciale qui nécessite plus fréquemment un travail sur mesure en termes de montage, d'optimisation et de structuration par rapport aux besoins de la clientèle. En ce cas, ils sont souvent assistés par des équipes d'ingénierie ou de recherche. À l'instar des généralistes, ils exercent également des activités de conseil et de négociation commerciale.

Sa formation

Écoles de commerce et d'ingénieurs ou formation universitaire en économie-gestion. Par ailleurs, une parfaite maîtrise de l'anglais est requise.

Rémunération

À partir de 2000 euros bruts mensuels.

POUR EN SAVOIR PLUS

Consultez l'ouvrage *Les métiers de la finance*, collection «Guides J», paru chez Studyrama.

Rendez-vous sur les sites internet suivants:
- www.fbf.fr: site de la Fédération bancaire française;
- www.ffa-assurance.fr: site de la Fédération française de l'assurance.

CHIMIE-BIOLOGIE

ANALYSTE SENSORIEL

Ses missions

Ce professionnel effectue des tests sur mesure pour s'assurer qu'un produit alimentaire plaira au sens large du terme, autrement dit au goût, au toucher, à l'odorat, à l'ouïe, à la vue, aux consommateurs de plus en plus exigeants. Il travaille en étroite collaboration avec les aromaticiens. Notez que l'analyse sensorielle est une activité en plein développement et que de nombreux diplômes sont offerts en formation continue.

Sa formation

Bac+2 en chimie, physico-chimie, industrie alimentaire, complété par des formations spécifiques (secteurs de l'aromatique alimentaire, de la parfumerie, de la cosmétique) ou Master universitaire en biochimie ou école d'ingénieurs. En outre, la maîtrise de l'anglais est obligatoire.

Rémunération

À partir de 2500 euros.

AROMATICIEN PARFUMEUR

Ses missions

Crèmes, parfums, savonnettes, boissons, etc.: autant de produits pour lesquels l'aromaticien doit parvenir à obtenir certaines saveurs et odeurs. Une opération pas toujours aisée à réaliser dans la mesure où plus de 1 500 substances sont aujourd'hui disponibles. Et c'est précisément leur assemblage qui permet d'obtenir un goût ou une saveur très spécifiques. Celui ou celle qui assurera à un produit son essence même. Pour réaliser les meilleurs assemblages, ce professionnel doit savoir choisir entre les différentes matières premières. Pour composer la meilleure des saveurs, les aromaticiens doivent posséder, outre des compétences chimiques et techniques, d'importantes capacités à distinguer les odeurs et les goûts, autrement dit, avoir du nez ou du palais. Un don qui se cultive à force de séances de travail de dégustation ou de humage de mouillettes (petits papiers imbibés de fragrances). Ce travail est surtout le fruit de longues années d'expérience et de terrain allié à une solide culture scientifique.

Sa formation

Après une formation scientifique de base de niveau Bac+5 (Master, école d'ingénieurs de chimie ou d'agronomie, pharmacie), une spécialisation en cosmétique parfumerie sera un bon passeport. Il existe par exemple un Master ingénierie de la production agroalimentaire, à l'université d'Avignon. À noter également les formations offertes par l'ISIPCA (Institut supérieur international du parfum, de la cosmétique et de l'aromatique alimentaire) qui sont les plus réputées sur le marché, comme, par exemple, le Master marketing international de la parfumerie et de la cosmétique.

Rémunération
Le salaire d'un aromaticien débutant est d'environ 2 500 euros.

BIO-INFORMATICIEN

Ses missions
Il a pour mission de concevoir des médicaments par ordinateur et, le cas échéant, de développer des logiciels susceptibles d'aider les chimistes à analyser les molécules et mettre au point les procédés les plus efficaces. La bio-informatique a d'autant plus de chances de se développer que les progrès de la génomique sont aujourd'hui extrêmement rapides. Et d'ores et déjà, il faut envisager l'après-génomique et les retombées dans les différents domaines d'application (médecine, pharmacie, agriculture). Les biologistes disposent, bien entendu, de toutes les connaissances scientifiques nécessaires à l'exercice de ce métier mais il leur manque les connaissances informatiques s'y accolant.

Sa formation
Master bio-informatique après une Licence de biologie, chimie ou informatique. Citons notamment le Master bio-informatique dispensé dans 11 établissements, dont l'université de Bordeaux ou le Master sciences et numérique pour la santé de l'université de Montpellier. L'objectif de cet enseignement étant de donner une formation informatique qui rende autonome dans la recherche et le développement de nouvelles molécules thérapeutiques.

Rémunération
De 1 600 à 2 500 euros pour un débutant, selon qu'il travaille pour le secteur public ou dans le privé.

BIOLOGISTE

Ses missions
Le chercheur en biologie exerce une activité extrêmement complète. Manuelle, celle-ci consiste en des observations au microscope de la culture de cellules en chambres stériles, ou encore de l'utilisation de techniques spécifiques (techniques d'électrophorèse ou techniques d'isolement des molécules). Intellectuelle, son activité consiste à préparer le travail du laboratoire et à dépouiller les résultats. Beaucoup de recherches documentaires et bibliographiques constituent aussi l'essence de son travail. Ce chercheur doit en effet publier chaque année un certain nombre d'articles sur l'avancée de ses travaux. La participation à des colloques ou à des échanges internationaux sont

aussi des activités importantes dans son emploi du temps. Il travaille essentiellement dans des laboratoires, entouré de toute une équipe de chercheurs.

Sa formation

Doctorat en biologie à l'Université. La maîtrise de la langue anglaise est obligatoire.

Rémunération

À partir de 2 000 euros environ, pour un débutant dans la fonction publique.

BIOSTATISTICIEN

Ses missions

La biostatistique est un des outils significatifs pour l'étude de la variabilité biologique et un outil essentiel pour des études sur le développement et la croissance de l'homme, de la reproduction, de la morbidité et de la mortalité. Le domaine d'application de la théorie biostatistique nécessite la compréhension de la statistique analytique ainsi que de la théorie et les techniques de collecte, d'analyse et d'interprétation des données. Le biostatisticien réalise les analyses statistiques des données des études précliniques et cliniques et des enquêtes épidémiologiques fournies par les chercheurs et responsables d'études cliniques. Il les assiste et les conseille en matière de biostatistiques. Il analyse et interprète ensuite les résultats de l'étude du point de vue statistique et rédige la partie statistique des dossiers cliniques.

Sa formation

La plupart des biostatisticiens sont titulaires d'un Bac+5 : Master mathématiques, Master bio-informatique et biostatistique ou encore diplôme d'ingénieur.

Rémunération

À partir de 2 500 euros environ.

BOTANISTE

Ses missions

Il partage son temps entre des activités de terrain et des analyses en laboratoire. Ainsi, le travail effectué au contact avec la nature consiste à établir des inventaires de fleurs ou encore des cartographies botaniques d'un lieu. Il peut réaliser ce travail en France dans des régions inexplorées d'un point de vue botanique ou encore dans des contrées lointaines et difficiles d'accès. Vérifier, décrire, classer, rédiger, procéder à des mises en serre ou à des mises en jardin constituent l'essentiel de la mission du botaniste. À cela peuvent s'ajouter des fonctions d'enseignement ou de recherche.

Sa formation

La mention botanique est présente dès la Licence à l'Université, mais c'est réellement au niveau du Master que les spécialisations se font. La voie des écoles d'ingénieurs est également possible.

Rémunération

À partir de 2000 euros pour un chargé de recherche.

CONDUCTEUR D'APPAREILS DES INDUSTRIES CHIMIQUES

Ses missions

Il constitue un poste clé de la production. C'est lui, par exemple, qui met en marche ou arrête les installations qui mélangent les matières, les filtrent, les concentrent et les distillent. Il a également une tâche de surveillance qui peut notamment se traduire par la vérification de la température ou du débit. Enfin, il peut être amené à effectuer des opérations de contrôle et des opérations d'entretien et de dépannage.

Sa formation

CAP conducteur d'installations de production; Bac pro procédés de la chimie, de l'eau et des papiers-cartons; Bac pro bio-industries de transformation; Bac pro pilote de ligne de production.

Rémunération

1800 euros en moyenne.

FORMULATEUR

Ses missions

Hormis l'élaboration des recettes d'un arôme alimentaire ou d'un parfum, les formulateurs doivent également choisir les matières et le matériel nécessaires à l'élaboration du produit. D'autres tâches lui incombent et notamment l'organisation et le suivi de la production, ainsi que la gestion des stocks.

Sa formation

La formation idéale s'accompagne d'un diplôme d'une grande école d'ingénieurs suivie d'une spécialisation en parfumerie ou en cosmétiques (à l'ISIPCA, par exemple).

Rémunération

3000 euros bruts mensuels environ, pour un débutant.

HYDRAULICIEN

Ses missions
C'est le maître de l'eau. Il connaît tout de son comportement dans un réseau ou dans un bassin. Débit et pression n'ont aucun secret pour lui. Il conçoit les réseaux d'approvisionnement, des stations de pompage jusqu'aux consommateurs. Il travaille pour le compte de sociétés de traitement de l'eau ou de bureaux d'études.

Sa formation
Diplôme d'ingénieur avec spécialisation en hydraulique ou Master universitaire en hydraulique, hydrogéologie, génie sanitaire ou génie civil.

Rémunération
À partir de 2500 euros pour un ingénieur hydraulicien débutant.

HYDROBIOLOGISTE

Ses missions
Selon le Sdes (Service de la donnée et des études statistiques du Commissariat général au développement durable), l'hydrobiologiste *« effectue le bilan détaillé et le diagnostic de l'état biologique des milieux aquatiques (cours d'eau, ruisseaux, rivières ou plans d'eau). Il contribue éventuellement au recensement des pollutions, des nuisances et, plus généralement, des usages et pratiques qui ont une incidence sur la faune et la flore aquatiques »*. Par conséquent, il définit des objectifs d'amélioration de la qualité des eaux en proposant des mesures aux autorités responsables. Il peut, par exemple, établir un programme de reconstitution de la faune ou de la flore endommagées.

Sa formation
Bac+5 et plus en biologie ou en école d'ingénieurs.

Rémunération
Compte tenu de la diversité des employeurs, il n'existe pas de barème unique (privé, fonction publique d'État ou territoriale, etc.). Compter 2000 euros bruts mensuels en moyenne.

HYDROGÉOLOGUE

Ses missions
Son domaine d'action concerne l'étude des eaux des sous-sols. L'hydrogéologue vise notamment les disponibilités en eau et traite également des mesures de protection à mettre en place. Ces dernières peuvent prendre la forme d'une limitation d'un

périmètre, des réglementations d'activités ou purement et simplement des interdictions, à la condition évidente de fournir des justifications. Libre aussi à lui de demander des compléments de données, un cas de figure qui se présente souvent lorsque la ressource est insuffisamment connue.

Sa formation

Le niveau d'études requis est un Master universitaire en hydrogéologie (Master hydrogéologie, sol et environnement de l'université d'Avignon, par exemple) ou un diplôme d'ingénieur (spécialité génie de l'eau ; environnement, géoressources et ingénierie du développement durable, par exemple).

Rémunération

De 2000 à 3000 euros bruts.

INGÉNIEUR CHIMISTE

Ses missions

Un nombre incalculable de produits (produits pharmaceutiques, essence, aspirine, réfrigérateurs, détergents domestiques, biscuits...) dépend de l'action de l'ingénieur chimiste à un moment donné dans leur élaboration. Un chimiste peut découvrir un nouveau composé ou un nouveau matériau, mais cette découverte ne serait qu'une curiosité de laboratoire si l'ingénieur chimiste ne mettait ses connaissances pour quantifier, mettre à l'échelle, tester et produire le produit final.

Typiquement, les ingénieurs chimistes sont impliqués dans les procédés chimiques qui transforment la matière première en produits à valeur ajoutée. Ceci embrasse tous les aspects du design, des tests, de la mise à l'échelle, de l'opération, du contrôle et de l'optimisation. Ils traitent des opérations telles l'absorption, la catalyse, la combustion, la distillation, l'échange de chaleur, l'évaporation, la filtration, le mélange, les réactions chimiques et biochimiques... Un chimiste ou un biochimiste fait usage de ces opérations au laboratoire, mais les appliquer à l'échelle industrielle requiert une personne qui possède une parfaite compréhension des principes d'ingénierie et les principes scientifiques sur lesquels elles reposent.

Sa formation

Écoles d'ingénieurs (ENSIC, ENSCR...), Masters et Doctorat universitaires spécialisés en chimie.

Rémunération

À partir de 3000 euros dans le secteur privé.

INGÉNIEUR DE FABRICATION

Ses missions

Il est véritablement l'homme-orchestre de la fonction production dans l'industrie. C'est en effet lui qui organise, gère et contrôle les produits. Il doit s'assurer des bonnes pratiques de fabrication en tenant compte de la sécurité et de l'environnement. Son collaborateur direct est l'ingénieur méthodes.

Sa formation

Écoles d'ingénieurs ou formations universitaires en chimie.

Rémunération

De 3000 à 3200 euros en début de carrière.

TECHNICIEN BIOLOGISTE

Ses missions

Il n'y a pas si longtemps, on l'appelait encore laborantin. Aujourd'hui, l'appellation de technicien biologiste indique très nettement le degré de spécialisation technique de ce professionnel. Une preuve concrète de cette évolution rapide des sciences et technologies se traduit notamment par le changement de la nature des tâches de ce scientifique. Ainsi, à la place des fonctions d'exécution, le technicien biologiste effectue aujourd'hui des missions de contrôle et de surveillance. Il effectue à la fois un travail technique dans la mesure où il réalise des examens, participe au contrôle qualité, mais aussi de la maintenance puisqu'il a la charge de mettre en service et entretenir le matériel. Il participe à la mise au point de nouveaux procédés dans les laboratoires aussi bien que dans les entreprises. En somme, un travail tout à fait valorisant.

Sa formation

BTS, BUT et Licence professionnelle dans le domaine de la biologie.

Rémunération

Les salaires sont très variables selon le secteur (public ou privé) et le type d'entreprise ou d'industrie. Compter environ 1600 euros pour un débutant.

POUR EN SAVOIR PLUS

Quelques ouvrages parus aux éditions Studyrama, collection « Guides J » :
- *Le Guide des métiers de la santé*;
- *Travailler avec des animaux.*

Rendez-vous également sur le site www.iecb.u-bordeaux.fr, le site de l'Institut européen de chimie et biologie.

COMMERCE VENTE

ACHETEUR

Ses missions

Attention, on ne débute pas acheteur ! Cette fonction nécessite une forte connaissance de l'entreprise, de ses besoins et des fluctuations du marché. Dans le secteur de l'industrie, on exigera par exemple d'un acheteur qu'il soit capable de trouver les matières premières, produits intermédiaires ou encore les services nécessaires à la production de son entreprise. Dans le domaine de la distribution, c'est encore lui qui approvisionne les plates-formes. Vu à la télévision, l'acheteur est celui qui teste, par exemple les grains de café dans un plateau de Colombie et négocie ensuite le prix. En d'autres termes, il possède une compétence technique en plus de la fonction achat elle-même. Maintenant, dites-vous que ce poste est réservé aux meilleurs tant il est lié aux orientations stratégiques de l'entreprise.

Sa formation

BTS management commercial opérationnel ; BUT techniques de commercialisation complétés par une année de spécialisation en achats. Écoles de commerce et Masters universitaires dans le secteur économique et commercial. La maîtrise d'une à deux langues étrangères est un plus.

Rémunération

À partir de 2000 euros environ.

ADMINISTRATEUR DES VENTES

Ses missions

Certaines grandes sociétés emploient des administrateurs des ventes dont le rôle consiste à être l'interface entre les équipes commerciales et l'équipe progiciel. Par progiciel entendez, comme l'indique le *Petit Larousse*, *« ensemble de programmes »*, en l'occurrence de vente. En d'autres termes, l'administrateur des ventes, doué d'un excellent esprit de synthèse, analyse et traite l'ensemble des données concernant l'activité commerciale (flux des stocks, logistiques, etc.) et les transmet au service progiciel.

Sa formation

Formation type écoles de commerce, avec si possible une double compétence en ingénierie, l'administrateur des ventes manie avec dextérité les chiffres (statistiques) et l'outil informatique. Une expérience dans les différents services commerciaux de cinq à dix ans est préférable.

Rémunération

De 2000 à 4000 euros en moyenne.

AGENT ET INGÉNIEUR TECHNICO-COMMERCIAL

Leurs missions

Comme son nom l'indique, l'agent technico-commercial possède une double compétence. But de l'opération? Mettre au service de la négociation commerciale des connaissances techniques. Ainsi, dans l'industrie, on trouvera des ingénieurs qui accompagneront leur produit. Leur connaissance ou savoir-faire technique leur permettant de proposer des solutions ou des projets sur mesure à une problématique donnée du client ou du prospect. Dans ce cas, on parlera plutôt d'ingénieur d'affaires. À terme, on peut espérer faire carrière comme consultant.

Leur formation

BTS management commercial opérationnel; BTS négociation et digitalisation de la relation client; écoles de commerce, BUT Techniques de commercialisation.

Rémunération

L'agent technico-commercial débute autour du Smic, l'ingénieur technico-commercial gagne 3000 euros en moyenne.

ANIMATEUR

Ses missions

L'animateur, comme son nom l'indique, anime une équipe de vente. Ses responsabilités ne sont pas tout à fait celles d'un manager, ne croyez pas cependant qu'elles soient celles d'un boute-en-train. Bien sûr, qui dit animateur dit animations et la vente est friande de ce genre d'opérations: promotions en supermarché, présentations de produits en grande pompe, mais l'animateur n'est pas un démonstrateur. Il a surtout pour vocation d'être une courroie de transmission, aussi bien entre les vendeurs eux-mêmes qu'entre les vendeurs et leurs clients ou encore entre les vendeurs et le siège de la société.

Sa formation

Aucune formation particulière n'est exigée. Parmi les métiers de la vente, animateur est l'un de ceux qui s'apprennent surtout sur le terrain. Cependant, un BTS management commercial opérationnel, ou un BUT techniques de commercialisation sont de bons atouts.

Rémunération

2500 euros bruts en moyenne.

ATTACHÉ COMMERCIAL

Ses missions

C'est un homme de terrain. Il visite une clientèle déjà acquise ou prospecte la clientèle potentielle d'un secteur géographique déterminé. Polyvalent, il présente bien. C'est lui qui véhicule l'image de son entreprise. Il sait écouter, déterminer, ou mieux encore anticiper les besoins de son interlocuteur. Pour cela, outre une bonne aisance à l'oral, il sait mener une négociation commerciale. Il connaît donc parfaitement son produit et pourrait en parler des heures. Son principal ennemi est le temps. Aussi, un bon attaché commercial est-il quelqu'un d'organisé ! Il tient à jour son planning, gère son temps et maîtrise un certain nombre d'outils informatiques (tableaux de bord, logiciels de gestion, etc.).

Sa formation

Un Bac+2 commercial (BTS) est le diplôme minimum, un Bac+3 (BUT, Bachelor) ou encore un diplôme d'école de commerce sont également appréciés.

Rémunération

À partir de 2200 euros (hors commissions sur les ventes).

CORINNE, ASSISTANTE COMMERCIALE

Corinne est assistante commerciale dans une société d'embouteillage et de négoce de vins dans le sud-est de la France.
Elle nous parle de son métier : « *Je m'occupe de tout l'aspect administratif des ventes : contact clients, gestion des commandes, interface clients/production, participation à la création habillages (étiquettes et contre-étiquettes), statistiques destinées aux clients, tableaux de bords internes, gestion des relances clients, des réclamations clients.* » Pour elle, le métier requiert une facilité de contact avec le client, rigueur et organisation. Ce qui lui plaît le plus est la non-répétitivité excessive des tâches, le contact clientèle et l'autonomie. En revanche, l'alternance de périodes très chargées (stress) et de périodes calmes peut être une source de stress difficile à gérer.

CATEGORY-MANAGER

Ses missions

Sous cette appellation se cache une fonction, propre surtout à l'univers de la grande distribution. Le *category-manager* se situe à mi-chemin de la vente et du marketing. Autrement dit, il a toutes les activités du chef de produit avec, en plus, un suivi commercial, la possibilité de monter des opérations de trade marketing avec les fournisseurs ou encore de recueillir des données. Bref, cette fonction est celle d'un homme à tout faire qui relie commercial, marketing et achats. Dans la même veine de polyvalence, le développeur de vente agit tant sur le front du marketing que du commercial.

Sa formation
Formation type écoles de commerce ou Masters en commerce/marketing.

Rémunération
3 000 euros en moyenne.

CHARGÉ DE MISSION

Ses missions
Les administrations aussi peuvent avoir à vendre quelque chose, des prestations en particulier. Elles auront alors recours à des chargés de mission dont les activités brillent autant par leur nombre que par leur diversité : animations, études, relations publiques, remontées d'informations, communications, montage d'opérations...
Les chargés de mission ont souvent une première expérience commerciale derrière eux. Ils sont en quelque sorte les représentants d'un ou de plusieurs organismes institutionnels.

Sa formation
Bac +2 à Bac +5 en commerce et communication, une spécialisation dans le secteur concerné est recommandée.

Rémunération
À partir de 2 600 euros environ.

CHEF DE PRODUIT

Ses missions
Historique, évolution, composition, environnement, packaging, fabrication, coût, concurrence, tendances du marché, comportement du consommateur... : le chef de produit doit être incollable sur tout ce qui concerne le produit (ou la gamme de produits) dont il s'occupe. C'est à lui de décider des modifications à apporter pour faire décoller (ou redécoller) les ventes, la publicité représentant l'un des moyens mis à sa disposition.
Souvent consulté à tous les stades de la fabrication et de la mise en place d'une campagne, c'est lui qui possède le pouvoir décisionnaire.
Le chef de produit doit maîtriser parfaitement tous les rouages économiques afin de respecter les objectifs de vente et travaille en collaboration étroite avec le chargé d'études. Celui-ci lui fournit en grande partie les informations qu'il transmet aux autres services (la tendance est, par exemple, aux produits bio et aux matières

naturelles, etc.). Pour mener à bien sa mission, il dispose d'un budget qu'il doit gérer au mieux.

Sa formation
École de commerce ; Master professionnel à l'Université en marketing.

Rémunération
À partir de 2500 euros en début de carrière. Compter entre 5000 et 7500 euros environ pour un chef de produit confirmé.

CHEF DE PUBLICITÉ

Ses missions
Il assiste son chef de groupe ou son directeur de clientèle et gère lui-même un ou plusieurs budgets. Sa mission consiste à coordonner les services internes et externes de l'agence qui interviennent sur les plans techniques et créatifs dans l'élaboration des campagnes. À ce titre, il participe à la définition (selon l'état du marché, l'identité du produit ou de la marque, etc.) et à la présentation des campagnes : présélection des projets créatifs et défense de ces derniers devant l'annonceur.
Il est chargé de définir une stratégie de communication qui soit à la fois adaptée au produit et conforme aux *desiderata* de l'annonceur, puis d'établir un document qui en reprendra les points essentiels. Cette sorte de cahier des charges, baptisé « *copy strategy* », servira de base de travail aux créatifs.

Sa formation
Une formation commerciale s'avère indispensable, type école de commerce ou de communication, Master universitaire en marketing ou communication également possible.

Rémunération
À partir de 2400 euros.

CHEF DE SECTEUR *MERCHANDISER*

Ses missions
Son terrain de chasse : la grande distribution. Sa mission : visiter les surfaces qui distribuent son produit. Inspection du linéaire, proposition d'opérations promotionnelles avec animations sur le lieu de vente... La journée d'un chef de secteur *merchandiser* demande une certaine endurance physique. Ses interlocuteurs : les chefs de rayons. À lui de les convaincre de mettre plus en valeur son produit, ou encore d'en élargir la gamme.

Sa formation
Il possède généralement un Bac+2 du secteur commercial.

Rémunération
Aux environs de 2000 euros pour un débutant.

DÉMONSTRATEUR

Ses missions
Aujourd'hui, plus une seule grande surface ne se prive d'accueillir régulièrement des démonstrateurs. Dans tous les marchés un peu fréquentés, leur voix de stentor fait merveille. D'une certaine façon, le démonstrateur ressemble un peu à un magicien. Habile de ses mains, tous ses gestes doivent être empreints de la plus grande facilité, qu'il s'agisse de manier avec dextérité un couteau à huîtres ou d'accumuler les taches sur un tissu immaculé pour ensuite tester un produit miracle. Les démonstrateurs doivent aussi avoir le verbe drôle et enjôleur. Mais une fois son *show* terminé, le démonstrateur redevient un attaché commercial comme un autre. Lui aussi doit tenir le compte rigoureux de ses stocks, lui aussi est intéressé au chiffre d'affaires, lui aussi développe un argumentaire commercial...

Sa formation
De la personnalité...

Rémunération
Fluctuante.

DÉVELOPPEUR D'ENSEIGNE DE LA DISTRIBUTION

Ses missions
Le développeur d'enseigne de la distribution, également appelé «chargé d'expansion», est, dans la plupart des cas, rattaché à la direction du développement d'une enseigne. Il participe alors à la mise en œuvre de la politique d'expansion et de dynamisation d'un réseau de points de vente. En bref, et comme son nom l'indique, il est là pour développer au maximum l'activité de la société! Constamment à l'affût des meilleurs emplacements disponibles pour l'implantation de nouveaux magasins, que ce soit en plein centre-ville ou dans des centres commerciaux, il doit en même temps réfléchir à la faisabilité de son projet d'implantation. Une fois le diagnostic établi, à lui de négocier les emplacements souhaités. Il réalise par la suite la mise en place et le suivi du projet d'aménagement. Il s'agit d'un véritable travail de terrain.

Sa formation
Bac+3 au minimum. Ainsi les diplômés d'école de commerce sont bien placés pour se voir proposer cette fonction.

Rémunération
5000 euros en moyenne pour un développeur d'enseigne confirmé.

DIRECTEUR COMMERCIAL

Ses missions
Le directeur commercial est au carrefour de tous les secteurs de l'entreprise. Il travaille aussi bien avec la direction générale, dont il fait partie, qu'avec ses différents chefs de secteurs (directeurs régionaux des ventes) dont il est le relais. La difficulté ? Chacun de ses interlocuteurs devient de plus en plus exigeant. Son directeur général exige la conquête de nouvelles parts de marché, les clients réclament des produits et des services sans failles. Quant à la force de vente, il faut savoir la motiver comme jamais. Première conséquence : les directeurs commerciaux sont le plus souvent des cadres expérimentés qui connaissent le marché et la façon de l'investir. Une corde management est nécessaire à leur arc : on attend d'eux qu'ils soient des meneurs d'hommes, toujours capables de remonter leurs équipes quand celles-ci affichent un moral et des résultats défaillants.

Sa formation
École de commerce.

Rémunération
À partir de 4000 euros.

DIRECTEUR DE RÉSEAU

Ses missions
Un métier qui fait largement appel à la polyvalence. Sous le terme « réseau », on entend surtout un réseau de magasins détenus ou non en propre. Le directeur de réseau doit remplir plusieurs missions : il dirige les équipes des différents magasins en relation directe avec leurs responsables (à ce titre, il joue le rôle d'animateur) et élabore le contenu de la politique commerciale et vise à sa bonne diffusion. On lui assigne un certain nombre d'objectifs, que ce soit en termes de chiffres d'affaires ou de développement du nombre de points de vente. Autrement dit, c'est un manager à part entière auquel on confie le soin d'agrandir le réseau. Ce n'est évidemment pas un poste pour débutants. Le sens de la communication et la connaissance du marketing sont deux des compétences indispensables.

Sa formation

À la base, un directeur de réseau est un diplômé d'école de commerce. On peut aussi confier cette responsabilité à un commercial expérimenté dont la connaissance parfaite du réseau fera la différence.

Rémunération

Sachant que cette fonction est occupée majoritairement par des cadres confirmés, rarement moins de 4500 euros bruts mensuels.

DIRECTEUR DE SUPERMARCHÉ

Ses missions

Dans l'univers du supermarché, le directeur est un peu l'homme à tout faire. Non seulement il passe son temps sur le terrain, mais en plus il s'occupe de la comptabilité, des ressources humaines, voire des achats. Sous sa responsabilité, près d'une cinquantaine de personnes avec à la clé un chiffre d'affaires de plusieurs quinzaines de millions d'euros. Si autonome soit-il, le directeur de super ou d'hyper applique les directives de l'enseigne dans les domaines à la fois du merchandising, de la promotion et de l'assortiment. En matière de communication interne, il suit aussi la direction impulsée par l'enseigne. En revanche, pour la communication externe, il dispose d'une solide marge de manœuvre. Par exemple, il décide du déroulement et de la fréquence des animations susceptibles d'augmenter le trafic dans la grande surface. Compte tenu du poids économique d'une grande surface dans la vie économique locale, le directeur de super ou d'hyper est tenu d'entretenir de bonnes relations aussi bien avec les élus qu'avec les commerçants.

Sa formation

Formation commerciale de niveau Bac+2/3 minimum (BTS management commercial opérationnel ; BUT techniques de commercialisation), mais les titulaires d'une Licence professionnelle (comme la Licence pro Distrisup management et gestion de rayon, par exemple) ou d'un Master (gestion de la production, logistique, achats parcours distribution et achats, par exemple) ont plus de chances de séduire les recruteurs.

Rémunération

À partir de 2900 euros pour un directeur de grande surface.

DIRECTEUR DES OPÉRATIONS

Ses missions

Seul un profil expérimenté peut briguer un poste de directeur des opérations avec des chances de succès. Ce poste est directement rattaché à la direction générale, son titulaire ayant la charge de la totalité des réseaux commerciaux. Les compétences exigées sont multiples : expérience du terrain, sens de l'organisation, qualités de management... Selon les entreprises, le directeur des opérations est un super directeur commercial ou un super directeur des ventes. Que signifie le terme ? Il renvoie à toutes les composantes de la vente, de la promotion sur les points de vente au merchandising en passant par les études statistiques et les lancements de produits. Le directeur des opérations participe également à l'élaboration de la politique commerciale dont il est l'un des acteurs majeurs. Plus l'entreprise est grande et plus il aura de services sous sa responsabilité.

Sa formation

Grande école de commerce.

Rémunération

À partir de 5 000 euros bruts mensuels en moyenne.

HÔTESSE COMMERCIALE

Ses missions

Elle représente un produit, elle est l'image de la marque. L'hôtesse commerciale connaît le produit qu'elle accompagne et peut parfaitement en discuter avec un client potentiel. Elle peut estimer rapidement les attentes de celui-ci, par un subtil questionnement, afin de lui prouver à quel point le produit en question lui serait indispensable et ferait de lui un homme heureux ! L'hôtesse commerciale évolue plus particulièrement dans les salons. Il s'agit, par exemple, du Salon de l'automobile. On la trouve encore dans les showrooms des entreprises qui ont invité des clients afin qu'ils assistent à une présentation ou à une démonstration de la dernière gamme de produits.

Sa formation

Commerciale (étudiant accepté).

Rémunération

Smic.

INGÉNIEUR COMMERCIAL

Ses missions

Sa mission est d'assurer la vente des produits ou prestations de sa société. Il est alors responsable du développement et de la gestion d'un portefeuille de clients sur un secteur géographique ou sur un marché précis. Travaillant sous la responsabilité du directeur commercial, l'ingénieur commercial est chargé d'établir une stratégie de développement et d'analyser rapidement les besoins de ses potentiels acheteurs. Il doit ensuite assurer le suivi commercial des projets vendus. Pour tout cela, ses activités sont nombreuses : prospecter, détecter les besoins des clients, répondre aux appels d'offres et rédiger les propositions commerciales. Mais son nom d'ingénieur le prouve : il doit aussi posséder de solides compétences techniques.

Sa formation

Bac+5 minimum. Vous pouvez d'abord passer par une école d'ingénieurs puis suivre un cycle spécialisé en techniques commerciales. Certaines écoles d'ingénieurs incluent une part de formation commerciale dans leur cursus d'ingénieurs. Vous pouvez aussi passer par une école de commerce. À vous ensuite de posséder les compétences techniques du ou des produit(s) que vous devez vendre.

Rémunération

Bien souvent, le salaire d'un ingénieur commercial est composé d'une partie fixe et d'une partie variable. Cette dernière fluctue selon le nombre de contrats conclus avec des entreprises clientes. Comptez tout de même autour de 3300 euros.

MARINE, MARKETEUR RÉGIONAL

Marine, 34 ans, est marketeur régional chez EDF. Après son Bac, elle a intégré un IUT techniques de communication, puis une école de commerce.
Son métier consiste à déployer des nouvelles offres électricités et des services auprès des commerciaux, ainsi que les politiques commerciales associées. Marine a également en charge l'animation et le suivi de campagnes et l'appui des commerciaux pour l'élaboration de leurs offres. Mission qui n'est pas sans exiger un sens relationnel aigu, de la rigueur et de l'écoute.
Ce que Marine préfère dans ses multiples tâches est le contact permanent avec les forces de vente, cependant, elle nous confie : *« Je suis porte-parole local de décisions nationales et souvent les vendeurs n'ont que moi pour se défouler quand ça ne leur plaît pas... »*
Marine gagne 30000 euros annuels bruts.

MANAGER DE CENTRE DE PROFIT

Ses missions

Le manager de centre, ou directeur d'un centre de profits, gère l'antenne régionale d'une entreprise spécialisée en VPC (vente par correspondance). Plus ou moins autonome quant à la gestion de son centre, ce manager doit animer sa force des ventes, commerciaux et chauffeurs-livreurs compris. Il possède donc, lui-même, une expérience de commercial de terrain en plus de notions de gestion et techniques managériales. Il sait que le suivi d'un produit et des clients est presque aussi important que la vente elle-même!

Sa formation

Un niveau d'études Bac+5 en commerce est préférable.

Rémunération

À partir de 3000 euros environ.

MERCHANDISER

Ses missions

Tous les produits présents sur les linéaires des grandes surfaces ne sont pas disposés par hasard. Visibilité et attractivité: les deux maîtres mots d'un bon emplacement ont débouché sur la création d'un métier à part entière, celui de *merchandiser*. Le *merchandiser* ne sillonne pas seulement les allées des grandes surfaces pour s'assurer de la qualité des emplacements. C'est une partie, mais seulement une petite partie de son travail. Sa tâche essentielle consiste à analyser au plus près l'attitude des consommateurs. Les produits n'obéissent pas à la même logique de consommation. Pour le chocolat, par exemple, le client choisira en fonction de la marque, en revanche, pour du papier toilette, il achètera par paquets de 6 ou 12. Dans ce dernier cas, la prime sera donnée aux paquets les plus facilement accessibles.

Sa formation

Une formation commerciale avec de bonnes bases en marketing (BTS ou diplôme type écoles de commerce).

Rémunération

Entre 1700 et 2800 euros bruts mensuels.

RESPONSABLE DE SECTEUR

Ses missions

Le meilleur ami du responsable de secteur s'appelle la voiture. En effet, il accomplit chaque mois quelques milliers de kilomètres. Selon son domaine d'activité, il fait le tour des magasins, des grandes surfaces, des entrepôts. Premier objectif et non des moindres : s'assurer de la présence des produits. Le chef de secteur vérifie aussi la présentation des produits. Quand la situation l'exige, il ne se prive pas de faire des suggestions au chef de rayon. Quand des opérations de promotions sont montées autour de ses produits, il veille encore plus à la défense de sa marque.

Sa formation

Formation commerciale niveau Bac+2/3 ou écoles de commerce en plus d'une première expérience de terrain.

Rémunération

À partir de 2300 euros environ.

RESPONSABLE EXPORT À L'INTERNATIONAL

Ses missions

Grâce à la parfaite connaissance de la zone géographique dont il a la charge, ce cadre commercial contribue à développer les ventes de son entreprise à l'étranger. Souvent responsable de ses dossiers (du premier contact à la livraison finale des produits), il analyse les besoins des clients, prépare les propositions commerciales, négocie les contrats et traite les commandes. Il est au minimum bilingue anglais et a de solides notions en droit commercial et en fiscalité internationale. Garant de l'image de l'entreprise, il peut être amené à régler des problèmes logistiques et financiers.

Sa formation

Diplômes Bac+5 (Master pro, MBA) d'une école de commerce ou de l'Université. Cependant, les titulaires de BTS ou BUT peuvent aussi prétendre à ce poste, à condition d'avoir une expérience significative de la fonction et une connaissance du secteur et des produits.

Rémunération

Plus de 3000 euros avec deux ans d'expérience.

RESPONSABLE GRANDS COMPTES/COMPTES CLÉS

Ses missions

Le responsable comptes clés possède une place décisive dans sa société : c'est lui le responsable du développement des clients stratégiques, les plus gros clients de l'entreprise ! Il doit alors partir à la conquête d'un portefeuille de clients sélectionnés avec soin et les fidéliser. Son objectif final est de veiller à leur satisfaction totale. Du coup, il doit constamment négocier les contrats dans une perspective partenariale fiable, constituer et animer des équipes multidisciplinaires, planifier et coordonner les différentes actions à entreprendre pour mener à bien sa mission.

Sa formation

Vous pourrez, avec quelques années d'expérience et après avoir fait vos preuves en sortant d'une école de commerce, accéder à ce poste. Ici, on préfère les titulaires d'un Bac+5.

Rémunération

À partir de 3 500 euros.

TÉLÉVENDEUR

Ses missions

Rien à voir avec le télémarketing. C'est important de le préciser, car certains, sous prétexte qu'ils ont massivement tâté du télémarketing (réactualisation de fichiers, prise de rendez-vous...), sont persuadés qu'ils seront automatiquement de bons télévendeurs. Or leurs missions diffèrent profondément : tandis que le télémarketing propose, la télévente cherche à vendre, tout au moins à prospecter de futurs clients. Autant dire que l'usage du téléphone doit être parfaitement maîtrisé, à charge pour chaque télévendeur de savoir moduler son ton en fonction des interlocuteurs.

Sa formation

Tout au plus un Bac+2 si possible à caractère commercial, et surtout une bonne aisance à l'oral.

Rémunération

Le Smic.

VENDEUR EN MAGASIN

Ses missions

Dans beaucoup de structures, on accorde du crédit aux vendeurs de base qui ont fait leurs preuves au quotidien. Pour les métiers de la vente en général et pour celui-ci en particulier, une présentation irréprochable est nécessaire. Parfois, il faut également justifier d'une bonne pratique d'une langue étrangère. Les vendeurs sont partout, de la petite droguerie du coin au magasin de luxe de l'avenue Montaigne. Dans chaque endroit, les intéressés doivent être capables d'épouser un certain style de comportement. Cette exigence n'a l'air de rien, elle est en réalité capitale. Parce que le vendeur est au contact immédiat du client, il est en quelque sorte le premier ambassadeur du magasin. Il a donc pour mission non seulement de lui vendre quelque chose mais aussi de chercher à le fidéliser. Dès lors, la passerelle qui mène au conseil est vite franchie. D'ailleurs, certaines entreprises n'hésitent pas à parler de leurs vendeurs et vendeuses comme des conseillers et conseillères de vente.

Sa formation

Bac à Bac+2 même si parfois aucun diplôme en particulier n'est demandé.

Rémunération

Le salaire de base est équivalent au Smic, mais il est lié pour une bonne part au standing de l'entreprise ou du magasin.

ALEXANDRA, RESPONSABLE D'UNE BOUTIQUE COMPTOIR DES COTONNIERS

Aussi loin que remonte sa mémoire, Alexandra a toujours aimé la mode, les vêtements, les accessoires et le contact humain. C'est donc tout naturellement qu'elle a souhaité faire carrière dans le milieu du prêt-à-porter.
Elle est responsable d'une boutique de prêt-à-porter femme et enfant et nous fait part des exigences de son métier : « *Une vendeuse se doit toujours d'être impeccable, pas question de venir travailler avec un aspect négligé sans pour autant être montée sur des talons aiguilles ! Une bonne vendeuse doit être accueillante sans ostentation, savoir conseiller selon le look et les formes de la cliente. Mais nous ne travaillons pas pour la gloire, par conséquent on doit également savoir faire des ventes "additionnelles" : vendre le petit pull qui va avec le pantalon ou la ceinture avec la robe, etc. Reste qu'en matière de vente, on propose et la cliente dispose !* »
Alexandra a également été propriétaire de sa propre boutique, elle nous expose les grandes différences qui existent entre être sa propre patronne et être salariée : « *Ce qui peut manquer est de ne pas choisir la collection que l'on va vendre, avant je choisissais mes marques, mes modèles, dorénavant tout est imposé, des collections aux vitrines. Cependant, même si nous avons des objectifs à atteindre, j'ai beaucoup moins de préoccupations, je ne pense plus aux emprunts, aux découverts à la banque...* »

VENDEUR EXPORT

Ses missions

Avant toute chose, on exige la maîtrise parfaite d'au moins une langue étrangère. Le vendeur export, sous les ordres d'un responsable de zone export, est chargé de visiter ses clients ou de prospecter à l'international de nouveaux clients. En d'autres termes, c'est un commercial à l'international. Au-delà des compétences linguistiques du candidat et au cas où il s'agit d'un vendeur confirmé, les entreprises veilleront à ce que son portefeuille de clients soit en adéquation avec le marché visé.

Sa formation

Il a un profil Bac+5 d'une grande école de commerce ou Master (administration et échanges internationaux, par exemple).

Rémunération

À partir de 2700 euros pour un débutant.

VOYAGEUR REPRÉSENTANT PLACIER (VRP)

Ses missions

Qu'elles les nomment agent ou attaché commercial, peu de sociétés peuvent se passer de leurs services. À la différence du commercial exclusif, le VRP est « propriétaire » de sa clientèle et doit donc percevoir une indemnité en cas de licenciement, ce qui peut coûter très cher à un employeur. On distinguera deux statuts différents : le VRP exclusif qui travaille en tant que salarié pour un seul employeur et le VRP multicartes qui travaille pour au moins deux employeurs différents. Finalement, le VRP est un agent commercial indépendant.

Sa formation

Bac pro commerce, vente (prospection, négociation, suivi de clientèle) ; BTS négociation et digitalisation de la relation client ; écoles commerciales ou de vente.

Rémunération

En matière de rémunération, les VRP peuvent toucher un fixe, avec prise en charge des frais par l'entreprise, ou être payés à la commission sur le chiffre d'affaires avec remboursement forfaitaire des frais. Il est clair que c'est en fonction de sa motivation et de son talent qu'il pourra atteindre un salaire parfois alléchant. Outre le sens du contact, un carnet d'adresses bien rempli sera un allié précieux.

POUR EN SAVOIR PLUS

Quelques ouvrages parus aux éditions Studyrama, collection « Guides J » :
- *Les métiers de la finance*;
- *Les métiers du tourisme et de l'hôtellerie-restauration.*

COMMUNICATION

ASSISTANT DE COMMUNICATION

Ses missions

Au sein du service communication, l'assistant de communication s'occupe de la rédaction et de la diffusion de supports de communication (présentations de l'entreprise, dépliants, PowerPoint, dossiers de presse, affiches...) de l'organisation matérielle et de la logistique des manifestations en lien avec les partenaires internes et externes à l'entreprise.

Selon la taille de la structure, il peut exécuter des tâches pouvant être confiées aux attachés de presse. Il réalise ainsi des revues de presse, tient également à jour les fichiers des journalistes, répond aux demandes d'information écrites ou orales du public, d'institutions ou des médias.

Sa formation

Pour devenir assistant de communication, il est possible d'effectuer un BTS Communication, un BUT information communication ou bien une Licence en Information-Communication, entre autres. Suivre une formation allant jusqu'au Bac+5 dans une école spécialité en communication est également possible.

Rémunération

Un assistant de communication débutant gagne environ 1 800 euros bruts par mois. Avec le temps, l'assistant peut espérer jusqu'à 2500 € bruts par mois.

CONSULTANT

Ses missions

Le champ d'action du consultant dépend de sa propre expertise des besoins de l'entreprise. Tout commence souvent pour lui par un audit (interviews du personnel de l'entreprise, par exemple). Il en établit une synthèse, reformule éventuellement la question du client si les lignes de fracture qu'il découvre ne sont pas celles posées par lui. Il repose les objectifs de communication et aboutit à des recommandations opérationnelles du type *« Voici ce qu'il faudrait faire... »*. Ses facultés d'analyse et de synthèse, sa résistance au stress, sa diplomatie et sa grande rigueur, ainsi que ses facilités à s'exprimer à l'oral comme à l'écrit et surtout ses trésors de conviction sont ses principales qualités.

Sa formation

Master en communication ; IEP avec une spécialisation ; écoles de commerce... Il commence souvent comme assistant. Pour les spécialistes financiers, un IEP spécialisé dans la finance, un Master de finances...

Rémunération

À partir de 3100 euros bruts mensuels environ. Toutefois, lors de votre premier emploi, vous serez peut-être embauché comme assistant de communication, vous gagnerez alors aux environs de 1 800 euros.

CONSULTANT : UN MÉTIER À MULTIPLES FACETTES

Après une maîtrise (aujourd'hui Master) d'histoire contemporaine, option information et communication précédée d'un stage pour l'Observatoire des médias en fin de Licence, Pascale a effectué un contrat de qualification (aujourd'hui appelé « contrat de professionnalisation ») au CFPJ qui lui a permis de devenir documentaliste spécialisée dans les médias avec plusieurs stages réalisés dans ce secteur.

Aujourd'hui consultante en agence de communication corporate (avec beaucoup de campagnes d'information d'intérêt général, campagnes dites « citoyennes » comme pour le Fonds social européen ou les métiers autour de la personne âgée), Pascale travaille sur les projets avant qu'ils soient achetés par leurs futurs clients : *« C'est du planning stratégique. On travaille sur un concept de communication, une idée stratégique qui va nous permettre de proposer un projet complet et cohérent. Avec les outils qui vont avec (média, édition, site web, relations presse...). Ce qui est intéressant dans cette phase c'est qu'on peut tout imaginer ! et on travaille avec des gens très différents : créatifs, média planners, attachées de presse, marketeurs... C'est un métier où l'on écrit beaucoup. »*

Elle ajoute : *« Dans le cadre de mon travail, je gère également des clients. Cet aspect "relation client" permet de bien sentir les besoins du marché. Car à force de faire du développement, on risque de perdre "le sens du terrain". Le métier de consultant revêt alors deux aspects : un aspect conseil auprès du client, comment garantir la cohérence et la force de la marque ? Être capable de proposer de nouvelles actions qui vont enrichir la marque sur son marché, par rapport aux concurrents ; et un aspect plus opérationnel : être chef d'orchestre pour tous les outils à créer (gérer les équipes de production : média, édition, web...). »*

Ce métier demande un grand sens de l'écoute autant interne (pour faire la synthèse des bonnes idées) qu'externe, une curiosité au sens large (garder l'œil ouvert, voir des expos, lire...), de la réactivité, de l'autonomie et de la souplesse. Il permet de traiter une grande diversité de sujets et un apprentissage quotidien de nouveaux outils. Cependant, selon Pascale, *« la difficulté à bien vieillir dans un milieu particulièrement jeune peut poser des problèmes... ».*

Pascale gagne 4 000 euros bruts par mois.

DIRECTEUR DE LA COMMUNICATION

Ses missions

Voici un communicant qui connaît la musique puisqu'il en est à la fois le co-compositeur et le chef d'orchestre. Co-compositeur, pour son rôle de stratège. C'est le directeur de la communication qui définit, avec la direction ou l'élu, les objectifs de communication et le plan de bataille à mettre en œuvre pour les atteindre. Chef d'orchestre, car il doit mener ses collaborateurs vers la cohérence et l'harmonie. Le « dircom » chapeaute tous les services : communication interne, externe et prestataires.

Ses contributions en matière de communication de crise, de lobbying, de recrutement et même de communication du président sont moins sollicitées. Mais il reste le garant incontesté de l'image et donc le maître de la communication institutionnelle.

Sa formation

Université mais aussi des grandes écoles de commerce. Les IEP, le CELSA, les Licences (économie, littérature, ou droit) complétées par un Master en communication sont appréciés. Mais avant de briguer la tête de la communication, le prétendant devra faire ses armes: comme directeur d'agence, par exemple, ou dans l'entreprise, à d'autres postes, de communication ou autres (marketing, DRH...).

Rémunération

Le salaire d'un directeur de la communication varie considérablement en fonction de la taille et de l'importance de sa société, ainsi que de son âge, souvent le signe d'une carrière aboutie. Compter tout de même entre 5800 euros en moyenne dans une petite entreprise et plus de 10000 euros dans une grande société, avec une expérience conséquente.

HEAD OF COMMUNICATION

Julien P., 42 ans, est directeur de la communication dans une entreprise de télécommunications, il a initialement suivi l'ESSCA d'Angers (École supérieure des sciences commerciales d'Angers). Aujourd'hui à la tête d'un service de communication, son poste recouvre différentes missions: créer une copy stratégie et valider le positionnement publicitaire de la marque, définir et développer la plate-forme de communication, valider les créations publicitaires avec les agences de communication (aspect créatif), construire les plans média avec les agences média de l'entreprise, gérer les relations publiques, développer tous les outils/actions hors média (édition, multimédia, sites Internet, événements, salons, séminaires, promotions, launch pack), déployer tous les plans dans l'ensemble des filiales à l'international, présenter et valoriser tous les plans de communication en interne et auprès de leurs clients! Comme vous pouvez le constater, les journées de Julien sont bien remplies et ne laissent pas de place à la monotonie.
Julien apprécie tout particulièrement *«d'être au cœur de la stratégie de l'entreprise et la richesse et la variété des interlocuteurs: en interne, les ingénieurs production et R&D, les directions commerciales, les services financiers et juridiques et en externe les clients, les agences, les médias... la dimension internationale du poste est également un des aspects les plus intéressants du métier.»*
Cependant, il regrette *«d'être en permanence dans l'urgence et la difficulté à vendre ses projets de communication dans les cultures d'entreprise fortement orientées vers la technique ou le commercial.»*
Pour finir, Julien donne quelques conseils à ceux qui veulent s'engager dans cette voie: *«Il faut une bonne capacité à résister à la pression et à travailler dans des délais très courts. Les attentes sont fortes sur des profils très spécialisés avec une vraie expertise technique. Le marché de l'emploi est très concurrentiel sur les métiers de la communication et il est extrêmement difficile de changer de secteurs d'activité d'où l'importance du choix de l'entreprise et de la branche pour son premier emploi. Enfin, il est indispensable de maîtriser toutes les technologies de l'information (internet, téléphonie mobile, TV). Les*

profils possédant une double expertise technologique/communication ont un avantage évident pour bien préparer l'avenir. Notez également que pour travailler dans ce secteur, il est conseillé de débuter par une expérience de 2-3 ans dans le commercial et que la très bonne maîtrise de l'anglais est incontournable. »
Julien gagne 90 000 euros par an.

MÉTIERS CRÉATIFS

La création constitue la carte de visite, la vitrine de l'agence de communication. Nous vous présentons ci-dessous les principaux métiers ayant trait à la création dans cette agence.

Concepteur-rédacteur: savoir trouver le mot juste, traduire la pensée de l'annonceur, mettre des mots sur une idée, trouver la formule magique: telles pourraient être quelques-unes des définitions du poste de concepteur-rédacteur. Son travail effectué, il doit soumettre et faire accepter son texte, que l'on appelle « body copy » dans le jargon des publicitaires. Puis, à l'aide de son alter ego, le directeur artistique, il doit illustrer au mieux son slogan.
Formation: BTS communication, mais ce n'est qu'un exemple.

Directeur artistique: sa fonction est indissociable de celle du concepteur-rédacteur. Si l'un se consacre au texte et au message, l'autre s'occupe en effet du visuel. Sans la réussite du travail de l'un, point de salut pour le travail de l'autre. Au concepteur-rédacteur de trouver le slogan, au directeur artistique d'en imaginer l'ambiance et d'en illustrer l'histoire. À l'aide de différents logiciels (X-Press, Illustrator, etc.), il doit mettre en scène et en images une idée... en respectant évidemment les contraintes budgétaires imposées.
Formation: école de graphisme ; Beaux-Arts.

Directeur de la création: souvent issu d'une formation beaux-arts ou arts déco, il est chargé de superviser le travail du directeur artistique et du concepteur-rédacteur.
Formation: école de graphisme ; Beaux-Arts.

Illustrateur: personnages naïfs ou stylisés, ambiance design ou « cartoon », graphisme ultra-travaillé ou dépouillé à l'extrême... À chacun son style. On ne fera donc pas appel au même illustrateur suivant qu'il s'agit de promouvoir une voiture familiale ou une boisson destinée aux adolescents.
Formation: école d'art.

Maquettiste: il intervient, pour ainsi dire, en bout de chaîne, c'est-à-dire lorsque tous les éléments de l'affiche ou de l'annonce presse ont été déterminés. Œuvrant en étroite collaboration avec le duo concepteur-rédacteur/directeur artistique (et aussi

parfois avec le directeur typo), il est chargé de réunir et d'assortir harmonieusement le texte et le (ou les) image(s). Il travaille évidemment sur ordinateur, ce qui implique une parfaite maîtrise des différents logiciels de PAO (publication assistée par ordinateur).
Formation: école de graphisme; école d'art; DNA option communication ou option design; DN MADE mention graphisme ou mention numérique.

Roughman: pour en reprendre la traduction littérale, le travail de ce professionnel du dessin publicitaire consiste à effectuer des croquis et des ébauches de la future campagne. S'il travaille dans l'audiovisuel, il troque son titre de *roughman* pour celui de *story-boarder*: on lui demande alors d'esquisser entre une dizaine et une vingtaine de plans afin d'illustrer le scénario.
Formation: école d'art; DN MADE mention graphisme.

UN TRAVAIL DE GUIDE

Philippe, roughman: «*Selon l'expression consacrée, nous devons souvent rendre nos croquis pour... la veille! Nous ne disposons que de très peu de temps pour travailler. Un bon* roughman *doit être à la fois rapide d'esprit, il ne dispose d'aucun droit à l'erreur pour ce qui est de la compréhension du message à faire passer, et rapide dans l'exécution de ses dessins car les délais à tenir sont très courts. "L'artiste" qui sommeille en chacun de nous doit s'effacer au profit de la demande. Nous ne sommes pas là pour réaliser une œuvre d'art mais pour satisfaire les exigences du client. Attention, cela ne signifie pas pour autant que notre mission se résume à la simple fonction de "porte-plume" du directeur artistique ou du directeur de création. Même s'il est vrai que nous devons illustrer au mieux leur idée, il ne faut pas oublier que ce sont nos dessins qui serviront de colonne vertébrale à la réalisation de la future publicité, en guidant le travail du photographe ou du réalisateur.*»

RESPONSABLE DES RELATIONS INTERNES

Ses missions

Le chargé de relations internes (CRI) est un peu le «Charlot des Temps modernes», vérifiant que le système ne se grippe pas. Bien entendu, pas question de se laisser happer par la machine... Sa mission est triple: il informe le personnel des grandes orientations et évolutions décidées par les dirigeants de façon à ce qu'il les comprenne et se sente partie prenante; il prend également le pouls de l'entreprise ou de la collectivité afin d'éviter les crises et dénouer les incompréhensions; enfin, il cultive le sentiment d'appartenance, en favorisant le dialogue, voire la convivialité. Pour cela, il a besoin de créer et de faire fonctionner son réseau de communication interne et de s'appuyer sur des outils comme le journal interne ou les messageries électroniques...

Sa formation

Un Bac+5 permet d'accéder rapidement à un poste à responsabilités. Beaucoup de responsables des relations internes ont une formation en journalisme ou en sociologie... Les jeunes diplômés possèdent plus souvent un diplôme de communication. Les études en ressources humaines (Master organisations et management des ressources humaines, par exemple) et les diplômes d'études d'écoles supérieures de commerce sont naturellement très prisés.

Rémunération

À partir de 2300 euros pour un jeune diplômé.

RESPONSABLE DES RELATIONS PUBLIQUES

Ses missions

Rattaché au directeur de la communication, il assure la mise en œuvre des politiques tournées vers l'externe. Il chouchoute tous les publics: médias, grand public, fournisseurs, prospects, groupements professionnels, banques, pouvoirs publics... Il fait passer les messages de sa structure et recueille ceux que lui adresse l'extérieur. On compte sur lui pour l'organisation d'événements: salons, festivals, conventions, campagnes d'affichage... Il travaille alors main dans la main avec les commerciaux et les professionnels du marketing. Le responsable des relations extérieures, notamment dans les entreprises d'envergure, prend souvent l'avion pour visiter les unités étrangères et coordonner leur communication externe. Il est également en contact avec les prestataires: c'est lui qui rédige le cahier des charges pour les agences et s'occupe du suivi de leurs services.

Sa formation

Écoles de commerce et formations généralistes (droit, économie...) si elles sont complétées par une spécialisation en communication; diplôme d'IEP; Licence d'information-communication; Licence professionnelle métiers de la communication; Master communication des organisations.

Rémunération

À partir de 2000 euros environ pour un débutant selon qu'il travaille dans le secteur public ou le privé.

RESPONSABLE DU SERVICE PRESSE

Ses missions

Pour informer et intéresser le journaliste, l'attaché de presse rédige des communiqués, des dossiers de presse, organise des conférences, des voyages ou des petits-déjeuners de presse. Son objectif: faire parler en bien du produit, de l'entreprise, de l'homme qu'il représente, sans jamais tomber dans la publicité. En entreprise notamment, les responsabilités de l'attaché de presse dépassent bien souvent les simples contacts presse : il fait des relations publiques, voire de la communication interne, des rapports d'activité, du sponsoring ou de l'analyse de presse...

Sa formation

Bac+3 minimum. Une solide culture générale complétée par une spécialisation en communication semble aujourd'hui la voie royale. Les écoles de journalistes sont toujours très appréciées mais tous les profils sont permis (langues, lettres, droit, Sciences Po...).

Rémunération

À partir de 3000 euros bruts mensuels en moyenne.

POUR EN SAVOIR PLUS

Quelques ouvrages parus aux éditions Studyrama, collection « Guides J » :
- *Les métiers de la communication et du marketing*;
- *Faire du journalisme son métier.*

Afin de vous informer sur le marché de la communication, nous vous conseillons les deux sites internet suivants :
- www.strategies.fr : site du magazine dédié au marketing, à la communication et aux médias ;
- www.cbnews.fr : portail de la communication et des médias.

COMPTABILITÉ GESTION

AIDE-COMPTABLE/COMPTABLE

Ses missions

Tout comme le comptable unique, l'aide-comptable et le comptable ont en charge l'application des obligations légales en matière de comptabilité. Les missions à accomplir divergent néanmoins en raison des besoins liés à l'activité d'une entreprise plus importante. Le comptable est spécialisé dans des domaines précis: comptable clients (enregistrement des factures et procédures de recouvrement), comptable fournisseurs (vérification, imputation et enregistrement de l'ensemble des factures fournisseurs), comptable analytique (pour déterminer les centres de profit, le prix de revient et le chiffre d'affaires par produit, pour établir les prévisions budgétaires et les procédures de contrôle), comptable exportation, expert en consolidation... Il existe autant de spécialités que le nécessitent la charge de travail, l'activité de l'entreprise et l'organisation du service.

Sa formation

Un niveau Bac+2 minimum en comptabilité-gestion est exigé par les employeurs.

Rémunération

Le salaire mensuel brut d'un comptable débutant titulaire d'un Bac+2 est compris entre 2000 et 3000 euros en moyenne. Compter entre 1700 et 2000 euros en tant qu'assistant comptable.

AUDITEUR

Ses missions

Le service d'audit interne est davantage appréhendé comme un service de consultant interne que comme un outil de contrôle. Une entreprise qui met en place un plan d'audit cherche en général à s'assurer de l'efficacité de ses services. C'est dans l'évaluation de l'efficacité des méthodes, dans la remontée des informations en cas de décentralisation et dans le respect des procédures que l'on place en premier lieu les objectifs du service d'audit. On distingue trois tâches essentielles pour le service d'audit interne: l'audit opérationnel, l'audit des procédures et l'audit comptable et financier.

Sa formation

Diplômé d'écoles de commerce, cursus comptables ou formation universitaire de type Master comptabilité, contrôle, audit (CCA) / gestion et finance / contrôle de gestion...

Rémunération

De 2900 à 4000 euros en moyenne.

COMMISSAIRE AUX COMPTES

Ses missions

Il porte un second regard (après celui de l'expert-comptable) sur les comptes des entreprises de plus de 50 salariés, les sociétés par actions et les sociétés anonymes. Choisi par le conseil d'administration dans une liste d'assermentés, il contrôle la bonne tenue des comptes sur le plan légal, certifie leur véracité, puis livre ses résultats au conseil d'administration. Convoqué à la réunion du conseil d'administration qui clôture les comptes annuellement, il a le devoir, sous peine de sanctions disciplinaires ou pénales, de révéler les irrégularités ou les inexactitudes éventuellement débusquées lors de son enquête. Son rôle ne consiste donc pas en une simple relecture des conclusions de l'expert-comptable. Il est en droit, à n'importe quel moment de l'année, d'opérer les vérifications qui lui semblent opportunes.

Sa formation

L'accès à la profession de commissaire aux comptes est possible par deux voies complémentaires : l'une est ouverte aux titulaires du diplôme d'expert-comptable et l'autre passe par la réussite de l'examen d'aptitude à la profession de commissaire aux comptes pour les titulaires d'un Master. Dans les deux cas, les candidats doivent accomplir un stage professionnel d'une durée de deux ou trois ans chez un commissaire aux comptes.

Rémunération

Le salaire d'un commissaire aux comptes oscille entre 2500 et 4200 euros bruts mensuels en fonction de l'expérience.

COMPTABLE UNIQUE

Ses missions

Choisir d'être comptable unique revient à rejoindre l'univers de la petite et moyenne organisation. Proche du gérant ou du directeur général, sa mission est de couvrir le champ des opérations comptables, fiscales et financières de l'entreprise : comptabilité clients et fournisseurs, comptabilité des immobilisations, gestion de trésorerie et suivi des comptes bancaires, arrêté des comptes jusqu'au bilan. Une part des tâches administratives lui incombe : la paie, la gestion des stocks.

Sa formation

BTS comptabilité et gestion et BUT gestion des entreprises et des administrations option gestion comptable et financière (GEA GCF) sont très prisés.

Rémunération

Le salaire mensuel brut d'un comptable unique est compris entre 2300 et 2800 euros.

CONSOLIDEUR

Ses missions

Le consolideur est un comptable qui s'est spécialisé dans un domaine très précis, celui de la consolidation... Les comptes de consolidation sont plus complets que les comptes annuels au regard de trois domaines qui sont le patrimoine, la situation financière et le volume du chiffre d'affaires. C'est l'ensemble du patrimoine qui doit être décrypté derrière l'ensemble des unités. Par exemple, si une entreprise possède deux bâtiments pour ses propres locaux, et que, dans le même temps, elle est propriétaire d'une autre entreprise qui possède du matériel, il faut prendre en compte le tout et pas seulement les deux bâtiments. Si la logique est simple, la pratique peut néanmoins s'avérer assez compliquée.

Sa formation

Posséder un haut degré de technicité, acquise en CCA (comptabilité, contrôle, audit), DSCG (diplôme supérieur de comptabilité et gestion) ou DCG (diplôme de comptabilité et gestion). La connaissance des normes internationales est indispensable.

Rémunération

De 2500 à 3000 euros.

CONTRÔLEUR DE GESTION

Ses missions

Le contrôleur de gestion est soit rattaché au directeur financier, soit au directeur général. Ces deux supérieurs hiérarchiques potentiels lui demandent de définir les objectifs de l'entreprise, non pas sur le plan stratégique mais au niveau opérationnel. Il élabore ensuite les budgets, la base du métier étant de s'assurer de l'adéquation entre le budget et les objectifs fixés. Par ailleurs, le contrôleur repère les moyens financiers et techniques permettant d'atteindre ces objectifs.

Sa formation

Diplômé d'écoles de commerce ou détenteur d'un Master comptabilité-contrôle-audit (CCA), d'un DCG (diplôme de comptabilité et gestion) ou d'un DSCG (diplôme supérieur de comptabilité et gestion). Un minimum de deux ans d'expérience est nécessaire.

Rémunération

À partir de 2600 euros pour un débutant.

EXPERT-COMPTABLE

Ses missions

L'expert-comptable travaille le plus souvent en libéral. Il certifie les comptes des entreprises. Il appose sa signature au bilan de l'entreprise, ce qui signifie qu'il se porte garant de la véracité des procédures comptables qui sont appliquées par celle-ci. Ses qualifications en comptabilité ainsi que sa haute technicité lui octroient ce privilège de déclarer le bon ou le mauvais, et le cas échéant, de conseiller des modifications. Les tâches traditionnelles à effectuer sont les suivantes : tenue (ou mise en place) et suivi de la comptabilité d'une part, établissement des comptes d'autre part. Néanmoins, les logiciels comptables réduisent le temps consacré à ces missions, de plus en plus souvent déléguées à des collaborateurs.

Sa formation

Diplôme d'expert-comptable (DEC) de niveau Bac+8 dont trois ans de stage.

Rémunération

De 2500 à 4000 euros en moyenne. Cependant, un expert-comptable expérimenté peut toucher jusqu'à 10000 euros bruts mensuels.

RESPONSABLE *REPORTING*

Ses missions

Le *reporting* est l'ensemble des documents transmis périodiquement au dirigeant d'une entreprise par chacun des responsables d'unités. Ces documents présentent des indicateurs standardisés pour une vision synthétique et permettent de vérifier le bon fonctionnement de l'unité considérée.

Le *reporting* est commun à toutes les branches de l'entreprise, ce qui explique que la dominante financière y est privilégiée. La bonne image de l'entreprise est en partie liée à cet ingrédient qu'est le *reporting* et qui sert les intérêts de la sphère financière en évitant l'opacité de la gestion des dirigeants d'entreprise. Outre cette responsabilité d'information externe, le *reporting* a un rôle d'information interne. En effet, il possède des vertus structurantes en ce qu'il autorise la comparaison entre les différentes unités du groupe.

Sa formation

DCG (diplôme de comptabilité et gestion), Master comptabilité, contrôle, audit (CCA) ou encore diplôme d'IEP, école de commerce et de gestion, droit, fiscalité, complétée par une formation en finance, comptabilité, audit.

Rémunération
À partir de 2500 euros bruts environ. Le salaire d'un responsable *reporting* ayant une dizaine d'années d'expérience peut cependant dépasser 6300 euros bruts.

SECRÉTAIRE COMPTABLE

Ses missions
La secrétaire comptable (ce sont majoritairement des femmes que l'on trouve à ce poste) remplit sans aucun doute les fonctions d'une secrétaire polyvalente classique. Elle tape le courrier, les rapports et s'occupe de prendre des rendez-vous. Cependant, sa caractéristique essentielle consiste à participer à la mission comptable. Son rôle varie suivant sa position : elle peut être attachée à un service comptable (le plus souvent auprès du chef comptable) ou bien à la direction – comme cela arrive généralement dans les PME de petite taille.

Sa formation
Bac à dominante gestion-finance, puis BTS comptabilité et gestion.

Rémunération
Le salaire brut moyen se situe autour de 1 800 euros.

POUR EN SAVOIR PLUS

Vous pouvez consulter *Les métiers de la finance* aux éditions Studyrama, collection « Guides J ».

Deux sites internet sont intéressants à consulter :
• www.experts-comptables.fr : site du Conseil supérieur de l'ordre des experts-comptables ;
• www.cncc.fr : site de la Compagnie nationale des commissaires aux comptes.

CRÉATION
DESIGN

ANIMATEUR 2D/3D

Ses missions

Insuffler la vie à un personnage : telle est la fonction de l'animateur. Il doit être à la fois un excellent dessinateur et être rompu à toutes les techniques de l'animation. Dans un film, vingt-quatre images défilent par seconde. Il doit donc faire évoluer les gestes de ses héros en fonction de ce rythme. C'est grâce à son talent que le personnage bouge avec fluidité et parle avec naturel. L'animateur travaille en effet sur toutes les parties du corps, il doit animer les lèvres, les mains, les pieds, faire cligner les yeux, bref créer un personnage aussi réel que possible dans ses attitudes.

Sa formation

L'animation exige une excellente formation. Les Gobelins, l'ENSAD à Paris, l'école Émile-Cohl à Lyon, l'EMCA à Angoulême proposent de solides formations. Avec un bon diplôme en poche, vous pourrez accéder aux studios de création des maisons de production et réaliser des films d'animation pour la télévision ou le cinéma.

Rémunération

Compter environ 2 000 euros en moyenne, pour débuter.

ARCHITECTE

Ses missions

Le métier d'architecte commence par une étude de faisabilité qui prend en considération les impératifs économiques, la réglementation de la construction, le choix des matériaux (verre, bois, béton...) et les caractéristiques du terrain (bruit, sécurité...). Cette étude permet d'élaborer des esquisses et d'aboutir à un avant-projet détaillé (APD) qui sert de base à la demande du permis de construire. Une fois le projet adopté et le permis obtenu, il faut dessiner les plans d'exécution à l'aide de logiciels spécialisés, puis monter un dossier comportant toutes les indications techniques. Lorsqu'ils en ont la responsabilité, les architectes sélectionnent les entreprises de BTP et négocient les prix. Enfin, ils assurent les visites de chantier et établissent les comptes rendus des travaux. Si l'architecte est maître d'œuvre, il conçoit et réalise.

Sa formation

Le diplôme d'État d'architecte s'obtient en cinq années d'études après le Baccalauréat, dans une école nationale supérieure d'architecture (ENSA), au sein de l'Institut national des sciences appliquées (INSA) ou de l'École spéciale d'architecture de Paris (ESA). L'architecte souhaitant réaliser des projets sous sa propre responsabilité doit suivre un cursus supplémentaire d'un an pour obtenir une HMONP (habilitation à l'exercice de la maîtrise d'œuvre en son nom propre).

Rémunération
Le salaire mensuel d'un architecte débutant dans une agence est de 2200 euros bruts environ. Ce chiffre peut atteindre 6000 euros en fonction du statut (indépendant), de l'expérience et de l'importance de la clientèle.

ARCHITECTE D'INTÉRIEUR

Ses missions
Créateur avant tout, l'architecte d'intérieur joue avec les volumes, les décors, les couleurs, la lumière, en véritable esthéticien. Son métier consiste à façonner les lieux de vie, tant sur un plan esthétique que pratique. Ce métier exige donc des compétences à la fois artistiques et techniques. Il nécessite de fortes notions en dessin, un sens du contact développé et une culture solide en mobilier et en design.

Sa formation
Un DN MADE mention espace ou mention événement (Bac+3) ou un DSAA design mention espace (Bac+4). À Bac+5, 15 formations sont reconnues par le CFAI (Conseil français des architectes d'intérieur), notamment celles de l'ENSAD, de l'école Boulle, de l'ENSAAMA-Olivier de Serres ou encore celle de l'école Camondo.

Rémunération
À partir de 2300 euros.

FRANÇOIS GAILLARD, ARCHITECTE D'INTÉRIEUR ET DÉCORATEUR

François a opté pour une école privée d'arts appliqués après deux ans aux Beaux-Arts. *«En sortant de l'école, je me suis orienté vers l'architecture intérieure et la décoration. J'avais déjà réussi à vendre quelques toiles à un bar. Grâce au bouche-à-oreille, un gérant de discothèque m'a proposé de faire un mobile pour le mur extérieur de sa boîte de nuit. J'avais à peine 20 ans!»* Grâce à cette commande, François a acquis une certaine notoriété. Son style était déjà affirmé et correspondait à une certaine tendance des années 1980. *«J'ai ensuite réalisé la décoration intérieure de cette boîte de nuit. Je suis maintenant spécialisé dans les ERP (établissement recevant du public). C'est, à mon avis, le travail le plus enrichissant dans la communication visuelle car il requiert une réelle création. Lorsque vous décorez une boîte de nuit ou un bar, il faut être capable de créer un lieu qui soit dans l'air du temps. Il faut sentir la tendance tout en apportant votre touche personnelle.»*

CRÉATEUR OU DESSINATEUR DE BANDES DESSINÉES

Ses missions

De l'originalité ! C'est en effet la première qualité dont doit faire preuve le créateur ou dessinateur de BD. Il faut ensuite savoir construire une histoire. Elle doit être cohérente, crédible mais aussi captivante... Il suffit d'étudier les bandes dessinées qui connaissent un succès. La dernière case de la page de droite présente souvent le problème. On voit ainsi le héros surpris ou inquiet. C'est cette technique qui donne envie de tourner la page et de voir comment le héros va trouver la solution... Le créateur ou dessinateur de BD doit surtout posséder un excellent coup de crayon ! Le texte dans la bande dessinée est en effet secondaire. Le dessin doit être explicite en un clin d'œil et doit évoluer d'une façon logique d'une case à l'autre.

Sa formation

Les écoles d'Angoulême, l'école Emile-Cohl ou le CESAN dispensant dispensent une excellente formation pour apprendre les techniques de la BD.

Rémunération

Un créateur est le plus souvent rémunéré à la page et celle-ci est payée entre 150 et 350 euros selon les éditeurs. Compte tenu du temps passé pour l'élaboration du scénario, le dessin, la mise en couleurs, cette rémunération est souvent inférieure au Smic...

DÉCORATEUR

Ses missions

Il est, à sa façon, un metteur en scène dont le talent consiste à révéler la personnalité de ses clients. Pour créer une ambiance, le décorateur dispose et assemble mobiliers, revêtements, tentures... Il travaille généralement avec les architectes d'intérieur et décore l'espace en fonction d'un concept établi. Lorsqu'il travaille pour des particuliers, le décorateur apporte ses conseils, ses astuces et ses adresses.
Dans le théâtre, le cinéma et la publicité, sa tâche est plus importante. C'est lui qui a la charge d'effectuer les maquettes de décor à la lecture du projet.
Le domaine de la publicité est un peu plus contraignant pour un décorateur. Il travaille à partir des roughs (des esquisses qui représentent, scène par scène, comme un dessin animé, les différents plans du film publicitaire) et doit reproduire avec exactitude le décor représenté sur ces dessins.

Sa formation

Posséder un diplôme d'une école supérieure d'art aide à faire reconnaître sa valeur.

Rémunération
À partir du Smic, mais les variations sont importantes en fonction du statut (salarié ou intermittent) et de la renommée.

DÉCORATEUR-ÉTALAGISTE

Ses missions
Qui n'a jamais rêvé devant la vitrine d'un grand magasin à Noël? Qui n'a jamais cédé à la tentation du produit mis en valeur en tête de gondole? C'est le talent des décorateurs-étalagistes qui provoque parfois l'envie d'acheter. Grâce à leur mise en scène, n'importe quel produit standard devient unique, personnalisé.

Sa formation
Bac pro artisanat et métiers d'art, option marchandisage visuel; DN MADE mention espace ou mention événement; diplôme délivré par les chambres de commerce et d'industrie.

Rémunération
À partir du Smic pour un décorateur-étalagiste salarié. Les indépendants peuvent, quant à eux, faire rétribuer leurs services auprès de plusieurs clients et réussir à constituer un chiffre d'affaires plus intéressant: 3000 euros, par exemple, pour une agence qui fonctionne bien.

DESIGNER GRAPHISTE

Ses missions
Le bonhomme en pneu Michelin, le sigle de la BNP... Tous sont l'œuvre de graphistes. En publicité, le graphiste peut avoir à réaliser des logos, des images, de la typographie, du packaging... Grâce à lui, la marque se distingue de ses concurrentes et accède à une notoriété plus importante. En presse ou dans l'édition, son rôle sera de définir les principes graphiques d'une nouvelle collection. On peut également lui demander de réaliser la couverture d'un ouvrage, une affiche publicitaire ou même la charte graphique d'un logiciel...
Son champ d'activité est large et ses outils (peinture, palette graphique, photos, polices de caractères, logiciels spécialisés) sont variés. Le graphiste doit être à la fois un excellent dessinateur et un spécialiste de l'image, capable de synthétiser ou de développer une idée.

Sa formation
DN MADE mention graphisme, numérique, événement ou innovation sociale; diplômes des écoles d'art (DNA et DNSEP) ou encore Licence professionnelle graphisme et conception éditoriale.

Rémunération

À partir du Smic. Globalement, les salaires sont très disparates, ils varient selon le statut, le domaine d'activité et surtout l'expérience.

DESIGNER INDUSTRIEL

Ses missions

« Un objet ne doit pas simplement être utile, il doit aussi être beau. Notre fonction est de rendre attractif n'importe quel produit réalisé en série », explique un designer industriel. De nombreux paramètres entrent en jeu dans l'élaboration d'un objet industriel : contingences du marketing, ergonomie, fabrication et esthétisme. C'est pourquoi avant même de commencer à esquisser la ligne d'un nouveau produit, le designer industriel doit prendre en compte le fruit du travail des ingénieurs, des commerciaux et des industriels. Le coût de fabrication est sa contrainte prioritaire ; ce professionnel doit donc bien connaître les coûts des différents matériaux et de leur mise en fabrication. Une fois toutes les données en main, il présente sur dessin la ligne du nouveau produit. Après acceptation, une maquette en plastique moulé sera réalisée afin de donner l'idée de ce que sera le produit en trois dimensions. Et c'est après avoir franchi ce stade qu'un nouvel article naîtra en série dans les chaînes de fabrication.

Sa formation

Écoles d'art option design ou DN MADE mention objet.

Rémunération

Le salaire d'un jeune diplômé est de l'ordre de 1 800 à 2600 euros. Un designer confirmé peut toucher jusqu'à 3 800 euros bruts.

DESIGNER MANAGER

Ses missions

En tant que *designer manager*, vous êtes un expert, un véritable responsable de projet. Vous chapeautez une étude, gérez les relations clients et vous vous occupez des différentes phases de l'élaboration d'un produit. Dans une agence, vous ne prenez que très rarement le crayon, ce travail est en général dévolu aux créatifs de l'équipe, avec lesquels vous communiquez quotidiennement. Tel le « grand architecte » projet, vous en possédez une vision globale. Vous récoltez et redistribuez les infos nécessaires au « staff créatif », tout en prenant les responsabilités et les décisions qui s'imposent.

Sa formation

Bac+5 DSAA (design mention produit, diplôme de grande école). Dans le privé, les formations vont du BTS au DSAA. Les écoles nationales supérieures, comme l'ENSAD et l'ENSCI, proposent des cursus de 5 ans validés par un diplôme reconnu et unique à chaque école.

Rémunération
2300 euros bruts en moyenne pour un designer junior. Jusqu'à 4500 euros pour un manager.

DIRECTEUR ARTISTIQUE

Ses missions
Papier glacé et belles photos pour les magazines haut de gamme, gros titres en gras et colonnes de texte serré pour les journaux d'information... D'un seul coup d'œil, le lecteur sait quels types d'articles seront traités dans son magazine. Le travail du directeur artistique est de donner cette précieuse « identité visuelle » à chaque support: presse, affiches, spots télé... Mais on trouve également ce professionnel dans le secteur de la publicité, de l'édition, sur les plateaux de tournage, ou encore dans le multimédia. Dans chaque cas, le DA cherche les idées visuelles les plus en adéquation avec le produit et les exigences du client. Mais un DA ne se contente pas de faire des trouvailles, il supervise la réalisation d'un bout à l'autre de la conception.

Sa formation
La profession requiert une excellente formation artistique. S'il est rare que l'on demande ses diplômes à un créatif, 70 % des directeurs artistiques travaillant dans la publicité ont une formation beaux-arts, arts décoratifs ou arts appliqués, doublée d'un bon niveau de culture générale.

Rémunération
Entre 2500 et 4100 euros bruts mensuels en moyenne, selon l'expérience et la renommée de l'agence. Sachant qu'un directeur artistique confirmé (DA senior) peut exiger environ 4500 euros et même beaucoup plus (jusqu'à plus de 15000 euros), pour les vedettes de la profession.

ILLUSTRATEUR

Ses missions
Un excellent coup de crayon et une personnalité: voici les principales qualités de l'illustrateur. Parmi les métiers de la création, l'illustrateur est peut-être celui qui se rapproche le plus de l'artiste. En effet, que ce soit dans l'édition ou dans la presse, on le choisit en fonction de son style. Caricature, naïf, BD: tout est permis... à condition d'avoir du talent et de savoir le vendre. Seule la moitié des illustrateurs arrive à vivre de leurs dessins.

Sa formation

Aucune formation ne mène réellement à cette profession. Certains sortent d'une école de journalisme, d'autres des beaux-arts ou d'une école d'art graphique. Mais tous sont d'excellents dessinateurs.

Rémunération

Les salaires des dessinateurs sont très fluctuants, car ils dépendent de la notoriété de l'artiste et des ventes du magazine.

INFOGRAPHISTE

Ses missions

Son domaine: les images animées. L'infographiste travaille principalement sur les images de synthèse. À la télévision, les images créées avec l'aide des ordinateurs sont avant tout utilisées pour les génériques d'émissions et les habillages, le logo qui annonce le début et la fin de la coupure publicitaire des chaînes de télévision. Des bases solides en informatique sont forcément requises ainsi que des notions en infographie, ajoutez à cela un sens créatif affûté et une bonne culture générale. Des connaissances en arts plastiques apportent un plus.

Sa formation

À Bac+3: Bachelor de graphiste designer ou Licence pro métiers de l'édition conception graphique multimédia, par exemple. Sinon, vous pouvez suivre une formation en école privée, en 4 ou 5 ans en moyenne (le diplôme national supérieur des Arts décoratifs de l'ENSAD, par exemple).

Rémunération

Entre 1 800 et 3 000 euros environ, selon l'expérience.

MAQUETTISTE

Ses missions

Par son jeu de mise en page et sa créativité, le maquettiste doit donner envie au lecteur de lire la page. Ainsi, il choisit la police, la taille des titres, une couleur d'encre lisible, et met en exergue des encadrés... sans oublier de respecter, de la première à la dernière page, la charte graphique établie par le directeur artistique. Cette profession nécessite donc une grande rigueur. Posséder un grand sens artistique et maîtriser les techniques de la chaîne graphique sont indispensables. Le maquettiste conçoit ses maquettes depuis un ordinateur en utilisant des logiciels de mise en page et de retouche d'images tels que InDesign, Quark XPress, Photoshop, Illustrator... Leur connaissance est donc obligatoire. Il doit, par ailleurs, se tenir régulièrement informé des dernières tendances en matière de création pour rester dans le mouv'!

Sa formation

Plusieurs formations mènent au métier :

- le Bac professionnel Artisanat et métiers d'art option communication visuelle multimédia,
- le Bac pro Production graphique,
- le BT (brevet technique) Dessinateur maquettiste option arts graphiques.

À un niveau Bac+2, le BTS Études de réalisation d'un projet de communication permet de consolider ses connaissances. Ensuite, les futurs maquettistes peuvent compléter leur parcours avec une Licence professionnelle maquettiste numérique (Bac+3), ou un DN MADE (diplôme national des métiers d'art et du design) mention graphisme ou numérique (Bac+3).

Rémunération

Un maquettiste débutant gagne environ 1 600 euros bruts par mois.

REPORTER-PHOTOGRAPHE

Ses missions

Il illustre de ses photos les pages de vos journaux et vous fait rêver grâce à ses reportages réalisés au bout du monde. Le reporter-photographe doit avant tout faire preuve de curiosité. La photo est son moyen de communiquer, de vous faire participer à ce qu'il a vécu. Et pour que cela intéresse le lecteur, un photographe doit être capable de figer l'instant présent et les événements qui se déroulent. En qualité de reporter, le photographe est également journaliste. Il est donc là pour vous informer. Son champ d'action est le monde et ses moyens de communiquer, la presse.

Sa formation

Si certains reporters-photographes sont autodidactes, d'autres sortent d'écoles de journalisme et cumulent les deux fonctions de journaliste-photographe… Des écoles comme Louis-Lumière dispensent également une formation spécialisée en photographie.

Rémunération

Les photographes ne touchent généralement pas de salaire. Ils sont payés en honoraires (système de rémunération réservé aux professions libérales) ou en droits d'auteur. Les rémunérations varient en fonction du support et de la notoriété de l'auteur. Un cliché révélant un événement exclusif peut valoir une somme importante. Pour un bon reportage, comptez plutôt entre 1 500 et 3 000 euros en sachant que certains travaux ne seront jamais vendus.

ROUGHMAN

Ses missions

Rough signifie « croquis, dessin ». Le *roughman* est donc l'homme des croquis. Lorsqu'il travaille sur un film publicitaire, il dessine chaque image du plan du film. Ses travaux ressemblent alors à une bande dessinée. C'est grâce à ces « *boards* » (planches de dessin) que le client sera séduit ou non par l'idée des créatifs de l'agence. La fonction du *roughman* est de retranscrire l'effet visuel d'une campagne et d'éviter aux agences des dépenses inutiles. Par nature, ses travaux demeurent obscurs. Parfois, une cible de consommateurs, lors d'une étude de marché, juge des vertus de la campagne par le biais de ses travaux ou de l'animation, ses boards montés sur vidéo. Ils resteront son seul public ! Les roughs ne sont que des esquisses même si leurs auteurs ont vraiment du talent... D'ailleurs, pour une affiche, le directeur artistique confiera à un illustrateur les éléments croqués par le *roughman* qui seront redessinés.

Sa formation

Aucun diplôme n'est attribué à la profession. Vous pouvez suivre une formation liée à l'illustration ou au dessin, sortir d'un diplôme supérieur d'art, type diplôme national d'art (DNA ou DNSEP). Certaines écoles privées se sont spécialisées dans l'illustration.

Rémunération

Son salaire est très variable. En freelance, cette activité peut être rémunératrice si les commandes sont nombreuses, régulières et complexes. Salarié, ce professionnel gagne généralement le Smic en début de carrière.

POUR EN SAVOIR PLUS

Quelques ouvrages parus aux éditions Studyrama :
- *Bien choisir son école d'art* ;
- *Les métiers de la création.*

Quelques sites internet susceptibles de vous intéresser :
- www.lemondedesartisans.fr : le site du magazine de référence de l'artisanat ;
- www.institut-metiersdart.org : le site de l'Institut national des métiers d'art ;
- www.culture.gouv.fr : site du ministère de la Culture.

CULTURE
PATRIMOINE

ANIMATEUR DE L'ARCHITECTURE ET DU PATRIMOINE

Ses missions
L'animateur de l'architecture et du patrimoine met en œuvre la convention Ville ou Pays d'art et d'histoire au sein du réseau du même nom. Il participe à l'accueil du public touristique (visites-découvertes, expositions temporaires et permanentes, éditions, etc.), sensibilise les habitants à leur environnement, anime un service éducatif et encadre la préparation des candidats à l'examen de guide-conférencier. Il travaille en relation avec les structures culturelles et touristiques.

Sa formation
Concours niveau Licence comportant entre autres des épreuves écrites sur l'histoire de la ville ou du pays qui recrute.

Rémunération
À partir de 1 800 euros environ.

ARCHITECTES DU PATRIMOINE

Plusieurs catégories d'architectes interviennent sur les monuments historiques : les architectes et urbanistes de l'État (AUE), spécialité patrimoine architectural, urbain et paysager, corps qui regroupe les architectes des Bâtiments de France (ABF) et les urbanistes de l'État, et les architectes en chef des Monuments historiques.

Architecte en chef des Monuments historiques

Ses missions
Il élabore, en concertation avec les conservateurs des Monuments historiques et sous le contrôle de l'Inspection générale des Monuments historiques, la programmation annuelle des travaux de conservation et de restauration des monuments protégés de leur secteur et assure le suivi des chantiers. Lorsque les travaux concernent des immeubles classés ou qu'ils sont subventionnés par le ministère de la Culture, il intervient en tant que maître d'œuvre, c'est-à-dire qu'il dirige le chantier. Parfaitement au fait des différentes techniques de conservation et de restauration, il encadre et coordonne l'activité des différents spécialistes (tailleurs de pierre, vitraillistes, verriers, charpentiers, etc.) qui travaillent sur le chantier. Parallèlement à ses missions, l'architecte en chef des Monuments historiques exerce généralement en libéral.

Sa formation
Les architectes et urbanistes de l'État sont recrutés à l'issue d'un concours externe ouvert exclusivement aux architectes diplômés.

Rémunération
La rémunération d'une étude de projet est d'environ 900 euros HT par jour tandis que la rémunération de la maîtrise d'œuvre est forfaitaire (entre 6,67 % et 14,24 % des coûts selon le prix des travaux et la complexité du projet).

Architecte et urbaniste de l'État (AUE), spécialité patrimoine

Ses missions
Responsable des services départementaux de l'architecture et du patrimoine (SDAP), l'AUE assure des missions de conseil, de contrôle et de conservation. Il veille notamment à l'application des lois en matière d'architecture et d'urbanisme, assure la maîtrise d'œuvre d'une partie des travaux de conservation et de restauration des monuments protégés, financés par l'État, et peut être conservateur d'un ou de plusieurs monuments historiques appartenant à l'État et situés dans sa circonscription. Pour accomplir ces différentes tâches, il est assisté de techniciens et de personnels administratifs. Leurs principaux interlocuteurs sont les acteurs de l'aménagement du territoire, notamment, les collectivités territoriales, les services de l'État, les associations, etc.

Sa formation
Les architectes et urbanistes de l'État sont recrutés à l'issue d'un concours externe ouvert exclusivement aux architectes diplômés.

Rémunération
De 1 881 euros bruts mensuels en début de carrière à 5 310 euros bruts mensuels (grade d'architecte et urbaniste en chef, au dernier échelon).

ASSISTANT TERRITORIAL DE CONSERVATION DU PATRIMOINE ET DES BIBLIOTHÈQUES

Ses missions
Il est chargé de travaux techniques courants et est en relation avec le public. Il participe notamment aux opérations de traitement, de gestion et de communication des collections. Il peut également assurer des fonctions d'accueil, d'orientation, d'information et de formation des utilisateurs. Il participe à la promotion de la lecture publique et contrôle les tâches confiées aux fonctionnaires de catégorie C.

Sa formation
Concours de la fonction publique territoriale ouvert aux titulaires du Bac et d'un diplôme Bac+2 de formation technico-professionnelle dans les spécialités musée, bibliothèque, archives et documentation (DEUST métiers des bibliothèques et de

la documentation, diplôme de l'École de bibliothécaires et documentalistes (EBD), diplôme de l'INTD...).

Rémunération
1901 euros bruts au 1er échelon du grade d'assistant de conservation. Elle peut atteindre 2 848 euros bruts au dernier échelon du grade d'assistant de conservation principal de 1re classe.

ATTACHÉ TERRITORIAL DE CONSERVATION DU PATRIMOINE

Ses missions
Il est affecté, en fonction de sa formation, dans un service ou établissement correspondant à l'une des spécialités suivantes de la conservation du patrimoine : archéologie, archives, inventaire, musées et patrimoine scientifique, technique et naturel. L'attaché territorial de conservation participe à la constitution, l'organisation, la conservation, l'enrichissement, l'évaluation et l'exploitation du patrimoine d'une collectivité territoriale ou d'un établissement public. Il contribue à faire connaître ce patrimoine. Il peut être nommé aux emplois de direction des services communaux ou régionaux d'archives, des services d'archéologie. Dans les services ou les établissements dirigés par un conservateur du patrimoine, l'attaché territorial de conservation a vocation à remplir les fonctions d'adjoint du conservateur du patrimoine.

Sa formation
Concours de la fonction publique territoriale ouvert aux candidats titulaires d'un Bac+3.

Rémunération
De 1802 euros en début de carrière à 3812 euros environ en fin de carrière.

COMMISSAIRE D'EXPOSITION

Ses missions
Conservateur du musée ou intervenant extérieur, il définit le contenu du projet et supervise, tant au niveau scientifique que matériel, toutes les étapes du montage de l'exposition : choix des œuvres exposées, muséographie, transport et installation, assurances, etc. Il est également chargé de trouver les financements pour réaliser l'exposition et le catalogue qu'il rédige soit dans son intégralité, soit en partie.

Sa formation
Écoles d'art ; IESA.

Rémunération
Fluctuante.

COMMISSAIRE-PRISEUR

Ses missions

Il intervient dans deux domaines : les ventes ou ventes « forcées », suite à une décision judiciaire (liquidation des actifs d'une société, saisies, successions, etc.), dont ils ont le monopole, et les ventes volontaires, constituées d'objets ou de meubles apportés par des particuliers. Quel que soit son domaine d'intervention, il assume une double mission : l'inventaire et l'estimation des biens qui lui sont soumis, ce qu'on appelle la « prisée » (pour laquelle, d'ailleurs, il peut recourir à l'avis d'un expert d'art) et l'organisation des ventes aux enchères (élaboration du catalogue, exposition des objets, etc.). Lors des ventes, c'est lui qui anime les enchères et qui tient le marteau qu'il abaissera lorsque l'objet sera vendu.
En 2022, la profession de commissaire-priseur judiciaire a laissé place à celle de commissaire de justice.

Sa formation

Bac+3 en droit et histoire de l'art ou formation artistique (École du Louvre, ICART, IESA, etc.), puis examen d'accès au stage de commissaire-priseur (avec épreuves écrites et orales juridiques et artistiques). À l'issue de l'examen, un stage rémunéré de deux ans est obligatoire pour obtenir l'habilitation à diriger des ventes volontaires.
À noter : un nouvel institut de formation a été créé en 2020, l'Institut national de formation des commissaires de justice. Les premiers étudiants diplômés en sortiront en 2023.

Rémunération

La rémunération se fait à la commission (17 % du prix atteint, répartis entre vendeur et acheteur). Pour les ventes volontaires, les honoraires sont libres. Pour les ventes judiciaires, les tarifs pratiqués sont imposés. Comme pour toutes les professions libérales, la rémunération est très variable. Compter entre 4 600 et 6 600 euros bruts mensuels en moyenne.

CONSEILLER CULTUREL, SCIENTIFIQUE ET DE COOPÉRATION

Ses missions

Responsable du service culturel d'une ambassade, le conseiller culturel est chargé de faire rayonner la culture française à l'étranger, d'établir des liens culturels entre le pays où il est en poste et la France, de favoriser les échanges et la coopération. À cette fin, il pourra par exemple organiser des conférences ou des colloques avec des intervenants français, monter des expositions sur tel ou tel aspect de l'art français, inviter des écrivains ou des grands couturiers. Les postes diplomatiques les plus importants peuvent être animés par plusieurs conseillers culturels. À l'inverse, des ambassades plus modestes n'en sont pas dotées du tout. Ce rôle est alors assumé par l'ambassadeur.

Sa formation

INALCO (« Langues O »), Sciences Po ou filières universitaires, puis ENA ou « concours conseiller des affaires étrangères, cadre d'Orient» ouvert aux candidats titulaires d'une Licence ou d'un diplôme équivalent.

Rémunération

De 1818 à 5000 euros bruts mensuels selon l'expérience et le grade, pour un conseiller des affaires étrangères cadre général ou cadre d'Orient.

CONSERVATEUR DU PATRIMOINE

Ses missions

Il étudie, classe, conserve, entretient, met en valeur et fait connaître le patrimoine. Il exerce des fonctions scientifiques et également administratives dans les services et établissements relevant des ministères chargés de la Culture, des Affaires étrangères et de la Défense, de la Ville de Paris et des collectivités territoriales. Le conservateur du patrimoine est fonctionnaire de l'État, de la Ville de Paris ou des collectivités territoriales. Plusieurs spécialités sont offertes : archéologie ; archives ; musées et patrimoine scientifique, technique et naturel ; Monuments historiques et inventaire.

- Archéologie : le conservateur de cette spécialité se consacre à la protection, à l'étude et à la mise en valeur du patrimoine archéologique de la France. Chercheur et praticien de terrain, il exerce aussi des responsabilités d'administration et de gestion.
- Archives : le conservateur de cette spécialité assure la collecte du patrimoine archivistique français, fruit de l'activité des personnes et des services. Il inventorie, fait connaître et met à la disposition du public cet ensemble très varié de documents.
- Monuments historiques et inventaire : il recense, étudie, fait découvrir et contribue à protéger le patrimoine des régions de France par des enquêtes de terrain dont les résultats constituent une documentation essentielle sur l'architecture et les arts en France. Il assure également le contrôle de la protection, de la restauration et de la mise en valeur des monuments et objets mobiliers.
- Musées et patrimoine scientifique, technique et naturel : il est chargé de la conservation, de l'étude, de l'enrichissement, de la mise en valeur et de la diffusion des collections dont il est responsable. Il peut aussi assurer la gestion d'un établissement ou d'un service qui doit être largement ouvert au public.

Sa formation

Le concours, organisé par l'INP (Institut national du patrimoine), est ouvert aux candidats titulaires d'une Licence, d'un diplôme classé au moins au niveau 6 ou d'une qualification reconnue équivalente à l'un de ces diplômes. Les conditions de diplôme sont identiques quelle(s) que soi (en) t la ou les spécialité(s) choisies.

Rémunération
À partir de 2057 euros bruts au 1er échelon du grade conservateur.

CONSULTANT EN INGÉNIERIE CULTURELLE

Ses missions
Au sein d'un cabinet de conseil et d'études, le consultant en ingénierie culturelle peut procéder aux études de faisabilité, à l'audit d'une ville ou d'une région, ou encore au plan de développement d'un pays. Il intervient à la fois en amont et en aval d'un projet. Une municipalité peut par exemple faire appel aux services d'un cabinet d'ingénierie culturelle pour savoir si le projet de transformation d'une maison Art déco en musée est envisageable.

Sa formation
Master ingénierie de projets culturels et interculturels ou Master histoire parcours direction de projets ou établissements culturels, par exemple.

Rémunération
Environ 2 500 euros.

DIRECTEUR DE MUSÉE

Ses missions
Entretenir et mettre en valeur les collections: conservation préventive des œuvres, restauration des toiles ou des objets abîmés, aménagement ou réaménagement des salles d'expositions, acquisition de nouvelles œuvres, mais aussi élaboration de l'inventaire et du catalogue des richesses du musée, travail de recherche scientifique sur les collections, organisation d'expositions ou de manifestations temporaires... : telles sont quelques-unes des nombreuses facettes du travail de conservation assumé par le directeur de musée.
Le directeur de musée doit également séduire le public, diffuser et communiquer l'information concernant son musée et administrer son établissement.

Une fonction, plusieurs statuts
- Les conservateurs du patrimoine spécialité musées exercent leurs fonctions à la direction des Musées de France du ministère de la Culture, dans les établissements publics sous tutelle comme le Louvre, dans les musées nationaux et dans les musées « classés ».

• Les conservateurs territoriaux du patrimoine spécialité musées sont chargés de gérer les musées relevant des collectivités territoriales, dits « contrôlés ».
Même si la très grande majorité des directeurs de musées sont passés par l'Institut national du patrimoine et sont conservateurs d'État ou territoriaux, certains ont suivi d'autres parcours et exercent leurs fonctions dans les établissements qui ne relèvent pas du ministère de la Culture : musées de l'Armée, de l'Éducation nationale ou musées associatifs ou privés.

Sa formation

École du Louvre (cinq ans) ou formation universitaire en histoire de l'art suivie de la formation proposée par l'Institut national du patrimoine (18 mois).

Rémunération

4 300 euros en moyenne.

DIRECTEUR DE MUSÉE : TROIS GRANDS AXES À SUIVRE

Dominique Ferriot est l'ancienne directrice du musée des Arts et Métiers, elle nous livre ses impressions sur sa profession.
Son rôle ? *« Selon moi, le métier de directeur de musée comprend trois grands axes. La recherche et la conservation tout d'abord. Avec à la fois un travail sur les collections et sur le public. Il ne s'agit pas seulement d'entretenir et de restaurer les objets, il faut également les rendre accessibles au public, en créant des outils et des supports pédagogiques adaptés. Deuxième axe, la diffusion des collections, qui passe à la fois par des expositions temporaires, des publications ou la création de supports audiovisuels. Enfin, la formation. L'effort pédagogique ne doit pas s'adresser uniquement aux scolaires, mais à tous les types de publics. »*
Les qualités requises ? *« Le goût pour la recherche et l'étude d'une collection, le sens de la restitution vers un public et, surtout, des compétences en gestion, indispensables,* souligne-t-elle. *Je crois qu'il faut aussi une ouverture sur l'extérieur, une certaine aptitude pour organiser des partenariats. Les œuvres ne doivent pas rester enfermées entre quatre murs : il faut les faire circuler et multiplier les actions de collaboration avec d'autres musées ou d'autres structures. »*

GUIDE-CONFÉRENCIER

Ses missions

À quoi servaient les gargouilles ? Que signifient ces peintures sur le plafond ? Autant de questions auxquelles le guide-conférencier est habilité à vous répondre lors de la visite d'un lieu. Ce féru d'histoire a pour objectif de transmettre son savoir et de mettre en valeur l'endroit que vous visitez. Il peut être spécialisé dans une époque ou un domaine artistique en particulier ou bien polyvalent. Dans tous les cas, il est capable de traiter des sujets extrêmement variés. Avec l'évolution de l'industrie culturelle et le développement des visites interactives, il doit également s'adapter aux technologies numériques. Dans des châteaux, des musées ou encore des monuments, le (la) guide-conférencier(ère) anime des visites. Son rôle est de faire découvrir le patrimoine historique d'un lieu à un groupe de touristes ou un groupe scolaire tout en transmettant son savoir.

Sa formation

Pour devenir guide conférencier, il est nécessaire de posséder la carte professionnelle de guide-conférencier. Cette dernière est notamment délivrée aux titulaires de la Licence professionnelle de guide-conférencier et aux titulaires d'un Master ayant validé au cours de leur formation les trois unités d'enseignement suivants: «compétences des guides-conférenciers», «mise en situation et pratique professionnelle» et «langue vivante étrangère».

Rémunération

Le métier de guide-conférencier génère des revenus aléatoires et fonctionne surtout par saisonnalité avec une forte période d'activité entre avril et octobre. Il s'exerce donc souvent en complément de salaire. Débutant, le guide-conférencier peut espérer percevoir le Smic. Indépendant, le guide-conférencier facture chaque prestation. Il peut gagner entre 175 et 380 euros pour une demi-journée avec un groupe.

MUSÉOGRAPHE

Ses missions

Décorateur ou architecte, il organise l'espace matériel d'une exposition et la mise en scène des œuvres: construction du parcours, élaboration des supports et des panneaux d'accompagnement, choix des matériaux, des couleurs, des graphismes.

Sa formation

Bac+5 en écoles d'art ou à l'Université.

Rémunération

Fluctuante.

PROFESSIONNELS DES MÉTIERS D'ART

Quel que soit leur niveau de responsabilités, les professionnels de la filière des métiers d'art exercent principalement dans les manufactures et ateliers nationaux, dans les musées, parcs et jardins nationaux, à la Bibliothèque nationale de France, aux Archives nationales. Peu de places sont mises au concours.

Chef de travaux d'art: fonctionnaire de catégorie A, il encadre le personnel et est responsable du fonctionnement d'un atelier de restauration ou de la conservation et la mise en valeur des parcs et jardins nationaux.

Formation : concours de la fonction publique de niveau Bac+3.
Rémunération : 1 827 euros bruts hors primes, en début de carrière.

Adjoint technique des administrations de l'État (spécialisé métiers d'arts) : fonctionnaire de catégorie C, l'adjoint technique des administrations de l'État est spécialisé dans l'un des métiers d'art. À ce titre, il est chargé de la conduite des travaux et participe à leur exécution.
Formation : concours de la fonction publique de niveau CAP.
Rémunération : environ 1 537 euros bruts hors primes, en début de carrière.

Technicien d'art : fonctionnaire de catégorie B, le technicien d'art assiste le chef de travaux dans ses missions de conservation et de mise en valeur du patrimoine et a la charge de la restauration et de la préservation des œuvres, collections et documents.
Formation : concours de la fonction publique de niveau Bac.
Rémunération : 1 607 euros bruts hors primes, en début de carrière.

SECRÉTAIRE GÉNÉRAL DES AFFAIRES ÉTRANGÈRES

Ses missions

Il assiste le conseiller culturel dans son rôle de diffuseur de la culture française à l'étranger.
Il effectue des tâches de conception et de responsabilité de nature politique, économique, juridique, culturelle ou administrative à l'administration centrale, il a en charge des fonctions diplomatiques, consulaires ou culturelles à l'étranger.

Sa formation

Sur concours de catégorie A, accessible à Bac+3 : diplôme d'IEP, diplôme de grandes écoles, diplôme d'ingénieur...

Rémunération

À partir de 1 827 euros hors primes.

POUR EN SAVOIR PLUS

Un ouvrage paru aux éditions Studyrama, collection « Guides J » :
- *Les métiers du livre et de l'édition.*

Consultez également les sites internet suivants :
- www.cnfpt.fr : site du Centre national de la fonction publique territoriale ;
- www.culture.gouv.fr : site du ministère de la Culture ;
- www.inp.fr : site de l'Institut national du patrimoine ;
- www.vpah.culture.fr : site des Villes et Pays d'art et d'histoire.

DISTRIBUTION

CAISSIER

Ses missions

Derrière sa caisse, il enregistre le prix des produits et doit offrir des qualités d'accueil et de contact hors pair. Le caissier doit également vérifier que les articles ont été posés sur le tapis roulant, afin d'éviter que ne sonne le portique de surveillance. L'apparition du code-barres et du lecteur laser a modifié le travail de cette profession. Il n'y a plus de risques d'erreurs et la manutention des produits y a gagné. Il n'en reste pas moins que les maux de dos et la fatigue liée au contact avec des clients en permanence pressés et peu souriants sont courants. Une bonne dose de stoïcisme est nécessaire.

Sa formation

D'aucun diplôme à Bac+2.

Rémunération

Le Smic en général.

CHEF DE CAISSE

Ses missions

Il organise le travail du personnel, par jour et par tranche horaire, en fonction des prévisions des flux de visiteurs. Caissiers et hôtesses d'accueil dépendent du chef de caisse, ainsi que le personnel en charge du coffre. En plus du planning des caisses, les recrutements et la formation du personnel lui incombent. Son rôle est rendu de plus en plus difficile par les horaires d'ouverture des magasins extensibles, les CDD et les temps partiels en nombre croissant.

Sa formation

En théorie, un CAP employé de vente est suffisant, mais en réalité, une formation Bac+2 (minimum) et une expérience professionnelle dans le commerce ou la comptabilité sont souvent demandées.

Rémunération

Entre 1 800 et 2 500 euros.

CHEF DE DÉPARTEMENT

Ses missions

Le chef de département organise et coordonne une demi-douzaine de rayons. Il assure le recrutement, la formation, l'animation et l'évolution de ses équipes. Il prévoit également, contrôle et garantit les résultats économiques du département.

Sa formation

C'est un poste rarement confié à un débutant. Il faut généralement avoir été chef de rayon (voir ci-dessous) pendant cinq ans et posséder un Bac+2 commercial.

Rémunération

Environ 2200 euros.

CHEF DE RAYON

Ses missions

Sur le pied de guerre de bon matin, il doit organiser, sur le terrain, la vie de son rayon. Fortement responsabilisé, il assume la gestion des produits, des promotions, de la publicité mais aussi de son chiffre d'affaires et de son équipe (à laquelle il prête souvent main-forte). Il choisit en particulier la gamme de produits et son implantation sur les linéaires et les gondoles, rencontre ses fournisseurs, met en place les opérations de promotion, rédige les catalogues, surveille l'écoulement des stocks et passe les commandes. Il doit tenir les impératifs de rentabilité fixés par le directeur. Il doit souvent se contenter d'appliquer les consignes nationales du siège. À la tête d'une équipe qui peut atteindre trente personnes dans l'alimentaire, le chef de rayon organise le travail et recrute son personnel. Côté logistique et approvisionnement, tous les articles figurent dorénavant sur une base de données. Grâce au code-barres, chaque article passé en caisse est décompté des stocks. À l'aide d'un système d'échange d'informations (EDI), le chef de rayon est en outre directement connecté sur les ordinateurs des fournisseurs, auxquels il peut ainsi passer commande sans intermédiaire.

Sa formation

Diplôme de niveau Bac+2: particulièrement BTS management commercial opérationnel et BTS négociation et digitalisation de la relation client. La voie des écoles de commerce est également envisageable.

Rémunération

Entre 1700 et 2000 euros brut par mois.

EMPLOYÉ LIBRE-SERVICE

Ses missions

À lui de mettre en rayon, de marquer, ranger, présenter, faire l'inventaire, réassortir... bref de faire ce qu'il peut pour que le rayon tourne, le tout dans une urgence constamment renouvelée. Un rayon peut comporter plusieurs employés, dirigés par un chef ou assistant chef de rayon.

Sa formation

Plus de 80 % des employés commerciaux de l'alimentaire sont de niveau CAP, voire sans qualification.

Rémunération

Autour du Smic.

LOGISTICIEN

Ses missions

La hantise du chef de rayon et du directeur de magasin est bel et bien celle du rayon vide ! Et avec plus de 50 000 références dans un hypermarché et 4 000 dans un supermarché, la tâche n'est pas aisée. Le responsable logistique veille justement à ce qu'il n'y ait pas de rupture d'approvisionnement. Ce professionnel est donc chargé d'optimiser les flux de marchandises entre les fournisseurs, la centrale d'achats, les plates-formes de livraisons et les magasins. Il doit également veiller à une optimisation de l'espace dédié aux marchandises et au travail des hommes et femmes en magasins ou en « coulisses ». C'est un planificateur qui raisonne toujours en dynamique et permet à tout le monde de gagner temps, espace, confort de travail et argent.

Sa formation

Le BTS gestion des transports et logistique associée ou le BUT gestion logistique et transport sont le minimum requis pour accéder à cette profession aux responsabilités importantes. Une expérience par le magasin de chef de rayon est en général bien vue. Un diplôme d'école de commerce ou d'ingénieurs permet d'évoluer plus rapidement.

Rémunération

Environ 2 000 euros pour débuter.

MÉTIERS DU COMMERCE ÉLECTRONIQUE

Avec la puissance d'internet, le commerce électronique se porte à merveille. Toutes les enseignes ont leur propre hypermarché virtuel, ainsi qu'un certain nombre d'autres services liés à la diversification de leurs activités (billetterie de spectacles, abonnements téléphoniques, banque...).
Acheter sur la toile, c'est bien, se faire livrer à domicile, c'est mieux. Internet renouvelle les relations entre le vendeur et le consommateur. Les grandes marques de la distribution concluent des accords avec des transporteurs.

Webmarketer

Ses missions
Il élabore les outils de mesure de fréquentation des sites de commerce électronique, constitue et analyse cette base de données, puis effectue des propositions d'optimisation ou de réorientation commerciale du site.
Comme tout chef de produit, le *webmarketer* s'efforce donc d'analyser les caractéristiques de sa cible pour lui proposer l'offre la plus adaptée. Il utilise ici internet qui permet d'obtenir toutes sortes d'informations sur les consommateurs. Il est alors à même de construire une offre sur mesure. Cette activité s'inscrit dans la tendance actuelle du marketing « one to one », c'est-à-dire de la personnalisation de l'offre.

Sa formation
Bac+3 à Bac+5 (Université ou écoles de commerce) maîtrisant parfaitement les méthodes et les outils statistiques avec un goût pour l'informatique et Internet.

Rémunération
À partir de 2000 euros en moyenne.

Responsable e-commerce

Ses missions
Sa mission est de connaître les clients et les prospects d'une société pour les fidéliser. Pour cela, il constitue une population cible à partir de bases de données (date de naissance, types d'achats sur le net...). Pour augmenter ses chances de réaliser une vente, il peut, par exemple, adapter le site web dont il a la charge en temps réel en fonction des habitudes et des recherches de l'internaute.

Sa formation
École de commerce ; Master spécialisé en marketing digital ou en management des nouvelles technologies.

Rémunération
À partir de 3 500 euros.

QUALITICIEN

Ses missions
Il doit surveiller la chaîne du froid, améliorer la qualité des produits, des emballages et des services, et contrôler le respect des normes (ISO 9002 en particulier) et des procédures. Il doit également veiller à sensibiliser tous les salariés à cette notion essentielle qui doit permettre de fidéliser les clients. C'est un métier pour les « traqueurs d'imperfections », à l'assaut du « zéro défaut », qui peut faire perdre bêtement les bons clients...

Sa formation
BTS bioqualité ; Licence pro métiers de l'industrie : gestion de la production industrielle, par exemple. Les écoles d'ingénieurs offrent également des opportunités.

Rémunération
Entre 1 500 et 2 400 euros pour un jeune diplômé. De 3 800 à 4 000 euros pour un ingénieur confirmé.

RESPONSABLE *MERCHANDISING/MERCHANDISER*

Ses missions
Il doit veiller à l'agencement intérieur du magasin afin de concilier la circulation des produits, des clients et des salariés, comme des chariots, et contribuer à la meilleure exposition des articles dans un espace donné. Il travaille main dans la main avec le service marketing et le décorateur, si l'enseigne en rémunère un.

Sa formation
Diplôme d'écoles de commerce avec une spécialisation en marketing.

Rémunération
À partir de 3 300 euros.

VENDEUR TECHNIQUE

Ses missions

Il travaille dans les rayons spécialisés de photographie, vêtements, multimédia, électroménager, hi-fi, etc., où il accueille et conseille la clientèle. Il est aussi chargé de l'approvisionnement, des inventaires et de l'enregistrement des ventes.

Sa formation

CAP équipier polyvalent du commerce, Bac pro métiers du commerce et de la vente, BTS management commercial opérationnel...

Rémunération

Le Smic pour un débutant.

POUR EN SAVOIR PLUS

Consultez le site internet : www.lsa-conso.fr (site de la grande consommation).

ENSEIGNEMENT - ORIENTATION

CONSEILLER PRINCIPAL D'ÉDUCATION

Ses missions

Il participe aux activités éducatives du second degré sans pour autant enseigner. Les fonctions exercées, sous la responsabilité du chef d'établissement, se situent dans le cadre général de la vie scolaire et contribuent à placer les élèves dans les meilleures conditions possible en vue de leur scolarité. Leurs responsabilités sont réparties principalement dans les trois domaines suivants : le fonctionnement de l'établissement, la collaboration avec le personnel enseignant et l'animation éducative.

Sa formation

Accès sur concours réservé aux candidats inscrits en première année ou en deuxième année de Master MEEF (métiers de l'enseignement, de l'éducation et de la formation) mention encadrement éducatif, ou titulaires du Master MEEF.

Rémunération

Le traitement mensuel brut minimum d'un CPE est de 1 891 euros au 1er échelon (classe normale). Il atteint 4 714 euros au dernier échelon de la classe exceptionnelle.

MAÎTRE DE CONFÉRENCES

Ses missions

Les enseignants-chercheurs, maîtres de conférences et professeurs des universités ont la double mission d'assurer le développement de la recherche fondamentale et appliquée, et de transmettre aux étudiants les connaissances qui en sont issues.
Les maîtres de conférences sont des fonctionnaires titulaires nommés dans un établissement public d'enseignement supérieur et de recherche.

Sa formation

Dès l'obtention du Doctorat, l'étudiant doit d'abord être qualifié aux fonctions de maître de conférences par une section du Conseil national des universités (CNU). Puis, une fois la qualification obtenue, il peut se présenter aux concours de recrutement ouverts par emploi dans chaque établissement public d'enseignement supérieur et de recherche.

Rémunération

De 2 221 euros bruts en début de carrière à 5 000 euros en fin de carrière.

JEAN-LUC, DIRECTEUR D'UNE ALLIANCE FRANÇAISE

Titulaire d'une maîtrise d'histoire moderne (désormais Master 1), d'un diplôme de « tesina » (troisième cycle universitaire espagnol) et d'une maîtrise (Master 1) FLE (français langue étrangère), Jean-Luc Taradel a successivement été formateur dans un lieu de vie agréé par la Ddass (désormais ASE), enseignant de FLE dans le cadre d'une mission de six mois par le ministère des Affaires étrangères, directeur de l'Alliance française de Plzen en République tchèque puis de Lusaka en Zambie de 2006 à 2010. Il nous parle de son poste à Lusaka : *« Une prise de fonction dans ce contexte demande réactivité et adaptation, en plus des compétences du domaine de la gestion d'établissement culturel à l'étranger. Un programme de réorganisation structurelle de l'établissement a été lancé suite à un état des lieux des principaux postes de l'établissement. L'Alliance française de Lusaka a pu s'orienter à parts égales entre son activité pédagogique (avec une extension vers la coopération linguistique) et son activité culturelle, en coopération avec l'ambassade de France et de nombreuses ambassades (européennes, francophones et autres) accréditées à Lusaka. L'exercice de ce secteur est délibérément tourné vers une dimension multilatérale. »*
Même si Jean-Luc ne préfère pas divulguer son salaire de l'époque, sachez que la fonction est très bien rémunérée.

PROFESSEUR AGRÉGÉ

Ses missions

Le professeur agrégé participe aux actions d'éducation, principalement en assurant un service d'enseignement. Dans ce cadre, il assure le suivi individuel et l'évaluation des élèves et contribue à les conseiller dans le choix de leur projet d'orientation. Il enseigne dans les classes préparatoires aux grandes écoles, dans les lycées, dans les établissements de formation et exceptionnellement dans les collèges.

Sa formation

Concours de l'agrégation après l'obtention d'un Master 2 MEEF (métiers de l'enseignement, de l'éducation et de la formation), 2nd degré. Les options à l'agrégation sont : arts, biochimie-génie biologique, économie et gestion, éducation physique et sportive, géographie, grammaire, histoire, langues de France, langues vivantes étrangères, lettres classiques, lettres modernes, maths, musique, philosophie, physique-chimie, sciences de la vie-sciences de la terre et de l'univers, sciences économiques et sociales, sciences industrielles de l'ingénieur, sciences médico-sociales.

Rémunération

À partir de 2182 euros, au 1er échelon de la classe normale.

PROFESSEUR CERTIFIÉ

Ses missions

Le professeur certifié enseigne dans les collèges et les lycées. Il participe aux actions d'éducation, principalement en assurant un service d'enseignement dans les établissements du second degré et dans les établissements de formation. Dans ce cadre, il assure le suivi individuel et l'évaluation des élèves et contribue à les conseiller dans le choix de leur projet d'orientation.

Sa formation

Pour passer le concours du Capes, vous devez être inscrit en première année de Master MEEF (métiers de l'enseignement, de l'éducation et de la formation). Mais il faudra être titulaire du Master 2 au moment de l'admissibilité au concours. Les différentes options au Capes sont: arts plastiques, documentation, éducation musicale et chant choral, histoire-géographie, langues vivantes étrangères, langue corse, langues régionales, lettres classiques, lettres modernes, langue des signes française, maths, numérique et sciences informatiques, philosophie, physique-chimie, sciences de la vie et de la terre, sciences économiques et sociales, tahitien.
Pour l'enseignement de disciplines techniques, vous passerez le concours du Capet, qui requiert également un Bac+5. Les différentes options au Capet sont: arts appliqués, biotechnologies, économie et gestion, esthétique-cosmétique, hôtellerie-restauration, industries graphiques, sciences et techniques médico-sociales, sciences industrielles de l'ingénieur.

Rémunération

Le traitement mensuel brut minimum d'un professeur certifié est de 1 891 euros au 1er échelon (classe normale). Il atteint 4 714 euros au dernier échelon de la classe exceptionnelle.

PROFESSEUR D'ARTS PLASTIQUES

Ses missions

Le professeur d'arts plastiques enseigne dans les collèges, les lycées professionnels et les lycées d'enseignement général 15 à 20 heures par semaine, face à des classes d'une trentaine d'élèves. En dehors des heures d'enseignement, de quelques réunions et de la présence aux conseils de classe, le professeur travaille souvent chez lui à préparer ses cours. Artiste dans l'âme, il a le sens de la pédagogie, aime enseigner et contribue à l'éveil de la sensibilité et de la curiosité des plus jeunes par des travaux: peinture, création, découverte de matériaux...

Sa formation

Pour passer le concours du Capes, Capet ou l'agrégation d'arts plastiques, vous devez justifier d'un Master MEEF (métiers de l'enseignement, de l'éducation et de la formation) 2nd degré.

Rémunération

De 1 828 à 3 889 euros bruts mensuels pour un professeur d'arts plastiques certifié.

PROFESSEUR D'EPS

Ses missions

Le professeur d'éducation physique et sportive participe aux actions d'éducation, principalement en assurant l'enseignement de leur discipline dans les établissements du second degré, dans les établissements d'enseignement supérieur et dans les établissements de formation de l'Éducation nationale.
Dans ce cadre, il assure le suivi individuel et l'évaluation des élèves et contribue à les conseiller dans le choix de leur projet d'orientation. Le professeur d'éducation physique peut exercer une mission de conseiller auprès des maîtres du premier degré. Il participe à la formation, aux entraînements et à l'animation des sportifs présents dans leur établissement.

Sa formation

Vous pouvez devenir professeur d'EPS en passant le concours du CAPEPS de niveau Bac+5.

Rémunération

De 1 828 euros au 1er échelon (classe normale) à 4 554 euros au dernier échelon de la classe exceptionnelle.

PROFESSEUR DE LYCÉE PROFESSIONNEL

Ses missions

Il participe aux actions de formation, principalement en assurant un service d'enseignement dans leurs disciplines respectives. Il exerce dans les classes ou divisions conduisant à l'acquisition des certificats d'aptitude professionnelle (CAP) et des Baccalauréats professionnels.
Dans ce cadre, le PLP assure le suivi individuel et l'évaluation des élèves qu'il contribue à conseiller dans le choix de leur projet d'orientation. Les actions de formation sont effectuées dans les établissements d'enseignement, ainsi que dans les entreprises dans lesquelles sont organisées des périodes de formation sous la responsabilité du ministre chargé de l'Éducation et dans les conditions définies par arrêté de ce ministre. Elles comprennent notamment l'enseignement dispensé dans l'entreprise, la

préparation et l'organisation des périodes de formation en entreprise, l'encadrement pédagogique des élèves durant ces périodes et leur évaluation.

Sa formation

Concours CAPLP ouvert aux titulaires d'un Master MEEF. Les sections proposées sont : arts appliqués, biotechnologies, économie et gestion, génie chimique, génie mécanique, génie civil, génie industriel, génie électrique, hôtellerie-restauration, industries graphiques, langues vivantes-lettres, lettres-histoire et géographie, mathématiques-physique-chimie, sciences et techniques médico-sociales.

Rémunération

De 1 828 euros au 1er échelon (classe normale) à 4 554 euros au dernier échelon de la classe exceptionnelle.

PROFESSEUR DES ÉCOLES

Ses missions

Le professeur des écoles travaille avec des enfants âgés de 2 à 11 ans, c'est-à-dire de la première année de l'école maternelle à la dernière année de l'école élémentaire. Il aborde différents domaines puisque l'enseignement qu'il dispense est polyvalent : français, mathématiques, histoire et géographie, sciences expérimentales, langue vivante, musique, arts plastiques, activités manuelles et éducation sportive. Ce sont les contenus et les activités liés à toutes ces disciplines qu'il est amené à organiser et à conduire avec ses élèves.

Sa formation

Master MEEF (métiers de l'enseignement de l'éducation et de la formation 1er degré). Pour enseigner, il faut en outre avoir réussi le concours de recrutement du CRPE organisé en fin de première année de Master (une réforme prévoit le déplacement des concours de l'enseignement en Master 2 à partir du printemps 2022).

Rémunération

De 1 828 euros au 1er échelon de la classe normale à 4 554 euros au dernier échelon de la classe exceptionnelle.

PROFESSEUR DES UNIVERSITÉS

Ses missions

Les professeurs des universités sont des fonctionnaires titulaires nommés sur un emploi dans un établissement public d'enseignement supérieur et de recherche.

Sa formation

Sous réserve des dispositions particulières concernant les disciplines juridiques, politiques, économiques et de gestion, les professeurs des universités sont recrutés par concours ouverts par établissement. Comme pour les maîtres de conférences, les candidats doivent, au préalable, avoir été inscrits sur une liste de qualification aux fonctions de professeur des universités, établie par le CNU (Conseil national des universités). Pour connaître les différents concours, rendez-vous sur le site du ministère de l'Éducation nationale (voir adresse dans l'encadré page suivante).

Rémunération

Un professeur des universités de deuxième classe touche un traitement mensuel de 3 243 euros bruts en début de carrière et de 6 445 euros bruts en fin de carrière (classe exceptionnelle, dernier échelon).

PSYCHOLOGUE DE L'ÉDUCATION NATIONALE

Dans le cadre de la modernisation des métiers de l'Éducation nationale, un corps unique de psychologues de l'Éducation nationale (PsyEN) a été créé. Ce nouveau corps remplace notamment les anciens conseillers d'orientation-psychologues. Leur recrutement comporte deux spécialités ; « éducation, développement et apprentissages » et « éducation, développement et conseil en orientation scolaire et professionnelle ».

Ses missions

Il est rattaché à un centre d'information et d'orientation (CIO). Il assure l'information des élèves et de leurs familles. Il contribue à l'observation continue des élèves, ainsi qu'à la mise en œuvre des conditions de leur réussite scolaire. Il participe à l'élaboration ainsi qu'à la réalisation des projets scolaires, universitaires et professionnels des élèves et des étudiants en formation initiale, afin de satisfaire au droit des intéressés au conseil et à l'information sur les enseignements et les professions. Outre cette mission prioritaire, il participe à l'action du CIO en faveur des jeunes qui, à l'issue de la scolarité obligatoire, n'ont pas atteint le premier niveau de qualification reconnu et en faveur d'autres publics, notamment d'adultes.
Ce métier nécessite une bonne connaissance de la psychologie de l'enfant et du monde scolaire, ainsi qu'une bonne écoute et de l'empathie.

Sa formation

Concours de psychologue de l'Éducation nationale. Pour s'inscrire à ce concours, les candidats doivent être titulaires d'une Licence en psychologie et d'une inscription en dernière année de Master (M2) de psychologie comportant un stage professionnel, ou d'une Licence en psychologie et d'une inscription en dernière année d'un diplôme permettant de faire usage professionnel du titre de psychologue.

Rémunération

Le traitement mensuel brut minimum d'un psychologue de d'Éducation nationale est de 1 857 euros au 1er échelon (classe normale). Il atteint 3346 euros au dernier échelon de la classe exceptionnelle.

POUR EN SAVOIR PLUS

Quelques ouvrages parus aux éditions Studyrama, collection « Guides J » :

- *Le guide des concours de la fonction publique*;
- *Travailler avec des enfants.*

Rendez-vous également sur les sites internet suivants :

- www.cnfpt.fr : site du Centre national de la fonction publique territoriale ;
- www.education.gouv.fr : site du ministère de l'Éducation nationale ;
- www.enseignementsup-recherche.gouv.fr : site du ministère de l'Enseignement supérieur, de la Recherche et de l'Innovation ;
- www.devenirenseignant.gouv.fr : site des écoles supérieures du professorat et de l'éducation.

ESTHÉTIQUE BEAUTÉ BIEN-ÊTRE

COIFFEUR

Ses missions

Il assure l'ensemble des soins esthétiques et hygiéniques de la chevelure. Aux soins courants comme le shampooing, la coupe et le brushing s'ajoutent le traitement du cuir chevelu, la permanente, la couleur et (plus rarement) la barbe. Homme ou femme d'élégance, de goût et de mode, le coiffeur doit avoir de l'imagination, le sens des formes, des couleurs et de l'harmonie. Visagiste à l'œil exercé, il peut donc conseiller dans le choix d'un style de coiffure, voire d'un traitement capillaire.

Sa formation

CAP métiers de la coiffure ; MC coiffure coupe couleur ; Bac pro métiers de la coiffure ; Bac pro perruquier posticheur ; BP coiffure. Pour assurer la gestion d'un salon, le BM coiffeur ou le BTS métiers de la coiffure sont exigés.

Rémunération

À partir du Smic (hors pourboires).

CONSEILLER DE VENTE EN PARFUMERIE ET COSMÉTIQUE

Ses missions

On ne vend pas un parfum comme on vendrait une voiture ou une télévision. Les qualités premières du conseiller vendeur en parfumerie sont une excellente présentation, le sens du contact et de la persuasion, et une bonne résistance physique. Surtout, il (et souvent elle) doit maîtriser les caractéristiques de ses produits pour pouvoir renseigner au mieux le client. Le conseiller en parfum est capable de s'adapter aux demandes de chaque client. Il possède des qualités d'élocution et de persuasion.

Sa formation

CAP esthétique, cosmétique, parfumerie ; Bac pro esthétique, cosmétique, parfumerie ou BTS métiers de l'esthétique, cosmétique, parfumerie pour le côté technique. D'un autre côté, un diplôme en vente ou commerce de niveau Bac+2 ou 3 peut également être le diplôme de base nécessaire pour exploiter vos compétences commerciales dans le domaine du parfum.

Rémunération

Variable selon l'entreprise dans laquelle vous travaillez. En général, un conseiller vendeur en parfumerie gagne le Smic horaire auquel s'ajoutent des primes de vente.

CONSEILLER EN IMAGE / *PERSONAL SHOPPER*

Ses missions

Le conseiller en image aide son client à mettre en valeur sa personnalité et son apparence. Lorsqu'il est *personal shopper*, ce professionnel va proposer également un service d'achat pour ses clients, consistant à sélectionner, chercher et leur présenter des produits, en fonction de leurs besoins. Le conseiller en image peut améliorer l'image personnelle de chefs d'entreprise, de cadres supérieurs ou d'hommes politiques, que ce soit au quotidien ou à l'occasion d'évènements, comme le passage dans une émission télévisée. Ses clients sont variés. Il aide également les entreprises et/ou les marques à améliorer leur communication verbale et non verbale. Le conseiller en image peut aussi être amené à conseiller des demandeurs d'emploi avant de se présenter à des entretiens d'embauche. L'objectif: améliorer leur impact visuel tout en renforçant leur confiance en eux.

Sa formation

Pour accéder au métier de conseiller en image ou Personal shopper, une certification professionnelle de niveau 4 minimum est indispensable. Plusieurs formations délivrent ce sésame, mais avant de vous lancer, vérifiez bien que l'établissement est inscrit au répertoire national des certifications professionnelles (RNCP). Certaines écoles de communication ou de luxe propose des formations spécialisées en 3 ou 5 ans.

Rémunération

Le salaire d'un conseiller en image débutant avoisine le Smic mais le coût des prestations peut être relativement élevé, dès lors que le professionnel bénéficie d'une bonne notoriété ou s'il travaille dans une agence prestigieuse.

ESTHÉTICIENNE

Ses missions

L'esthéticienne est spécialiste de la mise en beauté des peaux saines. Elle assure différents types de soins corporels, dans un but d'hygiène et d'esthétique, à commencer par les soins du visage. Ses missions? Améliorer la texture d'une peau, retarder les effets du vieillissement, cacher les imperfections d'un visage ou d'un corps. Grâce à son savoir-faire, elle identifie chaque type de peau. Elle connaît les techniques de soins et les cosmétiques les plus appropriés pour chaque client. Elle effectue également des épilations et des maquillages. En plus de ses compétences techniques, elle participe à la vente des produits de beauté.

Sa formation

Plusieurs possibilités: le CAP esthétique-cosmétique parfumerie (accessible après la classe de troisième, se prépare en deux ans), le BTS métiers de l'esthétique-cosmétique parfumerie (accessible après obtention du Baccalauréat, se prépare en deux ans), le brevet professionnel esthétique-cosmétique parfumerie ou encore le brevet de maîtrise esthéticienne cosméticienne (après une expérience professionnelle).

Rémunération

À partir du Smic. Si vous vous installez à votre compte, vos revenus seront plus importants.

MAQUILLEUR

Ses missions

Le maquilleur doit aimer travailler en équipe, être doté d'une grande sensibilité, d'un très bon relationnel et d'une bonne maîtrise de toutes les choses artistiques. Il travaille souvent en institut et pratique le maquillage à la pige. Beaucoup sont intermittents du spectacle. Les plus chanceux sont intégrés dans une équipe pour un événement particulier. Peu d'entreprises, même dans l'audiovisuel, embauchent des maquilleurs en contrats longs. Contrairement aux apparences, c'est un métier plus masculin que féminin. Travailler son relationnel et se construire un réseau de contacts sont vitaux.

Sa formation

Plusieurs voies: le CAP, le Bac pro et le BP esthétique-cosmétique parfumerie, préparés dans les CFA et lycées professionnels, mènent à la profession. Il existe également une formation de maquilleur artistique certifiée à Bac+2 (école de maquillage artistique Sophie-Lecomte).

Rémunération

Salaires très variables. Pour une pige ponctuelle, vous pouvez compter, à la journée, entre 155 et 180 euros bruts, et dans le cinéma, entre 200 et 250 euros bruts. Les tarifs évoluent en fonction de votre notoriété, pour atteindre parfois des sommets dans le cinéma ou la télévision, mais les places sont chères. Les revenus sont plus élevés pour les maquillages spéciaux comme des blessures.

SPA PRATICIEN

Ses missions

Sous la direction du spa manager, la spa praticienne (on trouve surtout des femmes à ce poste) assure des missions variées, allant des soins de bien-être/détente/relaxation à la vente de produits et de prestations spécifiques. Ce spécialiste des soins de bien-être maîtrise les techniques de modelages manuelles relaxantes, neuromusculaires, énergisantes (modelage pierres chaudes, amincissant et raffermissant, californien, réflexologie plantaire, enveloppement froid/chaud...) et de soins par l'eau (balnéo, douche à affusion, hammam, sauna..). Son travail manuel peut être complété par des appareils adaptés aux soins et aux modelages. Au quotidien, le spa praticien accueille la clientèle du spa. Il prépare ensuite le poste de travail en tenant compte des règles d'hygiène et de sécurité, l'environnement, les codes culturels du soin choisi.

Sa formation

On devient spa praticien suite à une formation qualifiante. Le programme varie selon les écoles, qui délivrent aux élèves leurs propres diplômes. Un BTS Esthétique-Cosmétique peut aussi être une bonne voie de formation.

Rémunération

Un(e) spa praticien(ne) gagne près de 1 500 euros bruts par mois, en début de carrière.

HÔTELLERIE RESTAURATION

BARMAN

Ses missions

Il est présent dans les restaurants et les hôtels de luxe qui proposent à leur clientèle de se détendre autour d'un verre avant le repas ou avant de regagner leur chambre. On le trouve également dans les cafés et les brasseries qui souhaitent employer un spécialiste de la préparation de cocktails, ou encore dans les centres de vacances et les boîtes de nuit. Shaker à la main, le barman confectionne les cocktails commandés en salle. Pour répondre à toutes les demandes, il doit connaître aussi bien ses classiques que le dernier cocktail à la mode et les habitudes de la clientèle étrangère ! Un barman affirme également son talent et sa connaissance des produits en créant ses propres compositions et en les faisant adopter par le public. Il gère également l'approvisionnement de ses stocks, tient ses comptes et forme ses commis.

Sa formation

MC d'employé barman après un CAP commercialisation et services en hôtel-café-restaurant, un Bac pro commercialisation et services en restauration ou un Bac techno sciences et technologies de l'hôtellerie et de la restauration. Il existe également un BP de barman.

Rémunération

Du Smic au double, sans compter les pourboires. Pour un chef barman dans un établissement de luxe, le salaire peut être plus confortable.

CHEF CUISINIER OU CHEF DE PRODUCTION EN RESTAURATION COLLECTIVE

Ses missions

Le rôle et les qualités sont proches de celles d'un chef de cuisine dans un restaurant. La principale différence réside dans le fait que le chef n'a pas la même cuisine à faire. Avant d'être créative, sa cuisine doit être rentable et adaptée au budget de l'établissement. Il doit préparer de nombreux repas en conformité avec les exigences qualitatives (hygiène, normes, diététique) de l'établissement. Sa marge de manœuvre est donc étroite. Elle l'est particulièrement dans le cas où les plats sont préparés dans des cuisines centrales puis acheminés par containers au restaurant. Le chef doit alors assembler les composants et les réchauffer. Le chef cuisinier doit être bien organisé et efficace. Il a une équipe à diriger : selon la taille du restaurant, il peut avoir sous ses ordres plusieurs cuisiniers, un chef pâtissier, plusieurs commis.

Sa formation

CAP cuisine. Le candidat doit avoir en plus une expérience en cuisine collective, acquise, par exemple, lors d'un stage.

Rémunération

À partir de 1 600 euros pour un chef de production.

CHEF D'ÉQUIPE EN RESTAURATION RAPIDE

Ses missions

Le chef d'équipe, aussi appelé leader ou assistant, fait le lien entre l'équipe d'encadrement (les managers et le directeur) et les équipiers. Il a lui-même été équipier. Il connaît parfaitement les différents postes du restaurant, en cuisine comme au service. Il maîtrise les techniques de cuisson et d'assemblage des produits proposés à la consommation. Son rôle est de former à son tour les équipiers et de leur transmettre son expérience. Une mission qu'il assure sous le contrôle de son manager.

Sa formation

À première vue, le niveau des diplômes a peu d'importance pour accéder au poste de chef d'équipe, mais il est préférable d'intégrer une société de restauration rapide avec un niveau Bac+2 afin d'avoir toutes les chances de progresser dans la hiérarchie.

Rémunération

À partir de 1 550 euros bruts.

CHEF DE CUISINE

Ses missions

Il est à la fois un très bon cuisinier et un chef. En collaboration avec le directeur de la restauration, le gérant ou le propriétaire du restaurant, il décide de la carte, il élabore les menus, il supervise l'achat des produits et la réalisation des plats et, surtout, il est celui à qui toute la brigade, du commis au second, doit obéir. C'est lui qui recrute et forme l'ensemble du personnel de cuisine. Le chef est aussi un gestionnaire, il doit élaborer une cuisine à la fois rentable et créative sans être ruineuse, savoir choisir et stocker les produits sans gaspillage et en respectant les normes d'hygiène, privilégier les produits de saison ou encore participer à la promotion de l'établissement.

Sa formation

Le CAP cuisine (avec ou non le Bac pro cuisine) est le diplôme de base. On devient chef uniquement par expérience, après une dizaine d'années minimum d'exercice comme commis, chef de partie puis comme second. Le BTS management en hôtellerie-restauration option management d'unité de restauration ou option management d'unité de production culinaire est particulièrement apprécié en restauration collective.

Rémunération

Extrêmement variable, selon que le chef exerce dans un petit restaurant indépendant, un restaurant gastronomique, de chaîne... L'écart peut aller de un à trois, avec un salaire brut minimum de 2 000 euros environ.

CHEF DE PARTIE

Ses missions

Il est responsable d'une des composantes du menu ou d'un type précis de cuisson. Ainsi, il peut être, selon sa formation : poissonnier (il prépare et cuit des poissons), rôtisseur (il prépare les viandes rôties, les grillades de poissons et de viandes), entremetier (il a en charge les légumes, les œufs, les potages et les entremets comme les flancs), saucier (il a en charge les sauces et les plats en sauce, il est le chef de partie le plus expérimenté de la cuisine, la préparation des sauces étant considérée comme celle qui exige le plus de dextérité), responsable du garde-manger, c'est-à-dire des entrées froides et du stockage des denrées froides, pâtissier. Chaque chef de partie veille à l'approvisionnement en denrées pour la partie qui le concerne. Le chef de partie travaille sous les ordres du chef et/ou du second s'il y en a un. Il est assisté des commis, auxquels il transmet son savoir.

Sa formation

CAP cuisine, Bac pro cuisine, avec toujours plusieurs années d'expérience.

Rémunération

De 1 580 à 2 500 euros, selon l'expérience.

CHEF DE RANG

Ses missions

Dans les restaurants de standing suffisant, les serveurs et les commis sont encadrés par des chefs de rang qui sont eux-mêmes dirigés par un maître d'hôtel. Il a la responsabilité d'un rang de la salle (d'un regroupement de tables). Il organise et surveille la qualité du travail de son personnel. Une fois la mise en place de la salle effectuée, il vérifie que rien ne manque. Au moment du service, c'est lui qui conseille les clients et prend leurs commandes et ce sont les commis qui vont chercher les plats en cuisine. Expérimenté, le chef de rang se voit confier les tâches délicates comme le découpage ou le flambage de la viande. C'est généralement lui qui fait l'addition, l'encaisse et rend la monnaie.

Sa formation

On devient chef de rang grâce à son expérience et son sens du service développé. Le CAP commercialisation et services en hôtel-café-restaurant est le diplôme de base. Le Bac pro commercialisation et services en restauration et le Bac techno sciences et technologies de l'hôtellerie et de la restauration (STHR) permettent d'évoluer plus rapidement.

Rémunération

1 600 euros mensuels bruts en moyenne pour débuter.

CHEF GÉRANT EN RESTAURATION COLLECTIVE

Ses missions

Il remplit la double fonction de gérant et de chef cuisinier. Ce poste est fréquent dans les restaurants d'entreprise de petite taille qui disposent d'un personnel en nombre restreint. Il s'agit d'un poste particulièrement polyvalent qui convient à des professionnels expérimentés. Les qualités requises sont à la fois celles d'un chef cuisinier et d'un gérant avec, en priorité, le sens de l'organisation afin de ne pas se laisser impressionner par cette double fonction.

Sa formation

Bac techno sciences et technologies de l'hôtellerie et de la restauration (STHR) ou BTS management en hôtellerie-restauration option management d'unité de restauration ou option management d'unité de production culinaire, avec une expérience en cuisine et en restauration collective, ou, à l'inverse, une formation en cuisine (CAP) avec une expérience de gestion.

Rémunération

2 600 euros en moyenne.

CHEF DE RÉCEPTION

Ses missions

Il laisse généralement le soin de l'accueil à son réceptionniste pour se consacrer aux tâches administratives et commerciales : le planning des réservations, les relations avec les agences de voyages et les centrales de réservation, la vérification de la caisse… Il organise également des opérations spéciales, comme l'arrivée d'un groupe pour un congrès. On compte également sur lui pour remplir l'hôtel : à lui de savoir vendre aux « gros clients » (agences, tour-opérateur…) les qualités de son hôtel, d'anticiper une période de creux… Quand le chef de réception remplit de telles responsabilités, il peut être considéré comme le bras droit du directeur. Le chef de réception est également un chef de service : il dirige son équipe et gère le planning des prises de service.

Sa formation
Très variable selon le style, la taille ou le degré de modernité de l'établissement : du CAP au BTS management en hôtellerie-restauration en passant par le Bac techno sciences et technologies de l'hôtellerie et de la restauration (STHR) complété par plusieurs années de pratique du métier de réceptionniste.

Rémunération
De 2100 à 3300 euros, selon l'expérience.

COMMIS DE CUISINE

Ses missions
Le terme de commis de cuisine désigne à la fois un statut, celui du débutant, et une fonction, celui qui aide. Est commis celui qui est en cours d'apprentissage, celui qui sort tout juste de l'école ou encore celui qui fait ses premières armes devant les fourneaux. Sous les ordres du chef de cuisine, du second ou du chef de partie, le commis exécute des tâches simples : ranger les provisions, éplucher les légumes, laver les salades, préparer les garnitures... ou un peu plus complexes comme la préparation d'une entrée froide. Pendant le service, le commis assiste les cuisiniers selon ses capacités. Après chaque service, il doit entièrement ranger et nettoyer la cuisine. Il peut également être employé à la plonge s'il n'y a pas de plongeur.

Sa formation
CAP cuisine et Bac pro cuisine sont les diplômes de base. Le BTS management en hôtellerie-restauration est surtout apprécié en restauration collective ou en restauration de chaîne.

Rémunération
À partir du Smic.

CONCIERGE

Ses missions
Le concierge d'hôtel accueille, informe et conseille les clients, qu'ils soient touristes ou hommes d'affaires, durant toute la durée de leur séjour. La responsabilité première du concierge est de devenir le « coach » du client pendant tout son séjour afin de lui assurer la meilleure qualité de séjour à tous points de vue. La réponse *« Oui, avec grand plaisir ! »* accompagnée d'un sourire et suivie de la livraison « clé en main » du service demandé n'est pas juste une figure imposée, mais doit partir du cœur. La conciergerie se caractérise par une disponibilité absolue apportée à une relation client personnalisée, une intelligence créatrice capable de dépasser la technicité pure du

service pour faire vivre au client une expérience qui le projettera un instant dans le rêve, un souci de la perfection de chaque prestation... et une passion pour le service.

Sa formation

BTS management en hôtellerie-restauration option management d'unité d'hébergement ou BTS tourisme. L'Institut de conciergerie internationale (école privée) dispense également une formation spécifique préparant les élèves à savoir développer et manager une conciergerie. On y accède avec un niveau Bac à Bac+2 ou une expérience en hôtellerie ou tourisme.

Rémunération

Autour de 1 650 euros pour un concierge débutant (hors pourboires). Compter entre 2500 et 3000 euros (hors pourboires) pour un chef concierge.

DIRECTEUR D'HÔTEL

Ses missions

C'est lui qui centralise les informations et qui coordonne les différents services. En tant que responsable des ressources humaines, le directeur d'hôtel se donne pour mission d'optimiser la qualité des prestations proposées à la clientèle. Il contrôle régulièrement chaque service pour s'assurer de sa bonne organisation et supervise également le recrutement. En tant que gestionnaire, il gère les coûts de fonctionnement, fixe les objectifs, surveille le chiffre d'affaires quotidien, budgétise les investissements. En tant que commercial, il prospecte de nouveaux clients, s'assure que son établissement est connu sur le marché, définit la stratégie commerciale la mieux adaptée à la conjoncture, supervise et participe à des actions de promotion.

Sa formation

Au minimum un niveau Bac+2: BTS management en hôtellerie-restauration option management d'unité d'hébergement ou un Master en management hôtelier et plusieurs années d'expérience. Les diplômés des écoles de commerce et écoles hôtelières sont très appréciés par les chaînes hôtelières.

Rémunération

Extrêmement variable selon l'organisation, la taille, la renommée, les bénéfices de l'hôtel et la saison: de 2600 à 3600 euros en moyenne.

DIRECTEUR D'UN RESTAURANT RAPIDE

Ses missions

Il a en charge la gestion globale de son établissement. Tout d'abord, la gestion de son équipe sur le plan humain comme sur le plan administratif. Une équipe comporte, selon la taille de l'établissement, trente à soixante équipiers, un à trois chefs d'équipe et deux à quatre managers. Le directeur supervise le recrutement, la formation et le suivi des employés. Seconde facette du poste : le directeur tient les rênes commerciales de l'établissement. Sa priorité est de réaliser, voire de dépasser, le chiffre d'affaires prévu par la maison mère pour son restaurant. Il est tenu d'appliquer la politique générale de la maison mère : organisation des postes de travail, normes d'hygiène, prix à la consommation, application des offres promotionnelles...

Sa formation

Les sociétés de restauration rapide confient généralement la gestion de leurs unités à des diplômés Bac+2 à Bac+4 en commerce, gestion ou hôtellerie-restauration (BTS management en hôtellerie-restauration) et qui ont déjà un minimum d'expérience en restauration rapide.

Rémunération

De 2500 à 4000 euros bruts selon l'enseigne, la taille de la structure et l'expérience du candidat.

DIRECTEUR DE L'HÉBERGEMENT

Ses missions

Le directeur d'un hôtel de plus de cent chambres confie à son directeur de l'hébergement la gestion des chambres de l'établissement. La tâche principale du directeur de l'hébergement est la gestion de l'enveloppe financière de la partie « chambres » (gestion des coûts et des recettes, élaboration des budgets prévisionnels...).

Sa mission essentielle est de veiller au taux de remplissage de l'établissement. Pour que le maximum des chambres soient pleines, il contrôle la qualité des prestations et la bonne organisation des services. Il peut ainsi décider de nouvelles méthodes de travail ou mettre en place de nouvelles prestations pour séduire une clientèle plus large. Sur les conseils du directeur, il dirige le personnel des étages et de la réception, participe à leur recrutement et à leur formation.

Sa formation

Le recrutement se fait au minimum à Bac+2 (en hôtellerie-restauration, en commerce ou en gestion) complété par quelques années d'expérience de terrain.

Rémunération
Extrêmement variable selon l'organisation, la taille et la renommée de l'hôtel : à partir de 3 600 euros (hors pourboires).

DIRECTEUR DE LA RESTAURATION

Ses missions
Le directeur d'un hôtel délègue à son directeur de la restauration la gestion de son établissement. Ce dernier est en premier lieu un gestionnaire. Il définit et contrôle le budget alloué au fonctionnement de l'établissement. En collaboration avec le chef, il gère les achats, élabore la carte et fixe le prix des plats proposés. Avec le directeur, il définit la politique commerciale de l'établissement et travaille à l'image de marque du restaurant : campagne de publicité, relations publiques. L'objectif de ces démarches est d'augmenter la rentabilité du restaurant. L'autre facette de son métier concerne l'encadrement du personnel : recrutement, formation, management au quotidien. Enfin, le directeur de la restauration est également présent en salle pour veiller à la qualité de l'accueil et au bon déroulement des services ou encore pour écouter les remarques des clients.

Sa formation
Le recrutement se fait à Bac+2 et toujours avec plusieurs années d'expérience de terrain.

Rémunération
3 700 euros en moyenne.

FEMME DE CHAMBRE ET VALET DE CHAMBRE

Leurs missions
Les femmes de chambre et leurs homologues masculins, les valets, ont en charge la propreté, l'ordre et le confort des chambres de l'hôtel. Chaque matin, la femme de chambre reçoit son plan de travail qui lui indique quelles sont les chambres à remettre en état, soit au minimum une dizaine de chambres. Elle nettoie chambre et salle de bains, change les draps et, si nécessaire, remplit le minibar. Avec ses collègues, elle entretient les parties communes des étages. Selon l'organisation de l'hôtel, la femme de chambre peut être amenée à servir les petits déjeuners.

Leur formation
La formation se fait généralement sur le tas, mais un CAP commercialisation et services en hôtel-café-restaurant constitue une bonne base.

Rémunération

À partir du Smic (hors pourboires).

GÉRANT D'UN RESTAURANT COLLECTIF

Ses missions

Il est le patron du restaurant collectif. Si le restaurant est géré directement par l'entreprise, il a la libre gestion de l'enveloppe allouée au restaurant. Il est responsable des achats, négocie directement avec les fournisseurs, gère les stocks, etc. Ainsi, il doit parfaitement connaître le prix des matières premières pour proposer des menus qui garantissent l'équilibre financier du restaurant. La somme qu'il peut consacrer par repas est souvent faible, il faut donc être un très bon gestionnaire pour satisfaire les clients. Dans le cas d'un restaurant dépendant d'une société de restauration, le gérant doit rendre des comptes à la maison mère sur ses méthodes de gestion.

Le gérant travaille avec son chef cuisinier à l'élaboration des menus et met en place des opérations spéciales de marketing pour relancer la fréquentation du restaurant. Il est également le manager de l'équipe du restaurant. Il doit être présent aux heures de service afin de contrôler le travail de chacun, mais aussi pour rencontrer ses clients et répondre à leurs demandes. Enfin, il peut être appelé à remplacer au pied levé l'un des membres de son personnel.

Sa formation

BTS management en hôtellerie-restauration. Il faut également posséder une expérience concrète du travail en cuisine. Les gérants actuellement en activité ont suivi un parcours théorique et pratique : CAP, Bac techno puis BTS, avec des stages dans des restaurants traditionnels comme collectifs, en cuisine et au service.

Rémunération

À partir de 2600 euros pour un débutant.

GOUVERNANTE

Ses missions

Elle contrôle le travail des femmes de chambre. Après leur passage, elle vérifie la propreté des chambres et des couloirs. En un coup d'œil, elle est capable de juger de la bonne tenue des lieux. C'est elle qui apporte une touche personnelle aux chambres, en ajoutant un bouquet par exemple. En tant que chef d'une équipe, la gouvernante fixe les emplois du temps de ses femmes de chambre en fonction de l'activité de l'hôtel et leur distribue le travail. Elle gère l'approvisionnement des minibars et du stock des fournitures servant à l'entretien des chambres et des couloirs. Elle rend compte de l'activité du personnel des étages au directeur de l'hébergement ou au directeur.

Sa formation

Un niveau Bac, si possible un Bac techno sciences et technologies de l'hôtellerie et de la restauration, ou un BTS management en hôtellerie-restauration option management d'unité d'hébergement, couplé à plusieurs années d'expérience. Il existe également un BP gouvernante que l'on prépare après un CAP. Des écoles privées proposent leur propre diplôme qui se prépare généralement en un an après le niveau Bac. La maîtrise de l'anglais devient indispensable.

Rémunération

À partir de 1 600 euros environ.

SANDRA, GOUVERNANTE DANS UN HÔTEL TROIS ÉTOILES À LYON

Après sept ans comme femme de chambre, Sandra a été promue gouvernante d'un hôtel trois étoiles. Elle dirige une équipe de quatre femmes de chambre. Sandra a accepté de nous raconter une de ses journées : *« Je commence mon service à 6 h 30. Je dois alors superviser le service des petits déjeuners dans la salle à manger et préparer en même temps les* "bacon and eggs" *proposés à la clientèle. Après le* breakfast, *une fois la salle à manger en ordre, je monte dans les étages vérifier le travail des femmes de chambre. Il faut que les quarante chambres soient "impec" ».* Sandra profite de ce tour dans les chambres pour contrôler le contenu des minibars. *« Je ferai ensuite un compte rendu précis de mes observations au main-courantier, qui est chargé des factures. Je note également s'il manque une ampoule ou si une moquette a besoin d'un coup de neuf pour en faire part à l'homme de maintenance chargé des petits travaux. Avant de redescendre dans le hall, je compte le linge propre que vient de lui livrer la lingerie et je vérifie le contenu de l'armoire à produits ménagers. La direction compte sur moi pour tenir à jour le stock et ne pas faire de gaspillage. »* À ce moment de la journée, il est déjà 15 h. Elle a juste le temps de passer sa commande des denrées alimentaires pour les petits déjeuners. Un dernier coup d'œil au hall d'entrée pour vérifier qu'il est propre et accueillant et il est temps pour Sandra de prendre congé.

LINGÈRE

Ses missions

Elle est responsable de l'entretien du linge de l'hôtel. Elle rassemble et comptabilise le linge sale que lui apportent les femmes de chambre pour ensuite le confier soit à la buanderie, si l'hôtel en possède une, soit à une société de nettoyage extérieure. Quand le linge lui revient propre, elle le compte et le contrôle afin de voir s'il y a des travaux de couture à effectuer avant de le redistribuer au personnel des étages.
Si l'hôtel propose un service de repassage à ses clients, c'est la lingère qui s'en charge. Enfin, elle peut éventuellement s'occuper de l'entretien des uniformes du personnel de l'hôtel.

Sa formation
CAP métiers de l'entretien des textiles option blanchisserie ; CAP commercialisation et services en hôtel-café-restaurant.

Rémunération
Le Smic.

MAÎTRE D'HÔTEL

Ses missions
Il accueille les clients à leur arrivée, les dirige vers le vestiaire, les place à leur table selon leurs souhaits, les installe avant de laisser la place au chef de rang. Il est également le « super intendant » de la salle : il est le chef de tout le personnel de salle, il organise et contrôle le travail de chacun. Il peut également intervenir au moment d'une prise de commande pour apporter ses lumières ou encore remplir le rôle de sommelier en son absence. En bref, il a l'œil à tout et peut participer à chaque étape du service. À l'heure du repas, il passe de table en table pour s'assurer que chaque client est satisfait. En sa qualité de chef de salle, il participe au recrutement et à la formation des commis, serveurs et chefs de rang. Enfin, il est l'intermédiaire privilégié entre la salle, la cuisine et la direction.

Sa formation
On peut accéder à cette fonction avec un Bac professionnel commercialisation et services en restauration, un Bac techno sciences et technologies de l'hôtellerie et de la restauration ou un BTS management en hôtellerie-restauration option management d'unité de restauration ou option management d'unité de production culinaire qui permet d'acquérir des connaissances techniques de gestion et de management. Dans tous les cas, une expérience de chef de rang est essentielle avant de devenir maître d'hôtel.

Rémunération
De 2600 à 3200 euros environ, en fonction de la taille et de la catégorie de l'établissement.

MAJORDOME

Ses missions
Le rôle du majordome, ou butler, est de veiller au bien-être constant des clients les plus privilégiés et de satisfaire toutes leurs demandes. Dîners nocturnes, changement d'ampoule, vêtement de rechange, le majordome est disponible en permanence et trouve toujours une solution aux demandes, parfois incongrues, de ses clients. Ces derniers sont souvent des habitués des lieux dans lesquels ils séjournent, le

majordome connaît bien leurs besoins et attentes, il anticipe donc en permanence leur demande.

Sa formation

Certaines écoles privées délivrent des formations spécifiques à la fonction de majordome.

Rémunération

Très variable : à partir de 3000 euros.

MANAGER EN RESTAURATION RAPIDE

Ses missions

C'est l'adjoint direct du directeur du restaurant. Sous sa responsabilité, il assure l'activité quotidienne de l'établissement. Il occupe un poste polyvalent : à la fois actif en salle pour encadrer ses équipiers et présent en « arrière-boutique » pour assurer la gestion du restaurant. Sa journée type s'organise autour de trois activités distinctes : animer, gérer et vendre.
Chaque jour, il faut motiver les troupes, former de nouvelles recrues ou encore détecter les futurs chefs d'équipe et ainsi faire fonctionner la promotion interne. Il doit assurer la gestion du restaurant : contrôler la production, gérer les stocks, assurer la comptabilité ou encore superviser les emplois du temps.
Le manager veille également à la qualité de l'accueil et du service. Il vérifie que le service s'effectue dans le respect des normes édictées par la maison mère.

Sa formation

Bac+2, Bac+3 en commerce, gestion, hôtellerie-restauration et presque toujours avec une première expérience d'animation d'équipe.

Rémunération

De 1600 à 2800 euros bruts en fonction de l'expérience et de la taille du restaurant.

RÉCEPTIONNISTE

Ses missions

Derrière son comptoir ou au téléphone, le réceptionniste accueille chaque client. Il lui précise les capacités d'accueil de l'hôtel, en se référant au planning des réservations dont il a la charge. Il communique les tarifs pratiqués et les différents services proposés (petit déjeuner, salle de restaurant...). À son arrivée, il lui remet sa carte magnétique. En plus de sa fonction d'accueil et d'information, le réceptionniste effectue des tâches administratives : la gestion, de plus en plus à l'aide de l'outil informatique, des réservations et l'enregistrement des arrivées et des départs. En tenant compte de ces renseignements, c'est lui qui indique aux femmes de ménage les chambres à préparer pour une arrivée ou simplement pour une seconde nuit.

Sa formation

Bac techno sciences et technologies de l'hôtellerie et de la restauration, Bac pro commercialisation et services en restauration ou CAP commercialisation et services en hôtel-café-restaurant. Après un Bac pro, techno ou même général, MC en accueil-réception. Ceux qui intègrent un service de réception avec un BTS management en hôtellerie-restauration option management d'unité d'hébergement auront davantage de chances d'évoluer vers des postes d'encadrement.

Rémunération

Généralement autour du Smic, mais le salaire varie selon la taille de l'hôtel et des pourboires. Un réceptionniste peut être logé et nourri au sein de l'hôtel.

SERVEUR DE RESTAURANT

Ses missions

Sous les ordres du chef de rang ou du responsable de salle, le serveur est affecté au service de tables précises. Le serveur prépare les tables qui lui sont attribuées. Il dresse le couvert selon un code appris très précis et s'assure que rien ne manque. Quand un client s'installe, il prend la commande et sert les plats en faisant la navette de la salle à la cuisine. Une fois le repas terminé, il apporte la note et encaisse la facture puis dessert la table et la prépare pour une nouvelle arrivée. L'intérêt du métier réside tout autant dans les techniques de service que dans la relation avec le client.

Sa formation

CAP commercialisation et services en hôtel-café-restaurant. Mais on peut aussi débuter avec un niveau supérieur, Bac pro commercialisation et services en restauration ou un Bac techno sciences et technologies de l'hôtellerie et de la restauration, afin d'augmenter ses chances d'évoluer rapidement.

Rémunération

La rémunération de base d'un débutant en salle correspond généralement au Smic.

VEILLEUR DE NUIT

Ses missions

Certains hôtels sont ouverts 24 heures sur 24. Les réceptionnistes sont donc souvent appelés à se succéder derrière le comptoir et à travailler « en décalé ». Mais à partir d'une certaine heure, le plus souvent vers 23 heures, la direction d'un hôtel fait appel à un veilleur de nuit, plus souvent appelé « night-audit » ou réceptionniste de nuit. On lui demande d'accueillir la clientèle, d'enregistrer les arrivées et aussi de veiller à la sécurité des dormeurs. Au petit matin, le « night-audit » passera le relais à un réceptionniste de jour. Il devra être en mesure de lui dire tout ce qui s'est passé dans la nuit et de lui faire part des demandes particulières des clients.

Sa formation

On peut accéder à ce poste sans aucune formation particulière, mais un Bac techno sciences et technologies de l'hôtellerie et de la restauration, un Bac pro commercialisation et services en restauration ou un CAP commercialisation et services en hôtel-café-restaurant sont d'excellents passeports.

Rémunération

À partir du Smic.

POUR EN SAVOIR PLUS

Consultez *Le guide des métiers du tourisme et de l'hôtellerie-restauration* paru aux éditions Studyrama.

Rendez-vous également sur le site de l'Union des métiers et des industries de l'hôtellerie : www.umih.fr

HUMANITAIRE

À noter: dans le secteur de l'humanitaire, on ne parle pas de salaires mais d'indemnités. Ces dernières (de 700 à 1 000 euros par mois) peuvent éventuellement être versées sur votre compte bancaire en France. Inutile donc de vous lancer dans l'humanitaire pour faire fortune. Ainsi, vous ne trouverez pas ci-dessous les «rémunérations» perçues par les professionnels de l'humanitaire, ces dernières restant extrêmement variables.

ANIMATEUR DE DÉVELOPPEMENT LOCAL URBAIN

Ses missions

Dans le cadre de programmes comme «enfants des rues» ou «promotion de la femme», l'animateur social vient soutenir les professionnels pour créer, initier et améliorer des projets psychosociaux auprès de populations fragilisées. Cela va de l'animation d'une bibliothèque au soutien scolaire, de la coordination d'un groupe en alphabétisation à l'encadrement de jeunes en foyer.

Sa formation

Diplôme d'éducateur spécialisé ou d'assistant social couplé à l'obtention du BAFA, ou BUT carrières sociales option animation sociale et socioculturelle (Bac+3). Le plus important reste la motivation. Travailler et encadrer des enfants est un travail et nécessite plus que tout de la passion.

ANIMATEUR ÉCONOMIQUE

Ses missions

L'animateur économique appuie une structure locale ou la crée : boutique de gestion, chambre des métiers, association ou autres formes d'organisations professionnelles. Sa mission est d'assurer la formation en gestion, en techniques commerciales et ce, en relation avec les autorités publiques du personnel.

Sa formation

Le volontaire doit avoir des compétences en gestion mais aussi des qualités personnelles pédagogiques. Tous les diplômes d'écoles supérieures de commerce et/ou de gestion sont les bienvenus, du BTS à HEC.

ANIMATEUR RURAL

Ses missions

Ses missions consistent à aider les paysans en les sensibilisant et en les formant à de nouvelles techniques, de nouvelles cultures plus rentables, ou en leur apprenant à s'organiser en coopératives locales. L'animateur rural peut aussi avoir à gérer une ferme-école pour une population locale. Il est basé dans les villages et doit identifier les besoins avec les locaux et accompagner techniquement des micro-projets mais toujours en favorisant l'autopromotion paysanne. Le milieu rural souffrant souvent d'un manque de structures, l'animateur rural est là pour impliquer et organiser les agriculteurs entre eux. Il est souvent responsable d'un secteur géographique.

Sa formation
Diplôme d'ingénieur agronome, de vétérinaire, ou BTS techniques et services en matériels agricoles, ou encore BTSA productions animales.

CHEF DE MISSION

Ses missions
Chef de mission, coordinateur, responsable de programme, les appellations varient selon les ONG mais la fonction reste la même : chapeauter la mission sur le terrain. Sur ses épaules repose en grande partie le succès d'un programme. Interlocuteur du siège sur le terrain, interface entre les autorités locales et l'ONG, il est généralement le premier à partir pour préparer l'arrivée des volontaires (obtention des autorisations, recherche d'un logement, etc.). Ensuite, il encadre l'équipe d'expatriés, veille à sa cohésion, réconforte, gère le stress, les tensions et les accrochages qui peuvent survenir entre les volontaires. Du point de vue matériel, il gère la réalisation du projet. Il répond aux problèmes pratiques qui peuvent se poser pendant le déroulement du programme, évalue régulièrement son avancement, veille à son adéquation aux besoins et redéfinit les objectifs, si nécessaire.

Sa formation
L'expérience de terrain l'emporte sur toutes les formations théoriques. On devient rarement chef de mission sans s'être rodé plusieurs années au sein d'une ou plusieurs ONG. Beaucoup suivent une formation de type Bac+5 en logistique ou en gestion des ressources humaines, par exemple. La pratique de l'anglais est indispensable.

FUNDRAISER OU COLLECTEUR DE FONDS

Ses missions
L'objectif du *fundraiser* est la mise en œuvre de moyens de communication, de moyens techniques de prospection, de fichiers qui permettront de toucher les personnes susceptibles de faire des dons à une association humanitaire. Le métier de *fundraiser* est directement importé des pays anglo-saxons. En France, les associations ont toujours hésité à parler d'argent, notion qui heurte celle de bénévolat. Le problème est délicat : dans le marketing classique, la clientèle est bénéficiaire du produit qu'elle achète. Dans le cas de l'humanitaire, elle donne mais qu'achète-t-elle ? Tout est question d'équilibre et le *fundraiser* doit surfer sur la rigueur d'une collecte de fonds en respectant l'engagement associatif. Cette fonction se pratique soit en agence, soit en interne dans les associations.

Sa formation
Il doit avoir des compétences en gestion et en marketing (écoles de commerce).

LOGISTICIEN

Ses missions

Éléments incontournables d'une mission, ce sont eux qui prennent en charge toute l'organisation matérielle de la mission depuis l'acheminement des denrées jusqu'à l'intendance quotidienne des volontaires. Du généraliste (qui devra aussi bien savoir mettre les mains dans le cambouis que jouer les fins négociateurs auprès des autorités locales) au spécialiste, qui ne prendra en charge qu'un secteur précis, le domaine d'intervention des logisticiens est des plus vastes.

Il gère, au sens large du terme, l'intendance d'une mission : achats de denrées, acheminement des marchandises, gestion des stocks, gestion du parc véhicules, maintenance du matériel, établissement des liaisons radio, réhabilitation de structures (hôpital, dispensaire, centre de nutrition, etc.), organisation de camps de réfugiés. Ses attributions varient beaucoup en fonction de la taille et de la nature de la mission. Homme de terrain avant tout, il peut aussi assumer certaines tâches administratives (négociations des contrats locaux avec des entreprises, relations avec les autorités locales, tenues de caisses de terrain). Sur les petites missions, son poste peut d'ailleurs fusionner avec celui d'administrateur.

Le logisticien est souvent chargé du recrutement d'une équipe locale (ouvriers, garagistes, mécaniciens, etc.) et de son encadrement.

Sa formation

En dehors de l'Institut Bioforce – l'école de l'engagement humanitaire –, qui dispense une formation de logistique humanitaire à la fois théorique et pratique à ses élèves, il n'y a pas de cursus type. En revanche, une spécialisation dans un domaine précis (mécanique, télécommunications, gestion des transports, etc.) est très souvent requise.

RESPONSABLE DES RESSOURCES HUMAINES

Ses missions

Le responsable des RH intervient à trois stades différents : le recrutement, la préparation des volontaires au départ et la gestion du retour. Il peut gérer seul ces trois étapes ou, le plus souvent dans les associations importantes, diriger toute une équipe (avec des responsables siège, des responsables terrain, des responsables du debriefing, etc.). Le responsable du personnel ou assistant ressources humaines a pour tâche d'appliquer la politique de ressources humaines décidée dans l'ONG (valable pour l'entreprise) : plans de formation, recrutements mais aussi gestion des problèmes de paies, etc. C'est une fonction très relationnelle.

Sa formation

Les ONG peuvent exiger de solides compétences en ressources humaines comme dans une entreprise classique (Master pro en ressources humaines, par exemple) ou préférer un ancien de l'association, aguerri au terrain, qui connaît les rouages des missions, les qualités requises et perçoit parfaitement l'esprit de la maison.

RESPONSABLE GÉOGRAPHIQUE

Ses missions

Il assure le suivi des programmes rattachés à son aire géographique, depuis leur initiation jusqu'à leur achèvement. Avant leur lancement, il est chargé de les présenter aux bailleurs de fonds et d'obtenir les financements nécessaires à leur mise en route, puis d'évaluer les besoins en expatriés et de présenter la situation aux volontaires avant le départ. Ensuite, il suit les différentes actions sur le terrain. Il est le principal interlocuteur du chef de mission et doit répondre à tous les problèmes qui peuvent se poser au sein de chaque programme. C'est une relation quasi quotidienne, surtout dans les missions d'urgence. Enfin, au retour des volontaires, il participe au « debriefing ». Une grande part de son travail est consacrée à la collecte d'informations et à leur analyse.

Sa formation

Là encore, il n'y a pas de profil précis. Sciences Po ou une bonne école de gestion peut être une porte d'entrée. Il faut impérativement posséder de bonnes notions de géopolitique et une très grande ouverture sur le monde pour pouvoir analyser les situations et éventuellement prévenir les crises. Et surtout, une solide expérience préalable du terrain est indispensable pour acquérir un savoir-faire et pour comprendre les problèmes qui se posent dans une mission.

RESPONSABLE TECHNIQUE

Ses missions

Les responsables techniques sont des spécialistes de différents domaines (médical, nutrition, eau, logistique...) mais aussi des médecins ou ingénieurs qui restent à la disposition des expatriés agissant sur le terrain. À distance, les responsables techniques travaillant au siège de l'ONG peuvent résoudre des problèmes inattendus (un virus mal identifié, un début d'épidémie mal maîtrisée, une gestion problématique de déchets...). Dans ce cortège de spécialistes, le responsable technique a en charge un département technique par lequel, si la question relève de sa compétence, apporte aide et appui aux volontaires. Il se tient donc à la disposition des volontaires de terrain qui ne peuvent pas toujours répondre dans l'immédiat aux problèmes pointus qui se posent à eux. Il doit se montrer disponible en cas de nécessité et toujours prêt à partir.

Sa formation

Le responsable technique a un profil qui dépend de sa spécialité, donc de son cursus, mais sa compétence vient aussi de son expérience du terrain.

POUR EN SAVOIR PLUS

Un ouvrage paru aux éditions Studyrama, collection « Guides J » :
- *Le Guide des métiers de la santé.*

Vous trouverez également des informations sur les sites internet suivants :
- http://new.collectif-asah.org/? _wsmPath=/accueil : site de l'Association au service de l'action humanitaire, avec, entre autres, l'annuaire des ONG ;
- www.coordinationsud.org : portail des ONG françaises de solidarité internationale ;
- www.diplomatie.gouv.fr : site du ministère de l'Europe et des Affaires étrangères.

IMMOBILIER

ADMINISTRATEUR DE BIENS

Ses missions

Il intervient à la fois auprès des propriétaires et des locataires. Mandataire d'un propriétaire ou d'un syndicat de copropriétaires, il assure en leur nom la gestion d'un ou de plusieurs biens immobiliers. Il recherche et installe les locataires, en s'assurant qu'ils disposent de toutes les garanties financières. Il rédige les baux et dresse l'état des lieux. Il veille, en liaison avec les professionnels des corps de métier concernés, à la conservation du bien immobilier et à sa conformité aux obligations techniques existantes. Il fait réaliser les travaux nécessaires. Il leur assure la garantie de paiement des loyers, charges et taxes impayées et détériorations immobilières. Rémunéré par des locataires, un administrateur de biens définit avec eux la nature exacte de leurs besoins et leur propose des logements ou des locaux d'activités. Il les assiste dans leurs démarches administratives et leur choix final.

Sa formation

On accède à la profession avec une formation supérieure en droit et gestion, un BTS professions immobilières, un BUT carrières juridiques, une Licence professionnelle métiers de l'immobilier: gestion et administration de biens ou encore un Master pro gestion et stratégie de l'investissement immobilier et de la construction. Il existe également des écoles spécialisées: École française des administrateurs de biens (EFAB) et École supérieure des professions immobilières (ESPI) qui préparent à cette profession. Pour exercer, l'administrateur de biens doit être titulaire d'une carte professionnelle gestion immobilière délivrée par la chambre de commerce et d'industrie territoriale ou départementale et renouvelable tous les trois ans. Cette carte n'est délivrée qu'aux titulaires d'un Bac+3 au minimum dans une spécialité juridique, économique ou commerciale, ou aux titulaires du BTS professions immobilières.

Rémunération

Des honoraires de gestion (pourcentage perçu sur les loyers encaissés ou une somme forfaitaire définie en fonction du nombre de lots en copropriété et par l'assemblée générale de la copropriété); des honoraires de conseil qui vont de l'établissement des déclarations fiscales à l'expertise du patrimoine.

AGENT IMMOBILIER/RESPONSABLE D'AGENCE

Ses missions

Le responsable d'agence ou agent immobilier est un intermédiaire professionnel qui met en relation des acheteurs et des vendeurs de biens, immeubles ou fonds de commerce, ou négocie entre les parties la location de ces biens. Son métier consiste à mettre en vente des biens pour le compte de vendeurs et, dans un second temps, à trouver des acquéreurs pour ces biens. L'agent immobilier ne peut négocier une affaire sans détenir préalablement un mandat, simple ou exclusif.

Sa formation

La profession est strictement réglementée. La carte professionnelle est obligatoire pour exercer. Les agents immobiliers ont le profil de titulaires d'un BTS professions immobilières, d'une Licence pro métiers de l'immobilier (spécialités gestion et administration de biens ; gestion et développement de patrimoine immobilier ; transaction et commercialisation de biens immobiliers), d'une Licence pro activités juridiques : métiers du droit de l'immobilier, voire d'un diplôme d'école de commerce ou d'une école spécialisée.

Rémunération

Variable, sous forme de commissions.

AMÉNAGEUR LOTISSEUR

Ses missions

Le rôle de l'aménageur foncier ou lotisseur consiste à étudier les possibilités de division d'un terrain en vue de la création d'un lotissement. Il doit donc prendre connaissance des souhaits communaux d'urbanisme (plans locaux d'urbanisme ou PLU) et en déduire un projet d'aménagement, établir des plans de division, et enfin proposer une estimation des travaux d'infrastructure indispensables. Il accompagne son projet d'un plan de financement et il assure la commercialisation des lots.

Sa formation

Formation de niveau Bac+4/5 comme le Master pro droit de l'urbanisme, de la construction et de l'aménagement.

Rémunération

À partir de 2 000 euros par mois environ.

COACH IMMOBILIER

Ses missions

Issue des pays nord-américains, la profession de coach immobilier est apparue il y a de cela une quinzaine d'années. Le rôle d'un coach immobilier est de guider des particuliers (vendeurs ou acquéreurs) dans le développement de leurs techniques de vente ou d'achat. Il peut ainsi préconiser l'utilisation de méthodes de communication, de négociation et de mise en valeur de son bien immobilier. Selon les besoins de son client, il peut lui trouver un bien immobilier correspondant à ses attentes ou le conseiller dans ses recherches. Par-contre il ne réalise pas les visites et n'intervient pas dans la négociation. Ses connaissances lui permettent d'estimer un bien et d'informer ses clients sur la législation immobilière. Il peut pour cela être amené à réaliser un ensemble de dossiers techniques : diagnostiques techniques, cahier des charges « acquéreurs », dossier financier...

Sa formation

Le coach immobilier n'a pas d'obligation de suivre une formation particulière pour exercer ses fonctions. Néanmoins, avec l'évolution du marché, des formations en coaching immobilier commencent, petit à petit, à voir le jour. Un background commercial ou immobilier est tout de même privilégié. Contrairement aux professions classiques de l'immobilier (agent immobilier, négociateur, mandataire, etc.), le statut du coach immobilier n'est pas régi par la loi Hoguet.

Rémunération

La rémunération du coach immobilier va notamment dépendre de son statut : employé ou indépendant. Un profil junior peut prétendre à un salaire entre 2 000 € et 2 300 € bruts par mois et après plusieurs années d'expérience, 2 900 € bruts.

COMPTABLE MANDANT

Ses missions

Le comptable mandant (comprenez comptable immobilier) se charge d'un portefeuille d'immeubles et assure la tenue de la comptabilité gérance et copropriété. La comptabilité immobilière est très spécifique en raison de la nature des charges et des produits. Le comptable mandant gère l'ensemble des tâches administratives et financières de ses clients. Sa principale mission est d'assurer la solidité financière de leur entreprise. Il doit ainsi se tenir constamment informé de tous les mouvements opérés dans les comptes bancaires de l'entreprise. En cas de risques financiers ou de dysfonctionnements (erreur de codification, déficit, factures manquantes, etc.), il doit alerter le gestionnaire.

Sa formation

Pour devenir comptable mandant, il faut au minimum un Bac à Bac+2 (type BTS comptabilité gestion ou immobilier ou un Bachelor). Une première expérience professionnelle au sein d'une agence ou d'une entreprise immobilière représente un véritable atout pour accéder à ce métier.

Rémunération

Le salaire d'un comptable mandant varie selon le profil du candidat et son expérience. En début de carrière, le salaire d'un comptable immobilier est d'environ 28 000 € bruts par an et plus de 35 000 € bruts après plusieurs années d'expérience.

CONSEILLER EN TRANSACTION IMMOBILIÈRE

Ses missions

Sous l'égide de l'agent immobilier, il exerce une mission de conseil et de négociant sur les ventes et les achats de biens immobiliers. Dans une zone géographique donnée, il doit connaître tous les locaux industriels, tertiaires ou commerciaux, tous les terrains à bâtir potentiels et, pour tous ceux qui sont libres, à louer ou à vendre, servir d'interlocuteur avec les propriétaires et les constructeurs concernant le mandat de vente ou de location.

Au sein d'une agence, il exerce en général la fonction de chargé de vente. Il peut estimer la valeur du bien, rechercher des acquéreurs ou des locataires, conseiller les clients sur les plans juridiques, fiscaux, financiers et, bien sûr, effectuer un suivi de la clientèle.

Des compétences techniques (juridiques, financières, fiscales…) aussi bien que commerciales (négociation et vente) lui sont utiles pour mener à bien sa mission.

Sa formation

BTS professions immobilières.

Rémunération

En agence, un conseiller débutant est en général rémunéré au tarif du Smic horaire plus d'éventuelles primes selon les ventes.

DIRECTEUR D'AGENCE DE GESTION

Ses missions

Le directeur d'agence, d'antenne ou d'unité de gestion a la responsabilité complète d'une entité décentralisée de logement social comprenant entre 2000 et 15000 logements. Il est rattaché à la direction de la gestion qui définit la politique générale et se charge de vérifier son application dans les plus petites unités. Doté d'une grande autonomie de fonctionnement, il fait preuve d'une très bonne capacité d'encadrement, d'animation et de communication. Il est assisté par des gérants, des collaborateurs techniques et administratifs et supervise le personnel de gardiennage. Il a en charge la gestion du budget et le contrôle de gestion de son agence. Il négocie et effectue le suivi des gros travaux. Le directeur d'antenne a un rôle de représentation auprès des collectivités locales dont il est l'interlocuteur. La « politique de la ville » l'amène à jouer un rôle socioculturel grandissant.

Sa formation

Gestionnaire, il est recruté à Bac+5 pour sa polyvalence de haut niveau (HEC, IAE, université de sciences économiques, ESPI, IMSI, Groupe ESI, etc...).

Rémunération
À partir de 4000 euros environ.

DIRECTEUR DES PROGRAMMES IMMOBILIERS

Ses missions
Véritable homme-orchestre et organisateur, il met tout en œuvre dans la mise en place de programmes immobiliers ce qui inclut les facettes administratives, commerciales, juridiques, financières et techniques (étude de faisabilité des nouvelles opérations, définition et conception des projets, animation des architectes, bureaux d'études, entreprises, gestion rigoureuse des budgets, application des obligations : hygiène, sécurité, droit de l'urbanisme...). Il intervient pour étudier un dossier dans ses aspects techniques et juridiques. Il a la responsabilité complète du programme qu'il définit, depuis la construction jusqu'à la livraison, et, de plus en plus, jusqu'à l'animation de l'équipe de vente, ce qui implique une connaissance du marché immobilier régional.

Sa formation
Le directeur de programmes est presque nécessairement un professionnel confirmé. Il est souvent diplômé Bac+4 ou +5 et doté d'un bagage technique spécialisé. Il peut être ingénieur des travaux publics, des arts et métiers, diplômé de Sciences Po urbanisme ou d'une école supérieure de commerce, architecte ou géomètre.

Rémunération
De 3000 à 7500 euros selon l'expérience.

EXPERT IMMOBILIER

Ses missions
Il estime la valeur d'un patrimoine pour le vendre, le donner en garantie d'un prêt, en assurer une meilleure gestion, le donner, le partager, l'apporter à une société, pour le calcul d'une plus-value, l'imposition sur la fortune, etc. Sur visite d'un bien, l'expert analyse sa composition, son environnement, son appréciation par rapport au marché. L'expert immobilier effectue dans un premier temps une visite détaillée du bien à expertiser. Il étudie le dossier en examinant les documents d'information. Il analyse le bien, les références du marché et procède aux vérifications nécessaires (cadastre, origine...). Il détermine ensuite la « juste valeur » du bien grâce à diverses méthodes, puis rend ses conclusions dans un document écrit, daté et signé : le rapport d'expertise. Indépendant, l'expert immobilier est souvent spécialisé (immobilier d'habitation, immobilier d'entreprise, immobilier commercial, de loisirs, agricole, forestier ou foncier).

Sa formation
L'expert immobilier est de formation juridique (niveau Bac+5).

Rémunération
À partir de 2500 euros.

JURISTE EN DROIT IMMOBILIER

Ses missions
Sa fonction principale est de veiller à la conformité de l'entreprise avec les différentes lois et réglementations, aux niveaux national, européen et international. Le juriste apporte ses compétences à la fois en matière de prévention, de protection et de conseil. Des connaissances et la pratique du droit des sociétés sont pour lui un atout certain. La maîtrise de l'outil informatique est indispensable. En raison des nombreux contacts qu'il entretient avec des interlocuteurs variés, ce poste nécessite de grandes qualités relationnelles ainsi que des capacités d'adaptation et de communication mais également une réelle curiosité d'esprit, un sens pratique développé et des facultés pour travailler en équipe. En fonction de son diplôme et de ses expériences professionnelles, le juriste pourra travailler auprès d'entreprises du BTP, d'études notariales, d'organismes HLM, de cabinets de promoteurs, etc.

Sa formation
Il s'agit d'un professionnel du droit bénéficiant d'une formation supérieure spécialisée en droit immobilier (Master pro) et de deux années d'expérience minimum dans ce domaine.

Rémunération
De 2500 à 5000 euros environ.

MANDATAIRE IMMOBILIER

Ses missions
C'est un agent immobilier spécialisé dans les transactions en matière de fonds de commerce, de transmission d'entreprise ou de recherche de logements d'habitation. Il exerce dans un domaine qui nécessite des compétences très étendues. Nombreux sont les mandataires qui sont spécialisés par type d'activité (pharmacie, boulangerie, hôtel...), chaque commerce relevant d'un marché et d'une connaissance différente. Le mandataire immobilier détermine la faisabilité d'un projet (budget, prêts...), ainsi que l'organisation globale de la construction à prévoir (esquisses de l'habitation, impératifs thermiques et acoustiques...). Il intervient dans le choix du terrain (en tenant compte de son inondabilité, de la situation, du certificat d'urbanisme, de la discussion du prix, etc.). Il établit également les autorisations administratives. Il choisit le

constructeur, l'architecte ou le maître d'œuvre en fonction du projet puis établit avec le client le descriptif exact de la construction, ainsi que les bordereaux d'appels d'offres aux entreprises et artisans. Enfin, il suit l'avancée des travaux.

Sa formation

Le plus souvent le recrutement se fait à Bac+2 (BTS professions immobilières).

Rémunération

Il ne perçoit pas de salaire fixe mais un pourcentage sur chaque transaction.

NÉGOCIATEUR IMMOBILIER

Ses missions

Même si un agent immobilier peut travailler seul, il doit bien souvent collaborer avec un négociateur immobilier dont la mission principale est de négocier les ventes et les achats de biens immobiliers. Dans la zone géographique qui lui est confiée, le négociateur doit connaître tous les locaux industriels, tertiaires ou commerciaux, tous les terrains à bâtir potentiels et ainsi négocier avec leurs propriétaires et leurs constructeurs un mandat de vente ou de location. Il doit estimer la valeur de ce bien, rechercher des acquéreurs ou des locataires pour les biens figurant dans les fichiers de l'agence ou de la société, conseiller les clients sur les plans juridiques, fiscaux, financiers et effectuer un suivi permanent de ses clients.

Sa formation

Pour pouvoir exercer, il faut être titulaire d'une attestation délivrée par la préfecture, sous la responsabilité du titulaire de la carte professionnelle, sinon le négociateur travaille sous l'égide de l'agent titulaire de la carte. Il peut être salarié, agent commercial ou devenir directeur d'agence. Les débutants ont leur chance, surtout s'ils sortent d'écoles de commerce. Un BTS professions immobilières est également fortement apprécié.

Rémunération

Souvent calculée en pourcentage (à partir de 5 % de commission sur chaque vente). Comptez 2500 euros en moyenne.

NOTAIRE

Ses missions

En France, toute vente immobilière doit être constatée par acte notarié. Le notaire, en tant que véritable professionnel de l'immobilier, intervient fréquemment dans le cadre de l'expertise de biens immobiliers ainsi que pour la négociation et la transaction. Seul

habilité à authentifier les actes et les contrats qui lui sont soumis, il est un interlocuteur incontournable lors de la vente ou de l'achat d'un bien immobilier.
Parmi les actes dont il a la charge, le notaire rédige la promesse de vente et réunit toutes les pièces administratives et d'urbanisme qui sont indispensables à la constitution de tels actes. Le notaire vérifie également la situation financière et hypothécaire du vendeur, rembourse par prélèvement sur le prix les crédits bancaires et, le cas échéant, les sommes dues au syndic de l'immeuble.

Sa formation

Les aspirants notaires doivent être titulaires d'un Bac+5 (ex.: Master 2 professionnel droit notarial) pour préparer le diplôme supérieur de notariat (DSN) en alternance (centre de formation professionnelle notariale/office) pendant deux ans ou le diplôme de notaire dans l'un des 16 sites de l'Institut national des formations notariales pendant 31 mois.

Rémunération

Selon ses honoraires, son salaire est extrêmement variable.

PROMOTEUR IMMOBILIER

Ses missions

Il recherche et achète le terrain, finance l'opération et passe les marchés avec les entreprises, assure le suivi technique administratif et financier de l'opération. Lui reviennent également la surveillance du chantier et les relations avec les administrations et les collectivités locales. L'encadrement réglementaire et juridique de l'activité de promotion en matière d'urbanisme, de technique, de sécurité, exigent de la part des promoteurs un haut niveau technique et une grande rigueur professionnelle. Les promoteurs sont spécialisés par typologie de produits: logement (logement social ou libre, collectif ou individualisé, produit d'habitation, de loisir ou d'investissement, etc.), immobilier d'entreprises, commerces...

Sa formation

La formation est de niveau Bac+5 (Master pro gestion et stratégie de l'investissement immobilier et de la construction) ou ESPI (École supérieure des professions immobilières).

Rémunération

Entre 2000 et 3500 euros en début de carrière.

RESPONSABLE DE GESTION DE PATRIMOINE IMMOBILIER

Ses missions

Qu'on le nomme gérant, chargé de gestion, responsable de la gestion locative, principal de copropriété... ou responsable de gestion de patrimoine immobilier, ses missions sont les mêmes.

En matière de gestion locative, il administre les logements et l'immobilier d'entreprise pour le compte d'une clientèle individuelle (particuliers et entreprises). Ses activités sont juridiques (établissement des baux...), financières (loyers, répartition des charges...), techniques (maintenance, réparations...) et commerciales (recherche de prestataires pour l'entretien, sélection des locataires...).

En matière de gestion de copropriété, le gérant exerce dans un cabinet d'administration de biens ou un syndic. Il est mandaté par des copropriétaires pour gérer les biens communs répartis au sein de l'immeuble.

Dans le secteur de la direction foncière ou immobilière, les grandes entreprises, les administrations, les banques et compagnies d'assurances recrutent des directeurs immobiliers pour gérer leur patrimoine.

Sa formation

École de gestion ou formation juridique complétée par une expérience dans l'immobilier. De niveau Bac+2 minimum, la formation de base doit être juridique, financière, comptable ou technique.

Rémunération

À partir de 2700 euros pour un débutant, mais entre 4250 et 5500 euros pour un gestionnaire de patrimoine confirmé.

SYNDIC DE COPROPRIÉTÉ

Ses missions

Le syndic de copropriété est le mandataire de la collectivité des copropriétaires. C'est l'assemblée générale des copropriétaires qui nomme le syndic à la majorité absolue. Il peut en outre être nommé, dans certains cas, par les juridictions judiciaires. Mandataire des copropriétaires, il est chargé de gérer les parties communes des immeubles. Il convoque et organise l'assemblée générale des copropriétaires, exécute les décisions prises, perçoit les provisions pour charges, règle les fournisseurs, assure la maintenance et l'entretien de l'immeuble, gère les personnels de gardiennage ou d'entretien d'immeuble, fait respecter le règlement de copropriété et engage les éventuelles procédures judiciaires à l'encontre d'un copropriétaire. Le syndic peut également exercer les fonctions d'administrateur de biens et d'agent immobilier.

Sa formation

Bac+2 minimum en droit, comptabilité ou gestion immobilière et quelques années d'expérience en gestion immobilière sont indispensables. La Licence professionnelle métiers de l'immobilier : gestion et administration de biens et les formations spécialisées (EFAB, EPSI, etc.) sont également très prisées. Il doit en outre être titulaire de la carte professionnelle gestion immobilière délivrée par la chambre de commerce et d'industrie territoriale ou départementale et renouvelable tous les 3 ans.

Rémunération

À partir de 1 800 euros par mois, selon l'expérience et son statut (salarié ou indépendant).

POUR EN SAVOIR PLUS

Rendez-vous également sur le site du Syndicat national des professionnels de l'immobilier : www.snpi.fr

INDUSTRIE

AGENT DE MAINTENANCE INDUSTRIELLE

Ses missions

Il a trois fonctions essentielles : l'entretien et la surveillance des équipements (que ce soit électrique, mécanique ou hydraulique, l'agent doit vérifier l'état du matériel de l'entreprise. Il est amené à participer à l'amélioration de la maintenance préventive en réalisant des actions programmées comme le nettoyage, le changement de pièces, le graissage des systèmes mécaniques...), le dépannage et la réparation (lorsqu'une panne survient, l'agent de maintenance la répare). Pour faire face à ce genre de situation, il suit un protocole strict. Il commence par couper l'alimentation électrique, il tente de déceler où se situe le problème et d'avoir un recul par rapport à celui-ci, puis vient la réparation en elle-même, l'amélioration des modes d'intervention (il effectue un suivi des diverses opérations de maintenance qu'il a effectuées, ce qui lui permet de renforcer ses bases de connaissances. Il peut faire des propositions qui vont améliorer la sécurité et la performance du matériel).

Sa formation

Le niveau de recrutement des agents de maintenance est de plus en plus élevé du fait de l'évolution des technologies. Le Bac pro maintenance des équipements industriels est le plus souvent exigé.

Rémunération

2 000 euros en moyenne.

CHAUDRONNIER-TUYAUTEUR

Ses missions

Les métiers de chaudronnier et tuyauteur sont complémentaires, tous deux façonnent le métal. De l'élaboration de la pièce à l'installation d'un réseau de tuyautage, ils agissent dans des secteurs industriels variés et sont très recherchés.

Le chaudronnier élabore les pièces de métal. Du tracé au pliage cylindrique, il fabrique des tuyaux entre autres. Le tuyauteur réalise des réseaux de tuyauteries dans les constructions des grands sites industriels comme celles des centrales nucléaires de production d'électricité. C'est aussi lui qui se charge de leur maintenance selon les réglementations de sécurité spécifiques à l'industrie concernée.

Le métier s'est mécanisé et depuis, le rôle du chaudronnier est de veiller au bon fonctionnement des machines après les avoir réglé. Sur les gros ouvrages, le travail se fait en collaboration avec d'autres corps de métier et un goût pour le travail en groupe est recommandé. En général, le chaudronnier travaille les pièces en atelier mais il peut aussi se déplacer sur un chantier pour les réservoirs de l'industrie chimique ou pétrolière par exemple.

Sa formation

Les formations et les niveaux sont différents : le CAP Réalisation en chaudronnerie industrielle, le Bac pro Technicien en chaudronnerie industrielle, le Bac pro fonderie, le BTS Conception et réalisation en chaudronnerie industrielle ou encore le BTS Fonderie.

Rémunération

Un chaudronnier débutant peut espérer gagner entre le smic et 2 000 € bruts par mois. Une fois chef d'équipe, le salaire peut grimper jusqu'à 2 400 € bruts. En début de carrière, un tuyauteur gagne environ de 1 400 € à 1 800 € bruts, une fois chef d'équipe il peut gagner jusqu'à 2 400 € bruts.

ÉLECTROTECHNICIEN

Ses missions

Il analyse, organise, installe et s'occupe de la maintenance des équipements électriques. Il peut exercer son métier dans de nombreux secteurs comme la mécanique, le bâtiment, la robotique... Il peut travailler en atelier comme être amené à se déplacer dans les entreprises.

Sa formation

Bac pro métiers de l'électricité et de ses environnements connectés suivi d'un BTS électrotechnique, d'un BUT génie électrique et informatique industrielle ou d'une Licence professionnelle métiers de l'électricité et de l'énergie.

Rémunération

2 000 euros en moyenne, pour un débutant.

INGÉNIEUR D'AFFAIRES

Ses missions

Une affaire est une transaction complexe concernant un ensemble de produits et services sur mesure correspondant au besoin spécifique d'un client. L'ingénieur d'affaires apporte une solution globale à un besoin d'une entreprise. Il construit une réponse technique, marketing, commerciale, tout en maîtrisant les risques. Il est un interlocuteur privilégié du client, des services internes tels que le service commercial, le bureau d'études, le service financier, les différents responsables de production et les prestataires externes tels que les fournisseurs, les sous-traitants... Le processus d'ingénierie d'affaires se décompose en quatre phases : la prospection (détection des affaires et réalisation de toutes les actions marketing et commerciales permettant de conclure une affaire) ; l'étude du problème posé (analyse du besoin du client, participation aux études de faisabilité, établissement de l'offre commerciale et réalisation du montage financier...) ; la réalisation du projet et enfin le suivi d'affaires.

Sa formation
École d'ingénieurs spécialisée en électronique, informatique, mécanique ou génie chimique.

Rémunération
De 2500 à 5000 euros en moyenne.

INGÉNIEUR D'ÉTUDES

Ses missions
Il coordonne les études liées au développement des nouveaux produits, le tout à partir du cahier des charges regroupant les caractéristiques de chacun d'entre eux. Il est responsable de la réalisation d'un projet, crée des prototypes, teste et contrôle les différents composants. Il collabore avec les ingénieurs d'études des autres spécialités afin d'établir une étude complète d'un produit ou d'un procédé et avec les services de fabrication et de production pour vérifier les conditions de faisabilité. Également appelé chef de projet, il est l'interface entre les clients, les services commercial et marketing, la recherche et le développement, la fabrication et les tests.
Au sein d'un bureau d'études, il participe à l'amélioration ou à la réalisation d'un produit, tout en étant garant des conditions de coûts, de délais et de qualité. Il suggère ainsi ce qui pourrait augmenter la productivité de l'usine.

Sa formation
Grande école d'ingénieurs de tradition industrielle (type Arts et Métiers) ou une autre école complétée par une spécialisation de type Master; école d'ingénieurs généraliste ou Master pro spécialisé dans un secteur particulier (industrie pharmaceutique, électrotechnique, informatique...). Une expérience dans la recherche et le développement est un préalable indispensable.

Rémunération
Le salaire est compris entre 2300 et 4000 euros environ.

INGÉNIEUR ÉLECTRICIEN

Ses missions
Il prépare l'électronique de demain. Dans le laboratoire d'un constructeur, il traduit les découvertes des physiciens (comme les nouvelles propriétés des matériaux) en applications industrielles et en solutions techniques qui pourront être reprises par les services d'études lorsqu'ils auront à concevoir un nouveau produit. L'ingénieur intervient sur des produits fabriqués à l'unité ou sur des prototypes de grande série. Il définit les méthodes de tests et choisit les équipements. À partir des résultats des tests effectués, il propose éventuellement des améliorations au service d'études.

L'électronicien peut également se voir confier la fonction achats dans une entreprise. Les choix techniques (composants, technologies à mettre en œuvre...) sont vitaux pour l'optimisation de la production. Il travaille alors en étroite collaboration avec le bureau d'études.

Sa formation
Diplôme de niveau Bac+5 obtenu en écoles d'ingénieurs et Masters universitaires en électrotechnique.

Rémunération
3200 euros en moyenne.

INGÉNIEUR EN GÉNIE INDUSTRIEL

Ses missions
Il possède une vision globale des fonctions de l'entreprise et peut ainsi les coordonner. Ses connaissances techniques lui permettent également de dialoguer avec des spécialistes. Cette profession répond à un besoin de l'entreprise: marketing, gestion des relations humaines, gestion de production, veille technologique, techniques de gestion, évaluation économique intégrale des projets, sécurité et ergonomie, qualité, management de la technologie, conception et conduite de projets, ingénierie concurrente, informatique industrielle... Les bases théoriques de l'ingénieur doivent donc dépasser le cadre des connaissances scientifiques et techniques et la maîtrise et la coordination des connaissances économiques, organisationnelles et sociales sont un atout pour les jeunes diplômés d'écoles d'ingénieurs. La formation de génie industriel est en adéquation avec cette évolution des connaissances requises par l'ingénieur. Il prend en charge et gère les projets industriels.

Sa formation
Dans les différentes écoles d'ingénieurs, vous étudiez les mathématiques, l'informatique, la physique et les sciences pour l'ingénieur, qui sont les bases du métier. Vous trouverez votre place dans tous les secteurs de développement industriel.

Rémunération
À partir de 2500 euros bruts environ.

INGÉNIEUR EN MÉCANIQUE

Ses missions
Tous les secteurs de l'industrie font appel aux sciences mécaniques (automobile, aéronautique, fonderie, énergie...). Son métier est orienté vers la recherche appliquée:

amélioration des produits et des moyens de production. Il sait communiquer avec ses partenaires et est en relation directe avec le personnel.
Il est spécialisé dans une grande entreprise et il est polyvalent dans une petite. L'ingénieur en mécanique conçoit, dimensionne, construit et planifie la réalisation de systèmes mécaniques. Un système mécanique peut être représenté par une pièce unitaire pour un usage quotidien.
Une machine moderne représente toujours un assemblage de composants mécaniques, électroniques et informatiques. Bien que l'ingénieur en mécanique soit formé pour résoudre des problèmes mécaniques, il est souvent responsable du développement d'installations complètes et doit par conséquent être à même de collaborer avec des ingénieurs en électricité et des informaticiens.

Sa formation

École d'ingénieurs en mécanique comme ISAE-Supméca; Master en mécanique à l'Université.

Rémunération

Entre 2 500 et 2900 euros pour un débutant.

INGÉNIEUR GÉNÉRALISTE

Ses missions

Il développe des applications en se souciant du respect du temps dans les industries de pointe. C'est aussi lui qui développe des logiciels. Il prend complètement en charge un projet, de sa conception à sa réalisation (budget, investissement du matériel et du personnel). Il est rattaché à un chef de projet. Il doit être autonome et savoir gérer les relations entre les différentes personnes de l'entreprise.

Sa formation

Elle s'élève à Bac+5 en école d'ingénieurs et doit être complétée par une bonne maîtrise des maths, de la physique et des techniques informatiques.

Rémunération

À partir de 2500 euros en moyenne.

OPÉRATEUR SUR MACHINE À COMMANDE NUMÉRIQUE

Ses missions

Automobile, aéronautique, armement, autant d'entreprises industrielles qui ont besoin d'opérateur sur machine à commande numérique. Polyvalent, il doit maîtriser l'usinage sur les machines conventionnelles. Il conduit les machines à commande numérique et il utilise les langages informatisés.

Sa formation
Bac pro productique mécanique; BTS conception des processus de réalisation de produits; BUT génie mécanique et productique.

Rémunération
À partir de 1 700 euros bruts par mois.

TECHNICIEN DE MAINTENANCE DES SYSTÈMES AUTOMATISÉS

Ses missions
Il effectue des interventions de maintenance, de mise en route, de diagnostic de défaillance et d'amélioration des systèmes automatisés. Le technicien de maintenance travaille sur des sites très variés comme l'automobile, l'agroalimentaire, l'aéronautique, la SNCF, la RATP, la chimie… Il intervient sur un ou plusieurs sites et est plus ou moins polyvalent.

Sa formation
Il existe deux types de formations sachant que le Bac pro reste plutôt prisé : Bac pro maintenance des équipements industriels et BTS (conception et réalisation de systèmes automatiques ou contrôle industriel et régulation automatique).

Rémunération
À partir de 1 800 euros.

TECHNICIEN EN FROID ET CLIMATISATION

Ses missions
Il a pour objectif de monter, démonter, faire les réglages qui s'imposent, dépanner et assurer la maintenance aussi bien préventive que curative d'installations frigorifiques et de conditionnements d'air. Il a trois rôles essentiels : l'intervention (il peut aussi bien monter une installation frigorifique que la dépanner si un dysfonctionnement se produit), l'assistance technique (il choisit un matériel adapté aux problèmes techniques rencontrés) et l'organisation (installer du matériel requiert la mise en place d'un planning d'intervention, un suivi, une vérification des commandes de matériel…).

Sa formation
Bac pro technicien en installation des systèmes énergétiques et climatiques ; Bac pro technicien de maintenance des systèmes énergétiques et climatiques ; Bac pro technicien du froid et du conditionnement d'air ; BTS fluides, énergies, domotique, option À génie climatique et fluidique.

Rémunération
Entre le Smic et 2 200 euros par mois.

TECHNICIEN MÉTHODES

Ses missions
Le technicien méthodes de production se charge d'optimiser les solutions techniques de production et fabrication en tenant compte de divers paramètres comme la qualité, les coûts et les délais. Son objectif : améliorer la productivité et simplifier les process.

Sa formation
Bac + 2 : BTS contrôle industriel et régulation automatique ou conception et réalisation de systèmes automatiques, par exemple.

Rémunération
2 200 euros en moyenne.

TECHNICIEN SUPÉRIEUR DE MAINTENANCE INDUSTRIELLE

Ses missions
Il travaille à optimiser la disponibilité des outils de travail et des équipements. Il a pour tâche de mettre en place un programme d'actions qui permet d'atteindre les objectifs fixés par l'entreprise tout en garantissant des coûts optimaux. Il est spécialisé dans les domaines du génie mécanique et du génie électrique. Il doit compter sur son niveau de compétence qui est généralement élevé. Il fait souvent appel à sa capacité à détecter la défaillance d'une machine, analyser celle-ci, remettre en état l'outil et assurer la liaison entre les services de production et de conception des moyens et/ou des produits.

Sa formation
BTS conception et réalisation de systèmes automatiques ; BTS contrôle industriel et régulation automatique ; BTS maintenance des systèmes, option A systèmes de production ; BUT génie chimique, génie des procédés, option bio-procédés ou encore BUT génie industriel et maintenance.

Rémunération
2 300 euros par mois en moyenne.

TECHNICIEN THERMICIEN

Ses missions

Un technicien thermicien participe surtout à la réalisation de fours industriels, de brûleurs ou de chaudières, travaille sur les centrales thermiques EDF ou sur une chaufferie pour logements et bureaux. Cet agent technique doit également pouvoir assurer la maintenance d'installations thermiques, en garantir le fonctionnement optimal en gérant la mise en route, les réglages, l'entretien et les réparations.

Sa formation

BTS fluides, énergies, domotique, BUT génie thermique et énergie, BUT génie civil - construction durable.

Rémunération

Entre le Smic et 1 800 euros pour débuter.

INFORMATIQUE
INTERNET
MULTIMÉDIA

ADMINISTRATEUR DE BASE DE DONNÉES

Ses missions

Il développe, construit et gère la base de données de l'entreprise. Il s'occupe de sa sauvegarde et de son optimisation. Une base de données, c'est un peu comme une immense bibliothèque, remplie de fichiers qui rassemblent toutes les informations relatives à l'activité de l'entreprise (clients, produits, salariés, etc.). Chaque utilisateur doit pouvoir y puiser des compléments d'informations simplement et sans délais. C'est donc un poste très important pour l'efficacité de l'ensemble des salariés d'une entreprise.

Les recruteurs sont principalement les grandes entreprises et toutes les administrations, très gourmandes en base de données de toutes sortes.

Sa formation

Bac+5 à l'université, en école d'ingénieurs ou école d'informatique.

Rémunération

De 2900 à 3700 euros.

ANALYSTE DE LA MENACE CYBERSÉCURITÉ

Ses missions

Considéré comme le garant et le gardien de l'intégrité et de la confidentialité des données informatiques, l'analyste de la menace cyber joue un rôle primordial au sein d'une organisation. Aussi appelé analyste *cyber threat intelligence* (CTI), il assure la surveillance des systèmes d'information afin de détecter et analyser les incidents de sécurité dans l'entreprise. L'analyste de la menace cybersécurité est un métier de passion au cœur de la lutte contre la cybercriminalité. Attention, il ne faut pas craindre d'effectuer plusieurs tâches en même temps ! Le rythme de ses projets peut se révéler très dense notamment pendant la phase de test de la solution en amont mais aussi au cours de sa phase d'exploitation. De même, il est fortement sollicité lors de l'arrivée de nouvelles méthodologies d'intrusion ou changement de technologie.

Sa formation

Même si le poste d'analyste de la menace cyber est accessible dès le niveau Bac+3 après l'obtention d'une Licence, il est recommandé d'être détenteur d'un Master (Bac+5) avec une spécialisation en intelligence économique, en veille ou en cybersécurité. Des écoles se sont spécialisées dans ce domaine en vue des besoins futurs du marché.

Rémunération
Le salaire de l'analyste de la menace cybersécurité varie selon plusieurs facteurs : son expérience, la taille de son entreprise... En début de carrière, il peut être rémunéré entre 3200 € et 3500 € bruts/mois. Après plusieurs années d'expérience, cet expert en cybersécurité perçoit un salaire compris entre 4000 € et 5000 € bruts/mois. En indépendant il peut gagner entre 400 € et 600 € par jour.

ANALYSTE-PROGRAMMEUR

Ses missions
L'analyste-programmeur met au point ou améliore les systèmes et les applications utilisés dans l'entreprise sous la direction d'un chef de projet. Dans un premier temps, il analyse donc les besoins de l'entreprise. Pour cela, il doit bien comprendre les besoins des futurs utilisateurs du programme, leurs obligations et leurs contraintes. C'est un métier très riche puisqu'un analyste-programmeur peut être amené à travailler sur des projets très différents les uns des autres.

Sa formation
Bac+2: BTS services informatiques aux organisations option solutions logicielles et applications métiers (Slam). Pour des projets plus complexes, la Licence professionnelle métiers de l'informatique spécialité conception, développement et test de logiciels et la Miage (maîtrise de méthodes informatiques appliquées à la gestion des entreprises) sont très recherchées. Des Masters professionnels sont également proposés.

Rémunération
À partir de 2100 euros environ.

ARCHITECTE DE RÉSEAUX

Ses missions
C'est lui qui a la charge de la conception d'un réseau au sein de l'entreprise. Il commence par définir les besoins d'échanges entre les différents acteurs de la société. Puis il détermine les choix de matériels et de logiciels pour répondre au mieux à cette demande. Enfin, il met en place le réseau qui permettra aux utilisateurs d'échanger des informations d'un ordinateur à l'autre.
Les ESN (entreprises de services du numérique) et les sociétés de conseil sont les principaux recruteurs pour ces postes. Le conseil, l'audit et l'expertise sont les grands secteurs d'activité de ces spécialistes des réseaux.

Sa formation
Essentiellement les écoles d'ingénierie informatique (Bac+5).

Rémunération
3 000 euros en moyenne.

CHEF DE PROJET INFORMATIQUE

Ses missions
Rattaché au directeur des études ou au directeur informatique, le chef de projet s'attache à concevoir, développer, mettre au point et livrer (éventuellement maintenir et faire évoluer) des applications pour le compte d'un client. Il occupe une fonction très transversale puisque sa mission première consiste à piloter un projet de A à Z, en faisant travailler différents spécialistes de manière coordonnée. Alors interface et point de rassemblement de toutes les compétences amenées à intervenir (ingénieurs, techniciens, clients, fournisseurs, etc.), il est le garant de l'avancée du projet et du respect des délais impartis. Ce rôle d'organisateur exige de lui de solides qualités en gestion de projet.

Sa formation
Pour devenir chef de projet, les ingénieurs en informatique, mais également les diplômés d'un Bac+4/5 dans une filière informatique ont un profil adapté. Toutefois, une compétence technique spécifique sera systématiquement exigée. De même qu'il leur sera souvent demandé d'avoir une double compétence ou de connaître plusieurs domaines fonctionnels (gestion commerciale, ressources humaines, finance...).

Rémunération
Entre 2 500 et 3 500 euros bruts par mois en moyenne.

CONCEPTEUR

Ses missions
Concepteur, concepteur web ou concepteur multimédia : les appellations peuvent varier mais désignent toutes une même réalité. Au carrefour de la communication et des technologies multimédia, le concepteur est avant tout un créatif, son rôle est d'inventer. En cela, ses fonctions empruntent largement à celle du concepteur-rédacteur, tout en intégrant une dimension technologique très marquée. Spécialiste de l'interactivité, il participe à l'élaboration de contenus originaux associant texte, son et image. Le champ d'intervention du concepteur est assez large, de la création d'une campagne interactive simple à la conception d'un produit multimédia complexe (CD-Rom ou site web).

Sa formation
Master ou école spécialisée dans le multimédia.

Rémunération
À partir de 2000 euros.

CONSULTANT SPÉCIALISÉ EN SÉCURITÉ DES RÉSEAUX ET SYSTÈMES

Ses missions
Aujourd'hui, l'espionnage économique est une réalité et toutes les sociétés ont des réseaux informatiques. Ceux-ci doivent donc être surveillés et sécurisés afin que le premier petit génie en informatique venu ne puisse pas les détériorer ou, pire, en détourner des informations à destination d'une entreprise concurrente. Les piratages ne sont pas les seuls dangers qui menacent les réseaux informatiques, une panne provoquée par un défaut dans une application, un virus, peut aussi causer beaucoup de dégâts. Le consultant spécialisé en sécurité des réseaux doit prévenir ou guérir tous ces problèmes.

Sa formation
Beaucoup de cabinets préfèrent recruter pour ce type de poste des salariés ayant acquis une bonne expérience de l'entreprise. Les possibilités d'embauche sont assez ouvertes puisque certaines sociétés de conseil apprécient de recruter des jeunes diplômés (grandes écoles d'ingénieurs ou diplômes d'université à Bac+5 minimum) qu'elles forment elles-mêmes à un domaine d'application particulier.

Rémunération
À partir de 2500 euros.

DÉVELOPPEUR MULTIMÉDIA

Ses missions
Son rôle consiste à organiser la consultation des informations au sein de l'interface. Il réalise l'application proprement dite, sachant qu'en théorie, chaque projet multimédia ou internet repose sur une application originale. Sa mission consiste à écrire les lignes de code informatique qui permettront à l'utilisateur de naviguer d'un contenu à l'autre. Pour mener à bien sa mission, le développeur multimédia doit se plonger dans les différents langages de programmation.

Sa formation
BTS services informatiques aux organisations ; BUT informatique ; écoles d'ingénieurs et Masters pro toujours en informatique.

Rémunération
2000 euros en moyenne.

DIRECTEUR DU SERVICE INFORMATIQUE (DSI)

Ses missions

Il dépend de la direction générale. C'est à la fois un manager et un technicien. Manager, car il élabore la stratégie informatique de l'entreprise, définit les budgets et gère les moyens matériels et humains. Technicien, parce qu'il doit parfaitement connaître l'environnement informatique de son entreprise pour le faire évoluer en même temps que les technologies. Pour cela, il peut être aidé par un veilleur technologique.
En tant que responsable d'un service très important pour la société, il prend évidemment part aux comités de direction. Son rôle est de la première importance puisque la qualité et l'efficacité de l'équipement informatique d'une entreprise conditionnent bien souvent sa réactivité et son rendement. Il a aussi en charge le recrutement des informaticiens.

Sa formation

Il n'y a pas de formation pour devenir DSI. Ce poste est réservé à des professionnels aguerris, des seniors qui, grâce à leurs différentes expériences professionnelles, ont une bonne connaissance des multiples domaines de l'informatique.

Rémunération

Les salaires sont conditionnés par la taille et l'implantation géographique de l'entreprise. La fourchette de salaire moyen est comprise entre 5 000 et 8 000 euros.

DOMOTICIEN

Ses missions

Le domoticien installe et assure la maintenance des systèmes informatiques qui rendent les bâtiments intelligents. Il travaille notamment sur les systèmes de sécurité des habitations particulières et des immeubles de bureaux, ainsi que sur la gestion de la climatisation, de l'éclairage et des conditions d'accès.
Les recruteurs sont les entreprises du bâtiment et les fabricants d'électroménager et d'électronique qui conçoivent les alarmes, les systèmes de sécurité et autres produits domotiques.

Sa formation

Niveau Bac+2/3 (BTS fluides, énergies, domotique option C domotique et bâtiments communicants; BUT génie électrique et informatique industrielle suivi d'une spécialisation ou Licence professionnelle domotique). Il existe aussi des formations d'ingénieurs en domotique dispensées à l'université ou en écoles d'ingénieurs.

Rémunération

À partir de 1 600 euros pour un technicien et 2 000 euros pour un ingénieur.

HOTLINER

Ses missions

Il travaille pour une ligne d'assistance téléphonique. C'est lui qui décroche quand vous appelez la *help-line* de votre constructeur, après avoir constaté que votre ordinateur vous a encore fait défaut ! Le *hotliner* passe ses journées au téléphone à tenter de réparer à distance les petits problèmes des utilisateurs dépassés par leur machine. Quand il reçoit un appel, il commence par identifier le modèle d'ordinateur ou la version de logiciel utilisés par son interlocuteur. Puis, grâce à l'ordinateur toujours allumé devant lui, il guide pas à pas l'informaticien amateur vers la solution qui relancera l'appareil. En théorie, il peut donc réparer à distance toutes les pannes liées au système d'exploitation ou aux logiciels de l'ordinateur (*software*). En cas de problème lié au *hardware* (la machine elle-même), il vous enverra le technicien de maintenance.

Sa formation

Bac+2 en informatique.

Rémunération

À partir de 1 600 euros.

ILLUSTRATEUR SONORE

Ses missions

Parmi les compétences issues du multimédia et de l'internet, l'illustrateur sonore (ou *sound designer*) intervient en phase de production d'un jeu vidéo ou d'un site internet. Il est le « bruiteur », celui qui doit imaginer l'environnement sonore. Pour cela, il travaille en étroite relation avec le directeur artistique, les infographistes, les développeurs, les animateurs 3D et les musiciens, car l'apport du *sound designer* doit s'insérer harmonieusement parmi les autres talents.

Sa formation

Les formations s'adressent le plus souvent à des professionnels du son, producteurs et musiciens déjà en activité. Il existe également des formations à Bac+3 (Licence pro techniques du son et de l'image) ou à Bac+5 (Master ingénierie de la création et de la réalisation sonore et musicale à Aix-Marseille, par exemple).

Rémunération

De 1 500 euros pour un débutant à 3 000 euros pour un professionnel expérimenté.

INGÉNIEUR CFAO

Ses missions

C'est un informaticien spécialiste de la conception-fabrication assistée par ordinateur (CFAO). Il travaille en étroite collaboration avec les ingénieurs-concepteurs et les ingénieurs d'essais de son entreprise. Il est chargé de mettre au point des représentations en 3D de leur projet. Prenons l'exemple d'une voiture à la ligne révolutionnaire : ces concepteurs ont besoin de savoir quelle est sa réaction au vent, si elle a une bonne réponse aérodynamique. L'ingénieur CFAO va donc mettre au point, au moyen de modèles mathématiques, un essai virtuel de la nouvelle carrosserie. Grâce à ces représentations en 3D, les concepteurs pourront tester les réactions et les comportements de leur machine avant les essais réels. Il en résulte un gain de temps et d'argent puisque la CFAO facilite la suppression de tous les défauts avant de lancer la fabrication. Cette technique permet de tester l'aérodynamique d'une voiture, mais aussi l'efficacité d'un fuselage d'avion, l'habitabilité de sa carlingue ou même la résistance d'une pièce de moteur.

Sa formation

Bac+4/5 minimum : Master, écoles d'ingénieurs généralistes ou informaticiens.

Rémunération

3000 euros en moyenne.

INGÉNIEUR EN COBOTIQUE

Ses missions

L'ingénieur en cobotique (association des mots «robot» et «collaboratif») crée des robots dont la principale mission sera de collaborer avec l'homme afin de l'assister. On pense notamment ici à des tâches extrêmement minutieuse ou qui demande une force surhumaine tel que des robots utilisés en chirurgie par exemple. Le rôle de l'ingénieur est donc de chercher des solutions à des problèmes complexes puis de développer la fabrication de ces cobots qui y répondront au mieux. Il s'agit évidemment d'un domaine où les sciences prennent toute leur importance, tous comme des logiciels informatiques avancés auxquels cet ingénieur ne doit pas être allergique ! On trouve cette fonction dans les grands groupes industriels qui possèdent des services de Recherche & Développement, et ce dans tous les secteurs d'activité.

Sa formation

Un titre d'ingénieur (Bac+5) est indispensable pour espérer exercer ce métier. Vous pouvez commencer par un cursus généraliste avant de vous spécialiser en robotique, intelligence artificielle, électronique car pour l'instant aucune école ne propose une spécialité en cobotique pure.

Rémunération
Un ingénieur, quelle que soit sas spécialité, commence bien souvent sa carrière autour de 3000 € bruts par mois. Un salaire qui évoluera avec de l'expérience pour atteindre jusqu'à 8400 € en fin de carrière selon l'entreprise qui l'emploie.

INGÉNIEUR EN INFORMATIQUE INDUSTRIELLE

Ses missions
Les chaînes des usines sont automatisées, les robots permettent d'optimiser les rendements et la productivité. L'informatique industrielle travaille sur le court ou le moyen terme, en temps réel : un automate qui ne comprend plus les ordres qui lui sont donnés et c'est toute une usine qui peut s'arrêter ! L'ingénieur en informatique industrielle doit donc être proche du terrain. Sa mission est d'améliorer les conditions de travail et la productivité en étant à l'écoute des attentes des utilisateurs des automates et en élaborant au besoin de nouveaux logiciels. Il peut être amené à créer de toutes pièces un poste automatisé ou améliorer un système déjà existant.

Sa formation
Formation scientifique à Bac +5 en école d'ingénieurs ou Mastère Spécialisé management des systèmes d'information en réseaux.

Rémunération
À partir de 3 000 euros environ.

INGÉNIEUR EN INTELLIGENCE ARTIFICIELLE

Ses missions
Les chercheurs en intelligence artificielle (également appelés « cogniticiens ») ne cherchent pas à mettre au point des machines qui réfléchiraient comme l'homme, mais des machines capables de raisonnement débarrassé de tout affect. Les domaines d'application de ces recherches sont les automatismes, la domotique, mais aussi l'armement et la production industrielle.

Sa formation
Un métier réservé à des diplômés de très haut niveau, tant les places sont chères. Formation universitaire : Doctorat ou Master (Master informatique parcours intelligence artificielle ou Master intelligence artificielle et reconnaissance des formes, par exemple).

Rémunération
À partir de 2 600 euros en moyenne.

INGÉNIEUR INFORMATICIEN / INGÉNIEUR EN INFORMATIQUE

Ses missions

Appelé également ingénieur en informatique, ingénieur informaticien n'est pas un métier en soi, mais plutôt une fonction générale comprenant des métiers divers et variés. Ce professionnel possède normalement une spécialité : ingénieur de construction réseaux, ingénieur en informatique industrielle, ingénieur de déploiement réseaux, ingénieur de développement logiciel, ingénieur de développement matériel...
Dans les services importants où la division du travail est forte, les attributions de l'ingénieur informatique sont forcément plus spécialisées. En revanche, dans les services de petite taille, il est exigé une grande polyvalence. L'ingénieur informaticien peut alors y exercer en tant que généraliste et touchera alors à tous ces domaines. Dans ce cas, son rôle est de participer au développement et à la maintenance des applications informatiques, en assurant l'analyse fonctionnelle, la conception technique, le codage, la mise au point et la documentation des programmes...

Sa formation

Bac+5 obtenu dans une école d'informatique que vous souhaitiez être généraliste ou spécialiste (aéronautique, industrie, électronique, systèmes embarqués, etc.).

Rémunération

Les jeunes diplômés commencent avec un salaire moyen de 3 000 euros. Ajoutons que l'augmentation de salaire peut être très rapide selon la spécialisation. En fin de carrière, compter environ 7 000 euros.

INTÉGRATEUR WEB

Ses missions

Son rôle consiste à monter les pages d'un site web en y assemblant l'ensemble des éléments décidés par le chef de projet ou le webMaster : les textes, les images, les liens hypertextes, les tableaux, etc. Sa fonction pourrait être comparée à celle du maquettiste dans l'édition : il est celui qui va mettre en pages les choix graphiques et éditoriaux.

Sa formation

À Bac+2/3 : BTS services informatiques aux organisations, BUT informatique ou BUT métiers du multimédia et de l'internet. Il existe également des Licences professionnelles : métiers de l'informatique : conception, développement et test de logiciels ou responsable de projet web et mobile.

Rémunération
À partir de 2300 euros.

NETSURFEUR

Ses missions
Métier emblématique de l'internet, le *netsurfeur* (également connu sur le nom de « cyber-documentaliste ») a pour mission d'orienter, par ses choix et commentaires, les internautes dans la multitude de sites existants. Il travaille essentiellement dans les grands sites portails qui agrègent l'essentiel du contenu (annuaires, fournisseurs d'accès, grands médias). Pour ces entreprises, le rôle des *netsurfeurs* est central : du moteur de recherche représentant la première fonction consultée sur ces sites dépend la qualité des sites retenus et des commentaires associés qui fera la différence.

Sa formation
BUT métiers du multimédia et de l'internet ou Licence référenceur et rédacteur web.

Rémunération
À partir de 2000 euros.

RESPONSABLE ÉDITORIAL

Ses missions
Le responsable éditorial définit la ligne éditoriale du site. Il sélectionne les contenus et les services proposés aux clients. Comme un journal a son rédacteur en chef, un site a son responsable éditorial qui va décider des contenus qui seront publiés. Mais la notion de contenu éditorial correspond à une réalité beaucoup plus large sur l'internet. Elle englobe, à côté de l'information traditionnelle, d'autres types de contenus (les forums de discussion, les communautés d'intérêt, les événements et partenariats, les commerces électroniques).

Sa formation
Formation littéraire, en communication ou en journalisme.

Rémunération
À partir de 2300 euros environ.

RESPONSABLE MARKETING DIGITAL

Ses missions

Le responsable marketing digital définit et conçoit la stratégie d'une entreprise sur Internet. La stratégie qu'il met en place doit lui permettre d'atteindre ses objectifs quantitatifs et qualitatifs (augmenter la visibilité de l'entreprise, le trafic et les ventes online) tout en respectant les deadlines des projets. Pour atteindre les résultats fixés par sa direction, il use de stratégie, de réactivité, de créativité.
Contrairement au responsable marketing classique – qui élabore ses campagnes promotionnelles pour les différents canaux (publicité TV ou radio, affichage...) –, le digital marketeur oriente sa stratégie en utilisant uniquement les outils digitaux : référencement naturel et payant, display, réseaux sociaux, affiliation, tracking... Une fois la campagne lancée, il analyse les résultats afin de réajuster et optimiser sa stratégie.

Sa formation

Formation en école de commerce, Masters marketing orientés Internet, webmarketing, e-commerce.

Rémunération

3000 euros en moyenne pour un responsable de marketing digital junior.

RESPONSABLE SYSTÈME D'INFORMATION

Ses missions

La mission principale du responsable de SI consiste à piloter les évolutions du système d'information dont il a la charge afin de l'optimiser. Pour atteindre son objectif, il doit tenir compte à la fois de la stratégie générale de l'entreprise et des spécificités des processus métiers. Au-delà de ces deux impératifs, il est garant de la performance du système tant en termes techniques qu'économiques. Veille technologique, évaluation des projets d'investissement en matière de SI, réingénierie, capitalisation des connaissances : autant de méthodes et de techniques auxquelles fait appel un responsable de SI. Enfin, il doit aussi anticiper les changements et évaluer au plus juste leurs impacts.

Sa formation

Cette fonction impose une excellente connaissance de l'entreprise, de ses activités comme de ses métiers. Ce qui explique qu'elle est généralement confiée à un collaborateur ayant un niveau Bac+5 dans le domaine de l'informatique complété d'une dizaine d'années d'expérience dans le suivi de projets.

Rémunération

3700 euros en moyenne.

RESPONSABLE TÉLÉCOM

Ses missions

Appelé aussi chef de centre télécom, il est dans l'entreprise le grand ordonnateur des réseaux de télécommunications. C'est lui qui s'occupe du management technique de toutes les structures de télécommunications de l'entreprise. On entend par télécommunications, le réseau de téléphonie fixe et portable, le réseau de vidéo interne et externe, le réseau de télécopie et le réseau de base de données (internet, intranet). Il doit donc concevoir, mettre en œuvre et exploiter les solutions techniques pour tout ce qui concerne les systèmes et les services de télécommunications de son entreprise. Pour cela, il est entouré d'ingénieurs et de techniciens. Les ingénieurs (ingénieurs réseaux ou architectes de réseaux) ont en charge les études préalables à la mise en œuvre de nouvelles solutions ou l'adaptation de solutions existantes à de nouveaux besoins. Les techniciens, eux, s'occupent du suivi de l'exploitation et de la maintenance des systèmes.

Sa formation

Le responsable télécom est un ingénieur ayant plusieurs années d'expérience acquises en réseaux et télécom (architecte, consultant, chef de projet). Écoles d'ingénieurs. Formations universitaires : Master réseaux et télécommunications, par exemple.

Rémunération

3 000 euros en moyenne.

TECHNICIEN D'ASSISTANCE INFORMATIQUE

Ses missions

Dans l'entreprise, il dépanne, configure, sécurise le réseau informatique et les postes des salariés. C'est lui qui réalise l'installation initiale du matériel et l'installation des éventuelles mises à jour. Il doit donc avoir des connaissances en informatique et en électricité et il doit effectuer régulièrement des stages de perfectionnement pour suivre l'évolution du matériel.

Il doit aussi savoir quelles sont les fonctions des utilisateurs du matériel informatique afin de comprendre leurs besoins en termes de bureautique et d'informatique. En phase de dépannage, il intervient en général seul, souvent suite à un diagnostic effectué par lui ou par un technicien spécialisé.

Son rôle peut parfois s'étendre à l'intégration et à la gestion d'un réseau (mise en place et maintenance des serveurs ou de l'architecture du réseau). Il a sous sa responsabilité la maintenance du parc informatique, il surveille de très près l'apparition de virus et, le cas échéant, limite leur propagation.

Sa formation
Bac pro systèmes numériques option C réseaux informatiques et systèmes communicants. À Bac+2/3 : BTS services informatiques aux organisations option A solutions d'infrastructure, systèmes et réseaux, ou BTS systèmes numériques ; BUT génie électrique et informatique industrielle, ou BUT réseaux et télécommunications. Une Licence pro métiers de l'informatique : administration et sécurité des systèmes et des réseaux est également une piste à explorer.

Rémunération
À partir du Smic.

TECHNICIEN EN TÉLÉCOMMUNICATIONS

Ses missions
C'est lui qui installe les connexions qui relient votre téléphone ou télévision au reste du monde. Si vous pouvez passer des heures à téléphoner à votre meilleure amie, surfer sans fin sur le web ou encore regarder un match de foot en direct sur le câble, c'est grâce à lui. Le technicien en télécommunications est chargé d'installer et d'assurer la maintenance des centraux téléphoniques, des réseaux d'entreprises, des réseaux télématiques et bureautiques. Il peut aussi construire du matériel (terminal, etc.).

Sa formation
Bac pro systèmes numériques option C réseaux informatiques et systèmes communicants. À Bac+2/3 : BUT réseaux et télécommunications ; BTS systèmes numériques ; DEUST infrastructures numériques.

Rémunération
D'un peu plus du Smic à 2 000 euros suivant les diplômes, pour un débutant.

TECHNICIEN RÉSEAU

Ses missions
Le technicien réseau assiste le responsable système d'information dans toute la dimension réseau et télécom d'un projet. En entreprise, son rôle consiste à assurer la mise en relation physique des ordinateurs en interne (gestion du serveur interne) et avec les réseaux extérieurs (configuration des accès internet et extranet). Le champ d'intervention du technicien réseau est en conséquence plutôt vaste. Il peut participer à la définition de l'architecture du réseau (achat du matériel), organiser la mise en place effective de l'architecture (câblage, intégration des cartes dans les micros...), suivre les performances du réseau par des tests d'évaluation continus, mettre à niveau les installations matériels et logiciels, intervenir en cas de coup dur (traitement des pannes logicielles ou matérielles, contrôle des accès).

Sa formation

Pour exercer ce métier, les formations courtes sont particulièrement bien adaptées: BTS, BUT, Licence dans les filières électronique, informatique, réseau et télécom.

Rémunération

Le salaire varie fortement selon la taille de l'entreprise, à partir du minimum légal, parfois moins (contrat de professionnalisation, alternance...).

TRAFFIC MANAGER

Ses missions

Le *traffic manager*, en agence ou en entreprise, oriente l'investissement du client. Travaillant uniquement sur l'internet, il est amené à intervenir sur les gros sites, ceux qui génèrent un trafic important. Sa mission est triple: conseil en choix des supports, mise en œuvre des campagnes (achat d'espace et mise en ligne des créations), suivi des campagnes.

Sa formation

La réussite professionnelle du *traffic manager* passe par une solide formation en commerce, marketing ou publicité (l'idéal étant bien évidemment de maîtriser l'ensemble de ces disciplines...).

Rémunération

Les salaires sont variables selon l'expérience et la taille de l'entreprise, compris entre 2000 et 5000 euros environ.

CONSULTANT RÉFÉRENCEMENT: UN PEU DE TECHNIQUE, UN ZESTE D'ANALYSE ET BEAUCOUP DE COMMUNICATION

Marc T. est devenu chef de projet référencement (on parle également de consultant référencement) suite à une formation non diplômante de six mois de webdesigner au Centre de formation Image à Nîmes financée en partie par Pôle Emploi.
Il nous parle avec passion de son métier: «*Ma principale mission consiste à assurer la visibilité des sites internet de mes clients dans les moteurs de recherche par le positionnement* "organic" *en opposition au référencement publicitaire. En tant que chef de projet, nous définissons la stratégie à adopter pour chaque prestation (cible, moyens à mettre en œuvre: humains, techniques...). La prestation se déroule sur un an (renouvelable) avec une phase d'optimisation annuelle (grosse mise à jour) et un suivi constant avec des bilans complets assez régulièrement (tous les trois mois maximum).*»
Selon Marc, «*ce travail nécessite des compétences diverses car les interventions sur le site représentent 70 % de notre travail, chaque chef de projet peut venir de branches assez différentes (marketing ou technique principalement), notre rôle principal repose sur une parfaite connaissance des moteurs de recherche et de l'utilisation qu'en ont les internautes, de préparer ensuite les sites pour correspondre à l'algorithme des moteurs (Google...). Nous faisons donc appel à des compétences spécialisées pour les*

phases d'optimisations (ingénieurs de développement, concepteurs-rédacteurs dans les différentes langues, graphistes, monteurs...), cela se traduit par la rédaction de cahier des charges à destination des pôles concernés (interne à la société ou externes) jusqu'à la livraison auprès du client.»

Entre autres qualités, Marc recommande à ceux que le métier intéresse de posséder un esprit d'analyse et de synthèse (suivre des résultats et mener les actions correctives: évolution de la visibilité, de la notoriété, de l'image, une augmentation de trafic hautement qualifié traduit par les mots-clés de recherche... requièrent ces deux qualités).

Le salaire est compris entre 24 000 et 32 000 euros (selon expérience) mais un CP référencement peut gagner 40 000 euros.

WEB DESIGNER

Ses missions

À la fois technique et artistique, il crée les éléments graphiques d'un site internet et lui apporte une identité visuelle propre (couleurs, animations) grâce au design de l'interface. Il travaille sous la direction du chef du projet pour définir la charte graphique et l'ergonomie de chaque site, grâce à l'élaboration de maquettes sur palette graphique et à l'utilisation de logiciels graphiques (Photoshop, Illustrator).

Il peut travailler en ESN, dans un studio de création multimédia ou dans une entreprise de communication.

Sa formation

Une formation en graphisme et multimédia est conseillée (Gobelins, ENSAD, Émile-Cohl, EMCA).

Rémunération

À partir de 1 800 euros environ.

WEBMARKETER

Ses missions

L'objectif du webmarketer est double: identifier précisément le consommateur de nouvelles technologies et ses besoins, pour répondre à sa demande aussi personnellement que possible. Sur internet, de nombreux outils permettent la remontée d'information en provenance du visiteur. Celui-ci peut d'abord décliner volontairement son identité. En visite sur un site, il clique sur un lien qui ouvre automatiquement son logiciel de messagerie, lui donnant la possibilité d'envoyer un courrier à l'entreprise visitée. Le site peut aussi contraindre l'internaute à donner son identité, soit en lui imposant un formulaire obligatoire, qui conditionne son accès au site, soit en utilisant la technique très répandue des «cookies». Un cookie permet de suivre la trace d'un internaute. Espion introduit dans l'ordinateur visiteur, il rend fidèlement compte des moindres pages visitées sur le site. Une relation privilégiée est établie entre l'offreur et le demandeur. Une relation que le webmarketer s'attache à développer le chiffre d'affaires par client et la marge générée afin d'augmenter la fidélité des clients (ou prospects).

Sa formation
BTS communication ; Licence pro e-commerce et marketing numérique ; école de commerce ou études universitaires spécialisées en webmarketing (niveau Master).

Rémunération
À partir de 2000 euros.

WEBMASTER

Ses missions
À la fois technicien et créatif, le webMaster possède des bases solides en informatique et des notions en design et en rédaction. Sa mission consiste à concevoir un site internet. Il est le responsable de la gestion et du suivi d'un site web au quotidien. Le webMaster éditorial se charge du contenu du site web (création de rubriques, collecte de l'information et mise en pages des textes). Le webMaster technique concentre son action sur le fonctionnement du site (administration du serveur, intégration du code HTML), gestion des bases de données, etc. Les sites marchands cherchent des compétences commerciales et marketing : création de trafic, fidélisation des internautes... Quel que soit son profil, le webMaster doit maintenir le site à jour et assurer une veille technologique.

Sa formation
BTS services informatiques aux organisations ; BUT métiers du multimédia et de l'internet ; Master information et communication ; Master informatique ou école d'ingénieurs.

Rémunération
À partir de 2000 euros.

JOURNALISME

À noter : les salaires fournis ici sont ceux donnés par le Syndicat national des journalistes (SNJ) en 2020 et sont exprimés en euros bruts. Il s'agit donc de la grille minimum, sachant qu'il existe de grandes disparités dans ce secteur.

CHEF DE FABRICATION

Ses missions

En coulisses, ce « faiseur » de journal coordonne les publications, prévoit les dates des bouclages sur un planning, assure le suivi de la réalisation (remise des textes, maquette, scannage, montage des pages, etc.). De la mise en pages des articles et des encarts publicitaires au bromure et au Cromalin (épreuves des pages avant le bon à tirer qui les envoie à l'imprimerie), le chef de fabrication représente en quelque sorte le chef d'atelier du journal. Organisé, efficace, rapide, il doit gérer les contrordres de dernière minute, les impératifs de temps et les retards des différents services.

Sa formation

BTS études de réalisation d'un projet de communication, option études de réalisation de produits plurimédia, par exemple.

Rémunération

À partir de 1 800 euros.

LES ÉCOLES DE JOURNALISME

Actuellement, 14 formations bénéficient d'une reconnaissance par la profession :
- 5 sont privées et délivrent des diplômes d'écoles (Bac+5) : le CFJ, l'IPJ, toutes deux à Paris, l'ESJ à Lille, l'EJT à Toulouse et Sciences Po Paris ;
- 7 sont publiques, rattachées à une université, et délivrent des Masters : le CELSA (Paris), l'EJCAM (Aix-Marseille), le CUEJ (Strasbourg), l'IFP (Paris), l'IJBA (Bordeaux), l'EPJT (Tours) et l'EJDG (Grenoble-Alpes) ;
- 2 IUT proposent également une formation à Bac+3 (le BUT information-communication option journalisme) : l'IUT de Lannion et celui de Cannes.

Si certaines écoles accueillent des bacheliers (les IUT), la plupart recrutent à partir d'un Bac+2 au minimum. Dans les faits, le niveau moyen aux concours d'entrée organisés par ces écoles s'établit à Bac+4, et même les IUT recrutent souvent des diplômés de niveau Bac+2. Sachez que les IEP proposent également des formations au journalisme, ainsi que bon nombre d'écoles privées telles que l'ESJ à Paris, l'ISCPA à Paris et Lyon, Audiencia-Sciences Com' à Nantes, Studio M à Montpellier, l'EICAR à Paris, l'ISCOM à Paris et le Studio École de France à Issy-les-Moulineaux (pour la radio).

CHEF DE L'INFORMATION

Ses missions

Véritable « nez de l'information » doté d'un flair journalistique affiné, ce professionnel est capable de sentir une actualité explosive qui fera la une quelques jours plus tard. Cette fonction existe surtout dans les rédactions des hebdomadaires parisiens. Journaliste à la pointe de l'actualité, il a pour responsabilité le suivi, la hiérarchisation et le classement de toutes les sources d'information afin de réaliser une revue de presse affinée. Toujours en quête d'une piste d'actualité ou d'une idée originale, il épluche les journaux, décèle un sujet caché dans une brève, incite les journalistes à approfondir un fait dont l'importance se révélera seulement quelques jours plus tard. Centralisateur, il redistribue les informations aux différents journalistes et au rédacteur en chef. Bien organisé, capable de synthétiser les informations, le chef de l'information est surtout un journaliste averti, un fouineur invétéré ayant suffisamment écrit pour ne pas se sentir floué par un poste de coordinateur qui exige avant tout une grande rigueur.

Sa formation

Écoles de journalisme ; IEP.

Rémunération

À partir de 2 400 euros.

CHEF DE RUBRIQUE

Ses missions

Rédacteur spécialisé dans un domaine précis, ce journaliste gère l'ensemble rédactionnel d'une rubrique. Quel que soit le thème (éducation supérieure, emploi, musique, sports nautiques, etc.), il doit être capable de veiller à la cohérence de la rubrique, avec un droit de décision et de regard permanent sur les sujets traités, le choix et la hiérarchisation des informations concernant la rubrique, les angles des articles. Si, à ce poste, les qualités rédactionnelles sont importantes (il veille aussi à la qualité du contenu), un excellent suivi de l'actualité ainsi qu'une bonne capacité d'organisation s'avèrent indispensables.

Sa formation

Écoles de journalisme ; IEP, mais le poste de chef de rubrique requiert plusieurs années d'expérience.

Rémunération

Variable. 2 740 euros minimum par mois, dans la presse quotidienne régionale.

CHEF DE SERVICE

Ses missions

Il se voit attribuer la gestion et la coordination d'un service (politique, sport, culture, etc.) et de l'équipe rédactionnelle qui participe à son élaboration. S'il définit les sujets à traiter avec le rédacteur en chef, qui reste le décideur principal, il gère son équipe de journalistes et de pigistes, s'occupe des problèmes d'intendance lors des reportages, précise l'angle d'un article, etc.

On attend de lui une grande autonomie et des connaissances sûres dans le secteur dont il est responsable, mais également des qualités de diplomatie afin de concilier les individualités au sein de son équipe. Par ailleurs, la relecture des articles lui permet de veiller à la qualité du contenu.

Sa formation
Écoles de journalisme; IEP.

Rémunération
Variable. Environ 2000 euros par mois.

CORRESPONDANT LOCAL

Ses missions
Qu'il s'agisse d'une grève des cheminots marseillais ou d'une manifestation sportive à Lille, les grandes radios nationales savent qui contacter: leur correspondant local, basé sur les lieux de l'actualité. L'exemple type est celui des antennes régionales de Radio France, présente dans toutes les régions, mais il est valable pour de nombreuses radios généralistes. Le travail du correspondant local consiste à suivre l'actualité à l'échelle d'une ville afin d'être prêt lorsqu'un événement qui a lieu dans la région fait la une des antennes nationales. Dans ce cas, le correspondant effectue son reportage sur place et l'envoie à Paris pour une diffusion nationale. Disponible, rapide, il peut être appelé plusieurs fois en quinze jours et rester dans l'ombre de longues semaines. Son travail se calque sur l'actualité d'une région et il ne sait jamais ce qu'il va faire le lendemain.

Sa formation
Écoles de journalisme.

Rémunération
Il est impossible ici de fournir de chiffres précis car le salaire d'un correspondant local varie considérablement suivant l'importance des publications.

DIRECTEUR DE RADIO

Ses missions
Le dirigeant d'une radio nationale comme Radio France n'aura pas les mêmes priorités que celui d'une radio locale associative. Plus ou moins proche de ses journalistes et du rédacteur en chef, le directeur de radio veille essentiellement à des problèmes d'ordre administratif, au cahier des charges et au recrutement au sein de la radio. Il peut, selon les cas de figure, intervenir sur la ligne éditoriale et participer à la réflexion journalistique. On lui demande avant tout d'être un bon gestionnaire, de connaître et

d'évaluer les besoins et de faire fonctionner la radio (ou l'antenne locale) avec des moyens donnés.

Sa formation
C'est un poste généralement confié à des journalistes expérimentés possédant des connaissances pointues en gestion et en économie.

Rémunération
Très fluctuante selon le type de radio.

INFOGRAPHISTE

Ses missions
Tous les journaux savent que transmettre une information à travers diverses formes graphiques facilite grandement la compréhension de l'actualité. Cartes, dessins, graphiques… : l'infographiste a pour mission de réaliser toutes illustrations graphiques pour une compréhension plus facile et pertinente d'un article. En matière d'actualité internationale, par exemple, les cartes présentent un avantage considérable pour les lecteurs. L'infographiste travaille donc en lien avec la rédaction, pour laquelle il réalise les graphiques nécessaires.

Sa formation
Écoles spécialisées telles que Les Gobelins, l'École de l'Image ou l'école Émile-Cohl ou un DN MADE mention graphisme ou mention numérique.

Rémunération
À partir de 2 600 euros environ pour un rédacteur infographe dans un quotidien parisien.

JOURNALISTE D'ENTREPRISE

Ses missions
Sa mission est d'améliorer, créer ou valoriser l'image d'une entreprise. Reflet des orientations et de la stratégie d'une société, le journal d'entreprise permet une diffusion ciblée d'informations aux salariés, clients, partenaires. Son travail réside donc dans la rédaction d'articles de presse écrite, essentiellement tournés vers l'activité de l'entreprise, notamment en ce qui concerne les décisions en termes de management. Placé sous la responsabilité du service de la communication, ce journaliste travaille à partir de plusieurs sources d'information : direction, salariés, organisations au sein de l'entreprise. À lui de savoir s'affranchir de l'information strictement officielle pour trouver d'autres idées de sujets, mettre en place de nouvelles rubriques.

Sa formation
Écoles de journalisme et de communication.

Rémunération
Entre 1 600 et 2 500 euros en début de carrière. S'il est rémunéré à la pige, il perçoit entre 80 et 100 euros le feuillet.

JOURNALISTE EN LIGNE

Ses missions
Professionnel de l'écriture concise, rapide et provenant de diverses sources, le journaliste en ligne (ou journaliste Web) effectue un travail de rédaction dans des délais souvent très courts en se nourrissant des informations diffusées sur le web. Habile navigateur, il maîtrise parfaitement internet et ses infinies possibilités. Un excellent temps de réactivité s'avère primordial dans une profession où l'info circule très rapidement et où un texte peut être diffusé sur le web quelques minutes seulement après avoir été rédigé. L'intérêt du métier réside dans la rapidité d'un exercice de style séduisant pour les jeunes journalistes.

Sa formation
Écoles de journalisme, Masters en information et communication.

Rémunération
Entre 1 700 et 2 000 euros en moyenne.

JOURNALISTE POUR UNE ÉMISSION TÉLÉVISÉE

Ses missions
La télévision permet à de nombreux journalistes de se faire connaître et à de nombreux autres d'exercer leur profession dans le cadre de la préparation d'une émission hebdomadaire ou quotidienne. Choix des sujets, prise de contact avec les témoins et les invités, commande des reportages et visionnage, écriture des lancements et des textes : une émission nécessite un travail de recherche et de documentation.
Plutôt curieux et intéressé par toutes les formes d'actualité, le journaliste télé se spécialise rarement et apprécie de découvrir des thèmes divers et variés. Il peut par ailleurs prétendre à passer du statut d'assistant de l'ombre à celui de présentateur, au prix de quelques années d'expérience...

Sa formation
Écoles de journalisme en particulier celles proposant une formation audiovisuelle.

Rémunération
2730 euros minimum pour un rédacteur-reporter dans l'audiovisuel public.

JOURNALISTE REPORTER D'IMAGES (JRI)

Ses missions
Caméra à l'épaule, sur tous les terrains d'actualité du monde, d'un conflit à l'étranger à la sortie du Conseil des ministres, il se confronte à toutes les facettes de l'actualité. Née de l'exigence des rédactions souhaitant donner son véritable poids à l'image et en contrôler les effets pervers, la profession a explosé. Le principe : donner au journaliste la maîtrise de l'outil caméra afin de l'envoyer sur place pour filmer, interviewer et rapporter textes et images à la rédaction. La fonction offre des débouchés intéressants puisqu'elle motive les télévisions auxquelles elle est devenue indispensable. Sollicités pour être le plus efficace possible, les JRI doivent même, dans certaines chaînes, apprendre à monter eux-mêmes leur sujet en rentrant de reportage.

Sa formation
Écoles de journalisme.

Rémunération
À partir de 2800 euros dans l'audiovisuel public.

LOCALIER

Ses missions
C'est le sprinter de l'événement dans la ville, pris entre un conseil municipal, une conférence donnée par une association et un accident de la circulation... Son créneau : l'information de proximité, dans une agence locale rattachée à un quotidien ou un périodique régional. Embauché comme « localier », il couvre une localité, un département, dans sa totalité. Responsable de tous les événements qui animent ce secteur géographique, il est sur le pied de guerre presque 24 heures sur 24 pour se rendre sur place et rendre compte des informations les plus variées. La tâche peut sembler ingrate, l'intérêt de la vie locale n'étant pas toujours évident, mais la grande majorité des localiers y trouvent leur bonheur.

Sa formation
Écoles de journalisme.

Rémunération
Environ 2000 euros par mois.

MAQUETTISTE

Ses missions

Le maquettiste reçoit les articles et est chargé de les mettre en pages. Il bénéficie, selon la taille du journal, d'une plus ou moins grande liberté artistique (choix de la composition graphique, des couleurs, etc.). Doté d'une bonne vision générale des rubriques du journal pour lequel il travaille, il doit s'adapter aux exigences des journalistes, placer les photos, composer une page en fonction de la maquette imposée et du calibrage des articles. Selon la publication, le maquettiste pourra faire preuve de créativité ou non, varier les effets ou rester sobre. Il choisit par ailleurs le format des photos et les fait scanner afin de les intégrer au texte. X-Press et les autres logiciels de PAO (publication assistée par ordinateur) n'ont plus de secrets pour ce professionnel qui travaille sur ordinateur du matin au soir.

Sa formation

DN MADE mention graphisme ou mention numérique ; DNA option communication ou design.

Rémunération

Entre le Smic et 2 000 euros environ.

MONTEUR

Ses missions

Alors que les journalistes rentrent à la rédaction avec plusieurs heures de tournage et des idées plein la tête, le monteur est chargé de faire exister le sujet en suivant les consignes du journaliste. Aidé par du matériel numérique qui facilite son travail, le monteur sélectionne les images à garder, effectue un découpage afin de les séparer, pour les assembler ensuite, en fonction de l'angle du sujet et de ce que le journaliste souhaitait montrer. Habile manieur d'images, il doit être rapide, comprendre vite et bien ce que le journaliste désire, et savoir écouter ce dernier pour monter le sujet en conservant « l'âme » du reportage. Métier technique, la profession de monteur requiert également des connaissances de l'actualité et une curiosité réelle à l'égard des événements.

Sa formation

BTS métiers de l'audiovisuel option métiers du montage et de la post-production.

Rémunération

Un monteur gagne un peu moins de 1 000 euros hebdomadaires (sur une base de 39 heures de travail), dans la production audiovisuelle.

PHOTOREPORTER

Ses missions

Journaliste à part entière, il rapporte l'information sous forme de clichés. Plus ou moins valorisé selon les rédactions et le type de presse, il présente les mêmes caractéristiques que le reporter qui rédige. Dépêché sur le terrain, dans l'arrondissement voisin ou au bout du monde, il se sert de son appareil photo pour saisir l'instant, donc une information, et la ramener à sa rédaction. Curieux, rapide, capable de réaliser le cliché le plus parlant qui soit, de se faufiler là où les autres ne seront pas, le photoreporter exerce dans une ambiance de concurrence propice à la vivacité d'esprit et à la combativité.

Sa formation

Écoles de journalisme.

Rémunération

De 1 800 euros environ dans un hebdomadaire parisien, à 3 060 euros pour un reporter photographe expérimenté, en presse quotidienne parisienne.

PIGISTE

Ses missions

C'est l'électron libre de la profession, le nomade du feuillet, le journaliste indépendant et « sans publication fixe », que ce soit par choix ou par défaut. Par définition, est pigiste celui qui n'appartient pas en tant que salarié à une rédaction. Ce statut lui permet de travailler pour plusieurs journaux, même s'il a souvent besoin de rester fidèle à un ou deux supports. Payé à l'article, il a la lourde responsabilité d'un travail sans surveillance ni horaires, sans certitude d'emploi, mais il bénéficie d'une certaine liberté et peut multiplier les sujets traités. Ses satisfactions : organiser son emploi du temps comme il l'entend, contacter les titres qui l'intéressent, varier les plaisirs, prendre un jour de repos quand il le souhaite, ne pas être soumis à des contraintes de temps et de hiérarchie. Le revers de la médaille : travailler seul chez soi, courir après les piges, relancer les journaux pour s'assurer un volume de travail suffisant, renoncer aux ambiances de bureau et à l'émulsion d'une rédaction, accepter des salaires qui varient du simple au triple et ne sont pas toujours reconduits l'année suivante…

Sa formation

Écoles de journalisme.

Rémunération

Un pigiste peut gagner 600 euros par mois, puis 1 500 euros six mois plus tard, et inversement ! Cependant, notez que le prix du feuillet (25 lignes de 60 signes et espaces) dans un quotidien parisien se monnaie autour de 67 euros, et autour de 106 euros pour une journée de travail sur un dossier ou une enquête, dans une agence audiovisuelle, pour un pigiste titulaire.

PRÉSENTATEUR

Ses missions

Plutôt souriant, « prenant bien la lumière », le présentateur lit le texte sur un prompteur et annonce les différents reportages. Rarement amené à prendre des décisions, il suit une ligne conductrice et n'y déroge qu'en cas de force majeure. Le fauteuil convoité de présentateur présente l'avantage d'un salaire plus que confortable, mais sa « starisation » et sa dépendance aux fluctuations des taux d'audimat en font un statut précaire.

Sa formation

On trouve de tout chez les présentateurs, et pas forcément des formations en journalisme. Diplômé des écoles reconnues par la profession, autodidacte ayant fait ses premiers pas en province, le présentateur n'offre pas véritablement de profil type. Les chaînes nationales et régionales cherchent davantage une « image » qui colle à la leur qu'une formation précise. TF1, LCI, France 3, M6 : chaque média définit son style de présentateur en fonction d'un public et des exigences liées à une tranche horaire.

Rémunération

Variable.

RÉALISATEUR

Ses missions

Travailleur de l'ombre, présent au générique mais planqué derrière ses manettes en régie, le réalisateur joue un rôle primordial en télévision. Que ce soit pour le JT de 20 heures, une émission de divertissement ou un talk-show quotidien, c'est lui qui met en forme l'image, varie les plans caméra, coordonne les plans et permet à l'émission d'exister telle qu'elle est vue par les téléspectateurs. Sa liberté d'exécution et d'invention dans la réalisation varie selon le type d'émission. Certaines permettent une grande originalité, d'autres nécessitent avant tout de la rigueur et de l'attention, comme le journal télé.

Sa formation

Écoles spécialisées en audiovisuel.

Rémunération

Très fluctuante selon les chaînes et la renommée du réalisateur.

RÉDACTEUR

Ses missions
C'est le terme générique utilisé pour les journalistes de presse écrite, quelle que soit leur spécialité. Journaliste au sein d'un « département » précis, le rédacteur salarié est rarement un électron libre sans domaine de prédilection affiché. Informations générales, culture, sport, économie ou politique intérieure, le rédacteur travaille au sein d'un service et se spécialise par la force des choses. À part le pigiste, qui ne peut pas toujours se permettre de ne vivre que d'une spécialisation, le rédacteur n'écrit pas sur tout. Si certains ont la chance de rédiger dans la spécialité de leur choix, d'autres passent par plusieurs services avant de trouver un poste correspondant à leurs aspirations professionnelles.

Sa formation
Écoles de journalisme ; IEP.

Rémunération
À partir de 1 700 euros.

RÉDACTEUR EN CHEF À LA TÉLÉVISION

Ses missions
Sur un journal ou sur une émission, c'est le grand responsable de la ligne éditoriale, du contenu rédactionnel, des présentateurs et des journalistes. Il faut généralement une solide expérience de journaliste avant d'accéder à cette fonction placée au sommet. Une certaine crédibilité professionnelle s'impose pour maintenir une cohésion et faire passer des choix parfois difficiles aux équipes en place. Un rédacteur en chef d'une édition de journal télévisé, par exemple, porte une lourde responsabilité sur ses épaules. Dans un contexte de concurrence acharnée entre les chaînes généralistes, le poids de l'image, le choix des thèmes et la hiérarchisation de l'information donnent en effet peu le droit à l'erreur.
À noter: le rédacteur en chef adjoint à la télévision, seconde main du rédacteur en chef, assiste ce dernier dans son travail quotidien ainsi que dans ses décisions. Il bénéficie d'attributions assez larges et peut sans difficulté remplacer son supérieur en cas de problème ou d'absence. Le poste est souvent le passage temporaire avant de pouvoir s'asseoir dans le fauteuil de rédacteur en chef.

Sa formation
Écoles de journalisme.

Rémunération
Environ 5 350 euros dans une agence audiovisuelle multimédia.

RÉDACTEUR EN CHEF EN PRESSE ÉCRITE

Ses missions

À la tête de l'équipe rédactionnelle, ce professionnel enfile la casquette de décideur, de garant de la ligne éditoriale, mais aussi de chef d'équipe et de « meneur de troupes ». Son rôle consiste à déterminer les sujets à traiter dans sa publication, à choisir et à définir avec ses journalistes les « angles » des articles (manière dont le sujet va être abordé, sur le plan social, économique, etc.), le calibrage (nombre de pages et de feuillets par article). Il commande les articles aux journalistes et aux pigistes, sans oublier de penser aux illustrations (commande d'un dessin), ni de chercher de nouvelles idées d'articles ou de rubriques en vue des prochaines parutions. Le plus souvent, le rédacteur en chef prépare également le chemin de fer (organisation et positionnement des articles et des publicités page par page). Toute idée d'article lui est obligatoirement soumise.

Sa formation

Écoles de journalisme et plusieurs années d'expérience.

Rémunération

Très variable : 2600 euros bruts mensuels minimum, dans un périodique régional et 5430 euros dans un quotidien parisien.

RÉDACTEUR EN CHEF RADIO

Ses missions

Au même titre qu'un rédacteur en chef officiant en presse écrite ou en télévision, ce journaliste placé à la tête d'une rédaction coordonne l'ensemble du travail rédactionnel de son équipe. Choix des sujets à traiter lors des éditions quotidiennes, des divers reportages à effectuer dans la journée ou pour la semaine, hiérarchie de l'information, etc., le rédacteur en chef suit en permanence l'actualité afin de guider ses journalistes dans leur travail quotidien. Il choisit d'envoyer un reporter radio sur un sujet plutôt qu'un autre, prévoit le contenu des journaux de la journée, écoute les propositions des journalistes, recrute les stagiaires et les pigistes.

Sa formation

Écoles de journalisme.

Rémunération

De 2130 à 2780 euros en radio locale privée.

REPORTER EN AGENCE DE PRESSE

Ses missions

En choisissant de travailler pour une agence de presse, ce journaliste épouse une fonction contraignante au plus près de l'information. Toujours pressé par le temps et par la course à l'information en temps réel, le reporter d'agence se heurte, plus encore qu'ailleurs, au problème des délais et des durées de déplacements. Selon le sujet sur lequel il travaille, il a plus ou moins l'opportunité de se rendre sur le terrain, de prendre ses marques. Mais même s'il a la chance de partir régulièrement en reportage, le style d'écriture (concis et neutre) des agences de presse et le calibrage des articles (souvent réduits à une centaine de mots) laissent peu de place au vrai reportage sur la longueur.

Sa formation

Écoles de journalisme.

Rémunération

Entre 2106 et 2500 euros selon l'échelon, pour un rédacteur en agence de presse en informations générales.

REPORTER/GRAND REPORTER

Ses missions

Le grand reporter incarne l'indépendance et la noblesse d'une profession. Sa vie : des départs à répétition pour couvrir une actualité brûlante aux quatre coins du monde, au détriment de son épanouissement familial. Le grand public le découvre lors des couvertures médiatiques des guerres ou des grands événements historiques. Si la réalité correspond bien au mythe dans certains services, le titre de grand reporter s'applique également à des services comme les sports, l'économie ou les informations générales. Dans ce cas, il s'agit plus d'un état d'esprit et d'un travail d'enquête approfondi sur certains sujets que d'une course aux grands reportages sur des continents lointains. Le grand reportage s'exerce aussi bien dans une ville de province, à Paris ou au Moyen-Orient.

Sa formation

Écoles de journalisme.

Rémunération

En presse quotidienne régionale, un grand reporter gagne près de 3000 euros ; dans un hebdomadaire parisien un grand reporter est rémunéré entre 2116 et 2400 euros, un reporter entre 1897 et 2152 euros.

RESPONSABLE D'ÉDITION

Ses missions

Il ou elle prend la responsabilité d'une tranche horaire, d'un journal ou d'une émission sur le planning. Ordre de passage des reportages, vérification des angles choisis et des sujets, le chef d'édition veille au bon déroulement du journal, à son contenu rédactionnel, ainsi qu'à la cohérence générale de ce qui est diffusé en direct ou en différé. D'un bon niveau culturel, le responsable d'édition doit assurer la qualité du contenu diffusé et la crédibilité en termes d'images.

Sa formation

La fonction est généralement proposée à des journalistes expérimentés déjà fortement impliqués dans le milieu audiovisuel.

Rémunération

Un chef d'édition employé chez France Télévisions gagne environ 3100 euros par mois.

SECRÉTAIRE DE RÉDACTION

Ses missions

Il est chargé de relire les articles, d'y apporter les corrections nécessaires au niveau typographique, de retravailler la titraille (la hiérarchie des titres) et, selon les journaux, d'y mettre sa touche en rédigeant un sous-titre, un titre, etc. Responsable de la finition des articles et de la cohérence générale, son rôle est essentiel pour la qualité de la publication. Le secrétaire de rédaction travaille avec les membres de la rédaction, sous les ordres du rédacteur en chef, en faisant également le lien avec les maquettistes. Il peut éventuellement intervenir sur la mise en pages en donnant son avis ou en demandant une modification d'emplacement.

Sa formation

Écoles de journalisme; BUT information communication, option journalisme; Licence pro métiers de l'information: métiers du journalisme et de la presse.

Rémunération

De 2000 à 2800 environ.

SECRÉTAIRE DE RÉDACTION : EXPÉRIENCE, RIGUEUR ET DIPLOMATIE

Véronique G. est secrétaire générale de rédaction chez Bayard Presse, poste qu'elle a intégré après de multiples missions journalistiques : localière et secrétaire d'édition en presse quotidienne régionale, secrétaire de rédaction unique, puis chef de rubrique dans un mensuel chez Fleurus Presse pendant 9 ans, collaborations à RFI (Radio France International) et à divers magazines, à la fois en secrétariat de rédaction et en écriture, secrétaire de rédaction, puis première secrétaire de rédaction et enfin secrétaire générale de rédaction de 1988 à 1994 pour Phosphore.

Elle nous parle de son métier avec enthousiasme : *« Je suis une sorte de fil rouge du journal. Depuis la réunion de programmation des sujets de chaque numéro, jusqu'à son départ à l'imprimerie, j'organise toutes les étapes nécessaires et veille à ce que chacune soit bien respectée. Il y va de la qualité de travail de chacun… et de la qualité finale du magazine ! Je relis d'ailleurs toutes les pages avant le départ à l'impression.*

Un peu "mère fouettard" pour faire respecter les plannings que j'établis moi-même (date de commande et de retour des articles, temps d'intervention du rédacteur en chef, de la maquette du secrétariat de rédaction…) ou encore pour tirer la sonnette d'alarme quand le budget a tendance à déraper, je dois aussi jouer les diplomates. Pour "arrondir les angles" en période de montée d'adrénaline (presque à chaque bouclage, mais pas seulement !), pour négocier des délais supplémentaires avec la fabrication, si besoin est, ou pour faire comprendre à un journaliste que le chemin de fer ne lui permet pas autant d'effusion de plume qu'il ne l'aurait voulue. Allez expliquer à un rédacteur que son portrait de tel ou tel chanteur sera réduit sur deux pages au lieu de trois au départ, parce que la régie publicitaire a fait "rentrer" du Lancôme ou du Bouygues… Je conseille en la matière une paire de gants en double peau si ce n'est à lui expliquer calmement qu'avec Lancôme rentre aussi le chiffre d'affaires… qui lui paie peut-être une partie de son salaire !

Le secrétariat général est aussi par sa fonction une plaque tournante entre tous les acteurs qui gravitent autour d'une équipe de rédaction : service commercial, publicité, fabrication, autres services internes de l'entreprise, etc. : Quand le prochain numéro paraît-il ?, Quel thème pour le prochain dossier ? ou encore : Au secours, la pub a besoin d'une page supplémentaire, quelle page rédactionnelle fait-on sauter ? Autant de questions, d'exclamations, d'angoisses, auxquelles le SGR doit faire face et résoudre ou trouver les bons interlocuteurs pour le faire. L'essentiel reste de faire sortir le journal en temps et en heure, dans les limites du budget imparti. »

Les qualités pour exercer le métier ? *« On s'en doute, il faut à la fois être ferme… et diplomate. Être réactif, et savoir passer d'un problème à un autre parfois dans l'urgence, et sans paniquer. Ne pas être trop susceptible, car on est amené à prendre des décisions parfois impopulaires. Donc avoir déjà quelques bonnes heures de vol dans le journalisme. Et surtout… Aimer travailler en équipe et respecter le boulot de chacun. »* Pour finir, Véronique souhaite souligner qu' *« en général on accède à ce poste après plusieurs années de journalisme. L'idéal étant d'avoir une double expérience de SR et d'écriture, ce qui est relativement rare. »*

Véronique, initialement titulaire d'un DUT de journalisme et armée d'un certain nombre de formations, gagne aujourd'hui 3 600 euros bruts par mois sur la base d'un plein-temps, plus l'ancienneté prévue par la convention collective des journalistes.

SPÉCIALISTES DE LA PRESSE ÉCRITE

Dans le milieu déjà fermé des rédacteurs, certains professionnels bénéficient d'une « étiquette » supplémentaire, une sorte de bonus assez convoité puisqu'il s'agit d'une spécialisation reconnue, généralement dans le domaine de prédilection du journaliste en question.

Chroniqueur judiciaire

Souvent issu d'une formation en droit, le chroniqueur judiciaire est en quelque sorte un envoyé spécial chargé de suivre les procès et de couvrir l'actualité judiciaire. Il est présent lors des grands procès historiques et peut être amené à relater, au jour le jour, le déroulement des audiences, sur une durée de plusieurs semaines, voire plusieurs mois. Sa mission : rendre le procès vivant, raconter une ambiance, résumer les plaidoiries et les réactions des parties civiles, anticiper un verdict. La spécialisation requiert de solides connaissances en matière de droit, mais surtout une grande rigueur dans le traitement de procès de plus en plus médiatisés et difficiles à couvrir. La place rédactionnelle octroyée au chroniqueur judiciaire étant de plus en plus réduite, la tâche se révèle délicate et pas toujours très valorisante.

Critique littéraire/de cinéma

Ils ne sont qu'une poignée à avoir le privilège de découvrir un livre ou de voir un film avant tout le monde pour le critiquer en toute liberté. Les critiques littéraires ou de cinéma font partie d'un cercle restreint de professionnels embauchés par la presse écrite spécialisée mensuelle, ainsi que dans les suppléments hebdomadaires de certains quotidiens. Le critique évolue généralement dans le milieu depuis un certain nombre d'années. Il en connaît les habitudes et les personnalités incontournables, joue d'un carnet d'adresses bien rempli et se révèle souvent un passionné de ce domaine. Ses qualités se situent donc essentiellement du côté du relationnel, son style lui permettant, par ailleurs, et en cas de grand talent, de se faire un nom.

Journaliste sportif

Sprinter né, sportif dans l'âme, le journaliste sportif se nourrit d'une actualité qui se passe sur les stades, les cours et les terrains du monde entier. Qu'il soit spécialisé en football, natation, voile ou rugby, c'est avant tout un passionné qui connaît sa discipline sur le bout des doigts et vibre lors des grandes rencontres. Il rêve de signer dans L'Équipe, est prêt à multiplier les stages pour vivre de sa passion et fait souvent figure de journaliste un peu à part. La plupart des jeunes journalistes sportifs sont pourtant formés au même titre que les autres et ont choisi cette voie par vocation. Le métier séduit, mais la presse écrite offre un nombre assez limité de places.
Si la fonction permet bien souvent de satisfaire les appétits sportifs, elle est synonyme d'horaires décalés et de week-ends largement entamés par l'actualité (les événements sportifs étant souvent concentrés sur les samedis et les dimanches).

Rémunération

Le salaire d'un rédacteur spécialisé oscille entre 1 750 et 2 000 euros dans un hebdomadaire parisien.

POUR EN SAVOIR PLUS

Quelques ouvrages parus aux éditions Studyrama, collection « Guides J » :

- *Les métiers de l'audiovisuel*;
- *Les métiers de la communication et du marketing*;
- *Faire du journalisme son métier.*

Rendez-vous également sur les sites internet suivants :

- www.ccijp.net: site de la Commission de la carte d'identité des journalistes professionnels ;
- www.snj.fr : site du Syndicat national des journalistes.

JUSTICE
DROIT

ADMINISTRATEUR JUDICIAIRE

Ses missions

C'est un auxiliaire de justice mandaté par le tribunal de commerce lorsque l'entreprise fait l'objet d'une procédure de redressement judiciaire. Il est chargé d'assister le dirigeant, voire de le remplacer, et de trouver des solutions (telles que le rééchelonnement des dettes, un plan de redressement financier, trouver des repreneurs en cas de faillite, etc.) pour sauvegarder l'entreprise et éviter les licenciements.

Sa formation

Master dans le secteur du droit, de l'économie, de la gestion ou diplôme d'école de commerce et un stage de trois ans minimum sont requis pour passer l'examen professionnel d'aptitude d'administrateur judiciaire.

Rémunération

L'administrateur est rémunéré par l'entreprise en redressement judiciaire.

ASSISTANT DE JUSTICE

Ses missions

Afin d'accroître la qualité et l'efficacité de l'activité judiciaire, les magistrats s'entourent de collaborateurs de haut niveau auxquels ils délèguent un certain nombre de travaux préparatoires : ce sont les assistants de justice. Ces assistants exercent leur fonction auprès des magistrats des tribunaux d'instance, des tribunaux de grande instance et des cours d'appel. Ils agissent sous l'autorité et la responsabilité des magistrats. Leurs attributions concernent la recherche de documentation et de jurisprudence, la rédaction de notes de synthèse des dossiers ou de projets de décisions sur les instructions. Ils sont recrutés par contrat pour une durée de deux ans, renouvelable deux fois.

Sa formation

L'assistant doit justifier d'un diplôme sanctionnant une formation juridique d'une durée égale au moins à quatre années d'études supérieures.

Rémunération

En exerçant leur fonction à temps partiel et ne pouvant avoir d'autre activité professionnelle sauf dérogation, cette activité peut donc intéresser des étudiants en fin de cursus. Le salaire se situe autour de 500 euros mais l'activité ne s'exerce pas à temps plein.

AVOCAT

Ses missions

L'avocat généraliste représente et défend devant un tribunal les particuliers ou les entreprises engagés dans un procès. Avant le procès, il va constituer son dossier, consulter son client pour recueillir le maximum de pièces nécessaires à la défense, puis rédiger des conclusions et des actes qui serviront à développer ses arguments lors du procès. Les activités juridiques de l'avocat consistent à donner des consultations à ses clients sur des questions d'ordre juridique, à procéder à des formalités, à apporter son aide à des clients pour la rédaction de déclarations, à rédiger des actes sous seing privé, à assister ou représenter son client devant un organisme public ou privé. La mission de conseil de l'avocat est prépondérante dans l'internationalisation de la profession. Les avocats doivent maîtriser les systèmes juridiques de divers pays pour traiter de commerce international. En outre, certains avocats exercent un rôle en matière de défense des droits de l'homme.
Notez que cette profession peut se spécialiser par exemple en droit de la famille et des personnes, en droit de la propriété industrielle et en droit des nouvelles technologies, en fiscalité, en droit des affaires, en droit pénal, etc.

Sa formation

Le futur avocat doit être titulaire, au minimum, d'un Master 1 en droit (mais plus généralement d'un Master 2), et réussir un examen d'entrée dans un centre régional de formation professionnelle pour avocat (CRFPA). Cet examen est préparé en un an au sein d'un IEJ (institut d'études judiciaires) à l'Université. La formation dure ensuite 18 mois (dont 6 en stage dans un cabinet d'avocats). À l'issue de la formation, les étudiants passent un examen en vue d'obtenir le CAPA (certificat d'aptitude à la profession d'avocat). Il leur faut ensuite prêter serment et demander leur inscription au sein d'un barreau.

Rémunération

À partir de 2150 euros pour un avocat salarié (hors barreau de Paris) et 2 700 euros pour un avocat libéral débutant, en moyenne. Cependant, selon les honoraires, l'avocat peut doubler, voire tripler ce salaire.

CLERC D'HUISSIER

Ses missions

Le clerc d'huissier épaule l'huissier dans les tâches administratives : il prépare les actes et assure la correspondance courante. Le clerc principal peut aussi prendre part à la gestion de l'étude. On distingue deux catégories de clercs qui sont amenés à agir sur le terrain : les clercs significateurs qui sont assermentés devant le tribunal et délivrent les actes et jugements en lieu et place de l'huissier, et les clercs habilités à faire des constats qui ont prêté serment devant le tribunal de grande instance.

Sa formation

Certificat de qualification professionnelle de l'École nationale de procédure (ENP), diplôme sanctionnant deux années d'études de droit ou encore BUT carrières juridiques. Aucun diplôme n'est exigé pour devenir clerc significateur. Pour devenir clerc aux procédures, le Baccalauréat est requis (sauf expérience d'au moins 3 ans dans une étude) et pour devenir clerc expert, il faut être titulaire d'un Master 1 en droit ou justifier de 2 ans d'expérience en tant que clerc aux procédures et être titulaire du CQP.

Rémunération

Du Smic à 2 230 euros bruts par mois.

CLERC DE NOTAIRE

Ses missions

Aux côtés du notaire, le clerc (également connu sous le nom de collaborateur de notaire) incarne le technicien du droit. Il suit les dossiers, rassemble les pièces administratives, rédige des actes et effectue des recherches. La marge d'indépendance et de responsabilité des clercs dépend de son expérience et de ses connaissances. L'évolution dans la profession est assez lente et les clercs souffrent de la concurrence des notaires stagiaires. Cette fonction suppose de posséder un bon sens de l'organisation, de la méthodologie et une certaine facilité de contacts pour l'assistance aux clients.

Sa formation

BTS notariat; BUT carrières juridiques; Licence pro métiers du notariat, éventuellement suivie du diplôme des métiers du notariat de l'INFN, la grande école du notariat.

Rémunération

À partir de 1 900 euros par mois environ.

COMMISSAIRE DE JUSTICE

Ses missions

Suite à la loi pour la croissance, l'activité et l'égalité des chances économiques du 6 août 2015 dite « loi Macron », le rapprochement du métier d'huissier de justice et de commissaire-priseur judiciaire a officiellement été lancé en 2019, permettant la création d'un nouveau métier : le commissaire de justice. La chambre nationale des huissiers de justice et la chambre nationale des commissaires-priseurs judiciaire sont devenus : la chambre nationale des commissaires de justice (CNCJ).

Depuis le 1er juillet 2022, huissier de justice et commissaire-priseur fusionnent et portent officiellement l'appellation de commissaire de justice. Les huissiers de justice et commissaires-priseurs qui n'auront pas suivi de formation spécifique cesseront d'exercer dès 2026.

Avec la loi croissance, le Président Emmanuel Macron a souhaité harmoniser et réunir différentes professions du droit jugées isolées, mais aussi élargir leurs champs d'activités initiales. Ainsi, les missions du commissaire de justice englobent la totalité des tâches affectées aux actuels huissiers de justice et commissaires-priseurs. Le commissaire de justice est à la fois un officier public et ministériel, un auxiliaire de justice et un juriste de proximité. Les commissaires de justice pourront remplir leurs fonctions jusqu'à l'âge de 70 ans.

Sa formation

Pour devenir commissaire de justice, il est obligatoire de remplir les conditions suivantes :

- être détenteur d'un Master 2 en droit ou diplômes reconnus équivalents ;
- réussir l'examen national d'entrée à la formation ;
- suivre une formation théorique et pratique (stage professionnel) de deux ans au sein de l'Institut national de formation des commissaires de justice (INCJ) ;
- réussir l'examen de sortie de formation, qui octroie un « certificat d'aptitude à la profession de commissaire de justice ».

Rémunération

La rémunération du commissaire de justice varie selon la structure, le lieu et l'activité d'exercice.

À titre de comparaison, un huissier de justice peut gagner environ 8 000 € brut mensuel en moyenne.

COMMISSAIRE DE POLICE

Ses missions

C'est l'interlocuteur des préfets et des procureurs. Il effectue un travail de recherche, d'enquête. Mais le commissaire de police dirige aussi une équipe composée d'agents et d'inspecteurs. Il est chef de service et peut devenir principal, divisionnaire et diriger un commissariat. Le concours est d'un niveau élevé et comporte de nombreuses épreuves de droit, de psychologie, de mathématiques, d'informatique… Beaucoup deviennent commissaires de police après avoir été inspecteurs.

Sa formation

Concours de la fonction publique ouvert aux titulaires d'un Bac+5 (si possible en droit). La formation, rémunérée, dure ensuite deux ans en alternance à l'École supérieure de la police.

Rémunération

Pendant ses études à l'École supérieure de police, l'étudiant touche 1 557 euros nets par mois. En début de carrière, le salaire mensuel net d'un commissaire de police est de 3150 euros.

DÉTECTIVE PRIVÉ

Ses missions

Qu'il s'agisse d'informations à caractère privé (droit de la famille, filatures/surveillances, recherches de personnes disparues, contre-enquête...) ou d'éléments relatifs à une activité professionnelle (concurrence déloyale, conseils et assistance en matière de sûreté, contrôle d'emploi du temps de personnel, enquête d'honorabilité, vols et escroqueries...), le détective privé est chargé de réunir des preuves qui feront que les doutes de son client deviendront une réalité.

Sa formation

Pour exercer le métier de détective privé, il faut être titulaire d'un diplôme homologué et inscrit au Répertoire national des certifications professionnelles. Le titre de responsable d'investigations et d'opérations de recherches privées de l'IFAR (Institut de formation des agents de recherches) est accessible aux titulaires d'un Bac+2. Il existe également une Licence professionnelle d'agent de recherches privées.

Rémunération

Le Smic pour un salarié débutant, ensuite tout dépend de l'expérience, de l'importance de la clientèle et des affaires traitées.

ÉDUCATEUR DE LA PJJ

Ses missions

Lorsqu'un mineur a commis une infraction ou se trouve en danger, il peut être confié aux services éducatifs de la Protection judiciaire de la jeunesse (PJJ). L'éducateur est un homme de terrain: il doit être sensible aux relations humaines, rencontrer régulièrement le jeune et le mettre en confiance. Il est chargé de la conduite des mesures et de l'exécution de certaines peines prononcées par les juridictions. Il propose des solutions éducatives au magistrat et conduit ces mesures en s'assurant que les jeunes délinquants évoluent correctement dans leur cadre de vie. Il va accompagner le jeune dans un processus de restauration, de maturation de sa personnalité. Il représente pour lui un repère et un soutien.

Sa formation

Concours de la fonction publique ouvert aux titulaires d'un Bac+3 ou d'un diplôme d'éducateur spécialisé. La formation, rémunérée, dure ensuite deux ans en alternance (un an pour les titulaires d'un diplôme d'éducateur spécialisé) à l'École nationale de Protection judiciaire de la jeunesse.

Rémunération

De 1710 pour un élève éducateur à 2840 euros bruts (hors primes).

FISCALISTE

Ses missions

En dehors du contexte des grandes entreprises, où le fiscaliste intervient au sein d'une équipe, on rencontre des responsables fiscaux dans les sociétés réalisant des millions d'euros de chiffres d'affaires en moyenne. En effet, la complexité et la multiplicité des impôts et des taxes auxquels sont assujetties les entreprises les rendent aujourd'hui indispensables. Ceci est d'autant plus vrai dans les groupes internationaux où l'entreprise recherche l'optimisation fiscale. Aussi, assiste-t-on à une sensible évolution du rôle des fiscalistes, désormais considérés comme des vecteurs de profits significatifs. Ils interviennent sur l'ensemble des opérations de l'entreprise en présentant le risque fiscal encouru et en proposant des solutions aux problèmes rencontrés.

Sa formation

La double compétence est généralement appréciée: diplôme de grande école de commerce avec une spécialisation en fiscalité (Bac+5) doublé d'un Master en droit fiscal, par exemple.

Rémunération

Le salaire d'un débutant varie de 2500 à 2900 euros.

GREFFIER DES SERVICES JUDICIAIRES

Ses missions

Il est le collaborateur direct du magistrat. Il est à la fois le gestionnaire et le témoin des procédures judiciaires. Sa présence est obligatoire lors des procès. Aux côtés du juge qui dit le droit, le greffier le retranscrit par écrit et garantit l'authenticité des décisions du juge. Il enregistre les demandes des plaignants, notifie les jugements aux intéressés et conserve les traces des actes et jugements pour en donner copie. Le travail du greffier varie selon la juridiction (instruction, tribunal pour enfants, cour d'assises, exécution des peines, tutelles...). Le greffier jouit d'une grande autonomie et organise comme il l'entend son travail et celui de ses collaborateurs. Le greffier en chef est responsable des services administratifs du greffe de la juridiction. Il assure l'encadrement du personnel du greffe et l'exécution du budget. Il est chargé de l'authentification, de la conservation et de la délivrance de certains actes de procédure.

Sa formation

Concours de la fonction publique de niveau Bac+2. Cependant, le candidat devra posséder des connaissances en droit acquises généralement en Licence de droit ou en BUT carrières juridiques. Il passera ensuite 18 mois à l'École nationale des greffes à Dijon. Le concours de greffier en chef est lui de niveau Licence.

Rémunération

Elle varie de 1 668 à 2 502 euros pour un greffier. Un greffier principal débute quant à lui à 1 836 euros et son salaire peut atteindre 2 769 euros.

INGÉNIEUR DE LA POLICE TECHNIQUE ET SCIENTIFIQUE

Ses missions

En leur qualité de fonctionnaires de la police nationale, les ingénieurs de police technique et scientifique participent à la mission de police judiciaire. Ils peuvent travailler au sein de la sous-direction de la police technique et scientifique qui participe activement à la recherche d'identification des auteurs d'infractions de toutes natures. Elle collabore à des actions de coopération internationale dans le cadre d'Interpol et de l'Union européenne. Par son action, elle contribue à la lutte contre le terrorisme et le crime organisé, mais aussi à la lutte contre la petite et la moyenne délinquance au quotidien. Elle est composée de cinq services: la division de la logistique opérationnelle, la division des études, des liaisons et de la formation, le service central d'identité judiciaire, le service central de documentation criminelle, le service de l'informatique et des traces technologiques. Autre possibilité: exercer son métier d'ingénieur au sein de l'Institut national de police scientifique qui regroupe les laboratoires de police scientifique situés à Lille, Lyon, Marseille, Paris et Toulouse, ainsi que le laboratoire de toxicologie de la Préfecture de police de Paris. Il comprend par ailleurs le service central des laboratoires qui centralise la documentation scientifique, gère le budget et coordonne l'activité des laboratoires précités. Les laboratoires de police scientifique comportent les sections suivantes: balistique (étude des armes, munitions, trajectoires de tir), biologie (analyse de sang, sperme, cheveux, recherche d'empreintes génétiques), documents-traces papillaires (analyse de faux documents et écritures), incendies-explosions (étude des explosifs et liquides inflammables), physique-chimie (étude des peintures, résidus de tir, verres, terres...), stupéfiants (analyse de substances chimiques comme les échantillons de saisie, les stupéfiants...), toxicologie (recherche de toxiques dans les milieux biologiques) et technologies numériques (analyse des téléphones, GPS, vidéos).

Sa formation
Le concours est ouvert aux titulaires d'un diplôme national sanctionnant un Bac +5 ou équivalent dans les domaines scientifiques, d'un diplôme d'ingénieur délivré par une école, un institut ou une université habilités par la commission des titres d'ingénieurs, d'un diplôme d'État de docteur en médecine, de docteur en pharmacie ou de docteur vétérinaire agréés par le Préfet.
À noter: le concours d'agent spécialisé de la police technique et scientifique est ouvert aux titulaires d'un diplôme de niveau 3 ou 4, CAP...). Le concours de technicien de police technique et scientifique est quant à lui ouvert aux titulaires d'un Bac+2.

Rémunération
À partir de 2435 euros nets mensuels.

INSPECTEUR DES FINANCES PUBLIQUES

Ses missions
Il peut travailler dans un centre des impôts ou dans un service de direction. Il contrôle, vérifie et redresse les déclarations fiscales. Généralement, on lui confie chaque année une liste d'entreprises à contrôler. L'inspecteur doit se rendre sur place et vérifier que les déclarations fiscales correspondent bien à l'activité développée par l'entreprise. Bien souvent redouté, l'inspecteur des impôts n'exerce pourtant pas obligatoirement une action répressive: il peut y avoir réajustement au profit du contribuable si celui-ci s'est trompé à son détriment.

Sa formation
Concours de la fonction publique de niveau Bac+3.

Rémunération
À partir de 2200 euros.

JURISTE D'ENTREPRISE

Ses missions
Il représente la «conscience» de l'entreprise. Conseiller de la société, il défend et protège les intérêts de son employeur. Son rôle consiste davantage à prévoir et prévenir qu'à réparer les erreurs. Il ne juge pas ni ne dit le droit, mais ce dernier est son instrument de travail pour répondre aux objectifs de la société et les protéger. On peut également le dénommer responsable juridique, juriste de contentieux ou bien responsable de service contentieux et recouvrement. De nouvelles fonctions

sont apparues avec le développement de problèmes de droit plus spécifiques et la complexité croissante des cas. C'est pourquoi le juriste d'entreprise peut aussi être un spécialiste : dans le domaine du droit des contrats ou dans celui de la protection de la propriété industrielle, en droit international ou en droit de l'environnement, etc.

Sa formation
Master en droit des affaires et droit de l'entreprise. Il existe également un diplôme de juriste conseil d'entreprise à l'Université (niveau Bac+5).

Rémunération
La détermination du salaire dépend de la taille de l'entreprise, de l'expérience et de la spécialisation du juriste. Compter 3000 euros en moyenne.

MAGISTRATS

Juge au tribunal de grande instance
Ce juge tranche les litiges entre particuliers, il est en quelque sorte le relais du juge d'instance : cas de responsabilité civile, contentieux matrimoniaux, contrats, etc. Il juge les délits au tribunal correctionnel.

Juge aux affaires familiales
Il intervient dans le cadre de contentieux familiaux. Il est compétent pour la plupart des questions relatives à la vie familiale rencontrées par les couples et leurs enfants. Ainsi, il va intervenir pour des affaires concernant le divorce et la séparation de corps, par exemple. C'est devant lui que se déroule l'ensemble de la procédure et il est aussi le juge de l'après-divorce. Il est compétent pour statuer sur les modifications d'exercice de l'autorité parentale, sur la modification de la pension alimentaire… Le juge aux affaires familiales est également apte à régler les problèmes liés à l'autorité parentale. D'autre part, il intervient dans des affaires d'état civil, par exemple pour des actions exercées par le procureur de la République en suppression des prénoms choisis par les parents lorsque ce choix est contraire à l'intérêt de l'enfant. Enfin, il peut prendre des mesures urgentes à durée limitée, lorsque l'un des époux manque gravement à ses devoirs.

Juge d'instance
Il se situe véritablement au carrefour de la vie des gens. C'est lui qui traite les affaires civiles pour des contentieux de la vie quotidienne. Les rapports avec les justiciables sont très directs puisque la présence d'un avocat n'est pas obligatoire. Cela a l'avantage de créer un lien qui n'existe pas dans d'autres juridictions, mais peut également poser des difficultés dans certains cas : le juge doit s'adapter au langage du particulier qui vient défendre sa cause. Il doit donc faire preuve d'un grand sens humain et d'un contact simple et direct. Il doit avoir des connaissances dans de nombreux domaines.

Le juge peut être amené à se déplacer sur le terrain afin de constater des faits et essayer de trouver une solution amiable. S'il est juge des tutelles, il doit veiller à la sauvegarde des personnes protégées.

Juge d'instruction

Il est saisi des affaires pénales les plus complexes. C'est un juge du tribunal de grande instance. Il intervient lorsqu'une infraction grave ou complexe a été constatée par la police, quand un particulier se plaint d'en avoir été la victime ou en cas de crime. Pendant l'instruction, il rassemble et examine les preuves de l'infraction, il dirige l'action de la police judiciaire, il prend toutes les mesures utiles à la manifestation de la vérité, il procède à l'audition de témoins, aux interrogatoires et aux confrontations. Le juge d'instruction peut exiger qu'une enquête de personnalité ou une enquête sociale (situation matérielle, familiale et sociale) soit menée sur les personnes mises en examen, il peut procéder à des perquisitions, mettre sous scellés des objets ou des documents, il peut ordonner le contrôle judiciaire et rejeter les demandes de mise en liberté. Il a également le droit d'autoriser des écoutes téléphoniques qui sont effectuées sous son autorité et sous son contrôle. À la fin de l'instruction, le juge d'instruction demande un placement en détention provisoire au juge des libertés et de la détention.

Juge de l'application des peines

Il intervient après un jugement et est chargé, auprès des établissements pénitentiaires, de suivre l'exécution des peines des condamnés pendant leur détention. Ce juge décide des mesures applicables aux détenus en vue de leur réinsertion. Il suit également les mesures de mise à l'épreuve et les peines de travail d'intérêt général. En milieu carcéral, il préside la commission d'application des peines (représentée par les surveillants de prison, des médecins...).

Juge des enfants

Il est spécialiste des problèmes de l'enfant. Il intervient dans le cas de mineurs en danger, lorsque la santé, la sécurité ou la moralité d'un enfant sont menacées ou encore quand les conditions de son éducation semblent compromises. Cette fonction apparaît comme la moins répressive de la magistrature. Elle comporte une grande part d'assistance éducative puisque le juge doit prendre les mesures nécessaires pour protéger et éduquer les enfants jusqu'à l'âge de 18 ans. Le juge peut choisir le maintien dans le milieu familial ou le placement dans un établissement spécialisé ou une famille d'accueil. Il travaille en étroite collaboration avec les services sociaux et éducatifs. Par ailleurs, lorsqu'un mineur a commis une infraction, le juge des enfants peut le mettre en examen, instruire et juger l'affaire.

Leurs formations
Concours de l'ENM (École nationale de la magistrature) de niveau Bac+4 (Master en droit à l'Université ou en IEP), puis deux ans et demi de formation à l'ENM.

Rémunération
De 3125 à 5267 euros pour un magistrat de premier grade dans la fonction publique d'État.

MÉDIATEUR PÉNAL

Ses missions
Le rôle du médiateur pénal est de faciliter le règlement amiable entre l'auteur et la victime d'une infraction pénale. La médiation pénale est organisée à l'initiative du procureur de la République. Elle se déroule le plus souvent dans le cadre d'une maison ou d'une antenne de justice. Le médiateur pénal est une personne habilitée ou appartenant à une association habilitée par le ministère de la Justice. Il va intervenir sur des litiges de petite et moyenne délinquance : injures, menaces, tapage nocturne, violence légère, dégradation mobilière... Le médiateur convoque les deux parties à un entretien individuel et tente de parvenir à une solution amiable qui peut être le versement de dommages et intérêts ou des excuses.

Sa formation
Master en droit, économie et gestion ou écoles de commerce. L'université Paris II-Panthéon-Assas propose notamment un Master contentieux, arbitrage et modes alternatifs de règlements des conflits en un an (niveau d'entrée Master 1). Pour être habilité, le médiateur doit avoir un casier judiciaire vierge, avoir moins de 75 ans et ne pas avoir de lien familial avec un magistrat ou un fonctionnaire de sa juridiction.

Rémunération
Le médiateur pénal est rémunéré à l'acte et les tarifs dépendent de la nature de la médiation (rappel à la loi, mission pénale, etc.) et de sa durée (une journée à plusieurs mois).

PROCUREUR ET SUBSTITUT DU PROCUREUR

Leurs missions
Le substitut du procureur intervient dès qu'une infraction est constatée. S'il engage des poursuites, il dirige l'activité des services de police judiciaire. S'il envoie les prévenus devant le tribunal, il réclame une peine à l'audience. Il gère par ailleurs la vie du détenu en participant aux commissions d'application des peines. Le métier de substitut nécessite une grande disponibilité, les audiences pouvant se terminer tard. De même, il doit effectuer des permanences certains week-ends car la police doit

pouvoir trouver un interlocuteur 24 heures sur 24. Il doit faire preuve de diplomatie car il est amené à travailler avec le concours de la police judiciaire et doit prendre en compte son avis.
Le procureur, quant à lui, est chargé de défendre la société en demandant aux juges la condamnation des auteurs d'infraction. Au cours des audiences, son réquisitoire contre l'accusé est confronté à la plaidoirie de l'avocat chargé de défendre son client. Substituts et procureurs composent le parquet. Auprès des cours d'appel et de la Cour de cassation, on les appelle procureur général et substitut général.

Leurs formations

Il faut suivre quatre années d'études en droit (privé de préférence) pour devenir substitut du procureur. Pour devenir procureur, il faut être titulaire d'un Master de droit ou d'un diplôme d'IEP. Dans les deux cas, il faut passer un concours de l'ENM (École nationale de magistrature).

Rémunération

Environ 2600 euros pour un substitut du procureur débutant. De 2700 à 5000 euros pour un procureur.

SURVEILLANT PÉNITENTIAIRE

Ses missions

En contact direct et quotidien avec les détenus, les surveillants pénitentiaires possèdent de multiples compétences. Ils assurent l'exécution des peines privatives de liberté, le maintien de l'ordre et de la discipline dans le respect de la dignité humaine. Ils doivent créer, au sein des établissements, un climat relationnel favorable à tous. Ce métier nécessite des qualités humaines et physiques importantes, de la rigueur, de la stabilité, un sens de la communication et de l'autorité, une aptitude au service de jour et de nuit et à la pratique de sports.

Sa formation

Les surveillants pénitentiaires sont recrutés sur concours (niveau diplôme national du brevet), puis suivent une formation dispensée par l'École nationale d'administration pénitentiaire.

Rémunération

De 1625 euros pour un surveillant en début de carrière, à 2627 euros au dernier échelon du grade de major.

TRAVAILLER AU SEIN DE LA DGSE: UN RÊVE ACCESSIBLE

Beaucoup pensent que pour postuler un emploi au sein de la DGSE (Direction générale de la sécurité extérieure), il faut ressembler à certains personnages de fiction aux qualités sportives inaccessibles, avoir été remarqué par de discrets recruteurs en quête d'agents ou bien posséder les hautes relations qui permettent d'entrouvrir la porte de cet univers mystérieux.
En réalité, il n'en est rien. Si vous envisagez de proposer vos services pour un emploi à la DGSE, la question essentielle est de savoir si vous vous sentez attiré par un métier au service de la France, qui procure des satisfactions mais comporte des obligations, toutes hors du commun.
Si c'est le cas et si, par ailleurs, vous voulez vérifier que votre formation et vos aptitudes peuvent vous destiner à l'un des métiers, nombreux, qui permettent à la DGSE d'accomplir ses missions, vous pouvez contacter la cellule recrutement du ministère des Armées à l'adresse suivante: ministère des Armées. Case n° 51 – AP 202, 1, place Joffre, 75700 Paris SP 07 (recrutement par concours, recrutement contractuel, détachements et affectations militaires).
En outre, sachez que la DGSE recherche des employés dans les domaines de l'analyse et de l'exploitation du renseignement, de l'informatique, des langues étrangères, du juridique, des RH et du contrôle de gestion. Des agents de terrain et des agents de surveillance sont également recrutés régulièrement.

À la différence des militaires, les fonctionnaires civils de la DGSE sont recrutés par voie de concours pour les trois catégories de la fonction publique (A, B, C). Pour chacune des catégories, plusieurs filières sont proposées:
- la catégorie A (niveau Bac+3) comporte le corps des attachés;
- la catégorie B (niveau bac): le corps des secrétaires administratifs et celui des contrôleurs spécialisés;
- la catégorie C (aucun diplôme prérequis): le corps des agents techniques et celui des adjoints administratifs.

Les concours ont lieu chaque année selon un calendrier précis pour chaque catégorie d'emploi.

Renseignements: https://www.dgse.gouv.fr/fr/le-recrutement/nous-rejoindre

TECHNICIEN EN IDENTIFICATION CRIMINELLE

Ses missions

Agissant dans le cadre d'enquêtes criminelles, l'intervention d'un spécialiste est nécessaire au plan technique. À ce titre, le technicien en identification criminelle (TIC) est plus particulièrement chargé d'effectuer divers prélèvements pour retrouver des traces d'ADN (sang, peau, salive, cheveux...) ou des empreintes digitales. Recruté parmi les sous-officiers de gendarmerie en activité et évoluant au sein d'une unité spécialisée en police judiciaire, le TIC doit être doté d'excellentes qualités d'observation et d'analyse, être rigoureux et méticuleux. Il est l'intermédiaire entre les enquêteurs des brigades de gendarmerie et ceux de l'Institut de recherche criminelle de la gendarmerie nationale (IRCGN), laboratoire situé à Rosny-sous-Bois (93), regroupant des experts en police scientifique.

Sa formation

Les TIC sont recrutés parmi les sous-officiers servant déjà en gendarmerie.

Rémunération

1 485 euros avec un statut d'élève-gendarme et à partir de 1 607 euros pour un grade de gendarme.

POUR EN SAVOIR PLUS

Quelques ouvrages parus aux éditions Studyrama :
- *Le guide des concours de la fonction publique* ;
- *Devenir magistrat* ;
- *Greffier*.

Rendez-vous également sur le site du ministère de la Justice : www.justice.gouv.fr

LIVRE ET ÉDITION

AGENT LITTÉRAIRE

Ses missions

L'agent littéraire représente un auteur ou une maison d'édition à l'étranger. Contrairement aux pays anglo-saxons dans lesquels il suffit à un auteur de passer un coup de fil à un agent littéraire pour être représenté, la procédure est tout autre en France. Ce sera à l'agent littéraire de faire preuve d'initiatives et de démarcher auprès des éditeurs étrangers afin de leur vendre des ouvrages susceptibles de les intéresser. Il existe peu d'agents littéraires en France, chacun étant spécialisé dans un secteur géographique.

Sa formation

Aucune formation officielle, des études de lettres et de communication étant de bons atouts.

Rémunération

Très fluctuante selon les auteurs ou les maisons d'édition représentés.

ARCHIVISTE DANS LE SECTEUR PUBLIC

Ses missions

En France, les services d'archives publics sont répartis entre les archives centrales (les Archives nationales), les archives locales (régionales, départementales et communales) et les archives spécialisées (archives des chambres de commerce ou des entreprises publiques, par exemple). À la tête de toutes ces structures on retrouve le même homme : le conservateur du patrimoine. Les prérogatives du conservateur sont essentielles dans la conservation et la restauration éventuelle du patrimoine écrit. Il construit les outils d'accès aux archives d'intérêt historique et peut décider de valoriser ce patrimoine par des travaux historiques. Artisan du futur patrimoine, il élabore les critères qui permettent de déterminer, dans la masse documentaire produite, la part qui sera conservée pour servir l'Histoire. Il met les archives à la disposition des documentalistes, des bibliothécaires ou du personnel de l'enseignement pour leur servir de preuves ou de documents de travail. Enfin, le conservateur organise la mise en valeur des archives, notamment par des colloques, des conférences ou des expositions.

Sa formation

Le concours, organisé par l'INP (Institut national du patrimoine), est ouvert aux candidats titulaires d'une Licence, d'un diplôme classé au moins au niveau 6 ou d'une qualification reconnue équivalente à l'un de ces diplômes.

Rémunération
À partir de 1 794 euros pour un conservateur du patrimoine stagiaire.

ARCHIVISTE DANS LE SECTEUR PRIVÉ

Ses missions
Les entreprises privées développent progressivement des services d'archives. Elles restent cependant moins nombreuses que les entreprises publiques et préfèrent s'adresser à des sociétés d'archivages privées pour des raisons de coût. Les missions confiées à l'archiviste dans le secteur privé peuvent être variées. Mais, dans tous les cas, l'archiviste privé aura toujours pour souci premier de servir à optimiser les rendements de l'entreprise. Les archivistes vont, par exemple, participer à des études de marché afin de mettre en place des opérations commerciales, analyser les évolutions de l'image de marque de la société vis-à-vis de ses concurrents ou de ses clients, ou encore préparer des manifestations internes axées sur l'histoire de l'entreprise pour renforcer la cohésion des salariés.

Sa formation
BUT information-communication options métiers du livre et du patrimoine ; Licence professionnelle métiers de l'information : archives, médiation et patrimoine ; Master archives.

Rémunération
2 000 euros bruts environ, mais le salaire varie en fonction de la taille de l'entreprise et des responsabilités exercées.

BIBLIOTHÉCAIRE

Ses missions
Le bibliothécaire apporte son soutien au conservateur. Il participe à la constitution, à l'exploitation et à la communication au public des collections. Cependant, dans certains cas, le bibliothécaire peut gérer seul une bibliothèque. Il peut notamment avoir la responsabilité d'une petite bibliothèque communale ou départementale. Dans tous les cas, le bibliothécaire doit faire preuve d'une grande pédagogie à l'égard des lecteurs comme de son personnel : sans être un « chef d'entreprise », le bibliothécaire, tout comme le conservateur, est chargé de manager son équipe.

Sa formation
Concours de la fonction publique de niveau Licence. La formation est assurée par un an de stage théorique à l'ENSSIB.

Rémunération
Entre 2 225 euros bruts en début de carrière et 3 153 euros bruts au dernier échelon, pour un bibliothécaire territorial.

BIBLIOTHÉCAIRE ASSISTANT SPÉCIALISÉ

Ses missions
Le bibliothécaire assistant spécialisé agit notamment dans le domaine du traitement et de la conservation des collections de toute nature ainsi que dans celui de leur gestion documentaire. Il met les ressources documentaires à la disposition du public qu'il accueille, renseigne et informe.

Sa formation
Le concours est ouvert aux titulaires d'un Bac ou d'un diplômé classé au niveau 4.

Rémunération
Entre 1 726 euros bruts en début de carrière et 2 436 euros bruts au dernier échelon pour un assistant des bibliothèques de classe normale.

CADRE DE PRODUCTION DE L'IMPRESSION

Ses missions
C'est le « boss » de l'unité de production : il est le responsable de la bonne marche de l'ensemble dont il a la charge. Il doit mettre en œuvre les objectifs de la direction dans une optique de rendement et d'optimisation des moyens techniques et du potentiel humain de la société. Le cadre de production a ainsi un rôle polyvalent. Il doit aussi bien assurer l'activité du service et l'organisation du travail que la gestion du personnel. Le contremaître travaille directement sous les ordres du cadre de production qui lui donne des instructions. Le contremaître est responsable de la bonne exécution de ces directives.

Sa formation
BTS études de réalisation d'un projet de communication, option études de réalisation de produits plurimédia, BTS édition. L'École des Gobelins propose une Licence professionnelle ingénierie et management de projets en communication et industries graphiques.

Rémunération
À partir de 2 500 euros en début de carrière.

CHARGÉ D'ÉTUDES DOCUMENTAIRES

Ses missions

Alors que le rôle classique d'un documentaliste est de collecter puis de fournir des informations brutes, le chargé d'études documentaires rassemble la documentation sur une problématique donnée et rédige un document de synthèse à l'intention d'un public déterminé. Le chargé d'études peut travailler dans une entreprise ou dans un cabinet de conseil : dans ce cas, il assure la préparation du travail des consultants.

Sa formation

L'activité requérant de bonnes facultés d'analyse et de synthèse, nombre de chargés d'études sont diplômés d'un IEP ou d'une faculté de sciences économiques. Ces formations peuvent éventuellement être complétées par des études en sciences de l'information. On peut accéder à ce poste dès la fin de ses études. En principe, les recruteurs n'exigent pas une longue expérience professionnelle. Dans la fonction publique, le concours requiert un Bac+3.

Rémunération

Entre 1891 et 4714 euros dans la fonction publique, en fonction du grade et de l'échelon.

CHEF D'ATELIER DE PRÉPRESSE

Ses missions

Le chef d'atelier de prépresse rassemble et étudie toutes les informations nécessaires à la bonne marche de l'étape de prépresse. Ainsi, il est responsable de la coordination des opérations, de l'utilisation des équipements et du respect des délais. Concrètement, il est, avant l'acte d'impression, celui par qui tout passe et transite.

Il doit suivre les évolutions techniques et peut à tout moment intervenir pour proposer un autre choix ; pour mener à bien sa mission, il doit impérativement maîtriser les derniers logiciels et leurs possibilités.

Sa formation

Bac pro réalisation de produits imprimés et plurimédia option B productions imprimées ; BTS études de réalisation d'un projet de communication, option études de réalisation de produits plurimédia ou option études de réalisation de produits imprimés ; BTS édition.

Rémunération

De 1700 à 3500 euros.

CONDUCTEUR DE MACHINE À IMPRIMER

Ses missions

Il travaille sur des consoles numériques qui permettent de régler les machines à distance. Cela dit, certaines manipulations (comme le placement des plaques et la plupart des problèmes techniques) nécessitent une intervention manuelle.

Pour découvrir les métiers de l'imprimerie : allez en visiter une et discutez avec les techniciens qui y travaillent pour vous faire votre propre opinion ; gardez toujours en tête la dimension fondamentalement technique de l'imprimerie, qui la distingue des autres métiers du livre. Sans une formation spécialisée, vous aurez peu de chances d'intégrer ce secteur.

Sa formation

Bac pro façonnage de produits imprimés, routage ; Bac pro réalisation de produits imprimés et plurimédia option productions imprimées ; ou BTS études de réalisation d'un projet de communication option B : études de réalisation de produits imprimés.

Rémunération

À partir de 1 700 euros environ.

CONSERVATEUR DE BIBLIOTHÈQUE

Ses missions

Personnel de catégorie A, le conservateur est présent dans les bibliothèques nationales (fonction publique d'État) et dans les bibliothèques territoriales (fonction publique territoriale). À la tête de l'établissement, le conservateur a une mission très précise : il est responsable de la constitution, de la conservation et de l'exploitation des collections. Personnage fort de la bibliothèque, les places de conservateur sont chères, aussi bien pour les mutations que dans le recrutement.

Sa formation

La présentation au concours est possible avec une Licence au minimum ou après trois années validées à l'École nationale des chartes. Après l'obtention du concours, le conservateur bénéficie de 18 mois de stage théorique et pratique à l'ENSSIB.

Rémunération

De 2 182 euros bruts en début de carrière à 3 472 euros bruts au dernier échelon, pour un conservateur dans la fonction publique d'État.

CORRECTEUR

Ses missions

Le correcteur est attentif au corps de l'ouvrage. Il procède aux opérations de relecture et de correction. Il apporte un œil critique et doit se pencher sur la syntaxe, la forme grammaticale, l'orthographe, la typographie ou encore sur les répétitions de plusieurs mots. Il doit également vérifier la concordance entre le texte et la table des matières. Le travail de correcteur n'est pas à la portée de tout le monde. Il est nécessaire de maîtriser parfaitement la langue française et le code typographique car les maisons d'édition ne feront pas appel à plusieurs personnes et mettent donc toute leur confiance dans leur correcteur.

Sa formation

Véritable orfèvre des mots, le correcteur est souvent un ancien enseignant passionné de lettres ou un amoureux de la langue française.

Rémunération

Le correcteur est rémunéré en fonction soit du nombre de signes sur lequel il intervient, soit en fonction du nombre d'heures consacrées à sa tâche. Il est parfois payé au forfait ou à la page. En principe, n'ayant pas le statut d'auteur, il perçoit un paiement sous forme de salaires.

DIRECTEUR COMMERCIAL

Ses missions

Le directeur commercial et ses assistants jouent un rôle très polyvalent. En relation permanente avec les diffuseurs, leur rôle est de les informer sur les livres à paraître, les tirages ou encore les prix. Les éditoriaux sont aussi pour eux des « partenaires naturels », dans la mesure où c'est la politique éditoriale de la maison qui détermine sa politique commerciale. Également très au fait de tout ce qui concerne les évolutions du marché et les nouvelles tendances de la clientèle, les directeurs commerciaux se doivent d'être constamment à l'affût de ce qui se passe de nouveau dans l'édition. Ce sont également eux qui réalisent des études de marché lors du lancement de nouvelles collections ou de remaniement d'anciennes.

Sa formation

Diplôme de deuxième grade universitaire comme le Master métiers du livre et de l'édition parcours commercialisation du livre à Sorbonne Paris Nord ou le mastère spécialisé management des biens et activités culturels de l'ESCP-Europe, par exemple.

Rémunération

Fluctuante.

DIRECTEUR ÉDITORIAL OU DE COLLECTION

Ses missions

Assez proche du directeur littéraire, le directeur éditorial est généralement investi en plus d'une mission de rentabilité : il doit en effet justifier ses choix économiquement et s'assurer que la publication de tel ou tel livre ne mettra pas en péril la solidité financière de l'entreprise. Le directeur éditorial est responsable des collections. Son travail consiste à se mettre en quête de sujets et auteurs nouveaux, à en contrôler complètement l'évolution et à en assurer la promotion. Il est donc présent d'un bout à l'autre de la chaîne, à l'inverse du directeur littéraire. Le directeur éditorial joue également un rôle important pendant les diverses manifestations littéraires. C'est à cette occasion qu'il rencontre ses homologues étrangers et tente de finaliser des accords de coproduction ou de coédition.

Sa formation

Master conduite de projets livre et multimédia de Clermont-Ferrand ou le Master métiers du livre et de l'édition parcours commercialisation du livre à Paris XIII ou le mastère spécialisé management des biens et activités culturels de l'ESCP-Europe, par exemple.

Rémunération

Fluctuante.

DIRECTEUR LITTÉRAIRE

Ses missions

Le directeur littéraire est le « premier grand lecteur ». Il rencontre les auteurs et décide du sort de leurs ouvrages. Si vous êtes un jour publié, sachez que votre livre sera nécessairement passé par la lecture d'un directeur littéraire qui aura donné son accord à sa publication. Cette responsabilité s'accompagne d'un contrôle global de la politique éditoriale : ainsi, le directeur littéraire peut souhaiter infléchir sa politique éditoriale et décider de défendre une œuvre contre toute son équipe. L'avenir, c'est-à-dire le succès ou l'échec d'un titre, dira s'il a eu raison ou non...

Sa formation

Les fonctions de directeur littéraire sont souvent tenues par d'anciens écrivains, d'anciens enseignants ou encore d'anciens critiques ou journalistes, qui se sont peu à peu imprégnés des usages du métier.

Rémunération

Fluctuante.

DOCUMENTALISTE DANS LE SECTEUR PRIVÉ

Les documentalistes dans une entité privée doivent gérer et optimiser la circulation des informations utiles à l'entreprise. La demande est réelle puisqu'on estime qu'environ la moitié des documentalistes travaille au sein d'une société. Et sachez que de plus en plus d'entreprises cherchent à recruter des profils de ce type.
Dans le secteur privé, plusieurs métiers documentaires sont dénombrés, mais tous sont soumis à la même exigence : une connaissance pointue du secteur où intervient l'entreprise.

Responsable de centre de documentation
Après avoir analysé les besoins, le responsable de centre de documentation définit, met en place et dirige la politique de gestion documentaire. Il s'occupe de la gestion et de l'archivage des informations, du traitement et de la diffusion des données, de la réalisation de produits documentaires, tels que des dossiers ou des revues de presse.

Documentaliste généraliste
Il est responsable de la collecte et de la diffusion d'informations sur le secteur d'activité de l'entreprise, par le biais de revues de presse, de bulletins ou de produits multimédia. Il assure également la gestion et la conservation de ces documents. La réactivité est une qualité primordiale pour un documentaliste en entreprise : savoir trouver une information en un minimum de temps est une condition impérative pour réussir dans ce métier. Il doit également faire preuve d'esprit de synthèse. Il est régulièrement amené à lire des documents pour en faire des rapports ou des notes de synthèse à destination du personnel de l'entreprise.

Documentaliste spécialisé
Comme son nom l'indique, ce documentaliste est spécialisé dans un secteur très précis : la médecine, la pharmacie, le droit... Il connaît donc nécessairement le milieu professionnel et le métier de l'entreprise. Grâce à ses connaissances, il doit également répondre aux questions les plus inattendues après avoir fait le travail préalable de recherche. Il remplit les mêmes rôles que le documentaliste généraliste. Il recherche l'information et doit en assurer la diffusion au sein de l'entreprise. Il gère un fonds documentaire et doit pouvoir synthétiser des documents afin que leur teneur soit accessible rapidement aux autres employés.

Documentaliste technique
Le documentaliste technique est souvent un ingénieur ou un technicien. Comme tout documentaliste, il doit assurer la gestion du fonds documentaire. Ainsi, il tient à jour les dossiers et les banques de données et effectue des recherches d'information à la demande. Mais, parce que c'est également un poste technique, le documentaliste pourra également rédiger et mettre au point une documentation interne ou externe

destinée aux clients, en français et éventuellement dans une langue étrangère. La maîtrise d'une langue vivante, et surtout de l'anglais, est donc un atout indispensable si vous comptez vous orienter vers ce métier.

Documentaliste de presse

La mission du documentaliste d'un organe de presse est de fournir de la documentation aux journalistes afin de les seconder dans la rédaction de leurs articles, et ce, le plus rapidement possible. Le documentaliste doit donc sans arrêt être en alerte et effectuer une veille régulière sur l'actualité. Les qualités pour être un bon documentaliste de presse sont curiosité, rapidité, souplesse, aptitude à travailler dans l'urgence.

Leurs formations

BUT information-communication option information numérique dans les organisations, Licence pro métiers du livre : documentation et bibliothèques. À niveau Bac +5 : Master information, documentation ou diplôme de chef de projet en ingénierie documentaire et gestion des connaissances de l'Institut national des techniques de la documentation (INTD).

Rémunération

À partir de 1 600 euros.

SOPHIE, RESPONSABLE D'UN SERVICE DOCUMENTATION

Sophie B. est responsable du service de documentation de la société de conseil en ingénierie, économie et aménagement Louis Berger, société qui a pour vocation d'apporter son concours à l'élaboration et à la réalisation de projets d'infrastructures et de programmes d'aménagement et développement dans les pays industrialisés et dans les pays émergents. Mais avant d'arriver à ce poste, Sophie a passé une maîtrise d'histoire et a suivi le cycle supérieur de l'INTD (Institut national des techniques de la documentation). Pour elle, inutile de s'engager dans cette voie si on ne possède pas certaines qualités comme l'autonomie, la curiosité d'esprit, la réactivité et le sens du service. Car pour assurer ses missions : gestion de bases de données documentaires (documentation interne et externe), de la bibliothèque technique, des abonnements, recherches documentaires, veille sur les appels d'offres, gestion des archives de la société, alimentation d'une partie du site web, une certaine rigueur est nécessaire.
Pour vous donner une idée du travail que cela peut représenter, voici comment Sophie s'y prend pour une recherche sur un pays : *« Je fais des recherches sur Internet en consultant d'abord des sites favoris (Banque mondiale, Commission européenne…), puis en élargissant avec des recherches par mots-clés sur les moteurs de recherche. Pour une recherche technique, je commence par consulter ce que nous avons dans la bibliothèque technique, ce qui implique une bonne connaissance du fonds documentaire. Auparavant, j'analyse la demande de l'utilisateur et, éventuellement, j'effectue une reformulation pour permettre une recherche selon les critères des bases de données documentaires que nous avons. Il m'arrive souvent de consulter rapidement les ouvrages qui sortent d'une telle recherche avant de les transmettre au demandeur pour m'assurer que ça correspond bien à ce qu'il cherche. Si je ne trouve pas dans le fonds documentaire, je poursuis mes*

recherches sur Internet (sites spécialisés et/ou moteurs de recherche) pour trouver soit de la littérature soit des articles traitant du sujet.»
Sophie apprécie tout particulièrement le contact direct avec les utilisateurs car il permet de bien apprécier l'utilité du service. *«De plus, particulièrement à Louis Berger, le caractère international de l'activité est très intéressant et enrichissant sur le plan de la culture générale et de l'intérêt personnel.»*
Sophie gagne aujourd'hui 2000 euros nets.

DOCUMENTALISTE DANS UN CDI

Ses missions

Les CDI (centres de documentation et d'information) sont présents dans pratiquement tous les collèges et lycées de France. Ils constituent des lieux privilégiés d'échange, de réflexion et de découverte pour les collégiens et les lycéens: en effet, c'est là bien souvent que les premières aspirations professionnelles vont prendre corps ou au contraire se briser… Le rôle du documentaliste est primordial: il va assister les jeunes dans leur initiation à l'utilisation d'une bibliothèque; de lui va donc dépendre l'intérêt des élèves pour cet espace culturel. Afin de développer le plaisir de la lecture chez ces jeunes lecteurs, le documentaliste devra faire en sorte que ses fonds de recherche coïncident avec les programmes scolaires, grâce à des dossiers et des documents audiovisuels.

Sa formation

Capes de documentation.

Rémunération

À partir de 1800 euros environ.

ÉCRIVAIN/AUTEUR

Ses missions

Qui d'entre nous n'a pas rêvé un jour d'être écrivain et reconnu comme tel par ses pairs et l'opinion publique. Mais l'activité est rude et ne devient pas écrivain qui veut. Parmi tous les jeunes auteurs qui envoient leurs manuscrits à des maisons d'édition, peu sortent du lot. Les Françoise Sagan et Amélie Nothomb se font rares. De plus, l'auteur vit sous le régime du risque. Il joue son avenir sur un ou quelques livres: le public peut le quitter aussi vite qu'il l'a adopté. Peu d'écrivains vivent de leur travail. À côté des auteurs publiquement reconnus qui peuvent faire de l'écriture leur activité principale, gravite une multitude de petits écrivains qui ne bénéficient pas d'une notoriété suffisante et qui sont contraints soit d'abandonner leur passion, soit d'exercer un métier parallèle afin de gagner leur vie.

Mais au sein de la famille des écrivains, d'autres métiers que celui d'auteur « artiste » existent. À côté des auteurs qui écrivent en toute indépendance, il existe ceux qui passent des contrats avec des maisons d'édition et auxquels un travail a été commandé. Cette dernière catégorie d'auteurs est de plus en plus importante. La plupart du temps cette activité est menée parallèlement à un travail principal et permet à un jeune auteur, un traducteur, un journaliste ou tout simplement à quelqu'un qui aime écrire de pouvoir allier plaisir et travail et d'arrondir ses fins de mois.

Sa formation

Aucune formation ne prépare au métier d'écrivain ou d'auteur. Des études de lettres modernes sont toutefois l'une des voies envisageables.

Rémunération

C'est le régime du droit d'auteur qui s'applique. Il n'est pas payé à la publication, mais en fonction du nombre d'exemplaires vendus. Il peut parfois bénéficier d'une avance (nommée « à-valoir »), mais elle se déduira dans tous les cas de ce qu'il touchera par exemplaire vendu. Sachez qu'en règle générale, un auteur touche entre 4 et 12 % du prix public auquel est vendu l'ouvrage. Pour une commande d'ouvrage, l'auteur peut toucher un forfait.

ICONOGRAPHE

Ses missions

Comme l'illustrateur, il travaille en relation étroite avec l'auteur et le directeur artistique qui lui transmettent exigences et limites budgétaires. Sa mission est de fournir des images, photographies ou tableaux afin d'illustrer un ouvrage. L'iconographe recherche alors ces images soit dans les archives de sa maison d'édition, soit dans une structure plus spécialisée, telle qu'un centre de documentation, une bibliothèque, un musée ou une agence photographique. Le service iconographique est parfois rattaché au département de la réalisation, mais l'iconographe travaille le plus souvent en free-lance.

Sa formation

BUT information communication option information numérique dans les organisations ; DEUST métiers des bibliothèques et de la documentation ; Licence pro métiers du livre : documentation et bibliothèques ; ou encore Master en information et documentation.

Rémunération

À partir de 1 800 euros quand il est salarié.

ILLUSTRATEUR

Ses missions

Même si, à première vue, l'illustrateur s'apparente davantage à un dessinateur, il est considéré comme un auteur à part entière. Son rôle est de mettre en dessin des idées et des textes en collaboration avec un auteur ou une maison d'édition. Il peut être chargé de l'intégralité d'un ouvrage, comme c'est le cas des illustrateurs de littérature jeunesse ou de la bande dessinée, ou simplement de la réalisation d'une couverture. Quelle que soit sa spécialisation, l'illustrateur travaille le plus souvent en solitaire : c'est la raison pour laquelle les rencontres avec les services éditoriaux sont primordiales pour la suite. De ces rencontres va découler le travail d'illustration : si l'auteur ou l'éditeur a expliqué correctement sa demande, l'illustrateur sera en mesure de répondre rapidement à ses attentes.

Sa formation

Ces dessinateurs, généralement issus d'écoles d'art ou d'arts appliqués, sont également parfois des autodidactes que la passion conduit jusqu'aux maisons d'édition.

Rémunération

Les salaires des dessinateurs sont très fluctuants car ils dépendent de la notoriété de l'artiste et des ventes de l'ouvrage.

LIBRAIRES

Libraire de proximité

C'est un commerçant comme les autres. Il est animé des mêmes tourments : il doit commander sa marchandise après avoir étudié les demandes de sa clientèle, apprendre à gérer son stock et connaître la comptabilité.

Une librairie est d'abord un lieu de vente : aussi le magasin doit-il être adapté aux clients et aux vendeurs, soucieux d'apporter un service optimal. Comme tout bon commerçant, le libraire doit fidéliser sa clientèle, être attentif à ses attentes et faire preuve d'originalité dans la présentation de ses produits et dans le choix de son fonds, afin de se démarquer de ses concurrents.

En général, les librairies de quartier sont tenues par des passionnés des livres, qui ne pouvaient concevoir leur vie professionnelle autrement qu'avec des livres. Les plus malins et ceux qui ont su s'entourer de conseillers en gestion s'en sortent très bien aujourd'hui, malgré la concurrence toujours plus menaçante des Fnac ou autres grandes unités du livre. Le développement d'une librairie de proximité passe donc par une professionnalisation accrue.

Libraire spécialisé
Contrairement au libraire de proximité qui remplit un rôle de conseil global auprès des clients, le libraire spécialisé (en médecine, en BD, dans le domaine juridique, en littérature pour la jeunesse…) offre un service à ses utilisateurs sur un sujet pointu. Par conséquent, il doit maîtriser totalement le secteur d'activité de sa librairie. En outre, il doit se tenir informé des dernières parutions et de l'évolution du secteur.

Libraire dans une grande structure
Contrairement au libraire de quartier ou au libraire spécialisé qui accompagnent leurs clients dans leurs choix, la politique commerciale des grandes surfaces est de cibler principalement quelques domaines privilégiés : les policiers, les poches, les livres pour enfants, les nouveautés, les encyclopédies ou encore les livres pratiques. L'offre est donc beaucoup plus restreinte que dans les petites structures.
À côté des super et hypermarchés, des grands magasins spécialisés dans la vente du livre se sont développés depuis quelques années. Ces nouvelles enseignes se caractérisent par leur richesse de produits et de services offerts, par la compétence technique de leurs vendeurs, par leur service après-vente. La Fnac est la plus connue de ces grandes surfaces.

Libraire dans une chaîne
Même si au niveau des services offerts aux clients, rien ne différencie un libraire dans une chaîne d'un libraire de quartier, la chaîne de librairie est un concept commercial en vogue depuis quelques années. Certaines chaînes constituent de véritables entités économiques qui se sont réunies et ont décidé d'adopter un programme commercial sous l'égide d'une enseigne commune.
La dépendance à une direction varie selon la structure envisagée à l'origine du regroupement. Certains libraires ont opté pour une direction commune, d'autres ont préféré une certaine autonomie de gestion laissée à chaque unité. Ainsi, chaque libraire s'appuie sur l'image du réseau dont il fait partie pour assurer son développement.
En France, les chaînes les plus importantes sont Relay et Maxilivres.

Leurs formations
BUT information-communication option métiers du livre et du patrimoine ; Licence pro métiers du livre : documentation et bibliothèques.

Rémunération
À partir du Smic.

PRÉPARATEUR DE COPIE

Ses missions

Après validation d'un manuscrit par les services littéraires, le préparateur de copie a pour fonction de baliser le texte avant son départ à la maquette. Il doit repérer les niveaux de titres, s'assurer que la charte graphique a été respectée. Il prépare donc la mise en pages.

Sa formation

Études de lettres ; BTS édition ; BUT information-communication option métiers du livre et du patrimoine.

Rémunération

Il est rémunéré en fonction soit du nombre de signes sur lequel il intervient, soit en fonction du nombre d'heures consacrées à sa tâche. Il est parfois payé au forfait ou à la page. En principe, n'ayant pas le statut d'auteur, il perçoit un paiement sous forme de salaires.

RESPONSABLE D'ÉDITION

Ses missions

Le responsable d'édition n'existe pas dans toutes les maisons d'édition ; il n'est présent que dans les grandes structures, dans lesquelles sa mission consiste à assister le directeur éditorial.

L'équipe du directeur éditorial est composée généralement de plusieurs responsables d'édition, chacun d'entre eux étant en charge d'un domaine précis. Ils sont responsables de l'animation et de l'organisation de leur domaine : recherches d'éventuels auteurs, de lecteurs, de correcteurs, de traducteurs… Ils sont ceux qui vont assurer au quotidien l'existence du processus de création d'une œuvre. Bref, ce sont les véritables « ouvriers de la création ».

Sa formation

Diplôme de deuxième grade universitaire comme le Master métiers du livre et de l'édition parcours commercialisation du livre à Paris XIII ou le mastère spécialisé management des biens et activités culturels de l'ESCP-Europe, par exemple.

Rémunération

Fluctuante selon la maison d'édition et le niveau de responsabilités.

SECRÉTAIRE D'ÉDITION OU ASSISTANT D'ÉDITION

Ses missions

Le secrétaire d'édition prend en charge le suivi de la réalisation d'un ouvrage, il doit anticiper tout contretemps dans le planning fixé par ses supérieurs et les responsables d'édition. Par rapport au responsable d'édition, son travail est plus technique, dans la mesure où il intervient a priori très peu sur la création éditoriale. Souvent porte d'entrée vers le métier de responsable d'édition, cette fonction se définit par un fort niveau d'exigence et de rigueur, une maison d'édition n'est pas une banque : l'importance du facteur humain implique une capacité d'adaptation aux différents retards ou états d'âme qui peuvent intervenir. Il faut alors savoir décaler le planning initialement fixé, en informer les différents acteurs en aval, tout en sachant qu'un nouveau planning sera nécessaire dans un mois...

Sa formation

BUT information-communication option métiers du livre et du patrimoine ou, à niveau Bac+5, le Master métiers du livre et de l'édition.

Rémunération

À partir de 1 700 euros.

TRADUCTEUR LITTÉRAIRE

Ses missions

Le traducteur tient une place essentielle dans la réalisation d'une œuvre. Pourtant, dans la pratique, cette place ne lui est pas toujours reconnue. C'est un auteur à part entière dont l'activité est régie par le droit d'auteur.

Le traducteur a de multiples facettes. En effet, il ne lui suffit pas d'être bilingue pour faire carrière dans la traduction, il lui faut également avoir une connaissance approfondie de la culture et des subtilités linguistiques du pays dont provient le texte et maîtriser parfaitement la langue française. Habituellement, une traduction s'effectue depuis la langue originale du texte vers la langue maternelle de l'auteur (un traducteur français traduira un ouvrage italien en français ; un Italien traduira Proust dans la langue de Dante).

Le traducteur doit savoir également se vendre. C'est la dimension commerciale de l'activité qui peut se révéler très éprouvante pour certains, peu préparés à ce travail de prospection, car trouver des traductions relève parfois du parcours du combattant : vous devrez faire vos preuves à chaque nouvelle traduction.

Sa formation

Écoles spécialisées telles que l'ESIT, l'ISIT, l'INALCO.

Rémunération

Environ 1 900 euros par mois.

POUR EN SAVOIR PLUS

Quelques ouvrages parus aux éditions Studyrama, collection « Guides J » :

- *Les métiers du livre et de l'édition* ;
- *Le guide des concours de la fonction publique.*

Quelques sites internet susceptibles de vous intéresser :

- http://asfored.org : site de l'Association nationale pour la formation et le perfectionnement dans les métiers de l'édition ;
- www.culture.gouv.fr : site du ministère de la Culture ;
- www.enssib.fr : site de l'École nationale supérieure des sciences de l'information et des bibliothèques ;
- www.inp.fr : site de l'Institut national du patrimoine.

MÉTIERS DE BOUCHE

BOUCHER

Ses missions

Un boucher participe à toutes les étapes de la chaîne boucherie. Elle passe par l'achat des carcasses ou quartiers de viande, leur découpage, leur désossage, puis en marge des morceaux de viandes habituels, la conception de produits plus élaborés (morceaux farcis ou composés, plats cuisinés). Il est un conseiller indispensable pour ses clients qui le sollicitent sur les modes de cuisson ou les techniques culinaires à adopter. Un boucher se doit aussi de perpétuellement nettoyer et désinfecter les locaux, le matériel et les plateaux de présentation. Un débutant ne s'occupe pas des achats mais de la préparation de la viande et de la vente.

Sa formation

Le CAP boucher et/ou le Bac pro boucher, charcutier, traiteur. Le BM boucher charcutier, traiteur permet de se préparer à la création ou reprise d'une boucherie.

Rémunération

Le salaire d'un boucher dépend de la taille du magasin qui l'emploie. Un ouvrier boucher en grande surface peut espérer toucher entre 1600 et 2800 euros environ. Le salaire d'un chef de rayon peut quant à lui aller jusqu'à 4000 euros.

BOULANGER

Ses missions

Même si le métier a beaucoup évolué (pétrin mécanique, four électrique, etc.), les savoir-faire nécessaires pour faire du bon pain restent les mêmes ! Il existe pour cela plusieurs techniques. Un boulanger peut fabriquer son pain de A à Z (technique de la pâte cuite), mais on trouve de plus en plus de boulangers s'occupant seulement du pétrissage, du façonnage et de la cuisson (technique du cru surgelé ou frais). Des activités difficiles à réaliser quand on pense aux conditions de travail : une journée qui démarre très tôt le matin et un travail en station debout pendant des heures dans la chaleur du fournil. Une fois le pain et les viennoiseries prêtes, le boulanger se charge de les mettre sur les présentoirs et s'occupe de la vente. Cette dernière peut être déléguée à des vendeurs spécialisés en boulangerie.

Sa formation

Bac pro boulanger, pâtissier. Le CAP boulanger peut être accompagné, pour parfaire la formation, d'une MC boulangerie spécialisée. Le BP boulanger permet de se familiariser avec le management, la gestion ou encore les technologies...

Rémunération

À partir du Smic.

CHOCOLATIER – CONFISEUR

Ses missions

Le chocolatier-confiseur prend en charge sa production de A à Z. Préparation de la pâte, garniture, cuisson et décoration se succèdent sans relâche dans son laboratoire. Le chocolatier-confiseur ne fait pas seulement preuve d'une habileté manuelle remarquable. Pour réussir dans le métier, il doit aussi démontrer ses talents en matière de créativité, d'esthétique, de sens des formes et du goût... En effet, pour résister à la concurrence de la confiserie industrielle, moins coûteuse, il doit faire preuve d'originalité et de qualité. C'est à ce prix qu'il peut fidéliser sa clientèle. En chocolaterie, il sait effectuer correctement les opérations de tempérage, trempage et enrobage. En confiserie, les techniques de cuisson, de fonte, de façonnage et de fourrage n'ont pas de secret pour lui.

Sa formation

Le CAP chocolatier-confiseur et le CAP pâtissier sont les premiers diplômes débouchant sur le métier de chocolatier-confiseur. Pour se perfectionner, il est possible de poursuivre par une MC pâtisserie glacerie chocolaterie confiseries spécialisée. Enfin, le BTM chocolatier confiseur permet aux professionnels de passer le concours de meilleur ouvrier de France ou d'accéder à des fonctions d'encadrement.

Rémunération

La rémunération d'un chocolatier-confiseur salarié débute au Smic. Elle peut atteindre 2 800 € bruts mensuels après quelques années d'activité.

POISSONNIER

Ses missions

Le poissonnier doit se lever tôt pour aller acheter ses produits frais qu'il va chercher au marché de Rungis en Île-de-France. Il les ramène ensuite là où il travaille (dans sa propre poissonnerie ou en supermarché). Il doit alors disposer ses produits sur son étalage, de façon à attirer le regard du client. Selon les envies du client, le poissonnier pratique l'étêtage, l'écaillage, l'éviscération, le tranchage et le filetage du poisson. Il doit aussi savoir faire des petits plats à base de poisson ou de fruits de mer, comme des soupes ou des terrines. Il doit veiller sur certains produits, comme les crustacés, qui doivent rester en vie lors de la vente. Le poissonnier doit à tout prix rester vigilant et respecter la chaîne du froid et les règles d'hygiène : le poisson est un aliment très vite périssable.

Sa formation

Pour devenir poissonnier, il faut obtenir le Bac pro Poissonnier-écailler-traiteur (en 3 ans). Les aspirants poissonniers peuvent également passer le BM (brevet de maîtrise) traiteur organisateur de réception en 2 ans.

Rémunération

Le salaire d'un employé débutant de poissonnerie est aux environs du Smic. Ces revenus peuvent augmenter s'il s'installe à son compte.

FROMAGER

Ses missions

Camembert, Comté, Epoisses, Mâconnais, Cantal, Reblochon, Bleu d'Auvergne... Sans les fromagers, ces créations culinaires purement françaises n'existeraient pas ! Le fromager maîtrise les produits laitiers et sait comment les traiter pour obtenir le produit voulu.

Le technicien fromager doit également s'investir dans l'hygiène de son établissement. Il doit donc porter une tenue de travail, souvent blanche, comportant des gants, des bottes et un calot pour éviter que des particules et bactéries non-désirables tombent dans le lait ou sur le produit terminé.

Le fromager ne doit pas être sensible à la température. Les caves sont souvent très humides et les fromages sont conservés dans le froid. Le fromager doit donc être résistant aux températures. Pour son produit, le fromager accepte de faire quelques concessions. Dans les productions les plus artisanales, un crémier-fromager peut commencer son travail dès 6 heures du matin et le terminer à 21 heures.

Sa formation

Pour devenir fromager, de nombreuses formations peuvent être suivies. Des CAP comme le CAP Employé de vente spécialisé option A produits alimentaires et le CAP Conducteur d'installations de production permettent de se former au métier de fromager. Les aspirants fromagers peuvent poursuivre jusqu'au Bac+2, avec notamment le BTSA Sciences et technologies des aliments spécialité aliments et processus technologiques ou le BUT Génie biologique, option industries alimentaires et biologiques.

Rémunération

Un fromager débutant gagne le smic.

MODE

ACHETEUR

Ses missions

L'acheteur a la responsabilité de trouver le meilleur produit au meilleur prix dans le respect de la stratégie d'achat déterminée par le directeur des achats. Il élabore des plans d'achats, sélectionne à travers le monde ou fait fabriquer les produits pour monter sa collection. Il négocie également les coûts et les délais de fabrication. L'acheteur est courtisé par les directeurs commerciaux puisque de son bon vouloir peut dépendre le succès ou l'échec d'une collection.

Sa formation

BTS management commercial opérationnel ou BUT techniques de commercialisation complétés par une année de spécialisation en achats. Écoles de commerce et Masters universitaires dans le secteur économique et commercial. La maîtrise d'une à deux langues est un plus.

Rémunération

À partir de 2 000 euros.

BRODEUSE

Ses missions

La magie de la broderie est de savoir allier des techniques et un savoir-faire artisanaux à la réalisation d'objets modernes. Avec l'invention en 1830 de la machine à coudre, ce secteur s'est mécanisé. On distingue depuis deux types de broderies. Celles qui sont réalisées à la main le sont principalement pour les maisons de haute couture. Les brodeuses sont chargées de concevoir les motifs qui leur sont commandés par les créateurs. Les broderies mécaniques sont pour la plupart réalisées dans la région Nord-Pas-de-Calais ou de Picardie. Aujourd'hui, il est possible grâce à des machines qui emploient jusqu'à 1 360 aiguilles en même temps, de broder 20 à 40 mètres de tissu.

Sa formation

Accès à la profession de brodeuse après un CAP arts de la broderie, un BMA broderie ou un DN MADE Mode.

Rémunération

Autour du Smic.

COSTUMIER

Ses missions

Il doit être capable de faire preuve d'une grande disponibilité dans un métier où l'on travaille souvent dans l'urgence. Il lui faut également faire preuve d'humilité puisque le costumier doit fréquemment accepter de modifier ou de retoucher un modèle au dernier moment. Le costumier du spectacle participe, en collaboration avec le metteur en scène et le décorateur-scénographe, à la création du costume, mais il est surtout chargé de sa réalisation. Il lui incombe de trouver des solutions techniques qui permettront de réaliser la vision que le créateur se fait du costume. Pour cela, il doit connaître les méthodes de coupe historique mais aussi les adaptations modernes, d'où la nécessité de bonnes connaissances de patronage, moulage et couture.

Sa formation

À Bac+3 : diplôme national des métiers d'art et du design (DN MADE) mention mode ou mention spectacle. À Bac+5 : diplôme arts et techniques du théâtre parcours concepteur costume. Il existe également quelques écoles privées spécialisées, souvent créées par des anciens professionnels reconvertis.

Rémunération

Dans la production cinématographique, un costumier gagne environ 1 000 euros par semaine (sur une base de 39 heures de travail).

COUPEUR

Ses missions

Impossible de fabriquer vêtements et accessoires sans passer par lui. Son rôle est d'effectuer le placement, le traçage et le découpage des pièces qui composent un article. Il intervient après le patronnier-gradeur et doit scrupuleusement respecter les mesures qui lui sont communiquées, au risque de devoir gâcher des milliers de pièces. Outre sa grande précision, le coupeur, qu'il œuvre dans l'industrie du cuir ou dans celle de l'habillement, devra parfaitement connaître les matériaux sur lesquels il travaille. Ce métier est informatisé : le placement des pièces de tissu ou de cuir se fait automatiquement et la découpe est gérée par l'ordinateur.

Sa formation

Bac pro métiers de la mode, vêtements ; formation « conception costume » (Bac+5) à l'ENSATT à Lyon.

Rémunération

À partir du Smic.

COUTURIÈRE-TAILLEUR

Leurs missions

Le couturier (ou, le plus souvent, la couturière) s'occupe d'habiller les femmes et le tailleur (plus rarement la tailleuse) habille les hommes. Pour aboutir à un résultat irréprochable, ils doivent prendre des mesures, établir un patron d'après un modèle, couper les tissus, fabriquer la toile (étape entre un patron et un vêtement fini), avant même que n'intervienne la moindre piqûre. Le métier nécessite des compétences précises afin de pouvoir assembler pinces, épaules ou manches ou, lors des étapes de finitions, pour la couture de passants, de fermetures et de boutonnières. Une couturière ou un tailleur doit également être capable de faire preuve de bon goût quand il est question d'harmoniser formes, couleurs et matières. Une fois le vêtement terminé, un couturier-tailleur qui travaille sur une pièce unique pourra passer de nombreuses heures en essayages et en retouches. Il peut, en fonction de son talent et de ses envies, travailler à son compte ou être salarié dans un centre de retouches ou dans un atelier de fabrication. Les meilleures couturières peuvent également travailler pour le compte d'une maison de couture.

Leur formation

CAP métiers de la mode, option vêtement flou ou vêtement tailleur; BTS métiers de la mode – vêtements.

Rémunération

Autour du Smic, voire davantage pour une couturière ou un tailleur à son compte.

DENTELLIÈRE

Ses missions

Il existe en France des régions où l'on fabrique encore artisanalement de la dentelle. Chacune possède ses méthodes et son jargon. Dans le Nord la dentelle se fabrique principalement aux fuseaux. Si la Basse-Normandie est célèbre pour sa dentelle au fuseau, les villes d'Argentan et d'Alençon sont grandement réputées pour leur point à l'aiguille. Quant au nord de Paris, il s'est spécialisé dans la dentelle noire. La dentelle se divise en deux catégories: celle issue de la passementerie se fait aux fuseaux et celle issue de la broderie se fait à l'aiguille. La dentellière travaille le plus souvent indépendamment comme prestataire de services, plus souvent au sein d'un atelier que seule. Elle peut travailler occasionnellement pour les maisons de couture.

Sa formation

Le métier de dentellière se prépare *via* des stages professionnels et des cours du soir dispensés au Centre d'enseignement de la dentelle au fuseau du Puy-en-Velay (le plus ancien), au Conservatoire de la dentelle de Bayeux ou à l'Hôtel de la dentelle de Brioude.

Rémunération

Autour du Smic.

GRAND COUTURIER

Ses missions

Le grand couturier crée chaque saison des modèles originaux pour une poignée de clients. La relation entre le couturier et sa cliente est souvent une longue histoire d'amitié, presque une histoire d'amour. Une maison de couture ne dispose environ que de deux cents ou trois cents clientes, parfois moins. Chacune de ces femmes y possède un mannequin à ses mensurations exactes. Dans la haute couture, les clientes se laissent habiller. Chacune a sa propre vendeuse. Celle-ci lui est totalement dévouée. Elle connaît ses goûts, sa personnalité et sélectionne, dans la collection, les modèles qui lui conviendront le mieux.

Sa formation

Aucune formation ni diplôme particulier n'est exigé pour devenir couturier. Cependant, tous ces créateurs possèdent d'excellentes bases en stylisme et en couture. Pour débuter, un apprentissage dans une maison de haute couture est indispensable. Pour réussir ? Un peu de chance, beaucoup de goût, voire du génie, de l'entregent et un excellent sens relationnel sont essentiels. Les clientes sont rares et il faut savoir les garder !

Rémunération

Il n'y a ni règle ni barème. Elle dépendra de la personnalité, des talents artistiques et commerciaux du jeune couturier.

INGÉNIEUR TEXTILE

Ses missions

Le textile évolue constamment. Il doit désormais s'adapter aux besoins de l'industrie et aux désirs des consommateurs. Concevoir des tissus antibactériens, traités antitaches, parfumés grâce à une microencapsulation ou inventer des fibres qui permettent de filtrer les rayons du soleil ou, de façon plus prosaïque, travailler sur des matériaux qui résistent à des températures extrêmement élevées, tel est le travail des ingénieurs textiles. Cet ingénieur peut être chargé de gérer la production, de contrôler la qualité et de mener des essais en laboratoire.

Sa formation

Écoles d'ingénieurs spécialisées telles que l'ITECH à Lyon, l'ENSISA à Mulhouse...

Rémunération

2500 euros en moyenne.

JOURNALISTE DE MODE

Ses missions

Il semble que le pouvoir des journalistes soit, dans le secteur de la mode, particulièrement important. La presse spécialisée repose sur quelques titres incontournables auxquels collaborent certaines des plumes les plus acérées du microcosme de la mode parisienne. Les journalistes de mode ont pour mission de faire parler des collections le plus rapidement possible. Il n'est pas faux de dire qu'à chaque saison les journalistes de mode s'enflamment pour de nouveaux stylistes, chaque chroniqueuse ayant ses propres « chouchous » parmi les créateurs. Le journalisme de mode est indispensable au bon fonctionnement de l'industrie. Il permet d'orienter les projecteurs vers de jeunes talents tout en forçant les plus anciens à se renouveler et à innover constamment. C'est d'ailleurs bien souvent sous la plume des journalistes que naissent, aux yeux d'un large public, les modes et les tendances.

Sa formation

Écoles de journalisme.

Rémunération

Fluctuante selon le média (presse écrite, web, télévision...).

MANNEQUIN

Ses missions

Tout d'abord, ne jamais perdre de vue que ce métier exige des qualités physiques : critères de poids et de taille, harmonie du visage, de l'ossature, etc. Sans oublier que dans le monde changeant de la mode, les critères se modifient régulièrement. Le mannequin défile lors des présentations des nouvelles collections, effectue des séances photos pour les magazines et peut même être l'effigie d'une ou plusieurs marques de vêtements, cosmétiques, bijoux, etc.

Sa formation

Elle est généralement assurée par l'agence qui recrute le mannequin.

Rémunération

Variable selon l'âge, le support (presse écrite, publicité, édition) et la notoriété du mannequin. À titre indicatif, un mannequin professionnel de plus de 16 ans gagne entre 480 (débutant) et 1 200 euros (confirmé) pour une séance photos d'une demi-journée, mais un top model de renommée internationale peut toucher jusqu'à 10 000 euros par jour.

MODÉLISTE

Ses missions

Plutôt manuel, le modéliste possède une bonne connaissance du textile et de la couture ; parler l'anglais, l'italien peut être un plus. Il réalise la conception du vêtement, à plat sur patron, ou en moulage sur mannequin. Les postes ne manquent pas dans les ateliers ou chez les grandes marques. La hiérarchie est précise : le poste en bas de l'échelle est celui de petite main, suivi par la seconde main, ensuite par la première main (qui comporte cinq niveaux), le second d'atelier, le premier d'atelier et enfin le chef d'atelier.

Sa formation

BTS métiers de la mode – vêtements ou écoles privées spécialisées telles qu'ESMOD et Mod'Art International à Paris ou l'IBSM à Bordeaux.

Rémunération

Le Smic pour débuter, avec la possibilité d'évolution en fonction de votre notoriété ou de votre grade jusqu'à 4 000 euros pour un modéliste confirmé.

MODISTE ET CHAPELIER

Ses missions

De sa conception à sa vente, un chapeau passe par de nombreuses étapes et peut demander plusieurs dizaines d'heures de travail. Ce métier requiert imagination et créativité pour la première étape qui consiste à mettre au point un modèle original qui correspondra aux attentes du client. La deuxième étape est celle du moulage sur des supports en bois ou en métal sur lesquels le chapelier applique les pailles ou les feutres afin d'imposer une forme à la matière. Afin de parfaire sa création, la dernière étape, celle des finitions, nécessite de nombreux savoir-faire aux noms étranges : secrétage, arçonnage, caillotage, semoussage, etc. Qu'il s'agisse de surpiqûres, de poses de voilettes, de fleurs ou de rubans, il transforme son chapeau en pièce unique. Il n'est pas rare que la modiste ou le chapelier travaillent en collaboration avec une plumassière ou une fleuriste, qui élaborent des fleurs en tissu, des fruits, des oiseaux en tissu ou en plumes.

Leurs formations
CAP métiers de la mode : chapelier-modiste et Bac pro métiers de la mode, vêtements.

Rémunération
Autour du Smic.

PATRONNIER-GRADEUR

Ses missions
Sur la chaîne de fabrication, le patronnier-gradeur intervient après le modéliste. Ce métier consiste à établir les tailles d'un vêtement à partir d'un modèle standard afin d'en réaliser les patrons. Pour cela, il doit calculer les rapports qui permettent de passer d'une taille à l'autre en adaptant les données d'un modèle. Il travaille soit manuellement, soit avec un logiciel informatique qui permet d'ajouter ou d'enlever parfois seulement quelques millimètres aux différentes parties qui composent un modèle : encolure, manche, etc. Pour les grandes séries, ce sont ensuite des milliers de vêtements qui seront fabriqués d'après le patron que le patronnier-gradeur aura mis au point : il ne peut donc y avoir de place pour la moindre erreur !

Sa formation
Bac pro métiers de la mode, vêtements ; BTS métiers de la mode, vêtements.

Rémunération
Autour du Smic.

PHOTOGRAPHE DE MODE

Ses missions
Allié des mannequins, des stylistes et de la presse écrite, le photographe est un des acteurs incontournables du monde de la mode. Qu'il travaille en free-lance ou pour une agence, il peut selon le contrat sur lequel il travaille, exercer avec plus ou moins de liberté sa créativité. Véritable artiste ou simple exécutant, le photographe de mode peut devenir parfois plus connu et respecté que les mannequins avec lesquels il travaille.

Sa formation
Bac pro photographie ; BTS photographie ; écoles spécialisées.

Rémunération
Très fluctuante selon le média et votre renommée.

PIQUEUR

Ses missions

Professionnel de la maroquinerie industrielle, le piqueur donne leurs formes aux objets et vêtements en cuir. Il intervient dans la chaîne de fabrication après le coupeur, son rôle étant d'assembler les différentes pièces. Il commence par vérifier les différents morceaux qu'il reçoit du coupeur avant de les composer, ce que l'on nomme le travail de table : il peut parer ou amincir le cuir afin de diminuer l'épaisseur des coutures. Le montage s'effectue ensuite par piquage (à la machine) et par collage.

Sa formation

CAP maroquinerie.

Rémunération

Autour du Smic.

PLISSEUR

Ses missions

Afin de réaliser un plissage impeccable, il est nécessaire de maîtriser des règles mathématiques et géométriques précises. Qu'il soit large, double, ample, rond, plat, plissé chevron ou plissé Watteau, le plissage se réalise à la main dans la haute couture : le plisseur dessine un motif sur papier puis le reprend en relief dans un moule de carton à deux faces qui emprisonne le tissu. L'étoffe est ensuite étuvée à la vapeur dans un large four.

Sa formation

Le plisseur est souvent un couturier qui se sera spécialisé dans ce domaine particulier.

Rémunération

Autour du Smic.

PLUMASSIÈRE ET FLEURISTE

Leurs missions

Ce métier réclame de nombreux savoir-faire ainsi que la maîtrise de techniques très diverses. La plumassière (dont le travail consiste à savoir manier, traiter et arranger les plumes) et la fleuriste (qui crée et assemble les fleurs en tissu) travaillent souvent en collaboration avec d'autres corps de métiers, comme le styliste ou la modiste.

Elles sont amenées à créer des boas de plumes, à composer des parures de fleurs destinées à orner des robes de soirée ou des capelines. Certaines plumassières et fleuristes travaillent à leur compte comme prestataires de services. La plupart, cependant, exercent leurs talents au sein des maisons de couture ou dans les cabarets pour la confection et l'entretien des costumes de scène. La plumassière doit pouvoir identifier les plumes, savoir les traiter, les teindre et les assembler. Ce métier, à la fois technique et artistique, requiert beaucoup de patience et implique le passage par un apprentissage de plusieurs années. Une plumassière fournit non seulement la haute couture, mais également le monde du music-hall, du théâtre et parfois du cinéma.
La fleuriste réalise des compositions florales en tissu. Elle doit créer la fleur en découpant les pétales, en les teignant et en travaillant leur forme grâce à divers outils chauffés. Ce métier réclame une excellente connaissance des techniques de teinture et la recherche de coloris.

Leurs formations

CAP plumasserie ou CAP fleurs artificielles.

Rémunération

Autour du Smic.

RETOUCHEUR

Ses missions

Qu'il s'agisse d'un pantalon, d'une jupe à allonger, raccourcir, resserrer ou élargir, le retoucheur est devenu incontournable dans la plupart des magasins de prêt-à-porter, voire de grande distribution. Alors que jadis les retoucheurs œuvraient principalement dans les maisons de couture, il est devenu fréquent qu'ils possèdent aujourd'hui leurs propres boutiques tout en travaillant comme prestataires de services, pour les boutiques de mode ou les grands magasins. Le retoucheur doit posséder, tout comme une couturière, une bonne connaissance des matières mais également des techniques de coupe, de mesure et de montage.

Sa formation

Le retoucheur possède une formation de couturier et est souvent titulaire d'un CAP métiers de la mode (toutes options) ou d'un Bac pro métiers de la mode, vêtements. Il est également possible de préparer une MC essayage retouche vente.

Rémunération

À partir du Smic.

SELLIER/MAROQUINIER

Leurs missions

Spécialiste du cuir, le maroquinier fabrique les objets de la vie courante : sac à main, valise, porte-monnaie, portefeuille, ceinture… Il en définit la forme, choisit le matériau et la couleur, puis réalise le modèle. Les morceaux de cuir, préalablement préparés, sont coupés à la main ou à l'emporte-pièce. Ils sont ensuite assemblés en choisissant le plus beau pour l'extérieur. Les piqûres sont généralement réalisées à la machine, mais certains ateliers du luxe pratiquent encore le « cousu main ».

Leurs formations

CAP maroquinerie ; Bac pro métiers du cuir ; BTS métiers de la mode-chaussure et maroquinerie.

Rémunération

Autour du Smic.

STYLISTE

Sa mission

Les vêtements (et accessoires) d'une marque sortent tout droit de l'imagination d'un styliste. Ce créatif sait faire bouger le monde vestimentaire et les mentalités en proposant des nouvelles tendances. Tout en étant dans l'air du temps, il doit être à l'affût des nouveautés et détecter les tendances de demain.

Sa formation

BTS innovation textile ; BTS métiers de la mode – vêtement ; DN MADE mention mode ou textile ; écoles de stylisme.

Rémunération

Du Smic à 2 400 euros environ.

POUR EN SAVOIR PLUS

Consultez *Les métiers de la mode aux éditions Studyrama*, collection « Guides J ».

MUSIQUE

AGENT

Ses missions

Le métier d'agent est peut-être encore plus fascinant que celui de producteur car on en imagine des composantes plus humaines, le quotidien dans les traces d'un artiste. Il a pour mission de gérer la carrière d'un, ou plus souvent, de plusieurs artistes. Il prospecte, négocie les contrats et, en toute fin, se donne souvent la mission de veiller au bien-être de son artiste en tournée ou en studio.

Sa formation

Une très bonne culture musicale ainsi qu'un sens aigu de la communication sont vivement recommandés. Il est également possible de se former *via* l'Université : Master direction de projets ou établissements culturels, par exemple.

Rémunération

L'agent est payé en fonction des rémunérations des artistes dont il s'occupe (il perçoit environ 10 % du cachet de l'artiste), ce qui, pour certains, se compte en millions !

ATTACHÉ DE PRESSE

Ses missions

L'attaché de presse spécialisé gérera la promotion d'un artiste, d'un groupe ou d'un spectacle particulier. Cette fonction nécessite de la persévérance, de la diplomatie et de la patience. Pour quelques attachés de presse en free-lance, les coups de cœur musicaux sont devenus des jackpots, lorsqu'il s'agissait d'un chanteur devenu numéro 1.

L'attaché de presse exerce son métier de deux façons : en solitaire ou dans une maison de disques. Dans un second cas, il en sera le directeur du marketing ou le chef de produit chargé d'un artiste. Il peut aussi être directement attaché à une grande salle. Dans le cadre des maisons de disques, il semble que ces professions aient un caractère artistique plus accentué, les responsables intervenant directement dans les choix artistiques pour un artiste du catalogue de la maison.

Sa formation

Obtenir un diplôme d'attaché de presse dans un établissement spécialisé (EFAP, par exemple) est recommandé, ainsi qu'obtenir stages ou embauches chez un spécialiste.

Rémunération

Environ 2 000 euros environ.

CHANTEUR

Ses missions

Les chanteurs dits lyriques sont des interprètes classiques soumis aux contraintes du timbre de leur voix (ténors, sopranos…). Ils exercent en concerts, pour des radios… Les choristes chantent dans des ensembles vocaux et trouvent plus facilement du travail. Le genre de la comédie musicale a le vent en poupe et constitue un vivier d'emplois pour nos jeunes choristes.
Le chef de chœur, quant à lui, est le manager des chanteurs : il met en place l'interprétation d'une œuvre, sélectionne les choristes et dirige ensuite le travail jusqu'à sa finalisation.
Vous voulez devenir chanteur de variétés ? Dans ce cas, et surtout si vous souhaitez être soliste, il va falloir travailler votre personnalité en plus de votre voix. Le look compte autant que le timbre en un domaine où la scène et le rapport au public sont omniprésents.
Pour percer, les chanteurs ont, plus que tous les autres musiciens, besoin d'un imprésario, qui les « vendra » auprès de donneurs d'ordre.

Sa formation

Écoles et conservatoires de musique ; écoles privées ; école d'art lyrique de l'Opéra à Paris ou Lyon ; écoles de jazz…

Rémunération

Extrêmement variable selon sa renommée.

CHEF D'ORCHESTRE

Ses missions

Il coordonne l'exécution et l'interprétation d'une œuvre en fonction des instruments de l'orchestre. Il est le chef des interprètes. Plus qu'un métier, la direction d'orchestre est une vocation, qui correspond à un état d'esprit, à un caractère personnel autant qu'au talent de l'exercice. Pour être chef d'orchestre, en plus des compétences techniques nécessaires, il convient d'avoir l'âme d'un chef ! Si vous possédez de l'énergie et de la fermeté, un physique athlétique pour un emploi sportif dans sa forme, vous pouvez imaginer une carrière de chef d'orchestre.

Sa formation

La fonction de chef d'orchestre est plus souvent une fin de carrière, un parcours individuel de musicien reconnu, qu'une formation et un métier de débutants. Mais si vous vous voyez bien avec votre habit noir, maniant la baguette devant le public de l'Opéra-Bastille, il vous faut envisager une classe de direction d'orchestre dans les conservatoires régionaux, les écoles nationales de musique, à l'École normale de musique de Paris Alfred-Cortot…

Rémunération

Fluctuante selon la renommée.

COMPOSITEUR DE MUSIQUE ET DE PAROLES

Leurs missions

Les compositeurs de musique ou les paroliers sont des créateurs dont l'objectif est de combiner harmonieusement les sons et les mots. Les compositeurs peuvent s'orienter vers la réalisation de musique de films, de chansons, de jingles pour la publicité ou d'ambiances musicales particulières. Les viviers d'emplois les plus importants sont recensés auprès des agences de communication, par exemple dans le cadre de projets de publicités (des collants au café) ou de musiques d'ambiance pour la distribution…

Leurs formations

Il n'existe pas véritablement d'écoles spécifiques aux métiers de la composition, mais seulement des formations spécifiques et des chambres de composition dans les conservatoires. Chaque grand conservatoire possédant sa chambre de composition, inscrivez-vous, vous y apprendrez les techniques de cet art des plus difficiles.
Pour les paroliers, il est recommandé de poursuivre des études de lettres, mais pas obligatoirement: vous pouvez aussi écrire pour des chanteurs qui vous inspirent et leur envoyer vos projets.

Rémunération

Les compositeurs vivent parfois des droits d'auteur versés par la Sacem ou leurs éditeurs, droits qu'ils ont acquis en vendant leurs œuvres afin qu'elles soient diffusées. Certains sont payés au cachet, somme forfaitaire pour une vacation précise, notamment lorsqu'il s'agit de projets spécifiques, d'animations uniques…
Les compositeurs vivent surtout de commandes, mais les mécènes sont si rares qu'ils doivent le plus souvent adapter leurs talents aux services marketing, aux réalités commerciales de leurs commanditaires.

DIFFUSEURS DE MUSIQUE

Ils sont ceux qui permettent à la musique d'être écoutée par le plus grand nombre.

Discothécaire: pendant du bibliothécaire mais musical. Ce métier offre des débouchés en collectivités locales (médiathèques), mais aussi dans toutes les entreprises qui gèrent des archives musicales, comme les télévisions et les radios. Le classement musical est le domaine du discothécaire, ce peut donc être un classement au service des professionnels comme du grand public.

Distributeur de musique : il peut être indépendant ou travailler comme salarié dans un magasin de centre-ville, pour vendre et conseiller. Il a pratiquement disparu. Les disquaires d'antan, organisateurs de cours de musique dans l'arrière-boutique ou promoteurs de concerts locaux ont laissé la place à la grande distribution et au téléchargement sur les plates-formes digitales légales, d'une manière quasi généralisée. Un recensement récent estime à moins de 340 le nombre de disquaires encore en activité sur le territoire.

Éditeur de musique : c'est le plus ancien des métiers de management de la musique. Autrefois, il diffusait les partitions. Aujourd'hui, sa tâche essentielle est d'obtenir des enregistrements sonores et de les exploiter. Ce métier est lucratif, s'il diffuse des artistes intéressants de ce point de vue, car les éditeurs sont rémunérés en pourcentage de droits d'auteur.

Programmateur de musique : il travaille en salle ou en radio. Il propose des ambiances musicales spécifiques. Il peut aussi être directeur artistique dans une maison de disques. Le programmateur est toujours convoité par les artistes et reçoit gratuitement un grand nombre de disques. Dans les maisons de disques, sa tâche est plus large puisqu'il est souvent en plus le découvreur de jeunes talents, chargé d'écouter les titres de démonstration envoyés. Pas de formation non plus pour ce métier à la fois commercial et artistique, il convient d'avoir du nez mais aussi de bien cerner l'univers pour lequel on programme. Pour se faire un nom, le plus dur est de pouvoir faire ses preuves et dans ce cas, rien ne vaut les boîtes de nuit et autres bals de votre région. Proposez-leur votre prestation bénévolement, et si vos programmes transcendent les foules, on vous rappellera ou le bouche-à-oreille fera le reste. Il se pratique un peu partout maintenant des concours de programmations organisés par des discothèques, ce peut être là aussi un moyen de vous faire connaître et au moins d'enrichir votre CV.

Tourneur : son rôle est d'organiser les tournées des artistes qu'il a sous contrat. Sa tâche est de préparer matériellement et techniquement les tournées pour les proposer aux promoteurs locaux. Le tourneur est rémunéré en pourcentage sur la vente du produit fini au promoteur local. Dans ce métier, mieux vaut donc être le tourneur d'un chanteur célèbre que d'un orchestre de province inconnu. Il n'existe aucune école pour apprendre ce métier qui combine technique, gestion, comptabilité et un certain sens commercial. Les personnes intéressées auront tout intérêt à frapper aux portes d'un tourneur et de le regarder faire le temps d'un stage…

Vendeur-conseil en magasin de musique: pour devenir vendeur, un seul mot d'ordre: être un passionné dans un domaine musical et être de ce fait extrêmement compétent. Aucun diplôme n'est véritablement exigé à l'entrée, mais tout diplôme de vente est un plus. Pour les autodidactes, rien ne vaut le déplacement dans les magasins, la motivation et la demande de stages réitérée, pour faire ses preuves.

DISC-JOCKEY

Ses missions

C'est un animateur musical, un programmateur qui improvise en fonction des salles, des publics, des thèmes et de toutes les contraintes qui lui sont imposées. Son talent sera de faire prendre une mayonnaise musicale qui satisfasse tous les clients. On note une modification dans la conception de cette profession, puisque le disc-jockey fait de plus en plus venir le public à lui plutôt que de s'adapter aux ambiances d'un même lieu. Les amateurs vont dans un endroit donné pour tel disc-jockey, dont on sait qu'il est funk, rock ou techno. Le disc-jockey est aussi devenu un technicien de haut niveau: il est compétent en matériel, en mixage, en animation...

Sa formation

Aucun diplôme officiel n'est exigé, seule la passion fera de vous un bon professionnel. Toutefois, un Bac techno sciences et techniques du théâtre, de la musique et de la danse (S2TMD) ou le titre homologué d'animateur musical et scénique délivré par l'École des DJ's de l'UCPA (accessible après un CAP) peuvent améliorer un CV.

Rémunération

Très fluctuante selon sa renommée. Un DJ débutant touche entre 500 et 1 000 euros pour une prestation ponctuelle, un DJ résident d'un club touche 300 euros en moyenne par prestation et un DJ reconnu peut quant à lui facilement toucher 10 000 euros pour une prestation.

INGÉNIEUR DU SON

Ses missions

Il exerce une profession très difficile et a pour mission de construire entièrement la partition sonore d'un support artistique: film, spectacle, concert... Sur un film, par exemple, il crée l'harmonie entre les dialogues, le son et les musiques.

Sa formation

BTS métiers de l'audiovisuel option métiers du son; écoles de cinéma telles que la FEMIS et écoles privées spécialisées dans l'audiovisuel et le son type SAE Institut.

Rémunération
Très variable en tant qu'intermittent du spectacle. À partir de 1 700 euros par mois dans l'audiovisuel.

INTERPRÈTE DE MUSIQUE INSTRUMENTALE

Ses missions
Il exerce sa musique grâce à son talent d'interprétation. Les interprètes sont tout de même tous un peu compositeurs, pianistes ou bassistes n'hésitant pas à divaguer sur leurs instruments le temps d'une pause ou d'un bœuf (un bœuf ou une jam-session étant une réunion de musiciens de jazz où ils improvisent librement). Mais d'une manière générale, les interprètes, qui représentent, pour le grand public, la majeure partie du groupe des musiciens, jouent les œuvres musicales des autres, à la flûte, la harpe ou la guitare, ou accompagnent qui un chanteur, qui un orchestre, qui un mime, un danseur...

Sa formation
Conservatoires et écoles de musique.

Rémunération
Fluctuante.

PRODUCTEUR

Ses missions
Il est surtout l'homme qui encadre les artistes, car il a en charge le budget d'un projet et veille à ce que celui-ci ne soit jamais, ou le moins possible, dépassé. C'est d'ailleurs pourquoi de plus en plus d'artistes s'autoproduisent, pour gagner en liberté d'action et de modification de projet et ne pas être sous la coupe d'un producteur. Ils doivent alors toutefois apprendre à convaincre les banquiers de les suivre. Les artistes qui choisissent de se passer d'un producteur ont en outre la tâche de contracter directement avec les régisseurs de spectacles (tour managers), les logisticiens de spectacles... Les sociétés de production se classent en deux familles: les grands groupes internationaux qui financent les événements les plus ambitieux autant que les plus commerciaux, et des convaincus prêts à jouer leur chemise pour un artiste qu'ils aiment.

Sa formation
Écoles de cinéma, de théâtre, voire un cursus universitaire.

Rémunération
En moyenne, 3 200 euros, mais en réalité très variable.

RÉGISSEUR DU SON

Ses missions

Le régisseur du son travaille au théâtre et se charge de tout. Artiste et technicien, il veille à tous les domaines sonores du lieu qui l'emploie : il s'occupe de la prise de son, de la sonorisation, il choisit l'implantation des micros, règle et manipule tous les appareils de mixage, etc. pendant toute la durée du spectacle.

Sa formation

Des écoles comme l'ENSATT à Lyon ou le lycée Guist'hau de Nantes (DN MADE mention spectacle, parcours régie son) proposent de solides formations de régisseurs.

Rémunération

À partir de 1 800 euros mensuels, mais la plupart du temps, le régisseur du son est payé à la représentation.

POUR EN SAVOIR PLUS

Consultez *Les métiers de l'audiovisuel* paru chez Studyrama, collection « Guides J ». Vous trouverez également des renseignements utiles concernant les formations offertes dans le domaine de la musique sur le site de la Cité de la musique – Philharmonie de Paris (https://philharmoniedeparis.fr/fr).

NATURE, ENVIRONNEMENT ET DÉVELOPPEMENT DURABLE

ACOUSTICIEN

Ses missions

L'acousticien sait tout des sons, de leur propagation et des matériaux isolants. Il intervient dans la construction de bâtiments pour prévenir les problèmes de nuisances sonores. Les sons ne représentent pas nécessairement une source de pollution. L'acousticien intervient également lors de la construction de salles de concerts, d'auditoriums... afin que les sons se propagent le mieux possible, sans écho. Pour cela, il réalise de savants calculs physiques pour déterminer la forme et l'aménagement les plus adéquats pour ce genre d'installation.

Plus fréquemment, il intervient pour le compte d'entreprises (bâtiment, architecture, automobile, aéronautique...), de collectivités locales ou d'associations dans le cas de la construction d'infrastructures génératrices de bruit (aéroport, ligne TGV...).

Sa formation

Master acoustique, Master physique fondamentale et applications ou diplôme d'ingénieur spécialisé dans l'acoustique et les vibrations industrielles.

Rémunération

2900 euros en moyenne.

AGENT DE DÉVELOPPEMENT DES ÉNERGIES RENOUVELABLES

Ses missions

Spécialiste des énergies renouvelables, il est capable de développer des projets concrets en matière d'implantation. L'agent de développement des énergies renouvelables diagnostique les besoins, les potentiels et les contraintes et il propose la meilleure solution en termes de coûts, de retour sur investissement et d'environnement. Il possède une excellente culture en matière de matériaux, de technologies et d'énergies renouvelables.

Sa formation

BTS maintenance des systèmes option systèmes éoliens. À niveau Bac+3, BUT génie thermique et énergie; Licence professionnelle métiers de l'énergétique, de l'environnement et du génie climatique ou maîtrise de l'énergie, électricité, développement durable, par exemple.

Rémunération

À partir de 1 700 euros.

AGENT ET TECHNICIEN DE STATION D'ÉPURATION

Leurs missions

Une station d'épuration compte quatre unités : exploitation, mécanique, électricité et laboratoire. L'organisation peut varier d'un site à l'autre. En règle générale, on trouve un ingénieur responsable d'une unité, assisté de techniciens. Le technicien est celui qui fait tourner le système d'épuration. Ainsi, les techniciens du laboratoire sont chargés d'analyser et d'interpréter les prélèvements des échantillons d'eau et de boues réalisés sur le site. Ils sont également responsables de l'étalonnage des capteurs. L'unité exploitation constitue « l'œil » général de surveillance du fonctionnement de la station. Le premier rôle est tenu par le pilote, qui, à partir d'une console informatique, a une vue d'ensemble sur la station et peut intervenir à tout moment sur le système. Il est en relation avec un technicien sur le terrain qui vérifie que tout se passe bien et peut intervenir physiquement sur les machines, si nécessaire. Enfin, les techniciens des unités mécaniques et électricité s'occupent respectivement de l'entretien des machines et du système électrique et automatique.

Leurs formations

Du CAP à Bac+2 en chimie (pour l'analyse des eaux), en électromécanique (pour la maintenance), en physique (pour l'instrumentation) ...

Rémunération

Du Smic pour un agent qualifié, à 2 500 euros environ pour un technicien.

AGENT TECHNIQUE D'ENTRETIEN DES COURS D'EAU

Ses missions

Il est plus simplement connu sous le nom de garde-rivière. Il est chargé de préserver la propreté et de faciliter l'accès des 430 000 kilomètres de cours d'eau en France. Ainsi, le garde-rivière passe la majorité de son temps (été comme hiver) les pieds dans l'eau pour repérer tout élément polluant susceptible de nuire à la santé des cours d'eau. Il prend soin également des berges en débroussaillant, élaguant et en enlevant les obstacles. Il peut être amené à encadrer une équipe d'ouvriers.

Sa formation

Les formations permettant d'exercer le métier de garde-rivière s'adressent aux salariés et aux demandeurs d'emploi. Dispensées par des centres de formation professionnelle, elles sont accessibles à partir d'une formation initiale en agriculture, dans le domaine forestier ou dans celui de la pêche (Bac pro productions aquacoles, Bac pro gestion des milieux naturels et de la faune).

Rémunération

Au sein de la fonction publique territoriale, l'agent technique débute avec un salaire de 1 546 euros hors primes. Les rémunérations sont légèrement supérieures dans le privé.

AGENT TECHNIQUE DE L'ENVIRONNEMENT

Ses missions

Il intervient dans l'une des trois spécialités suivantes : espaces protégés, milieux et faune sauvage ou milieux aquatiques. Il participe, sous l'autorité de son supérieur hiérarchique, aux missions techniques et de police de l'environnement dévolues aux établissements et aux services dans lesquels il est affecté, dans le domaine de la protection de la faune et de la flore, de la chasse, de la pêche en eau douce et de la protection des espaces naturels. Il exerce notamment les missions qui lui sont prescrites par la loi en matière de police de l'eau, de la pêche, de la nature et de la chasse. À cet effet, il recherche et constate les infractions aux réglementations pour lesquelles il est commissionné et assermenté. Il mène également des actions de surveillance, de gestion, d'aménagement et de mise en valeur du patrimoine naturel. Il est chargé de collecter des données et de suivre ou de réaliser des études sur l'état des espèces et des milieux naturels. Il participe à des actions d'accueil, de pédagogie et d'information auprès du public. Enfin, il peut être appelé à participer à des plans ou à des opérations de secours.

Sa formation

Pour passer ce concours de la fonction publique, vous devez être titulaire soit du diplôme national du brevet ou d'un titre ou d'un diplôme de niveau supérieur, soit d'un titre ou diplôme équivalent.

Rémunération

De 1 630 euros bruts au 1er échelon du grade d'agent technique à 2 216 euros bruts au dernier échelon du grade d'agent technique principal de 1re classe de l'environnement.

ANIMATEUR NATURE

Ses missions

Il accompagne, encadre, anime des groupes (scolaires, touristiques...) auxquels il fait découvrir des sites naturels et qu'il sensibilise à la protection de la faune et de la flore. Il imagine des activités de découverte ou d'étude de milieux naturels (stage de minéralogie, géologie, ornithologie, étude d'écosystème, circuits thématiques de découverte...). Son objectif est de former les enfants à être de futurs écocitoyens et tenter de faire perdre aux adultes leurs mauvaises habitudes en suscitant chez eux des réflexes écologiques.

Sa formation

Brevet professionnel de la jeunesse, de l'éducation populaire et du sport spécialité animateur mention éducation à l'environnement vers un développement durable (BPJEPS), Bac pro gestion des milieux naturels et de la faune; BTSA gestion et protection de la nature, DEUST guide nature multilingue.

Rémunération

À partir du Smic.

BÛCHERON

Ses missions

Premier maillon de la chaîne du bois, le bûcheron (également appelé ouvrier d'exploitation forestière) abat les arbres avec des outils et des engins qui lui appartiennent. Il doit connaître les différentes espèces d'arbres et leur marquage. Son travail dépend étroitement d'un cahier des charges. Il s'agit d'un métier particulièrement difficile, car ce professionnel doit travailler par tous les temps et en particulier l'hiver, avant la montée de sève. Essentiellement masculin, ce métier demande de très bonnes aptitudes physiques mais aussi de l'endurance et de la force.

Sa formation

CAP agricole travaux forestiers ou Bac pro Forêt.

Rémunération

Un bûcheron salarié commence au Smic. S'il est indépendant, il est payé à la tâche et en fonction du volume de bois abattu. Dans ce dernier cas, ses revenus ne sont pas garantis et les horaires peuvent être extrêmement lourds.

CHARGÉ D'ÉTUDES ENVIRONNEMENT

Ses missions

Le souci grandissant du respect de l'environnement a fait naître de nouveaux besoins. Chaque nouvelle norme ou réglementation donne lieu à de nombreuses études en amont afin de déterminer les différents paramètres à imposer aux pollueurs. De même, chaque nouvelle installation, ou modification d'un site industriel, fait l'objet de plusieurs études pour aider à la décision ou à la réalisation de ce projet: d'où l'émergence de nombreux bureaux d'études. Ces derniers sont aujourd'hui de plus en plus sollicités par les entreprises, leurs principaux clients restent cependant les collectivités territoriales et l'administration. Une étude d'impact comporte trois étapes: un état initial du territoire qui consiste à inventorier la faune, la flore, les activités économiques et sociales... La deuxième étape est une analyse des conséquences positives

et négatives du projet sur le territoire. En dernier lieu, l'étude d'impact avance des propositions et des conseils afin de minimiser les points négatifs.
Le rôle du chargé d'études est essentiellement technique. Il peut être responsable de la totalité ou seulement d'une partie spécifique du dossier.

Sa formation

Recrutement à Bac+4/5 (écoles d'ingénieurs, Master) en géographie, géologie, biologie, paysagiste, hydrogéologie, etc.

Rémunération

À partir de 2000 pour un jeune cadre.

CHARGÉ DE COMMUNICATION ENVIRONNEMENT

Ses missions

Les problèmes de pollution de l'air et de gestion des déchets font partie des préoccupations des citadins qui, aujourd'hui, souhaitent être informés sur ces questions. C'est la raison pour laquelle les entreprises, notamment dans le secteur de la chimie et les collectivités publiques, ont créé des postes de chargés de communication environnement. Dans le secteur très sensible de la chimie où les industriels sont taxés de pollueurs, le responsable de la communication environnement doit sensibiliser le public aux efforts de l'entreprise en matière de respect de l'environnement. À travers une politique de communication, il fait connaître les innovations de l'entreprise, afin de susciter une image positive dans l'esprit du public. Mais il peut aussi avoir, à tout moment, à gérer une situation de crise : explosion sur un site, pollution accidentelle d'une rivière, etc.

Sa formation

Niveau Bac+4 ou 5 en communication (Master pro relations publiques, communication). Une formation initiale scientifique en biologie ou en écologie complétée par une formation en communication est très recherchée.

Rémunération

À partir de 1 750 euros.

CHARGÉ DE MISSION DANS UN PARC NATUREL RÉGIONAL

Ses missions

Il se consacre à un domaine particulier de la défense du milieu du parc : faune, flore, tourisme, architecture, paysage... Il peut, par exemple, être recruté par un parc naturel régional pour ses compétences dans le domaine des systèmes d'informations géographiques (SIG). Il est alors responsable de l'atlas communal, c'est-à-dire de la configuration, la gestion et la saisie de données sur le SIG du patrimoine naturel des communes. Grâce à cette base de données, ces informations pourront être visualisées sous forme cartographique et permettront d'avoir une vue globale pour un site donné et d'engager des actions de préservation. Mais son rôle ne se limitera pas à la mise en place de cet atlas communal, il réalisera également des inventaires de la faune et de la flore afin de les intégrer dans la base de données, concevra et produira des documents de synthèse qu'il présentera lors de réunions publiques aux élus et acteurs locaux, développera des partenariats avec les organismes régionaux (ONF, Agence de l'eau...) et, enfin, pourra encadrer une équipe dont il assurera la formation.

Sa formation

Spécialisé dans son domaine d'intervention : ingénieur (aménagement rural, agro-forestier), Master recherche écologie ou architecte, paysagiste, Master pro de communication...

Rémunération

Variable selon sa spécialité et son employeur : de 1 600 à 3 000 euros.

CHARGÉ DE MISSION ENVIRONNEMENT

Ses missions

Il travaille soit dans des associations institutionnelles (conservatoire des sites naturels, agence régionale pour l'environnement), dans les Dreal (directions régionales de l'environnement, de l'aménagement et du logement), dans les collectivités territoriales (conseils généraux...) ou encore dans des établissements publics comme les agences de l'eau. Son rôle est de mettre en œuvre la politique de l'environnement définie par l'État, la collectivité locale ou la direction de son organisme. Il gère les dossiers techniques, conseille, forme, informe et sensibilise les élus et les citoyens. Au-delà de ce profil type, sa mission dépend directement de l'importance des moyens, des ambitions et des compétences de la collectivité en matière d'environnement.

Sa formation

Ingénieurs ou universitaires scientifiques, urbanisme, aménagement. Contrairement au privé, le secteur public est plus ouvert aux universitaires.

Rémunération
De 1 600 à 3 000 euros.

CHEF D'EXPLOITATION D'USINE D'INCINÉRATION

Ses missions
Les déchets sont brûlés dans des fours de très forte puissance (850 à 1 200 °C). Chaque usine d'incinération publique ou privée est dirigée par un chimiste qui connaît parfaitement le fonctionnement de l'usine. Il gère le traitement des fumées qui résulte de l'incinération et le système de valorisation quand il existe.

Sa formation
Écoles d'ingénieurs ; Masters professionnels spécialisés en chimie.

Rémunération
À partir de 2 200 euros.

CONSEILLER EN AGRICULTURE DURABLE

Ses missions
Comme son nom l'indique, le métier de conseiller en agriculture durable est basé sur le conseil. Ses interlocuteurs privilégiés sont les agriculteurs. Au préalable, le conseiller en agriculture durable doit être capable de diagnostiquer le fonctionnement des exploitations agricoles et ainsi de les accompagner le mieux possible dans un contexte territorial et environnemental. Si une partie de sa mission est de guider les agriculteurs afin de diminuer les pollutions liées à leurs activités et la consommation d'eau et d'énergie, le rôle du conseiller en agriculture durable est aussi de les aider à trouver de nouveaux débouchés et à diversifier leur production.

Sa formation
De solides connaissances en agriculture et en agriculture durable sont nécessaires à ce professionnel issu des filières agricoles. Même si, dans l'absolu, un BTSA ou BTS agricole peut être suffisant s'il est accompagné d'une expérience professionnelle conséquente, les jeunes voulant se lancer dans ce métier ont la possibilité de suivre une formation spécifique. Quelques formations dans des écoles d'ingénieurs en agronomie et dans les universités sont dispensées.

Rémunération
À partir de 1 800 euros environ.

CONSEILLER EN ENVIRONNEMENT OU ÉCOCONSEILLER

Ses missions

S'il travaille pour une ville, une grande partie de son travail consiste à sensibiliser le maire puis le public, aux questions d'environnement urbain et de protection de la nature. Généralement, biologiste ou géographe de formation, le conseiller environnement détermine la politique environnementale de la ville. Il met en place le tri, la collecte, le stockage et le recyclage des déchets ménagers. Il peut également être responsable des espaces verts et de leur développement. Il organise des campagnes de sensibilisation à la protection de la nature : expositions, animations… Ses responsabilités varient selon l'importance de la collectivité qui l'emploie et le budget qui lui est confié.

Sa formation

Diplôme universitaire de niveau Master en environnement, écologie, géographie, biologie… ; mastère spécialisé écoconseiller à l'INSA de Strasbourg.

Rémunération

À partir de 1 800 euros environ.

LINE CHOKRON : PORTRAIT D'UN CONSEILLER EN ENVIRONNEMENT

Après un DEA (Master recherche) d'écologie et une formation de documentaliste, Line Chokron n'arrivait pas à trouver un métier qui lui convienne. Elle profite de la percée électorale des « écolos » pour écrire au maire d'Antony et lui suggérer quelques idées *« vertes »* pour sa ville. Séduit, ce dernier lui demande d'écrire un projet pour la commune. Monsieur le maire est convaincu. Line Chokron s'installe alors dans son fauteuil de conseiller environnement et se lance dans l'éducation à la nature des habitants d'Antony et le développement des espaces verts. *« Je ne voulais pas commencer la sensibilisation des habitants en leur parlant de choses laides et angoissantes comme les déchets. J'ai préféré orienter mon travail sur les loisirs en organisant des expositions, en créant un sentier nature dans le centre-ville, une réserve ornithologique sur un étang. Le succès a été immédiat, surtout auprès des enfants »*, explique cette passionnée.

« Pour exercer le métier de conseiller en environnement, conclut Line Chokron, *il faut de l'imagination, de la patience et avoir le sens du contact. L'imagination, pour trouver des solutions aux problèmes de l'environnement ; la patience car les changements de mentalités ne se font pas du jour au lendemain ; et le sens du contact pour se faire entendre des acteurs municipaux, pas toujours convaincus de la nécessité des changements. »*

DIRECTEUR ENVIRONNEMENT

Ses missions

Il exerce le plus souvent sa fonction au sein de groupes industriels dont les activités présentent des risques de pollution ou nuisances pouvant porter atteinte à l'environnement: agroalimentaire, métallurgie, automobile, chimie, pétrochimie, papeterie... Son rôle est de rendre l'entreprise la plus respectueuse possible de l'écologie en intégrant les préoccupations environnementales dans tous les rouages de l'entreprise à tous les niveaux du personnel. Comment consommer moins d'énergie et de matières premières? Comment rendre la production moins polluante? Le directeur environnement doit faire face à toutes ces questions et élaborer une politique cohérente afin d'améliorer l'image de marque de l'entreprise. Il se doit également de veiller au respect de la législation en vigueur et d'anticiper les modifications éventuelles. En collaboration avec les responsables environnement de chaque branche d'activités du groupe, il coordonne et suit l'application de la politique environnementale qu'il a élaborée. Il est également en relation directe avec la direction générale à laquelle il doit rendre des comptes concernant les résultats des investissements qu'il entreprend.

Sa formation

Diplôme d'ingénieurs (Polytechnique, génie chimique, production, construction...) et formation universitaire (physique, chimie, biochimie...). Les doubles cursus scientifiques ou scientifique et gestion sont très appréciés ainsi qu'une expérience à l'étranger. L'anglais est indispensable.

Rémunération

3700 euros en moyenne.

ÉCODÉVELOPPEUR

Ses missions

Il participe à la définition, à la conception et à la réalisation d'une politique territoriale de développement durable. Son cœur de métier est la coordination, la conduite de projets. C'est un maître de la concertation. Il met en œuvre des projets de type charte et des programmes d'actions porteurs d'enjeux environnementaux. Il s'attache au bon déroulement du diagnostic territorial et de son exploitation opérationnelle, par exemple, à l'aide d'un SIG (système d'information géographique). Il assure un rôle d'interface entre le bureau d'études, les élus et les différents intervenants. Il accompagne ou pilote des actions innovantes dans les domaines de l'environnement, des énergies renouvelables, etc. Il peut être conduit à rechercher des partenaires et des financements.

Il assume également un rôle de sensibilisation, que ce soit auprès des élus ou du public. Il crée des instances de concertation et de mobilisation et évalue, en termes environnementaux, la qualité des actions mises en route. Pour cela, il met en place des indicateurs et des tableaux de bord d'évaluation environnementale.

Sa formation

Il possède un Bac+3 minimum en développement local ou territorial, en environnement ou en aménagement.

Rémunération

À partir de 1 700 euros environ.

ÉCONOME DE FLUX OU CONSEILLER EN ÉNERGIE

Ses missions

Sa mission consiste à aider les entreprises, les collectivités et les professionnels à maîtriser leur consommation en énergie (chauffage, électricité, etc.) et en eau. Expert du diagnostic, l'économe de flux évalue les installations et détecte les équipements gourmands en énergie, voire en surconsommation. Il étudie les factures. Il est aussi force de propositions en matière de technologies plus économes et économiques et d'optimisation des installations. Il peut corriger, le cas échéant, les dysfonctionnements.

Une partie de sa mission est pédagogique et peut également concerner la sensibilisation, l'information et la promotion de tout ce qui touche aux énergies propres et renouvelables et aux économies d'énergie.

Sa formation

Un BTS ou un BUT génie thermique et énergie peut suffire. Si le poste comprend des responsabilités comme le management d'une équipe, un ingénieur généraliste, thermique ou environnement pourra tout aussi bien convenir. Entre les deux, il existe également des Licences professionnelles orientées vers la gestion des ressources et la valorisation des énergies renouvelables (Licence pro gestion et maintenance des installations énergétiques; Licence pro maîtrise de l'énergie, électricité, développement durable ou encore Licence pro métiers de l'énergétique, de l'environnement et du génie climatique, par exemple).

Rémunération

À partir de 1 600 euros.

ÉCOTOXICOLOGUE

Ses missions

L'écotoxicologue étudie les effets néfastes du monde moderne sur l'environnement en mesurant la toxicité des produits issus des industries chimiques, pharmaceutiques ou agroalimentaires sur l'environnement (sols, air, faune). Il évalue leur biodégradabilité et les risques d'utilisation. Assisté de techniciens, l'écotoxicologue passe une grande partie de son temps dans un laboratoire entouré d'une forêt d'éprouvettes, de tubes à essai et autres appareils de mesures ultraperfectionnés, pour effectuer une multitude de tests en milieu aquatique et terrestre. Ce chimiste tente de déterminer la réaction à long terme des êtres vivants en présence de produits toxiques ou de molécules chimiques en recréant les conditions du milieu naturel à échelle réduite. En cas de pollution, il intervient pour évaluer l'impact de celle-ci sur la santé des hommes et des animaux.

Sa formation

Master universitaire en toxicologie, en gestion de l'environnement ou en chimie ; école d'ingénieurs spécialisée en chimie.

Rémunération

2 500 euros en moyenne.

GARDE-CHASSE

Ses missions

Les gardes nationaux de la chasse veillent au respect des règles et au renouvellement du gibier. Ils travaillent pour l'Office national de la chasse et de la faune sauvage (ONCFS), établissement public sous tutelle des ministères chargés de la Transition écologique et de l'Agriculture. Son action n'est pas limitée formellement au seul gibier « chassable », mais à l'ensemble de la faune sauvage et de ses habitats. La mission de l'Office est centrée sur la police de la chasse et les études et recherches scientifiques en faveur de la faune sauvage.

Sa formation

Concours national de la fonction publique d'agent technique de l'environnement (catégorie C, niveau brevet ou CAP) ou technicien de l'environnement (catégorie B, niveau bac) avec si possible, une spécialité « milieux et faune sauvage ».

Rémunération

À partir de 1 546 euros pour un agent technique de l'environnement de 1re classe débutant dans la fonction publique.

GARDE DU LITTORAL

Ses missions

Les gardes du littoral sont en général embauchés directement par les communes qui ont la responsabilité de la gestion des sites ou par des syndicats intercommunaux, des associations... voire par l'ONF (Office national des forêts). Le métier n'est pas reconnu officiellement et ne nécessite aucune formation spécifique contrairement aux fonctions de garde-chasse ou de garde forestier. Comme leurs collègues des parcs nationaux, les gardes du littoral peuvent être assermentés pour dresser un procès-verbal en cas d'infraction, mais leurs tâches ne se limitent pas seulement à la surveillance, l'aménagement et l'entretien des sites, ils jouent de plus en plus un rôle d'accueil et d'information auprès des promeneurs.

Sa formation

Il n'existe pas de formation spécifique au métier de garde du littoral. Cependant, ceux déjà en poste sont généralement titulaires d'un CAP minimum. Certains gardes ont même un niveau Bac+2 (BTSA gestion et protection de la nature ; BTSA gestion et maîtrise de l'eau ou DEUST technicien de la mer et du littoral, par exemple) qui explique un accroissement important des responsabilités qui leur sont confiées sur le plan de la gestion.

Rémunération

Le Smic pour débuter.

GARDE-MONITEUR DANS UN PARC NATUREL NATIONAL

Ses missions

Il est chargé de faire appliquer la réglementation qui protège le parc, d'accueillir, d'accompagner et de renseigner le public. Outre ces fonctions, il entretient et conçoit les équipements du parc (refuges, sentiers...). Pour effectuer un tel travail, « il faut être sportif et avoir une bonne condition physique », explique-t-on au parc national des Pyrénées occidentales. Les gardes-moniteurs sont en effet capables de marcher plusieurs heures en montagne sur tous les terrains et quelle que soit la saison. Ils peuvent également réaliser des travaux physiques dans des conditions difficiles. Ils participent par ailleurs à des travaux de collecte de données (inventaire de la flore, recensement d'animaux...) dans le cadre des programmes scientifiques de recherche.

Sa formation

Il existe deux niveaux de responsabilités, correspondant à deux niveaux de concours : les techniciens (niveau bac) qui remplissent les fonctions de chef de secteur et les agents techniques (niveau brevet des collèges) placés sous l'autorité des premiers.

Rémunération
Le Smic pour débuter.

INGÉNIEUR ANALYSTE DE L'AIR

Ses missions
C'est à lui que revient le rôle principal de la surveillance de l'air. Il analyse et interprète les données enregistrées par les capteurs et détermine ainsi l'évolution des différents polluants. En cas de risques trop importants, il informe les pouvoirs publics et les industriels. À ces derniers de prendre les mesures qui s'imposent et déclencher l'alerte si nécessaire.

Sa formation
Master en chimie, sciences du vivant ; diplôme d'ingénieur spécialisé en chimie ou en génie de l'environnement.

Rémunération
De 2 000 à 2 500 euros pour un débutant.

INGÉNIEUR DES PONTS, DES EAUX ET DES FORÊTS

Ses missions
Les ingénieurs des ponts, des eaux et des forêts (IPEF) sont amenés à intervenir dans un très large domaine puisque, conformément à l'article 1er de ce statut, ces ingénieurs *« participent, sous l'autorité des ministres compétents, à la conception, à l'élaboration, à la mise en œuvre et à l'évaluation des politiques publiques, notamment dans les domaines relatifs au climat, à la demande énergétique, à l'aménagement et au développement durable des territoires, au logement et à la ville, aux transports, à la mise en valeur agricole et forestière, à la gestion et à la préservation des espaces et des ressources naturelles terrestres et maritimes, à l'alimentation et à l'agro-industrie »*, ainsi qu'à la recherche et à l'enseignement dans ces matières.

Sa formation
Les ingénieurs-élèves sont recrutés principalement parmi les élèves de l'École polytechnique, d'une École normale supérieure ou d'AgroParisTech.

Rémunération
Un ingénieur IPEF de la fonction publique gagne 1 818 euros en début de carrière. Compter jusqu'à 6 227 euros pour un ingénieur général des ponts, des eaux et des forêts de classe exceptionnelle.

INGÉNIEUR ÉCOLOGUE

Ses missions

Généraliste de l'environnement et professionnel de l'écologie appliquée, l'ingénieur écologue a une approche globale et systémique des questions d'environnement. De ce fait, il inscrit son action dans le cadre du développement durable. Ce métier a vu le jour notamment à la suite de la loi de 1976 qui institua les études d'impact. Chaque fois qu'un nouvel équipement (route, ligne SNCF, barrage, etc.) peut bouleverser l'équilibre naturel, c'est un interlocuteur inévitable.

L'Association française interprofessionnelle des écologues (AFIE, www.afie.net) a mis en place un code de déontologie dans lequel elle définit notamment les fonctions de l'ingénieur écologue:

« Dans l'exercice de sa profession, l'ingénieur écologue doit notamment appliquer les lois scientifiques de l'écologie à l'aménagement du territoire et à la gestion des milieux naturels et humains et à la protection de la nature.

Il peut assurer les missions mentionnées ci-après:

- *direction des études, synthèse et rédaction des documents répondant à la législation sur la protection de la nature et de l'environnement notamment aux lois des 10 et 19 juillet 1976 ainsi qu'à leurs décrets et circulaires d'applications;*
- *direction des études, synthèse et rédaction des documents prenant en compte les contraintes d'environnement dans le cadre d'opérations intégrées, d'aménagement du territoire et de planification;*
- *réalisation d'études spécifiques répondant à sa ou ses spécialités de base;*
- *contrôle des études d'environnement et d'impact dans le cadre de la législation;*
- *assistance, conseil et expertise;*
- *participation à des actions de formation. »*

Sa formation

Un Bac+5 est un minimum raisonnable pour se prétendre ingénieur écologue: il faut une formation en écologie et environnement, dans une école d'ingénieurs ou à l'Université.

Rémunération

Entre 2500 et 3800 euros en moyenne.

INGÉNIEUR EN TRAITEMENT DES DÉCHETS

Ses missions

Il travaille pour le compte d'une collectivité locale ou d'une usine de traitement, où il est chargé d'organiser le traitement des déchets et de trouver des lieux de stockage adéquats. Pour cela, il réalise des analyses afin de déterminer leur toxicité et de prévoir leur cycle de transformation et d'évolution au cours du temps et en fonction des conditions météorologiques. Le tout afin d'éviter au maximum les risques de pollution. Parallèlement à l'aspect technique, une partie du travail de l'ingénieur spécialisé en traitement des déchets consiste souvent à être en contact avec le public et l'administration pour expliquer la réalité du traitement du déchet et faire accepter la création d'un nouveau site, toujours considéré comme un danger par les riverains.

Sa formation

Écoles d'ingénieurs telles que l'ESITC à Caen, l'IMT Mines Albi, Mines Nancy, etc.

Rémunération

Entre 2300 et 4100 euros en moyenne.

INGÉNIEUR FORESTIER

Ses missions

Il contribue à protéger et à mettre en valeur la nature et le milieu dans lequel il travaille. Il peut être soit ingénieur civil, et donc travailler pour le secteur privé, soit œuvrer pour l'État, auquel cas il sera IPEF, autrement dit, ingénieur des ponts, des eaux et des forêts. Ce dernier travaille surtout à l'Office national des forêts (ONF), où il est placé à la tête d'une division, ce qui recouvre environ 20 000 hectares de forêts domaniales. Ses missions y sont multiples: il doit par exemple prévoir les plans de coupe et les faire exécuter selon la politique générale d'aménagement des forêts. Il assure également la révision périodique des forêts pour décider d'une coupe ou d'un reboisement. Quand il ne travaille pas à l'ONF, l'IPEF peut être affecté dans des administrations d'État, à savoir le ministère de l'Agriculture. Dans ces institutions, il assure plus particulièrement des missions de contrôle et de conseil.

Sa formation

Elle passe par l'ENGREF (École nationale du génie rural, des eaux et forêts, qui est une école interne d'AgroParisTech), qui propose des formations post-Master professionnelles (ex.: mastère spécialisé politiques et actions publiques pour le développement durable) et les formations des ingénieurs d'État du corps des IPEF.

Rémunération

À partir de 2400 euros.

INSPECTEUR DES INSTALLATIONS CLASSÉES

Ses missions

Il dépend du ministère de la Transition écologique et solidaire. Il travaille notamment dans les Dreal (directions régionales de l'environnement, de l'aménagement et du logement) et les directions départementales de la cohésion sociale et de la protection des populations. Il doit vérifier que les entreprises polluantes respectent les normes de pollution de l'eau et de l'air, ainsi que les règles de protection de l'environnement définies par la loi de 1976 pour les installations classées. Il s'assure que les industriels mettent en place les dispositifs de sécurité prévus par la loi et contrôle que l'élimination et le transport des déchets s'effectuent dans les règles.
Le rôle de l'inspecteur ne se limite pas à un simple constat d'infraction ni à la sanction. Il essaie d'établir des relations régulières avec les entreprises pour étudier avec elles leurs problèmes et mettre au point des programmes de réduction de la pollution en transformant les process. Il participe également aux enquêtes préparatoires, aux autorisations et recherche des installations classables qui auraient échappé à une déclaration.

Sa formation

Ingénieur des Mines, de Douai, de Nantes, d'Albi ou d'Alès, qui ont des sections « environnement ». La voie de recrutement majoritaire est par concours sur titres à la sortie de ces écoles.

Rémunération

Sa rémunération évolue en fonction de son ancienneté et de son grade dans la fonction publique.

INSPECTEUR DES SITES

Ses missions

Il propose des mesures de protection pour les sites classés, comme les falaises d'Étretat, la forêt de Fontainebleau… voire des constructions du patrimoine architectural, dont il a la responsabilité. Son travail s'inscrit dans le cadre de la loi de 1930, relative à « la protection des monuments naturels et des sites de caractère artistique, historique, scientifique, légendaire ou pittoresque ». Il doit veiller à ce que le site ne soit ni abîmé ni modifié. Toutes les demandes de permis de construire, de plantations ou de coupes d'arbres doivent ainsi être examinées par la Dreal (direction régionale de l'Environnement, de l'Aménagement et du Logement) dont dépend cet inspecteur. Après avoir classé le site, il faut suivre son évolution et surtout veiller à ce que la loi ne soit pas transgressée par la construction non autorisée d'un bâtiment, ou la coupe d'arbres centenaires ! Fonctionnaire de l'État, l'inspecteur des sites a le pouvoir de verbaliser en cas d'infraction.

Sa formation

Les meilleures formations pour devenir inspecteur des sites restent selon les intéressés celles de paysagiste, architecte-urbaniste ou géographe.

Rémunération

À partir de 1 800 euros environ.

JURISTE EN DROIT DE L'ENVIRONNEMENT

Ses missions

Le droit de l'environnement s'étoffe d'année en année. Les directives européennes sont largement responsables de cette jungle législative en perpétuelle évolution dans laquelle entreprises et collectivités locales se retrouvent difficilement. C'est là qu'intervient le juriste environnementaliste qui connaît parfaitement la législation sur la protection de l'environnement et suit de près son évolution. Une spécialité en droit de l'environnement peut conduire à deux types de métiers: le métier de juriste d'entreprise et celui d'avocat. Ce dernier peut travailler soit pour des institutions ou collectivités publiques, soit pour des entreprises. Par ailleurs, en France, les collectivités territoriales (régions, départements, municipalités) adoptent également de nouvelles législations. L'apport des compétences des avocats spécialistes en droit de l'environnement est donc le bienvenu pour assurer le respect de la réglementation environnementale.

Sa formation

Posséder une solide formation dans les différentes matières du droit et y ajouter une spécialisation en droit de l'environnement: Bac+5 et au-delà.

Rémunération

Entre 2 100 et 2 600 euros pour un jeune diplômé, et jusqu'à 4 100 euros environ pour un juriste confirmé.

MÉTÉOROLOGISTE

Ses missions

L'ingénieur analyste de l'air travaille en collaboration avec le météorologiste qui, en prévoyant le temps qu'il va faire, aide son collègue à anticiper les niveaux de pollution atmosphérique. La fiabilité des prévisions et le temps d'anticipation se sont beaucoup améliorés. Aujourd'hui, on sait prédire le temps avec suffisamment de précisions cinq jours à l'avance. Ces bulletins sont l'œuvre de météorologistes doués de rigueur et d'un sens de l'observation aigu qui analysent, interprètent et synthétisent les informations tirées de cartes météo, de photos satellite, des relevés de données de stations météo en France et dans le monde. Il doit pour cela effectuer une multitude de calculs très précis concernant la vitesse du vent, le mouvement des nuages et les différences de température.

Sa formation

Recrutement sur concours et formation à l'École nationale de la météorologie (ENM). Concours de niveau Bac pour les techniciens supérieurs exploitation puis 2 ans à l'ENM (1 an pour les techniciens supérieurs instruments et installations), concours après une classe préparatoire scientifique pour les ingénieurs de travaux (fonctionnaires) et ingénieurs de la météorologie (civils) puis 3 ans à l'ENM. L'accès direct en deuxième année est possible à condition d'avoir validé un Master 1 scientifique.

Rémunération

À partir de 2300 euros pour un ingénieur de Météo France et de 1 607 euros pour un technicien (hors indemnités).

OUVRIER SYLVICULTEUR

Ses missions

Deuxième maillon de la chaîne du bois après le bûcheron, l'ouvrier sylviculteur s'occupe de tous les travaux de la forêt: planter, débroussailler mais aussi tracer des sentiers constituent autant de tâches qu'il est amené à effectuer. Disposant de bonnes aptitudes physiques, ce professionnel travaille pour l'ONF (Office national des forêts) en domaine public ou encore pour des entreprises d'exploitation forestière s'il opte pour le domaine privé.

Sa formation

CAP agricole travaux forestiers ou Bac pro forêt.

Rémunération

À partir du Smic.

PAYSAGISTE

Ses missions

Le paysagiste a pour mission d'accompagner toutes les transformations du paysage liées à l'aménagement, ce qui suppose un nombre d'interventions très larges. Parmi elles, on peut mentionner la réalisation d'études paysagères préalables à la construction de routes, la réhabilitation de certains quartiers mais aussi l'aménagement des rives d'un fleuve, etc. Son emploi du temps se partage à parts égales entre les démarches commerciales, la gestion mais aussi les projets d'aménagement. Les horaires sont en général très lourds: un paysagiste qui s'installe doit assurer une bonne dizaine d'heures de travail au quotidien. En règle générale, les agences qui les emploient comprennent un à deux salariés, mais rarement plus de dix.

Sa formation

Diplôme d'État paysagiste en 3 ans (accès sur concours à Bac+2) dans 6 écoles (ENSP Marseille; ENSAP Bordeaux; INSA Blois; ENSAP Lille; ENSP Versailles et ENSA Versailles). Un diplôme d'ingénieur spécialisé en paysage (Agrocampus Ouest Rennes ou Institut supérieur d'agriculture) est également envisageable.

Rémunération

À partir de 2000 euros bruts par mois pour un débutant.

RESPONSABLE DES DÉCHETS EN ENTREPRISE

Ses missions

Des responsables des déchets sévissent également au sein de certaines entreprises pour gérer la production de déchets, organiser la collecte, trouver des solutions de stockage et de recyclage et réduire le plus possible la production de déchets. Suivant la taille de l'entreprise, cette fonction peut être remplie par le responsable environnement, qui intervient aussi sur la gestion des déchets, ou par un ingénieur, ou encore un technicien spécialisé qui s'occupera uniquement des déchets.

Sa formation

Diplôme d'ingénieur généraliste ou spécialisé dans l'environnement, Master professionnel en environnement.

Rémunération

3200 euros en moyenne.

RESPONSABLE DE SITE DE TRAITEMENT DES DÉCHETS

Ses missions

Assisté d'une équipe de techniciens, le responsable gère au jour le jour les décharges mises en place par l'ingénieur en traitement des déchets. Il met au point les opérations de traitement: enfouissement, incinération, compostage et surtout, veille au respect des normes et des réglementations. Il est en relation permanente avec les collectivités locales, les industriels et le grand public auprès desquels il doit également faire un travail de communication.

Sa formation

Ingénieur chimie ou biochimie, mastère spécialisé en gestion, traitement et valorisation des déchets ou Master gestion et traitement des eaux, des sols et des déchets, par exemple. Pour un technicien : BUT ou BTS de chimie ou biochimie. Pour le compostage, une formation d'ingénieur agronome ou agricole est généralement nécessaire.

Rémunération

De 2500 à 3500 euros environ.

RESPONSABLE DE STATION D'ÉPURATION

Ses missions

Il gère et conduit le processus d'épuration de l'eau. Le rôle du responsable de station n'est pas uniquement technique, il doit savoir coordonner son équipe. C'est une sorte de chef d'orchestre. Il est en relation avec le client pour parler des problèmes qui surviennent au fur et à mesure de l'exploitation et discuter des éventuelles améliorations. Le responsable de station s'occupe également des achats de produits, négocie avec les fournisseurs et gère le budget.

Sa formation

Master universitaire ou diplôme d'ingénieur en hydraulique, biologie, et chimie.

Rémunération

À partir de 2000 euros en début de carrière.

RESPONSABLE ENVIRONNEMENT

Ses missions

« *Le responsable environnement,* explique-t-on à l'Apec (Agence pour l'emploi des cadres), *exerce dans les entreprises présentant soit des risques technologiques, soit des risques de pollution ou nuisances pouvant porter atteinte à l'environnement. On le retrouve donc dans des secteurs d'activité variés : automobile, chimie, électronique, agroalimentaire, travaux publics, carrières, loisirs...* » Sa fonction vient compléter celle de l'ingénieur hygiène sécurité, de l'ingénieur contrôle qualité ou de l'ingénieur maintenance. Dans les industries où les risques industriels sont de moindre importance, ces différentes missions peuvent être réunies sous la houlette de la même personne. Interlocuteur technique du directeur de l'environnement ou des directeurs généraux en matière de politique et de stratégie de l'environnement, il veille à l'application de la réglementation en relation avec les pouvoirs publics et travaille à l'amélioration des procédures et à la sensibilisation des équipes aux problèmes environnementaux.

Sa formation

Ingénieur ayant acquis une expérience en production. De bonnes connaissances techniques du secteur d'activité et du fonctionnement de l'entreprise sont nécessaires pour accéder à ce poste.

Rémunération

De 2500 euros en début de carrière à 5000 euros pour un cadre confirmé.

RISK-MANAGER

Ses missions

Le rôle du *risk-manager* consiste à identifier, analyser et quantifier les risques que peut générer l'activité de l'entreprise. À chaque étape, il essaie de prévoir quel type d'incident peut survenir, son taux de probabilité et ses conséquences. Il imagine des scénarios catastrophes à l'aide de reconstitutions et de simulations (explosion, incendie...). Cela peut concerner les risques liés à l'environnement, mais également les accidents du travail. Il observe dans ses moindres détails le procédé industriel et propose une politique de prévention (plan d'intervention d'urgence, par exemple) et de financement des risques et sinistres potentiels (assurances).

Sa formation

Écoles d'ingénieurs, écoles de commerce, comptabilité, finance ou Master en management global des risques, mastère spécialisé gestion des risques sur les territoires, mastère spécialisé sécurité industrielle et environnement, par exemple.

Rémunération

À partir de 3000 euros, sachant que les *risk-managers* sont quasiment toujours des cadres confirmés.

RUDOLOGUE

Ses missions

Du latin *rudus* qui signifie «décombres», la rudologie est l'étude systématique des déchets, des biens et des espaces déclassés. Le rudologue s'occupe donc des déchets, de tous les déchets: déchets ménagers, hospitaliers, nucléaires, etc. Cette science a de beaux jours devant elle, d'autant que les exigences des normes françaises et européennes sont de plus en plus élevées. Le rudologue analyse la production des déchets en amont et propose des solutions de traitement aussi bien aux collectivités territoriales qu'aux entreprises.

Sa formation

Il existe un certain nombre de formations, type Masters à l'Université, et des spécialisations dans des écoles d'ingénieurs, notamment de chimie. On peut noter l'existence du Master ville et environnements urbains parcours management en ingénierie des déchets et économie circulaire (université du Mans) ou du Master risques et environnement parcours management des risques industriels et environnementaux (université de Poitiers).

Rémunération

À partir de 1 800 euros environ.

TECHNICIEN DE L'ENVIRONNEMENT

Ses missions

Il intervient dans les spécialités espaces protégés, milieux et faune sauvage et milieux aquatiques. Il participe, sous l'autorité du directeur d'établissement ou du chef de service, aux missions techniques et de police de l'environnement dévolues aux établissements et aux services dans lesquels il est affecté, dans le domaine de la protection de la faune et de la flore, de la chasse, de la pêche en eau douce et de la protection des espaces naturels. Il exerce notamment les missions qui lui sont prescrites par la loi en matière de police de l'eau, de la pêche, de la nature et de la chasse. À cet effet, il recherche et constate les infractions aux réglementations pour lesquelles il est commissionné et assermenté. Il mène et coordonne des actions de surveillance, de gestion, d'aménagement et de mise en valeur du patrimoine naturel. Il est chargé d'assurer la collecte des données et la réalisation d'études sur l'état des espèces et des milieux naturels. Il organise à des actions d'accueil, de pédagogie et d'information auprès du public. Il peut être appelé à participer à des plans ou des opérations de secours. Enfin, il assure l'encadrement des agents placés sous son autorité.

Sa formation

Les techniciens de l'environnement sont recrutés par la voie d'un concours ouvert aux candidats titulaires au moins du Bac ou de l'un des titres et diplômes équivalents.

Rémunération

De 1 607 à 2357 euros selon l'échelon, dans la fonction publique.

TECHNICIEN DE RIVIÈRE

Ses missions
Il définit et gère un programme d'entretien, suit les travaux d'aménagement et conseille les directions départementales responsables. Il peut être amené à encadrer les gardes-rivières. Ses attributions et son niveau de qualification peuvent varier d'une région ou d'un département à l'autre. Il travaille le plus souvent pour le compte de collectivités locales ou bien encore d'associations de pêche, de protection de la nature...

Sa formation
BTS, BTSA, BUT dans le domaine de l'eau et de la protection de l'environnement.

Rémunération
À partir de 1 700 euros environ.

TECHNICIEN FORESTIER

Ses missions
Comme l'agent technique, le technicien forestier occupe des fonctions qui varient selon les employeurs. Fonctionnaire à l'ONF, ce dernier travaillera le plus souvent dans des directions régionales où il sera responsable d'un secteur pouvant aller jusqu'à 6 000 hectares. Sa mission est alors d'organiser et contrôler le travail des agents techniques forestiers et des ouvriers sylvicoles. C'est également lui qui assure la liaison entre les entreprises et les collectivités locales. Outre cet aspect de terrain, ce professionnel passe beaucoup de temps à son bureau où il réalise des statistiques, des enquêtes mais aussi de la comptabilité et de la gestion. S'il dépend d'une direction déconcentrée du ministère, il participera à la mise en œuvre de la politique forestière définie par l'État et travaillera sous la direction d'un ingénieur. En forêt privée, le technicien forestier sera chargé du développement de la forêt et de l'élaboration et du contrôle des plans de gestion. Il peut aussi être lui-même exploitant forestier.

Sa formation
Le concours de technicien supérieur forestier (catégorie B) est ouvert aux titulaires d'un Bac sciences et technologies de l'agronomie et du vivant (STAV) ou d'un Bac pro gestion des milieux naturels et de la faune.

Rémunération
À partir de 1 607 euros au 1er échelon du grade de technicien forestier de l'ONF.

URBANISTE

Ses missions

L'urbaniste travaille en relation étroite avec les élus sur les politiques d'aménagement et la conception des programmes pour améliorer le cadre de vie. Pour étudier l'impact des projets d'équipement et de construction, il collecte des données démographiques, économiques, sociologiques... et recherche les solutions possibles.
L'urbaniste peut également être amené à gérer des problèmes urbains comme celui des transports. Son domaine d'activité peut varier selon sa formation : architecte, paysagiste, sociologue, géographe, économiste... Le paysagiste et l'urbaniste travaillent dans le cadre d'un statut libéral, d'une agence ou d'une collectivité locale.

Sa formation

La profession n'est pas réglementée. Les urbanistes sont issus d'études de géographie, de sociologie, de droit, d'architecture... ou d'ingénieur et ont complété leur formation par un Master en aménagement et urbanisme.

Rémunération

De 1 800 à 2 800 euros environ.

POUR EN SAVOIR PLUS

Quelques ouvrages parus aux éditions Studyrama :
- *Bien choisir son école d'ingénieurs* ;
- *Les métiers de l'architecture et de l'urbanisme.*

Quelques sites internet susceptibles de vous intéresser :
- www.ademe.fr : site de l'Agence de la transition écologique ;
- http://agriculture.gouv.fr : site du ministère de l'Agriculture et de l'Alimentation ;
- www.emploi-environnement.com : pour une recherche d'emploi en l'environnement dans l'industrie, la recherche et les services ;
- www.ecologie.gouv.fr : site du ministère de la Transition écologique
- www.statistiques.developpement-durable.gouv.fr : site du service statistique du ministère de la Transition écologique.

PSYCHOLOGIE

CHARGÉ DE BILAN DE COMPÉTENCES

Ses missions

Licenciement, retraite retardée, etc. contribuent à la remise en cause des personnes, qui doivent, plus qu'auparavant, entamer une réflexion sur leur parcours personnel et parfois envisager une formation ou une nouvelle orientation professionnelle pour booster leur carrière, et quelquefois même une reconversion. En vue de la protection des intérêts du salarié, les professionnels chargés de réaliser et de détenir les bilans de compétences sont soumis aux dispositions pénales relatives au secret professionnel en ce qui concerne les informations contenues à ce titre.

Sa formation

Études de psychologie de niveau Bac+5. Ce psychologue doit également posséder une bonne connaissance de la législation de la formation et une bonne maîtrise des techniques d'évaluation.

Rémunération

Fluctuante.

ERGONOME

Ses missions

L'ergonomie étudie scientifiquement la relation entre l'homme et ses moyens, méthodes et milieux de travail. Son objectif est d'élaborer avec le concours de diverses disciplines scientifiques qui la composent un corpus de connaissances qui, dans une perspective d'application, doit aboutir à une meilleure adaptation du milieu de travail et plus généralement du milieu de vie à l'homme. Les différentes disciplines qui concourent à l'ergonomie sont la psychologie, la psychosociologie, la sociologie, la psychophysiologie, la médecine du travail, la physiologie et l'ingénierie.

Sa formation

La formation demandée est généralement de niveau Bac+5 : Master ergonomie ou Master psychologie sociale, du travail et des organisations, par exemple.

Rémunération

À partir de 2 000 euros environ.

GRAPHOLOGUE

Ses missions

Pouvant s'exercer en complément du métier de psychologue ou indépendamment, la profession de graphologue n'est ni organisée ni reconnue comme profession spécifique. La graphologie permet, par l'examen de l'écriture, l'étude du caractère et de la personnalité. Le graphologue exerce comme travailleur indépendant ou comme salarié, dans des cabinets d'orientation et de sélection professionnelle ou dans les services de recrutement d'entreprises. Il peut aussi devenir expert.

Sa formation

Études de psychologie.

Rémunération

Fluctuante.

NEUROPSYCHOLOGUE

Ses missions

Un neuropsychologue est un professionnel de la santé mentale spécialisé dans l'étude des relations entre le cerveau, les comportements et les fonctions cognitives telles que la mémoire, l'attention, la perception, la résolution de problèmes, la parole et les compétences sociales. Ils utilisent des tests neuropsychologiques pour évaluer et diagnostiquer des troubles cérébraux et neurocognitifs tels que les lésions cérébrales, les maladies neurodégénératives, les traumatismes crâniens et les troubles de développement. Ils travaillent souvent en collaboration avec d'autres professionnels de la santé pour fournir un traitement et une réadaptation pour les personnes touchées. Au cours de sa carrière, il peut s'occuper d'enfants en bas âge, pour des troubles du comportement ou de l'attention, mais également d'adultes et de personnes âgées, avec une atteinte cognitive. Le neuropsychologue peut donc être confronté à des patients de tout âge.

Sa formation

Il faut étudier la psychologie à l'Université après l'obtention du Bac. Plusieurs spécialités sont envisageables en Master sciences humaines et sociale (mention psychologie) pour devenir neuropsychologue. Voici quelques exemples : neuropsychologie cognitive clinique ; neuropsychologie et neurosciences clinique ; neuropsychologie et perturbation cognitive.

Rémunération

Le salaire moyen d'un neuropsychologue débutant varie de 1 800 à 2 200 euros brut par mois. Cependant, cela va beaucoup dépendre de la structure dans laquelle le professionnel réalise son activité.

PSYCHANALYSTE

Ses missions

La profession de psychanalyste exercée en complément du métier de psychologue ou indépendamment n'est ni réglementée ni reconnue. S'appuyant sur des théories expliquant le fonctionnement psychique de l'homme, le psychanalyste vise à réduire ou à « guérir » certains troubles de la personnalité ou du comportement. Son travail repose essentiellement sur la parole. Il aide le patient à prendre conscience de ses blocages et à les surmonter.

Quelle est la différence entre psychanalyse et psychothérapie ? La psychanalyse tient compte, à la différence des psychothérapies, du lien entre le psychanalyste et son analysant (transfert).

Sa formation

Des études de psychologie ou de psychiatrie sont vivement conseillées.

Rémunération

Fluctuante.

PSYCHIATRE

Ses missions

C'est un docteur en médecine, il est spécialisé en psychiatrie, c'est-à-dire dans le diagnostic et le traitement de troubles mentaux graves. Il peut seul, à ce titre, prescrire des médicaments (neuroleptiques, anxiolytiques, antidépresseurs...) et voir ses actes remboursés par la Sécurité sociale. Il est, en outre, membre de l'Ordre des médecins. Il exerce aussi bien à l'hôpital et en institutions qu'en libéral.

Sa formation

Études de médecine, spécialité en psychiatrie (quatre ans de spécialisation).

Rémunération

Fluctuante.

PSYCHOLOGUE CLINICIEN

Ses missions

Le psychologue clinicien étudie les comportements humains en s'intéressant à leurs mécanismes psychiques. Il s'intéresse tout particulièrement à la construction de la personnalité, au développement affectif et à l'influence du milieu familial et social. Le clinicien approfondit l'étude des cas individuels, normaux ou pathologiques. Il réalise des bilans psychologiques, reçoit les patients en entretien individuel, aide au diagnostic et pose des indications thérapeutiques. Il peut également suivre des patients en psychothérapie. De plus en plus les psychologues se spécialisent : prise en charge des enfants, thérapie familiale, gérontologie, soins palliatifs…
Attention, ne confondez pas la psychiatrie, spécialité médicale qui a pour objet le traitement des maladies mentales, avec la psychologie. Seule la consultation psychiatrique est prise en charge par la Sécurité sociale.

Sa formation

Master psychologie clinique, psychopathologie et psychologie de la santé parcours psychologie clinique de la santé, par exemple (Bac +5). Diplôme de psychologue praticien à l'EPP, de psychologue du travail au CNAM. Notez que le titre de psychologue est reconnu et protégé.

Rémunération

En moyenne 2500 à 3000 euros bruts mensuels pour un débutant. Dans la fonction publique hospitalière, le traitement de départ est de 1 891 euros bruts mensuels.

PSYCHOTHÉRAPEUTE

Ses missions

Cette profession s'exerce surtout en complément du métier de psychologue ou de psychiatre, parfois indépendamment, mais il faut savoir qu'elle n'est ni réglementée, ni reconnue. Le fait d'être psychothérapeute enrichit bien évidemment la pratique du clinicien ou du médecin. Il est nécessaire d'être soi-même passé par un long travail personnel (environ cinq ans) en plus d'une formation théorique. Le thérapeute aide le patient à analyser, comprendre, et résoudre ses conflits psychologiques et intrapsychiques. Il existe de nombreuses formes de thérapies : cure psychanalytique, thérapie cognitive, familiale, comportementale…

Sa formation

Des études de psychologie ou de psychiatrie sont vivement conseillées.

Rémunération

Fluctuante.

POUR EN SAVOIR PLUS

Un ouvrage paru aux éditions Studyrama : *Êtes-vous fait pour des études de psychologie ?*, collection « Cahiers Parcoursup ».

Nous vous conseillons également les sites internet suivants :

- https://ffpp.netbrand
: site de la fédération française des psychologues et de la psychologie ;
- www.psychologies.com : site du magazine du même nom.

PUBLICITÉ
MARKETING

ACHETEUR D'ART

Ses missions

Elle (la profession est majoritairement féminine) est chargée de recruter le photographe, l'illustrateur, les coiffeurs, les maquilleurs, les comédiens, etc. nécessaires à la confection d'une image, d'une photo ou d'un film. Officiant pour le compte d'une agence, c'est elle qui doit trouver tous les acteurs (au sens large du terme : des mannequins aux objets les plus variés) qui interviendront aux différents stades de la réalisation de la publicité.
Le service dans lequel elle travaille a pour objectif de couvrir l'ensemble des aspects techniques et visuels d'une campagne, que celle-ci fasse appel à une illustration ou à une photographie.
Elle exerce donc beaucoup de fonctions différentes : conseil artistique (rencontrer des agents, partir à la recherche de photographes ou d'illustrateurs, se tenir informée des courants artistiques en vogue), casting, découverte de nouveaux talents, production (faire coïncider les différents emplois du temps, établir des devis, négocier les coûts et les cachets, retenir un studio ou un lieu de tournage, dénicher tout ce qui est nécessaire à la prise de vue, bloquer les maquilleurs), etc.
Les principales qualités requises sont à l'image de cette profession, c'est-à-dire multiples et variées : sens de l'image, fibre artistique, goût du contact, grandes aptitudes relationnelles, rigueur, organisation et self-control semblent être le minimum requis !

Sa formation

Écoles d'art, communication.

Rémunération

Environ 2 500 euros pour un débutant et jusqu'à environ 4 000 euros pour un acheteur d'art confirmé.

ACHETEUR D'ESPACES PUBLICITAIRES

Ses missions

Acheter quelques secondes de radio, de télé, ou un encart dans un magazine, négocier cet espace publicitaire au meilleur prix : telles sont les fonctions de l'acheteur d'espaces publicitaires. Il joue un rôle crucial car c'est à lui qu'incombe la lourde tâche de faire en sorte que la publicité soit diffusée.
Officiant la plupart du temps dans une centrale d'achat, il est également parfois appelé à jouer un rôle de conseil, celui d'expert média. Un acheteur possède souvent sa propre spécialité (presse, télé ou radio).
Audiences, tirages, etc., il analyse ce qui marche, cherche à connaître ce qui touche au mieux la cible visée. Rapidité d'esprit, goût pour les chiffres, les calculs et les statistiques sont de rigueur.

Sa formation
BTS communication ; BUT information et communication option publicité ; Licence pro métiers de la communication : publicité ; écoles de commerce.

Rémunération
À partir de 2 000 euros environ.

CHARGÉ D'ÉTUDES

Ses missions
Studieux et rigoureux, le chargé d'études se transforme aussi parfois en véritable « détective » : une partie de sa tâche consiste en effet à traquer et à collecter un maximum d'informations sur des thèmes très différents (retombées d'une campagne, évolution d'un produit, us et coutumes du consommateur, etc.).
Son travail peut donc comporter de multiples facettes. La rédaction et la mise en place sur le terrain de questionnaires d'enquêtes en sont un des aspects. Tout dépend, en fait, de l'entreprise et du type de société (centrale d'achat, annonceur, etc.) pour laquelle il travaille.
Il joue un rôle capital dans la mesure où l'étude qu'il réalise servira de référence et de conseil à tous les stades de la vie d'un produit : de sa conception aux éventuels changements à y apporter lorsqu'il sera lancé et aura « vécu » quelque temps.

Sa formation
École nationale de la statistique et de l'administration économique (ENSAE, école de l'INSEE) ; école de commerce ; IEP ; Master marketing, vente.

Rémunération
À partir de 2 000 euros pour débuter.

MÉDIA PLANNER

Ses missions
Comme son nom l'indique, cet éminent stratège est chargé d'utiliser au mieux les médias afin de conseiller son client et de lui faire prendre le minimum de risques en étudiant pour lui le support approprié.
Déterminer précisément les publics des différents supports (dans le domaine de la presse, de la radio et de la télévision), définir l'environnement du produit, étudier minutieusement la manière de procéder des concurrents (afin de faire, évidemment, mieux qu'eux) … telles sont quelques-unes des fonctions du média planner. Il s'agit, en effet, de ne pas se tromper de cible et de ne pas commettre l'erreur qui aboutirait, par exemple – et pour prendre une image grossière –, à la diffusion d'une publicité pour une crème antirides dans un magazine spécialisé dans les sports mécaniques…

Les résultats de l'étude menée par le média planner aboutiront à la distribution harmonieuse (et juste) du budget entre les différents médias (par exemple accorder une plus grosse part au budget médias sociaux d'un produit s'adressant aux ados).
À noter : sur internet, on parle de web planner.

Sa formation
Licence professionnelle stratégie média et expertise digitale (à Bordeaux-Montaigne) ; Master en communication, économie, statistiques et gestion ; diplôme d'écoles de commerce ou d'IEP.

Rémunération
À partir de 2 000 euros environ.

PLANNER STRATÉGIQUE

Ses missions
Le planner stratégique est l'un des premiers à intervenir dans la longue chaîne qui conduira à la fabrication d'une publicité. Sa mission consiste à étudier les différents paramètres qui concourront à l'efficacité de la campagne. Il étudie, décortique, analyse, dissèque la marque (son identité, ses concurrents...) et détermine son positionnement. Cet analyste est également un homme de terrain qui étudie le comportement des consommateurs par rapport à la marque qu'il est en train de suivre. Ses outils de travail : les tests et les enquêtes qu'il doit décortiquer et analyser.
Le planner stratégique doit consigner les résultats de ses investigations et de ses réflexions dans un rapport appelé « copy strategy ». Ce compte rendu obéit à un schéma bien précis et doit comporter divers éléments qui définiront, par exemple, le contexte dans lequel intervient la campagne, le (ou les) problème(s) à résoudre, les objectifs visés, les contraintes imposées, etc. Ce document servira de support au travail des créatifs.

Sa formation
Pas de formation spécifique, écoles de publicité et de communication et études de marketing.

Rémunération
À partir de 1 600 euros.

RESPONSABLE DE BASES DE DONNÉES

Ses missions

On le connaît aussi sous le nom d'administrateur. Comme son nom l'indique, le responsable de base de données est chargé de collecter des informations, de les quantifier et de les chiffrer. Lieu, fréquence, teneur et montant des achats sont quelques-unes des indications qu'il doit obtenir lors de son analyse. Le tout est évidemment informatisé, mais le marché étant par définition en pleine évolution, le responsable de base de données doit veiller à ce que les renseignements en sa possession restent toujours en phase avec l'actualité. Une fois les informations collectées, le responsable de base de données en effectue le tri, puis l'analyse, avant d'établir une sorte de document de référence qui clarifie et résume les indications recueillies et qui servira de base de travail aux autres membres de l'entreprise afin de mettre au point une stratégie adaptée aux besoins du marché.

Sa formation

Études de marketing et de statistiques de niveau Bac+5.

Rémunération

Entre 2500 euros et 2900 euros pour un débutant. Avec de l'expérience, ce salaire peut atteindre 6500 euros environ.

RESPONSABLE *TRADE MARKETING*

Ses missions

Il travaille généralement directement chez l'annonceur et en relation directe avec les centrales d'achat. Si l'on se réfère à la traduction littérale, «*trade marketing*» signifie «marketing d'enseigne». Toutes les enseignes n'ont pas la même image. Au responsable *trade marketing*, donc, d'adapter en collaboration avec le responsable d'enseigne une stratégie qui soit à la fois adaptée à l'un et à l'autre. À l'instar du chef de promotion, c'est à lui de gérer toute la partie logistique de l'opération, en collaboration plus ou moins étroite avec le responsable d'enseigne.

Sa formation

Écoles de commerce.

Rémunération

À partir 2600 euros.

TV PRODUCER

Ses missions

Ce métier est comparable à celui d'acheteur d'art, à cette différence près que si l'acheteuse d'art s'occupe de l'exécution d'une campagne papier (presse ou affiches), le *TV producer* se charge, lui, de la réalisation de spots destinés à la télévision ou au cinéma.

Sa formation

Bac+4/5 en communication ; école d'art, de pub...

Rémunération

2500 euros en moyenne.

VENDEUR D'ESPACES PUBLICITAIRES

Ses missions

Appelé aussi « commercial en support », il ne participe pas à la chaîne publicitaire proprement dite. En fait, son rôle consiste à vendre les espaces publicitaires de tel ou tel support. Le plus souvent, il officie pour le compte d'une régie, parfois, mais plus rarement, il opère au sein du support lui-même.
Si l'acheteur d'espaces publicitaires travaille pour une marque, le vendeur, lui, est chargé de défendre le support qui l'emploie. Les relations qu'entretiennent ces deux commerciaux se rapprochent donc des rapports classiques qui existent entre un acheteur et un vendeur.
Tous deux possèdent pourtant des points communs, notamment en ce qui concerne le devoir d'étudier scrupuleusement les audiences, les tirages ou les scores du support concerné mais aussi des supports concurrents.

Sa formation

BTS communication ; écoles de commerce.

Rémunération

Très variable, elle est le plus souvent liée aux résultats. Compter entre 1600 et 3700 euros environ.

POUR EN SAVOIR PLUS

Pour en savoir plus, vous pouvez consulter *Les métiers de la communication et du marketing* paru aux éditions Studyrama, collection « Guides J ».

Nous vous conseillons également les deux sites internet suivants :
- www.strategies.fr : site du magazine dédié au marketing, à la communication et aux médias ;
- www.cbnews.fr : portail de la communication et des médias.

RESSOURCES HUMAINES

ASSISTANT DE RESSOURCES HUMAINES

Ses missions

Cet administratif s'occupe à la fois de la gestion des paies, du recrutement du personnel non-cadre, de l'établissement des contrats de travail, des déclarations auprès des organismes sociaux, etc. Ses missions peuvent être très variables d'une entreprise à l'autre : dans certaines entités, l'assistant occupera une grande partie de son temps à faire de la saisie de documents, tandis que dans d'autres, il aura un poste de responsable à part entière.

Sa formation

BUT carrières juridiques ; Licence pro métiers de la GRH : assistant ; Master mention gestion des ressources humaines.

Rémunération

À partir de 2 000 euros.

AUDITEUR SOCIAL

Ses missions

L'audit social consiste à contrôler l'état des relations entre les divers acteurs sociaux. Il doit permettre de formuler des recommandations pour améliorer la qualité de la gestion des ressources humaines.

Rattaché à la direction générale, l'auditeur social répond généralement à une mission précisément établie. Cela peut concerner le contrôle de la qualité de l'information relative au personnel, celui de l'application des procédures internes ou externes... Après avoir déterminé les frontières de sa mission, l'auditeur doit ensuite se familiariser avec l'activité à contrôler, de manière à établir un premier diagnostic. L'analyse du bilan social en constitue en général la base. Son audit peut alors réellement commencer : personnes à rencontrer, installations à vérifier, collecte d'informations. Le rapport d'audit constitue le document final qu'il élabore et remet aux dirigeants de l'entreprise.

Sa formation

Bac+5 de type Master mention droit social parcours droit et management social de l'entreprise (à Toulouse), par exemple.

Rémunération

À partir de 2 000 euros.

CAMPUS MANAGER

Ses missions

Le *campus manager* (également appelé « responsable relations écoles ») est en général un étudiant fraîchement diplômé et dont la mission est de soigner l'image de l'entreprise auprès des jeunes diplômés. Au carrefour de la communication et des ressources humaines, ce salarié est mandaté par la direction des ressources humaines de son entreprise dans des forums de grandes écoles pour repérer les meilleurs éléments du système universitaire. Il doit constamment développer des relations avec le milieu universitaire et les entretenir. Il doit également être au courant de l'apparition de toutes nouvelles formations.

Sa formation

Il est en général doté d'un diplôme d'école de commerce, un Master pro en ressources humaines ou encore un diplôme du CELSA ou d'IEP.

Rémunération

Entre 2100 et 2500 euros pour un jeune diplômé.

CHARGÉ DE FORMATION

Ses missions

Chargé de développer les compétences des salariés, le responsable de formation détermine les besoins en formation dans les grandes entreprises. Rattaché au directeur des ressources humaines ou à la direction générale, le chargé de formation analyse d'abord les besoins individuels et collectifs de ses collaborateurs. Ses supérieurs hiérarchiques l'aident à établir son diagnostic. Lui-même peut être amené à recevoir les salariés pour comprendre leurs besoins. De manière plus générale, il construit un plan de formation dans lequel il va inclure toutes les actions à engager à plus ou moins long terme. C'est lui qui va établir le calendrier, sélectionner les centres de formation. Il est également chargé de négocier avec la direction et les partenaires sociaux le contenu et le budget du plan de formation. En aval, ce salarié s'occupe également de réaliser et de gérer toutes les étapes du plan : il encadre les formateurs, supervise les consultants externes et assure parfois lui-même quelques actions de formation.

Sa formation

Diplômes de commerce ou d'ingénieurs, Masters en ressources humaines, administration des entreprises, gestion, psychologie sociale, du travail et des organisations, mais aussi diplômes en sciences de l'éducation.

Rémunération
2 400 euros en moyenne.

CHARGÉ DE RECRUTEMENT

Ses missions
De la définition du profil de poste au tri des CV en passant par les entretiens et les tests, le chargé de recrutement est responsable de l'application du plan de recrutement décidé par la direction du personnel. Rattaché au directeur ou au chef du service central du personnel, il réalise des études et établit des diagnostics en matière de politique de recrutement. Une telle démarche implique qu'il connaisse très précisément l'état du marché, les besoins de l'entreprise ainsi que toutes les possibilités de promotion interne. Ce salarié prend également en charge l'intégralité de la procédure d'embauche externe : c'est lui qui définit les postes, qui constitue les dossiers, administre les candidatures. Si la procédure de recrutement est réalisée par un cabinet de conseil externe, il supervisera alors le travail effectué par l'agence.

Sa formation
Master de psychologie ou en ressources humaines, formation en sciences politiques, par exemple.

Rémunération
À partir de 2 500 euros.

CHASSEUR DE TÊTES

Ses missions
Travaillant au sein d'un cabinet de ressources humaines, le chasseur de têtes s'occupe essentiellement du recrutement de cadres dirigeants dans le monde entier. C'est ce qui le différencie d'un conseiller en recrutement susceptible de brasser des profils de salariés très variés et souvent hexagonaux. Sa mission consiste à trouver pour le compte d'une entreprise des profils rares, spécialisés et de haut niveau (des dirigeants, des cadres supérieurs ou confirmés). La procédure est souvent la même : dès qu'une entreprise confie une mission à un cabinet, le chargé de recherche, qui travaille en général pour un consultant, interroge les banques de données dans lesquelles figurent les CV de salariés de haut niveau. Puis il les contacte par téléphone : c'est ce qu'on appelle une procédure d'approche directe, l'autre méthode de recrutement étant l'annonce. La connaissance de l'anglais est indispensable pour tout chasseur de têtes, la recherche se faisant un peu partout dans le monde.

Sa formation

Les formations le plus souvent rencontrées sont celles des écoles supérieures de commerce (HEC, ESSEC, Montpellier Business School). Le must en la matière: une école de commerce plus un Master d'une université américaine. Autres possibilités: un diplôme de deuxième grade en ressources humaines. Des études de psychologie peuvent aussi permettre d'accéder à ce métier. Un débutant commencera en général par un poste de chargé de recherche junior, puis senior, avant d'évoluer vers des postes de consultants.

Rémunération

Un chasseur de têtes junior oscillera entre 2300 et 3100 euros, tandis qu'un consultant confirmé peut espérer gagner entre 4000 et 7000 euros.

COACH

Ses missions

Selon la Société française de coaching (SF Coach), *«le coaching est l'accompagnement d'une personne à partir de ses besoins professionnels pour le développement de son potentiel et de ses savoir-faire».* Issu du domaine sportif (*coach* signifie «entraîneur» en anglais), le coaching s'inscrit aujourd'hui dans une dimension professionnelle liée à l'entreprise. Les cadres qui ont besoin d'améliorer leurs performances, d'intégrer un nouveau poste ou encore de résoudre des problèmes de communication constituent des coachés possibles.

Sa formation

Diplômé de l'enseignement supérieur en psychologie, littérature, ingénierie ou commerce, il a en général deux formations supplémentaires dont celle de coaching et d'analyse transactionnelle. Le coaching n'est pas sa seule activité professionnelle: il intervient bien souvent pour le conseil en management, la formation et l'orientation de carrière en entreprise.

Rémunération

Le coach se fait en général rémunérer à la séance: il faut compter entre 200 et 500 euros l'heure pour l'entreprise et entre 150 et 300 euros de l'heure pour les particuliers. La séance dure entre une heure et une heure et demie.

CONSEILLER EN GESTION DES RESSOURCES HUMAINES

Ses missions

On l'appelle aussi le conseiller en organisation. Dosage des progressions de salaires, délocalisations, gestion des 35 heures: les domaines d'action des gestionnaires en ressources humaines sont extrêmement étendus. Travaillant en général dans des cabinets spécialisés en GRH, les consultants sont appelés à la rescousse par les entreprises pour émettre un avis, un diagnostic et proposer des solutions adaptées à un objectif constant : augmenter la productivité de l'entreprise cliente.

Sa formation

Diplômés d'écoles de commerce et de sciences politiques. Si les cabinets de conseil en GRH utilisent des méthodes formalisées, ils embaucheront des débutants. Les plus prisés sont les titulaires d'une double formation : les diplômés de grandes écoles d'ingénieurs, d'un MBA, d'un IEP ayant suivi en plus une formation en sciences sociales ont le vent en poupe. Les cabinets de conseils qui optent pour des actions sur mesure rechercheront davantage des seniors confirmés.

Rémunération

À partir de 2000 euros.

CONSEILLER EN RECRUTEMENT

Ses missions

Généralistes ou spécialistes dans des domaines d'activité ou de fonctions particulières dans l'entreprise, les cabinets de conseils sont de plus en plus nombreux. Ils conseillent et assistent les entreprises dans le recrutement de leurs salariés. Élément moteur de la recherche, le conseiller prend en charge le tri des CV et des lettres de motivation reçus, puis convoque les candidats pour un entretien et rédige un compte rendu. D'autres éléments de sélection peuvent intervenir (entretiens psychologiques, analyse graphologique de documents pris en charge par d'autres professionnels). Le travail du conseiller est alors de réunir la somme d'informations recueillies et d'en faire une synthèse. Le candidat sélectionné, le conseiller peut assister l'entreprise dans ses propositions de rémunération et s'intéresser à l'intégration du candidat dans sa nouvelle structure.

Sa formation

Les diplômés d'école de commerce, d'un Master pro de psychologie, de sciences politiques ou d'un Master pro en ressources humaines ont toutes leurs chances dans le domaine quand il s'agit de postes de débutants.

Rémunération

3000 euros en moyenne selon l'expérience.

DIRECTEUR DES RESSOURCES HUMAINES

Ses missions

Tout le monde le connaît sous le sigle de DRH. Ses responsabilités couvrent l'ensemble des relations humaines dans l'entreprise. Concrètement, c'est lui qui supervise à la fois les relations sociales, l'administration et la gestion du personnel, la formation, la communication interne, le management social... Placé directement sous les ordres du directeur général, c'est lui qui propose une politique de gestion des ressources humaines et qui définit les conditions générales d'application de cette politique. Il a également une mission de conseil, de négociation avec les représentants du personnel et s'occupe aussi de la coordination de l'action des chefs du personnel. Ses attributions varient énormément en fonction de la taille de la structure dans laquelle il travaille.

Sa formation

Master en ressources humaines ou Master psychologie sociale, du travail et des organisations. Un diplôme de l'enseignement supérieur en économie, gestion, droit ou sciences humaines peut également faire l'affaire. Il peut également être issu d'un IEP option ressources humaines ou éco-finance ou d'une école de commerce. Les doubles cursus sont également les bienvenus : un diplôme d'ingénieur, par exemple, complété par une spécialisation en ressources humaines, est un profil tout à fait cohérent.

Rémunération

La fourchette de salaires s'étend de 5 000 à 12 000 euros selon la taille de l'entreprise et les avantages en nature (voiture de fonction, par exemple).

GESTIONNAIRE DE CARRIÈRES

Ses missions

Ce professionnel des ressources humaines applique la politique de gestion de carrières définie par la DRH dont il dépend. Ses responsabilités sont assez étendues : il doit non seulement veiller à l'adéquation entre les besoins et les ressources de l'entreprise, mais aussi repérer les futurs cadres dirigeants, recenser les besoins prévisionnels en poste en accord avec sa direction. Des tâches qui exigent que le gestionnaire de carrières soit à l'écoute des demandes des salariés de l'entreprise. Pour cela, il ne doit pas hésiter à multiplier les contacts avec les cadres afin de bien cibler leurs perspectives d'évolution. Parmi ses autres missions possibles, la proposition et la négociation des mutations des collaborateurs sont au programme.
La gestion prévisionnelle de l'emploi (GPE) est un outil indispensable pour un gestionnaire de carrières. Elle sert à réduire de façon anticipée les écarts entre les besoins et les ressources humaines dans l'entreprise en fonction d'un plan stratégique.

Sa formation

Une bonne connaissance des ressources humaines, un diplôme universitaire de deuxième grade ou encore des sciences politiques sont demandés. Un Master psychologie sociale, du travail et des organisations peut éventuellement convenir.

Rémunération

À partir de 2500 euros environ pour un gestionnaire junior.

JURISTE EN DROIT SOCIAL

Ses missions

Au carrefour du juridique et des ressources humaines, le juriste en droit social assure une mission d'assistance et de conseil sur le plan de la législation du travail et de la gestion sociale auprès de la direction d'une entreprise. Il adapte et met en place la réglementation et la législation applicable dans le cadre de l'entreprise. C'est lui qui prévient les litiges et les résout sous un angle juridique. Lui encore évalue les risques auxquels l'entreprise peut se heurter. De manière générale, il défend les intérêts de l'entreprise.

Sa formation

En général, un Master en droit social ou en droit du travail.

Rémunération

Entre 2500 et 3100 euros pour un débutant.

OUTPLACER

Ses missions

Ce conseiller en reclassement professionnel travaille en général dans un cabinet et il est rémunéré par l'entreprise pour aider les cadres dans leur recherche d'emploi. Contrairement à ce que pourrait faire croire sa dénomination, l'*outplacer* ne retrouve pas un emploi à un salarié. Il lui apporte une aide psychologique mais aussi un conseil professionnel en lui faisant passer un bilan d'aptitudes et en redéfinissant avec lui un projet de carrières. Le cas échéant, il lui apporte une aide logistique en mettant à sa disposition un bureau, un téléphone mais aussi un service de secrétariat.

Sa formation

Écoles de commerce ; Master en ressources humaines ou psychologie ; IEP section communication et ressources humaines pour la majorité des *outplacers* en fonction.

Rémunération
À partir de 2100 euros (hors rémunération variable, qui peut aller jusqu'à 15 % du salaire annuel de chaque employé placé).

RESPONSABLE DE L'ADMINISTRATION DU PERSONNEL

Ses missions
Rattaché au chef du personnel, le responsable de l'administration du personnel s'occupe au quotidien de tous les travaux administratifs de l'entreprise en matière de personnel. Dans le détail, cet administratif s'occupe non seulement de la tenue des dossiers individuels de chaque salarié, de l'observation des règlements intérieurs, mais aussi de l'observation de la législation sociale. Ce qui signifie, entre autres, qu'il vérifie si les horaires de travail sont bien respectés, si les registres réglementaires sont à jour, de même que les statistiques officielles. Il veille également à ce que le code du travail soit scrupuleusement respecté. Parmi les autres tâches qui lui incombent figurent la gestion des bases de rémunérations et celle des paies individuelles. Ce salarié prend également en charge le calcul de l'ensemble des charges sociales : sécurité, société, régimes de retraite et de prévoyance, déclarations fiscales. L'établissement du bilan social fait aussi partie de ses attributions.

Sa formation
Idéalement, un BUT gestion des entreprises et des administrations option gestion des ressources humaines.

Rémunération
À partir de 2500 euros environ.

RESPONSABLE DE L'INFORMATION ET DE LA COMMUNICATION INTERNES

Ses missions
Rédaction de lettres d'information à destination des employés, réalisation de vidéos montrant le fonctionnement de tous les services de l'entreprise, organisation de séminaires, préparation des discours officiels : le champ couvert par le chargé de la communication est extrêmement vaste. Relevant parfois de la direction de la communication, ce professionnel est de plus en plus rattaché à la DRH de l'entreprise.
Informer et communiquer. Un travail qu'il dédie tout spécifiquement aux salariés à l'intérieur de l'entreprise. Responsable des relations internes, ce professionnel dirige et surveille toute la fabrication du journal interne, de la rédaction à la diffusion en passant par la publication. Enfin, il doit veiller à assurer la cohérence entre la communication

externe (destinée à valoriser l'image de l'entreprise à l'extérieur de ses murs) et la communication interne.

Sa formation

Une école tient le haut du pavé en matière d'excellence dans ce domaine : le CELSA. D'autres formations peuvent convenir à ce professionnel : le Master en ressources humaines de même que les IEP section communication et ressources humaines, par exemple. Des écoles spécialisées telles que l'EFAP fournissent aussi un bon nombre de futurs chargés de com' dans la profession.

Rémunération

2 300 euros en moyenne pour débuter, dans une grande entreprise.

RESPONSABLE EXPÉRIENCE COLLABORATEURS

Ses missions

Appelé aussi *Chief People Expérience Officer*, ce métier est apparu il y a seulement une dizaine d'années. Le responsable de l'expérience collaborateurs est un professionnel de la gestion des ressources humaines qui est chargé d'améliorer la qualité de vie au travail pour les employés d'une organisation. Ses principales responsabilités comprennent : l'évaluation de la satisfaction des employés, la mise en place de programmes d'amélioration, la gestion de la culture d'entreprise et le suivi de la performance. Plus précisément, il a pour mission de faciliter l'épanouissement du collaborateur en créant les conditions d'une bonne collaboration et l'échange des connaissances.

Sa formation

Idéalement, il est titulaire d'un Master en ressources humaines, en psychologie, en sociologie, en administration, en économie ou en droit.

Rémunération

À partir de 5 500 euros environ.

RESPONSABLE RELATIONS SOCIALES

Ses missions

Le responsable relations sociales entretient et participe activement à l'amélioration du dialogue social dans une entreprise.

Sa formation

Idéalement, il est titulaire d'un Master en ressources humaines, en psychologie, en sociologie, en administration, en économie ou en droit.

Rémunération
À partir de 5 500 euros environ.

POUR EN SAVOIR PLUS

Rendez-vous sur le site internet www.focusrh.com, dédié à l'actualité et à l'évolution des ressources humaines.

SANTÉ ET PARAMÉDICAL

AIDE-SOIGNANT

Ses missions

L'aide-soignant exerce principalement en milieu hospitalier. Intégré à une équipe médicale, ce professionnel de terrain assiste l'infirmier dans ses tâches quotidiennes, il contribue au bien-être des malades en les accompagnant dans tous les gestes de la vie quotidienne et en aidant au maintien de leur autonomie. En collaboration avec l'infirmier, et sous sa responsabilité, l'aide-soignant assure auprès des patients des soins d'hygiène et de confort, mais il ne pratique pas de soins médicaux nécessitant l'utilisation d'un instrument (comme la prise de tension ou la pose de perfusion).

Sa formation

Pour exercer le métier d'aide-soignant, il est nécessaire d'être titulaire du diplôme d'État d'aide-soignant en une année après le Bac.

Rémunération

À partir de 1 712 euros bruts mensuels, dans la fonction publique hospitalière.

UNE VRAIE PROXIMITÉ AVEC LE MALADE

Sabine, 30 ans, est aide-soignante en hôpital de jour, dans le service des maladies infectieuses de La Pitié-Salpétrière.
« Je travaille avec des personnes séropositives. Je m'occupe de l'accueil, des petits déjeuners et déjeuners, de la pesée et de la prise de température des malades, ainsi que de la toilette si nécessaire. Je dialogue beaucoup avec les patients : ils sont très demandeurs, ils ont besoin de chaleur et d'attention. Ils viennent régulièrement, ce qui nous permet de bien les connaître. Il existe une vraie proximité avec le malade dans notre profession, c'est à nous de leur apporter du bien-être. Ce métier m'apporte beaucoup, je m'y sens bien, mais il est évident que le service dans lequel j'évolue et la pathologie traitée y contribuent énormément. Les rapports sont particuliers, forts. »

AMBULANCIER

Ses missions

Il effectue le déplacement des blessés et des malades au moyen d'un véhicule spécialement adapté. C'est aussi un auxiliaire sanitaire capable de surveiller l'état du malade ou du blessé en utilisant au besoin des appareils d'assistance médicale. Il peut, en cas d'urgence, assurer les premiers soins. En plus de la fonction de conduite, il doit assurer la tenue des documents administratifs hospitaliers et de Sécurité sociale, établir des dossiers, percevoir la recette, avoir une bonne connaissance des principaux itinéraires. Titulaire des permis C ou D, il peut être appelé à conduire des véhicules de type fourgon. La majorité des ambulanciers travaillent dans une entreprise familiale privée comprenant quatre à cinq véhicules et une dizaine d'employés. Les ambulanciers sont également recrutés par la fonction publique hospitalière ou des cliniques privées. Quelques professionnels exercent leur métier dans les Samu (services d'aide médicale urgente) et les Smur (services mobiles d'urgence et de réanimation).

Sa formation

Diplôme d'État d'ambulancier (DEA) qui ne requiert aucun diplôme préalable. Cependant, le permis de conduire (depuis trois ans minimum), une attestation préfectorale d'aptitude à la conduite d'une ambulance et un certificat médical de vaccinations sont indispensables.

Rémunération

Le Smic pour débuter.

ASSISTANTE DENTAIRE

Ses missions

En dehors d'une grande habileté technique, le métier implique un bon contact avec les patients qu'il faut souvent rassurer! L'assistante dentaire seconde donc le chirurgien-dentiste et assure un lien avec les laboratoires de prothèse dentaire. Ses fonctions? Répondre au téléphone, prendre les rendez-vous, classer et tenir à jour les fichiers, etc. Mais également assumer la comptabilité courante du cabinet, maintenir les relations avec les fournisseurs, assurer le réapprovisionnement des produits manquants... Du côté médical, priorité à l'hygiène: après chaque intervention, l'assistante dentaire désinfecte, nettoie et stérilise le matériel utilisé. Informée par le praticien du type de soins qu'il va effectuer, elle sort les instruments dont il aura besoin et les présente dans l'ordre de l'intervention. Elle peut également préparer les amalgames, les ciments pour sceller une couronne, les matériaux pour prendre les empreintes... Enfin, elle classe les films radiographiques après les avoir développés.

Sa formation

Titre d'assistant dentaire, préparé en contrat de professionnalisation et accessible aux titulaires du diplôme national du brevet. La formation d'assistant dentaire est dispensée sur 18 mois.

Rémunération

À partir du Smic. La Convention collective nationale des cabinets dentaires prévoit en outre une prime de secrétariat de 179 euros mensuels pour les travaux plus complexes.

AUDIOPROTHÉSISTE

Ses missions

Il travaille avec les déficients auditifs. Il procède, sur prescription d'un médecin spécialiste ORL, au choix et à l'adaptation des prothèses auditives sur des personnes sourdes ou malentendantes. Il doit également expliquer son fonctionnement, faire les réglages et donner des conseils d'entretien. Véritable technicien de santé, il travaille au sein d'une équipe pluridisciplinaire composée de médecins et d'éducateurs. On peut également le solliciter pour des conseils en milieu professionnel où les nuisances sonores sont importantes.

Sa formation

Diplôme d'État d'audioprothésiste (Bac+3) obligatoire.

Rémunération

Entre le Smic et 2000 euros.

AUXILIAIRE DE PUÉRICULTURE

Ses missions

L'auxiliaire de puériculture exerce dans les hôpitaux, les maternités, les crèches et les haltes-garderies.

Dans les maternités, elle veille au bien-être, à l'alimentation et à l'hygiène des bébés. Ses responsabilités sont multiples et non négligeables : si, par exemple, elle remarque un problème chez un enfant, elle doit immédiatement le signaler au pédiatre. Elle travaille toujours au sein d'une équipe médicale avec la puéricultrice, l'infirmière et le pédiatre. Elle « accompagne » la jeune mère jusqu'à sa sortie de la maternité, l'informe et la conseille sur tout ce qui concerne l'alimentation et les soins du nouveau-né, domaines qu'elle maîtrise parfaitement. En crèche, elle accueille les enfants, participe aux activités éducatives, change les bébés, leur donne le biberon et aide les plus grands à manger.

Sa formation

L'auxiliaire de puériculture est titulaire du diplôme d'État de la profession qui atteste les compétences requises pour exercer le métier. Ce diplôme s'acquiert à l'issue d'une formation d'un an accessible sur dossier et entretien.

À noter : les titulaires du Bac pro accompagnement, soins et service à la personne ou services aux personnes et aux territoires bénéficient de dispenses d'épreuves d'admissibilité.

Rémunération

À partir du Smic.

CHIROPRACTEUR

Ses missions

La chiropraxie intervient sur l'ensemble de l'appareil neuro-musculo-squelettique, ou tout autre tissu en rapport. Après interrogation et examen du patient, le chiropracteur (ou chiropraticien) lui propose, en fonction de sa pathologie, un plan de traitement adapté permettant d'éviter tout recours aux médicaments ou à la chirurgie. Les praticiens utilisent des méthodes thérapeutiques conservatrices, principalement manuelles. Celles-ci incluent des ajustements chiropratiques (manipulations articulaires spécifiques) sur le rachis, le bassin et les articulations périphériques. La chiropraxie est autant préventive que curative.

Sa formation

La chiropratique est la seule profession de santé pour laquelle la formation est standardisée au niveau mondial. Ainsi tous les chiropraticiens reçoivent une formation équivalente aboutissant à la délivrance d'un diplôme de chiropracteur, obtenu dans des écoles accréditées par le *Council on Chiropractic Education* et l'*European Council on Chiropractic Education* pour l'Europe (ECEE). Le diplôme est délivré aux étudiants ayant suivi un cursus de formation de cinq années à temps plein après le Baccalauréat et un stage clinique de 15 mois en 5e année dans l'un des centres de chiropraxie de l'IFEC (seul institut habilité à délivrer le diplôme en France).

Rémunération

Elle dépend de la renommée. Cela dit, on considère qu'un chiropracteur libéral gagne entre 40 et 70 euros par séance.

CHIRURGIEN-DENTISTE

Ses missions

Ce spécialiste soigne les maladies de la bouche, des dents et des maxillaires. Nouveaux matériaux, appareils de radiologie informatisés, recherche sur les implants... : la profession est en pleine révolution. Les soins dentaires sont de plus en plus sophistiqués. Ne pas confondre avec le stomatologue (spécialiste des affections de la bouche et du système dentaire), spécialité de l'internat de médecine.

À noter : l'orthodontie est une spécialité de l'odontologie qui requiert quatre années d'études supplémentaires après le diplôme d'État en chirurgie dentaire. Elle consiste à traiter, corriger et redresser le mauvais positionnement des dents grâce à la pose d'appareils dentaires. Le nombre d'orthodontistes ne cesse d'augmenter.

Sa formation

Diplôme d'État de docteur en chirurgie-dentaire (Bac+6/8).

Rémunération
On note de grandes disparités parmi les dentistes : si certains ont des revenus proches du Smic, d'autres peuvent gagner plusieurs milliers d'euros.

CHIRURGIEN ESTHÉTIQUE

Ses missions
Il effectue des actes chirurgicaux tendant à modifier l'apparence corporelle d'une personne à sa demande sans visée fonctionnelle, thérapeutique ni reconstructive. Par conséquent, les actes dits de chirurgie plastique ou reconstructrice suite à un accident, un traitement ou pour corriger une malformation ne sont donc pas concernés, ils sont d'ailleurs remboursés par la Sécurité sociale contrairement aux actes qui relèvent du bon vouloir du patient. Étant donné l'engouement que connaît aujourd'hui notre société pour la chirurgie esthétique, ce chirurgien a de beaux jours devant lui.

Sa formation
Médecine spécialité chirurgie plastique, reconstructrice et esthétique soit au moins 8 années d'études minimum après le Bac..

Rémunération
Variable.

DIÉTÉTICIEN

Ses missions
Problèmes d'obésité, d'anorexie, de cholestérol, d'hépatites, d'allergies alimentaires ou encore régimes postopératoires, le diététicien veille à l'organisation et l'équilibre des menus donnés aux patients hospitalisés ou venus le consulter. Il jouera, selon les cas, un rôle informatif, préventif ou curatif. Le rôle du diététicien vise à préserver la santé tout en respectant le plaisir gastronomique... Il s'agit toujours de prévenir les risques cardio-vasculaires, d'éviter les surcharges de poids, d'apprendre à avoir une alimentation saine et équilibrée. Il veille particulièrement à la qualité et à l'équilibre alimentaire des personnes malades, mais aussi bien portantes selon leur état général (femmes enceintes, opérés...), leur mode de vie (sédentaire ou pratique d'un sport de haut niveau), leur âge et leurs moyens. Son travail varie donc en fonction des personnes dont il a la charge et aussi du secteur dans lequel il pratique.
À noter : ne confondez pas diététicien et médecin nutritionniste. En effet, si ces deux professionnels de santé exercent à l'hôpital, ils y ont des statuts très différents : le nutritionniste est avant tout un médecin spécialisé en nutrition (Bac+10).

Sa formation
Les deux formations les plus fréquentes sont le BTS diététique et le BUT génie biologique, option diététique.
Rémunération
À partir du Smic.

ERGOTHÉRAPEUTE

Ses missions
Il exerce une activité paramédicale qui se situe à la croisée des chemins entre l'aide médicale, sociale et humaine. C'est un spécialiste de la rééducation du geste pour les handicapés moteurs, sensoriels ou mentaux. Il aide les personnes handicapées à retrouver le maximum d'autonomie dans leurs activités quotidiennes. Il vise également l'adaptation ou la réadaptation à un environnement professionnel. Il travaille sur prescription médicale au sein d'une équipe pluridisciplinaire composée de médecins, de kinés et d'orthoprothésistes.
Sa formation
Diplôme d'État d'ergothérapeute (Bac+3) obligatoire.

Rémunération
À partir de 1 891 euros dans la fonction publique hospitalière.

INFIRMIER

Ses missions
En milieu hospitalier, il est chargé d'appliquer les prescriptions du médecin. Distribution de médicaments, calcul des doses, piqûre, pose de perfusions, prise de sang, pansements, autant de tâches qui lui incombent. Sa présence au chevet du patient lui permet de surveiller l'état de santé de ce dernier, l'évolution de la maladie, les effets du traitement, mais aussi son moral. La communication est une part non négligeable du travail d'infirmier: dialogue avec le malade et sa famille, le médecin et bien sûr l'aide-soignant, échanges avec l'administration (papiers d'entrée et de sortie…) et les autres services (prise de rendez-vous pour des soins spécifiques…). L'infirmier peut également exercer en libéral et assurer des soins en cabinet ou au domicile des patients, travailler en établissement scolaire ou en entreprise à des actions de prévention.
Après quelques années d'exercice, il peut se spécialiser comme infirmier-anesthésiste ou infirmier de bloc opératoire.

Sa formation
Diplôme d'État d'infirmier (Bac+3) obligatoire.

Rémunération

Elle s'échelonne de 1 891 euros en début de carrière hospitalière publique à 3 200 euros au dernier échelon du grade d'infirmier en soins généraux. Dans le privé, un débutant gagne environ 2 000 euros. De son côté, un infirmier qui ouvre un cabinet libéral peut gagner jusqu'à 2 500 euros, mais ses journées de travail sont nettement plus longues.

PRENDRE EN CHARGE LA DOULEUR À LA FOIS PHYSIQUE ET MORALE

Christine est infirmière en salle de réveil au bloc opératoire dans une clinique à Cannes. Ses principales missions consistent en une préparation préopératoire (pose de perfusion, vérification de bilans sanguins, du jeûne, des éventuelles allergies, du groupe sanguin, du rasage du champ opératoire), préopératoire (pose d'antalgiques pour éviter la douleur au réveil) et une surveillance postopératoire en salle de réveil avec des patients qui sortent parfois intubés, ventilés sous respirateur, Christine a alors comme mission de seconder l'anesthésie, avec l'aide de l'infirmière anesthésiste, en surveillant le malade à l'aide de scopes et des critères de réveil appelé aussi score d'Aldrete (score qui autorise la sortie du patient de la salle de réveil et son retour en chambre). À ces différentes tâches, s'ajoutent l'application du protocole pour lutter contre la douleur (soulager la douleur est désormais une obligation pour les personnels médicaux et paramédicaux) et la surveillance des éventuels problèmes immédiats après une intervention (saignement, pansement, perfusion, transfusion...).

Christine nous a confié que la salle de réveil au bloc était un secteur particulier : *« Il faut connaître les différents produits d'anesthésie, leurs effets à plus ou moins long terme et le matériel comme les scopes, les respirateurs et le défibrillateur. Il est également essentiel de connaître les différentes phases de réveil, les premiers gestes d'urgence en cas de malaise et les différents types de chirurgie (pathologie) et leurs éventuelles complications immédiates. »*

Christine aime son métier et apprécie tout particulièrement le travail d'équipe entre tout le personnel médical et paramédical, en passant par le chirurgien jusqu'à l'agent de service, ce qui prouve une bonne cohésion d'équipe.

« Soutenir les patients et les accompagner pour l'intervention en les écoutant, en répondant à leurs questions, leurs doutes, leurs craintes, leurs peurs et en les soutenant moralement » est pour elle un des aspects les plus intéressants de son travail. Elle pense également que pour s'engager dans cette voie, *« Il est nécessaire d'être à l'écoute de l'autre, de respecter le secret médical, les collègues de travail, collaborer avec les différents protagonistes quels qu'ils soient, mais il faut aussi connaître ses limites et savoir passer le relais au collègue. »*

Enfin, elle précise qu' *« il peut être difficile d'aider moralement les patients sans trop s'impliquer personnellement, de les accompagner dans leur souffrance, la maladie et quelques fois les accompagner jusque dans la mort »*, mais le métier reste pour elle valorisant, enrichissant et lui permet d'aller de l'avant tous les jours : *« chaque jour est un nouveau jour fait de joies et de douleur »*.

MANIPULATEUR EN ÉLECTRORADIOLOGIE MÉDICALE

Ses missions

Il utilise des rayonnements et des machines de haute technicité pour soigner et établir un diagnostic. Ces investigations servent à repérer une fracture, observer un fœtus, reconnaître une maladie complexe ou guérir un cancer. Il assure la prise en charge psychologique et l'information du patient en expliquant et mettant en confiance. Il est également habilité à réaliser certains soins (injections de liquides radioactifs) liés notamment aux techniques d'imagerie. La prise et le développement de clichés des os, colonne vertébrale, crâne ou poumons ne concernent donc qu'une petite partie de ses activités. Autre point: ce professionnel intervient dans le cas de certaines thérapies anticancéreuses où il s'agit de freiner l'évolution d'un cancer en irradiant les zones à traiter.

Sa formation

Pour exercer cette profession, il faut obligatoirement être titulaire soit du diplôme d'État (DE) de manipulateur d'électroradiologie médicale, soit du diplôme de technicien supérieur (DTS) en imagerie médicale et radiologie thérapeutique (Bac+3).

Rémunération

À partir de 1 891 euros dans la fonction publique hospitalière pour un manipulateur en électroradiologie médicale de classe normale.

MASSEUR-KINÉSITHÉRAPEUTE

Ses missions

Spécialiste de la rééducation motrice et fonctionnelle, il intervient également dans les domaines du sport et de l'esthétique. Il rééduque par le massage et la gymnastique médicale les malades atteints de paralysies ou de troubles neurologiques, les opérés, les traumatisés, les accidentés de la route, du travail ou du sport. Il aide également les enfants ou les adultes souffrant d'affections respiratoires, circulatoires ou rhumatismales à retrouver une fonction motrice normale. Tous ces actes à but thérapeutique s'effectuent sur prescription médicale, mais il intervient également sans prescription dans un objectif sportif ou esthétique (remise en forme, relaxation, massages...). Des appareils souvent sophistiqués, de la boue, de l'hydrothérapie, des infrarouges font aujourd'hui partie de la panoplie des kinés.

Sa formation

Diplôme d'État de masseur-kinésithérapeute obligatoire (Bac+5).

Rémunération
À partir de 1 891 euros bruts pour un masseur-kinésithérapeute de classe normale, dans la fonction publique hospitalière. Dans le secteur privé, ils sont très variables, notamment pour ceux exerçant en libéral.

MÉDECIN

Ses missions
Qu'ils soient généralistes ou spécialistes, urgentistes ou nutritionnistes, exerçant en milieu rural ou dans une grande agglomération, à l'hôpital ou en cabinet, tous les praticiens sont animés d'un même objectif : préserver la vie, soigner le corps et l'esprit, traiter les maladies et les pathologies et soulager la souffrance au moyen des thérapeutiques les plus adaptés. Il s'agit également de maintenir la population en bonne santé en menant des actions de prévention et des campagnes de vaccination.

Sa formation
Diplôme d'État de docteur en médecine générale ou spécialisée (Bac+9/11). Pour devenir médecin scolaire, il faut passer un concours organisé par l'Éducation nationale

Rémunération
Le revenu libéral moyen varie du simple au triple selon les spécialités. Le revenu mensuel brut moyen des médecins libéraux va de 4 000 euros pour les gériatres à plus de 20 000 euros pour certains cancérologues.

CHEF DE SERVICE (CS) DANS UN CENTRE HOSPITALIER ET UNIVERSITAIRE (CHU) : QUID ?

Dans les CHU, les services sont depuis 2007 regroupés en pôles, réunissant des services d'activité complémentaires ou semblables (pôle de médecine par exemple regroupant des services de médecine, chaque service ayant une orientation qui lui est propre : endocrinologie, réanimation, urgences...).
La quasi-totalité des services est dirigée par un chef de service professeur des universités et Praticien hospitalier (CS PU PH).

Guy G., ancien chef de service, nous parle des missions d'un service universitaire, du rôle des médecins, d'un professeur et tout ce qui englobe ses différentes fonctions : *« Les missions d'un service universitaire sont le soin, l'enseignement et la recherche. Ces trois missions sont prises en charge par l'ensemble du personnel médical, chaque médecin du service ayant une orientation plus particulière. Les tâches administratives sont habituellement assurées par le chef de service, qui est l'interlocuteur naturel de l'administration. L'avènement des pôles, dirigés par un médecin "chef de pôle" élu, devrait cependant diminuer la part du travail administratif des CS.*
Comme dans toute profession, les motifs de satisfaction, comme aussi d'insatisfaction sont divers : pour les soins, avoir su éviter l'évitable, obtenir une guérison incertaine, ou avoir su traiter l'inévitable avec raison, représentent trois possibilités différentes de

satisfaction. Mais dans chaque cas, c'est la prise en charge globale et en accord avec les données de la science à un moment donné qui permettent une certaine sérénité face à des situations très diverses dans leur présentation et leur résolution.
Ce qui distingue un enseignant d'un autre enseignant, à qualification égale, est le plaisir qu'il ressent à enseigner : celui qui aime enseigner sait transmettre les connaissances, celui qui enseigne sans passion les expose.
L'avenir de la médecine hospitalière publique, compte tenu du vieillissement de la population, de l'explosion des urgences, du coût des nouvelles thérapeutiques passe actuellement par une profonde réorganisation amenant les médecins hospitaliers à prendre conscience des réalités financières, et les autorités de tutelle de prendre en compte les aléas non programmés : canicule, épidémie du Sida, innovations thérapeutiques…
L'avenir des universités, quant à lui, devra comporter pour l'enseignement une uniformisation européenne du diplôme de docteur en médecine, et allier la recherche individuelle et collective. »

MONTEUR EN OPTIQUE-LUNETTERIE

Ses missions

Il monte, contrôle et taille les verres des lunettes selon les données fournies par l'examen de vue. Il entretient et répare également verres et montures. Autant de tâches exigeant habileté manuelle, précision et sens de l'esthétique. Il peut en outre aider au choix d'une monture et assister l'opticien dans sa fonction de vente et de conseil.

Sa formation

Le Bac pro optique-lunetterie semble la meilleure formation.

Rémunération

Autour du Smic.

NUTRITIONNISTE

Ses missions

Le nutritionniste ou médecin nutritionniste est un spécialiste qui va suivre un certain nombre de patients dans un cadre médical par exemple hospitalier mais aussi, parfois, en libéral. Son rôle : prendre en charge les maladies de la nutrition comme le diabète, l'obésité ou l'anorexie. À ne pas confondre avec le diététicien, le nutritionniste ou médecin nutritionniste est spécialisé dans la nutrition. Un expert qui prévient, dépiste et traite les maladies de la nutrition (diabète, obésité ou encore surpoids), les troubles alimentaires comme l'anorexie et la boulimie, mais aussi les maladies ayant une incidence sur la nutrition. Citons certaines formes de cancer, les pathologies cardio-vasculaires, les allergies alimentaires voire les troubles digestifs…

Sa formation

Pour devenir nutritionniste ou médecin nutritionniste, il faut d'abord devenir médecin. La voie classique s'effectue donc en fac de médecine, avec une spécialisation en nutrition en fin de parcours.

Rémunération

Même si la formation reçue influera largement, les revenus d'un médecin nutritionniste vont correspondre à peu près à ceux d'un médecin spécialiste. Ils vont donc varier de 2 000 euros nets mensuels à 5 000 euros nets environ en milieu hospitalier, davantage en libéral.

OPTICIEN-LUNETIER

Ses missions

À la fois commercial et professionnel de la santé doté de compétences techniques, il conseille une clientèle variée. En général à partir d'une ordonnance de l'ophtalmologiste, il réalise, adapte et délivre des lunettes ou des lentilles compensant les défauts de la vision. Ses activités sont très polyvalentes : depuis l'analyse scientifique de la vision jusqu'à la réalisation technique des lunettes, en passant par l'accueil et la vente à la clientèle et la gestion de son point de vente. Il est habilité à effectuer des examens de la vue et définit les besoins de correction du client grâce à ses connaissances scientifiques. Il dépiste les carences et détermine le type de verres correcteurs nécessaires. Le caractère commercial de son métier est également très important. Chargé d'accueillir le client, il le met en confiance, le conseille et l'aide à choisir la monture de lunettes la plus adaptée. Il assure également le service après-vente : réparation, changement de verres... Ses compétences techniques lui permettent la réalisation des verres et l'assemblage des lunettes.

Sa formation

BTS opticien-lunetier (Bac+2) obligatoire.

Rémunération

À partir de 1 900 euros pour un débutant. Mais un opticien-lunetier expérimenté qui gère son propre magasin dans un quartier fréquenté peut gagner jusqu'à 5 000 euros.

ORTHOPÉDISTE-ORTHÉSISTE

Ses missions

De la fabrication à la pose d'appareils, ce professionnel travaille sur prescription médicale. Bandages herniaires, ceintures médico-chirurgicales, vêtements pour grands brûlés, chaussures thérapeutiques : la liste d'appareillage est très longue. Il assure également la vente ou la location des cannes et béquilles, du matériel médical pour traitement ambulatoire, du matériel pour l'hospitalisation à domicile et des véhicules pour handicapés physiques. Il reçoit les malades, prend les mesures et les empreintes et participe à l'essayage et aux rectifications éventuelles. Ce professionnel travaille dans des entreprises de fabrication de petit appareillage médical.

Sa formation

BTS prothésiste-orthésiste ou BTS podo-orthésiste (au contact des patients).

Rémunération

À partir du Smic.

ORTHOPHONISTE

Ses missions

C'est avant tout un professionnel de santé qui n'intervient que sur prescription médicale pour traiter les troubles du langage et de l'expression. Il rééduque le bégaiement, le zézaiement et la dyslexie. Il prévient, évalue et corrige les déficiences et les troubles de la communication orale, mais aussi écrite. Dans un objectif de prévention et de réadaptation, il procède tout d'abord à des bilans orthophoniques, des actes de dépistage, de l'éducation précoce à la rééducation tout en intégrant la dimension psychologique, sociale, économique et culturelle des patients. Une grande majorité d'entre eux sont des enfants en âge scolaire qui présentent des troubles de l'élocution ou de l'articulation et qui souffrent de retards d'expression ou sont parfois atteints de surdité. Cependant, les adultes peuvent également être amenés à consulter, notamment en cas de traumatisme, d'accident cérébral ou suite à une intervention chirurgicale.

Sa formation

Certificat de capacité d'orthophoniste (Bac+5) obligatoire.

Rémunération

À partir de 2046 euros par mois pour un orthophoniste en début de carrière dans la fonction publique hospitalière. Compter 2500 euros en moyenne en libéral.

STÉPHANIE, ORTHOPHONISTE

Avant d'intégrer l'École d'orthophoniste de Tours, Stéphanie a passé un Bac littéraire, puis un Deug de lettres modernes (désormais L2 lettres modernes) et une Licence de sciences du langage-FLE (français langues étrangères), un parcours qui lui a permis de gagner en maturité avant de commencer à travailler et d'effectuer des stages parfois éprouvants.
Grâce aux différentes méthodes de rééducation apprises lors de ses études et en formation continue, Stéphanie traite des pathologies variées, en voici un exemple avec son carnet de rendez-vous : 10 h : bilan de langage oral ; 11 h : Marine, CLIS (classe spécialisée au sein d'une école) pour ses difficultés à entrer dans l'écrit ; 11 h 30 : Tom, CE1, trouble du comportement ; 12 h : Camille, CE1, confusions auditives (t/d, c/g) et visuelles (b/d, m/n) ; 12 h 30 : repas entre collègues ; 13 h : Antoine, 6e, confusions auditives (p/b, c/g, t/d) ; 14 h : Mme C, 71 ans, séquelles d'AVC (accident vasculaire cérébral) caractérisées par un manque du mot, des paraphasies sémantiques (par exemple voiture pour camion) et des paraphasies phonémiques (comme pourelle pour poubelle) ; 15 h : Pauline, CE1, inhibée et retard global ; 15 h 30 : Arthur, CE2, problème de conscience phonologique ; 16 h : Bryan, grande section de maternelle, retard global ; 16 h 30 : Marion, 4e, dyslexique/dysorthographique ; 17 h : Paul, CE1, retard de parole/langage ; 17 h 30 : Corentin, CE2, trouble articulatoire (schlintement) ; 18 h : Anthony, CE1, hyperactif ; 18 h 30 : Louis, 3e, dyslexique/dysorthographique ; 19 h : Lucette, 53 ans, dysphonique !
Pour Stéphanie, qui apprécie tout particulièrement de pouvoir donner d'elle-même dans son travail, les principales qualités pour exercer le métier d'orthophoniste sont l'écoute, la disponibilité, la remise en question perpétuelle, la créativité et la patience...
En travaillant en moyenne sur 55 rendez-vous par semaine, Stéphanie gagne environ 3 200 euros bruts par mois.

ORTHOPROTHÉSISTE

Ses missions

Son rôle peut aller de la fabrication de la prothèse (appareil pour remplacer un membre) ou de l'orthèse (appareil de maintien) jusqu'à l'application de celle-ci sur le malade ou la personne handicapée. L'informatique et l'utilisation de matériaux plus légers font leur entrée dans l'exercice du métier. L'orthoprothésiste conçoit, fabrique et pose des appareils réalisés sur mesure pour faciliter la vie de ses patients. La réalisation d'une prothèse ou d'une orthèse se fait en deux temps : l'application et la fabrication. L'application comprend la conception de l'appareil, la définition de la prothèse ou de l'orthèse, le choix des matériaux, les mesures sur le patient, les retouches et la pose.

Sa formation

Le CAP d'orthoprothésiste, qui se prépare en deux ans après la troisième, permet de s'occuper de la réalisation de l'appareillage. Le Bac pro technicien en appareillage orthopédique spécialité prothèse-orthèse qui se prépare en trois ans après la troisième forme les chefs d'atelier de fabrication. Cette formation est ouverte aux titulaires d'un CAP du même secteur. Le titulaire du BTS prothésiste-orthésiste, qui se prépare en deux ans après un Bac, se charge de concevoir, superviser la réalisation et adapter à la personne l'appareillage nécessaire. Le BTS, ainsi que trois ans d'expérience professionnelle, sont obligatoires pour s'installer à son compte.

Rémunération

À partir du Smic.

ORTHOPTISTE

Ses missions

Strabisme, paralysie oculaire, défaut de convergence… : l'orthoptiste est chargé de rééduquer les troubles de la vision. Il pratique cette rééducation en collaboration avec l'ophtalmologiste qui est son prescripteur. À l'aide d'exercices toujours adaptés à chaque âge et à chaque pathologie, il va aider le patient à retrouver une vision correcte. Le diagnostic établi, il évalue les défaillances visuelles et détermine les possibilités de rééducation par une série de tests. Le traitement consistera, par exemple, à faire travailler les muscles de l'œil pour corriger une simple fatigue oculaire. L'orthoptiste doit adapter sa méthode de travail à ses patients qui sont aussi bien de très jeunes enfants que des personnes âgées.

Sa formation

Certificat de capacité d'orthoptiste (Bac+3) obligatoire.

Rémunération

Dans le secteur hospitalier, un débutant perçoit un salaire de 1 891 euros bruts, pour atteindre au dernier échelon de la classe normale 2 934 euros bruts. En libéral, la rémunération est supérieure (jusqu'à 3 000 euros bruts environ).

OSTÉOPATHE

Ses missions

L'ostéopathie tente de corriger, grâce à des manipulations manuelles, la structure des os, des articulations et muscles. Elle repose historiquement sur trois principes : unité du corps humain, interdépendance de la structure et de la fonction et autorégulation du corps humain. L'ostéopathe s'occupe de toutes les pathologies d'origine musculaire ou ostéo-musculaire (non inflammatoires, non infectieuses et non tumorales), avec leurs conséquences. Il recherche les points de blocage ou douloureux sur les membres, les articulations, les nerfs, la colonne vertébrale…

Sa formation

Le diplôme d'ostéopathe peut être obtenu en formation initiale pour les bacheliers et équivalents ou en formation continue (par exemple pour les professionnels de santé). Les études durent cinq ans (dont 3 360 heures théoriques et 1 500 heures pratiques incluant 200 heures de consultations en clinique externe). Un ostéopathe diplômé est identifié par les lettres DO (diplôme d'ostéopathie).

Rémunération
Entre 60 et 90 euros en moyenne, pour une consultation d'environ une heure.

PÉDICURE-PODOLOGUE

Ses missions
Il traite toutes les affections qui concernent le pied (cors, œils-de-perdrix, ongles incarnés, affaissement de la voûte plantaire...) et prescrit les produits nécessaires au traitement. D'autre part, il conçoit et fabrique lui-même des semelles orthopédiques, appelées orthèses plantaires, pour compenser les malformations des pieds, pallier des problèmes vasculaires des jambes ou des pathologies du genou et du dos. Ces semelles sont conçues à l'aide de logiciels informatiques. Il s'occupe également des divers appareillages destinés à protéger ou redresser le pied en cas de malformation ou de défaut de statique. Enfin, il pratique des exercices de rééducation fonctionnelle postopératoire sur prescription médicale. S'il dépiste des troubles relevant d'une thérapeutique médicale (artérite, fracture...), au cours de l'examen d'un patient, il oriente son client vers d'autres spécialistes, médecins ou chirurgiens. Le pédicure-podologue n'a pas besoin de prescription médicale pour accomplir ses actes.

Sa formation
Diplôme d'État de pédicure-podologue obligatoire (Bac+3).

Rémunération
Dans la fonction publique hospitalière, un pédicure-podologue débutant touche 1 891 euros bruts mensuels et jusqu'à 3 400 euros en fin de carrière (grade supérieur). En libéral, la rémunération dépend du nombre de clients, de la fréquence d'interventions et du type (à domicile, en cabinet). Compter entre 2 000 et 3 000 euros bruts par mois.

PHARMACIEN

Ses missions
Ce professionnel est à la fois spécialiste des molécules et commerçant. Le pharmacien d'officine bénéficie du monopole de la distribution des médicaments. Il joue un rôle de relais entre le médecin et le patient, mais fait également beaucoup de conseil car il connaît toutes les incompatibilités médicamenteuses. C'est aussi un véritable chef d'entreprise auquel incombent des tâches de gestion, d'achat et d'approvisionnement en médicaments. S'il opte pour l'industrie pharmaceutique, le jeune pharmacien « suivra » le médicament tout au long de son élaboration : recherche, fabrication, contrôle, dossier d'autorisation de mise sur le marché et marketing.

Le jeune diplômé peut également devenir pharmacien biologiste dans les laboratoires d'analyses médicales. Un pharmacien biologiste peut être directeur d'un laboratoire tout en effectuant des analyses.

Sa formation
Diplôme d'État de docteur en pharmacie (Bac+6 à 9).

Rémunération
De 2000 et 5000 euros environ selon l'expérience. Un pharmacien d'hôpital dans la fonction publique gagne 4411 euros par mois au 1er échelon.

PODO-ORTHÉSISTE

Ses missions
Il s'occupe spécifiquement de l'appareillage du pied pour améliorer la marche des patients. Il conçoit, fabrique et adapte des appareils, chaussures et orthèses plantaires. À partir d'une prescription médicale, il procède à l'examen du patient, puis conçoit et adapte les prothèses. Il est responsable de la fabrication des prothèses. De son côté, l'ouvrier assure la fabrication mécanique et les finitions manuelles des chaussures orthopédiques suivant différentes techniques. Le technicien, souvent chef d'atelier de fabrication, fait le lien entre la conception et la fabrication. D'après la fiche technique établie par le podo-orthésiste, il prépare les éléments correcteurs ou compensateurs de l'orthèse ou de la prothèse. Il établit les patrons nécessaires à la découpe des pièces. Il surveille et coordonne les différentes opérations de la fabrication au sein de l'atelier. Le technicien a pour tâche d'analyser et de préparer le travail, de gérer, de réaliser et de contrôler le produit. Enfin, à partir d'une prescription médicale, le podo-orthésiste procède à l'examen du patient. Il conçoit et adapte l'appareillage, supervise la fabrication et procède à l'essayage et aux éventuelles vérifications.

Sa formation
Là encore, comme pour orthoprothésiste, il existe trois niveaux (CAP, Bac pro et BTS) correspondant à des fonctions et des responsabilités différentes, mais seul le BTS donne l'agrément de la Sécurité sociale et permet de s'installer à son compte.

Rémunération
À partir du Smic.

PRÉPARATEUR EN PHARMACIE

Ses missions

Ses tâches varient en fonction du lieu d'exercice : officine, milieu hospitalier ou industrie pharmaceutique. Les préparateurs en pharmacie exercent leurs fonctions principalement en pharmacie d'officine sous la responsabilité d'un pharmacien.
En officine, il prépare les prescriptions médicales, réalise certaines préparations, gère les stocks de médicaments. Il occupe surtout une fonction commerciale auprès de la clientèle. Il peut également vendre des produits parapharmaceutiques ou des appareillages médicaux. Il exécute également des tâches administratives. Titulaire du BP, il est habilité à servir la clientèle.
En milieu hospitalier, le préparateur délivre, sous la responsabilité du pharmacien, des médicaments aux différents services et non aux malades directement. Il est également chargé des achats et des préparations. Dans l'industrie pharmaceutique, il assure le contrôle des matières premières, encadre les équipes de travail sur machines.

Sa formation

BP préparateur en pharmacie après un Bac pro accompagnement, soins et services à la personne, par exemple.
Pour travailler à l'hôpital, un diplôme de préparateur en pharmacie hospitalière, de niveau Bac+2, est nécessaire.

Rémunération

Autour du Smic.

PROTHÉSISTE DENTAIRE

Ses missions

Ce professionnel travaille exclusivement en laboratoire à partir de moulages d'empreintes. Cet artiste de la prothèse sculpte, moule et modèle couronnes, bridges, dents sur pivot, dentiers ou appareils d'orthodontie, de l'empreinte à la finition... Sur commande du dentiste, il fabrique, répare ou modifie des prothèses que l'on pose soit à la place des dents lorsqu'elles sont cassées ou malades, soit à même les dents pour les reconstituer. Il réalise également certains appareils dentaires correctifs prescrits par les stomatologues.

Sa formation

Le Bac pro prothèse dentaire est indispensable pour exercer ce métier. Son titulaire travaille comme technicien, sous l'autorité d'un chef de laboratoire. Pour gérer son propre laboratoire, le BTS prothésiste dentaire est nécessaire. Le BTM (brevet technique des métiers) en deux ans après un CAP, puis le BTMS (brevet technique des métiers supérieur), en deux ans après le BTM, sont également envisageables.

Rémunération
À partir de 1 750 euros.

PSYCHOMOTRICIEN

Ses missions
Spécialiste des troubles psychomoteurs, il vise à rééduquer par l'harmonie corporelle, aide à retrouver un bien-être, voire à supprimer un handicap. Déficience sensorielle, trouble de l'orientation, de la latéralisation, de l'équilibre, troubles relationnels, etc., font partie des problèmes dont s'occupe le psychomotricien. Il réduit ou supprime un handicap grâce à une thérapie corporelle. Cette forme de rééducation prend en charge les troubles moteurs d'origine psychologique, acquis ou non chez l'enfant, l'adolescent et même l'adulte. Sur prescription et sous contrôle médical, du bébé à la personne âgée, il traite donc les troubles du geste et du mouvement.

Sa formation
Diplôme d'État de psychomotricien, en trois ans après le Baccalauréat.

Rémunération
En milieu hospitalier, un débutant gagne 1 891 euros minimum. Dans le secteur privé, le salaire moyen du psychomotricien s'élève à 2 000 euros.

PUÉRICULTRICE

Ses missions
Les attributions de la puéricultrice vont des soins aux enfants au dépistage d'anomalies, en passant par l'information des parents et des conseils alimentaires... Elle soigne et surveille les enfants, informe, conseille et rassure les parents. Elle assure également une fonction de prévention. Sa formation médicale la rend apte, en cas de besoin, à réaliser les gestes d'urgence. Ses connaissances en psychologie des enfants et leur fréquentation quotidienne lui permettent de réagir rapidement en cas de problème de santé ou psychologique (retard staturo-pondéral, psychomoteur, comportement anormal) ou d'une suspicion de maltraitance.

Sa formation
Diplôme d'État de puériculture (Bac+4) obligatoire. On devient puéricultrice en un an après trois d'études d'infirmière ou de sage-femme. Il s'agit en quelque sorte d'une année de spécialisation (accessible aussi par la voie de la formation continue, d'autant qu'il n'y a pas de limite d'âge).

Rémunération

De 2046 à 3300 euros (hors primes) dans la fonction publique hospitalière selon l'expérience et le grade.

SAGE-FEMME

Ses missions

Elle établit le diagnostic de la grossesse et assure le suivi de la femme enceinte jusqu'à l'accouchement. Elle peut déceler les anomalies à partir d'échographies et d'autres examens qu'elle prescrit. Par ailleurs, elle anime des séances de préparation à l'accouchement (relaxation, sophrologie, yoga...). Elle assure les trois quarts des accouchements, seule ou en présence du médecin-anesthésiste chargé des péridurales. Sa capacité à créer, lors de l'accouchement, une relation de confiance avec la future mère, compte pour beaucoup dans la réussite de son travail. Après l'accouchement, la sage-femme s'occupe du nouveau-né, vérifie qu'il est en bonne santé et effectue, si nécessaire, des gestes de réanimation. Elle surveille également le rétablissement de l'accouchée et la conseille sur l'allaitement et l'hygiène du nouveau-né. Ses responsabilités sont considérables car si la majorité des accouchements se déroulent normalement, elle doit être capable de réagir vite en cas de complications en faisant appel rapidement au gynécologue-obstétricien ou au chirurgien.

Sa formation

Diplôme d'État de sage-femme (Bac+5) obligatoire.

Rémunération

Le salaire mensuel brut d'une sage-femme à l'hôpital est de 2231 euros en début de carrière et de 4000 euros en fin de carrière (dernier échelon du 2e grade). Celles qui exercent à titre libéral sont payées à l'acte.

SECRÉTAIRE MÉDICALE

Ses missions

La secrétaire médico-sociale représente le premier contact avec les structures médicales: elle répond au téléphone, tient le carnet de rendez-vous, etc. Elle accueille, connaît les patients réguliers, transmet les messages, gère les rendez-vous et les urgences. La secrétaire médico-sociale est donc véritablement l'assistante du médecin, le lien entre lui et les patients.

Sa formation

Certificat de secrétaire médico-sociale; certificat de la Croix-Rouge (Bac+1).

Rémunération
À partir du Smic. Dans la fonction publique hospitalière, un assistant médico-administratif de classe normale gagne entre 1 700 et 2 450 euros, selon l'échelon.

TECHNICIEN EN ANALYSES BIOMÉDICALES

Ses missions
Il procède aux prélèvements demandés par le médecin. Il effectue les analyses à partir du sang ou des urines du patient et pratique, si nécessaire, des examens complémentaires pour faciliter le diagnostic, la prévention de maladies ou le contrôle du traitement médical. Son travail est plus ou moins long et délicat: il exécute ses analyses soit manuellement, soit à l'aide d'appareils automatiques de plus en plus sophistiqués. L'informatisation et l'automatisation des laboratoires peuvent l'amener à assurer la maintenance courante des appareils qu'il utilise.

Sa formation
La profession de technicien de laboratoire d'analyses médicales est très réglementée. Pour l'exercer il faut posséder un des diplômes suivants:
- le diplôme d'État de technicien de laboratoire médical;
- le BTSA analyses agricoles biologiques et biotechnologies;
- le BTS biotechnologies;
- le BTS bioanalyses et contrôles;
- le BTS analyses de biologie médicale;
- le BUT génie biologique option analyses biologiques et biochimiques.

Rémunération
Entre 1 700 et 2 502 euros bruts environ dans le secteur public (classe normale).

VISITEUR MÉDICAL

Ses missions
C'est un intermédiaire entre le laboratoire et le médecin. Le délégué médical rend visite aux praticiens pour leur présenter les médicaments fabriqués par le laboratoire qu'il représente. Il s'agit avant tout d'aboutir à ce que les médecins prescrivent davantage les médicaments fabriqués par son laboratoire. Il peut également visiter les pharmacies d'officine, certains professionnels du paramédical et les chirurgiens-dentistes. Sa mission consiste aussi à faire remonter vers le laboratoire les remarques et avis du corps médical sur les produits présentés. Le délégué médical peut, à la demande de son employeur, participer à toute activité d'information collective des professionnels de santé (enseignements post-universitaires, relations publiques…).

Sa formation

Pour exercer cette profession, le délégué médical doit avoir suivi une formation accessible aux titulaires d'un diplôme de niveau Bac+2 (DU ou Licence pro métiers de la promotion des produits de santé) habilitée par le Comité professionnel national de la visite médicale.

Rémunération

Le salaire minimal d'embauche est de 1 800 euros hors frais de déplacement. Les frais professionnels engagés (hôtel, repas…) sont couverts par des indemnités forfaitaires. Les frais de voiture personnelle sont remboursés sur la base d'un barème kilométrique et de plus en plus de laboratoires fournissent une voiture de fonction.

POUR EN SAVOIR PLUS

Quelques ouvrages parus aux éditions Studyrama :
- *Ambulancier* (collection « Cible Concours paramédicaux - sanitaires - sociaux ») ;
- *Le guide des métiers de la santé* (« collection Guides J ») ;
- *Cadre de santé* (collection « Cible Concours paramédicaux - sanitaires - sociaux »).

Consultez également les sites internet suivants :
- www.appelmedical.com : pour des offres d'emploi dans le secteur paramédical ;
- https://solidarites-sante.gouv.fr : site du ministère des Solidarités et de la Santé ;
- https://solidarites-sante.gouv.fr/metiers-et-concours/les-metiers-de-la-sante : où vous trouverez 200 métiers de la santé présentés.

SECTEUR ANIMALIER

ACCOMPAGNATEUR DE TOURISME ÉQUESTRE

Ses missions

Il doit faire en sorte que la promenade ou la randonnée qu'il organise, pour un groupe de cavaliers, se déroule dans les meilleures conditions. Pour cela, il prépare les chevaux, le matériel et repère l'itinéraire. Il doit également évaluer le niveau de chaque cavalier avant de partir. L'accompagnateur fait aussi partager son plaisir : la randonnée est surtout une découverte, celle du cheval et de la région traversée. Son rôle d'animateur est donc essentiel. Pour mener à bien une randonnée équestre, il faut être bon cavalier, posséder des notions de dressage, connaître tous les soins à apporter aux chevaux, assurer la bonne entente et le dynamisme de son groupe de randonneurs et connaître la région. Des notions de secourisme et le sens de l'orientation sont deux qualités supplémentaires indispensables.

Sa formation

Le brevet professionnel de la jeunesse, de l'éducation populaire et du sport (BPJEPS) spécialité éducateur sportif mention activités équestres donne des éléments de base indispensables à l'exercice de la profession, mais le titre d'accompagnateur de tourisme équestre de la FFE est le meilleur passeport. Il est également possible d'envisager un CQP animateur soigneur assistant mention tourisme équestre, à condition de travailler ensuite sous les ordres d'un titulaire du titre d'accompagnateur ou du BPJEPS.

Rémunération

Les revenus sont très variables selon les accompagnateurs. Cependant les salaires avoisinent majoritairement le Smic.

ANIMALIER DE LABORATOIRE

Ses missions

Il prend en charge l'entretien et les soins des animaux de laboratoire (rats, lapins, souris…). Il veille à leur état de santé, leur alimentation et par-dessus tout à leur hygiène, tout ceci dans le dessein d'expérimentations pour la recherche. Il s'agit d'être particulièrement observateur, par conséquent, de s'intéresser de près aux animaux. Attention cependant, ce métier est déconseillé aux âmes sensibles : chaque animal est potentiellement sujet d'expériences et il arrive de pratiquer des autopsies sur des animaux morts, pour examiner leurs tissus et éventuellement détecter des maladies transmissibles à l'homme.

Sa formation
Bac pro technicien en expérimentation animale.

Rémunération
Smic.

AUXILIAIRE DE SANTÉ ANIMALE

Ses missions
Il effectue des missions multiples, à la fois de secrétaire médical et d'aide-soignant. Il travaille sous l'autorité du vétérinaire et est un peu son bras droit: désinfection du matériel de soin, des locaux, des cages, conseils auprès des clients sur les soins, les vaccinations et les règles d'hygiène nécessaires à leurs animaux, mais aussi prélèvement de sang, d'urine, pansements, points de suture, tatouages ou détartrage: autant de tâches qui peuvent lui incomber! Il assiste naturellement le vétérinaire pendant les opérations chirurgicales et les soins postopératoires.

Sa formation
Le titre AVQ (auxiliaire vétérinaire qualifié) et le titre ASV (auxiliaire spécialisé vétérinaire), dispensés par un organisme certificateur.

Rémunération
Le Smic en début de carrière.

CADRE D'ÉCURIE

Ses missions
Les lads expérimentés peuvent devenir cadres d'écurie: premier garçon ou garçon de voyage. Le premier garçon, hiérarchiquement plus élevé que les lads, a un rôle de contremaître. Il vérifie chaque jour l'état de santé des chevaux, indique la composition et la quantité de nourriture réservée à chaque animal et s'assure du travail des lads tant à l'écurie qu'à l'entraînement. Il est le bras droit de l'entraîneur. Le garçon de voyage est chargé de préparer les chevaux en vue des transports, en particulier vers les champs de courses. Il est responsable de la pose des bandages et de la présentation du cheval qu'il soigne après la course. Cet emploi n'existe que dans les écuries suffisamment importantes.

Sa formation
Le Bac pro conduite et gestion de l'entreprise hippique et quelques années d'expérience préparent à assurer cette responsabilité.

Rémunération
Le Smic pour débuter avec un intéressement sur les gains en écurie de courses.

DRESSEUR D'ANIMAUX

Ses missions
Monter debout sur un éléphant, nager avec les dauphins... Les animaux sont capables de réaliser des spectacles extraordinaires sous la direction d'un dresseur animalier. Mais avant d'arriver sur scène, il faut un entraînement de longue haleine. Apprendre un tour nécessite des heures de travail acharné voire même des mois ou des années. Le dresseur doit également être capable d'assurer la sécurité des personnes qui sont autour de lui (assistants, public) en cas de problème. Il est capable d'analyser rapidement une situation anormale et de maîtriser l'animal s'il devient dangereux. Les dresseurs travaillent dans les zoos, les cirques, les centres de loisirs aquatiques ou les productions cinématographiques et audiovisuelles. Cependant, comme dans de nombreux métiers du spectacle, la demande est plus forte que l'offre et il est difficile de se faire un nom.

Sa formation
Sur le tas.

Rémunération
Elle n'est pas mirobolante... La passion étant le meilleur gain mensuel !

ÉLEVEUR DE CHEVAUX

Ses missions
À la frontière des métiers de l'équitation et de l'exploitation agricole, l'éleveur de chevaux se situe en marge de l'élevage traditionnel. Il prend soin des chevaux qu'il élève et contrôle leur reproduction dans un but purement commercial. Généralement, c'est de la vente pour l'entraînement ou la boucherie que les principales rentrées d'argent proviennent. Cependant, depuis l'explosion du tourisme équestre, certains exploitants agricoles ont opéré une reconversion habile vers le développement d'activités touristiques. Outre les bénéfices financiers, c'est une façon pour eux de valoriser leur profession d'éleveur.

Sa formation
Le Baccalauréat professionnel conduite et gestion de l'entreprise hippique reste le diplôme de base pour devenir éleveur et bénéficier d'aides à l'installation. Par la suite, le Bac pro peut être complété par un certificat de spécialisation option conduite de l'élevage des équidés.

Rémunération
Environ le Smic en début de carrière.

ENSEIGNANT-ANIMATEUR

Ses missions
Il évalue le travail des chevaux et poneys et conduit les activités de découverte. Il doit également assurer le lien entre le client et sa demande. Outre ses capacités pédagogiques, il doit donc être bon commerçant. De même, il est préférable de posséder une bonne technique en tant que cavalier.

Sa formation
L'enseignant doit être titulaire d'un brevet professionnel de la jeunesse, de l'éducation populaire et du sport (BPJEPS) spécialité éducateur sportif mention activités équestres.

Rémunération
D'environ 1 600 euros pour un enseignant-animateur débutant à 2 100 euros pour un enseignant-responsable pédagogique.

ENTRAÎNEUR

Ses missions
Les propriétaires lui confient leurs chevaux de course qu'il doit héberger, soigner, entraîner et faire courir au mieux de leurs intérêts. Assurant l'entraînement le matin, il assiste aux courses l'après-midi. Cette activité, comparable à une profession libérale, exige des qualités de gestionnaire.

Sa formation
Bac pro conduite et gestion de l'entreprise hippique et plusieurs années d'expérience en tant que cavalier. Il existe également une école spécialisée en France : l'AFASEC (Association de Formation et d'Action Sociale des Écuries de Courses).

Rémunération
Environ 2000 euros.

FAUCONNIER

Ses missions
Villes médiévales, cirques et zoos, tous présentent un spectacle de rapaces. L'animal est impressionnant, mais le fauconnier ne se laisse pas influencer par son regard perçant. Il ne faut pas croire pour autant que le métier est facile. Le fauconnier dresse

faucons et vautours, ainsi que certains petits rapaces plus rares. À la base, le dressage des rapaces était conçu uniquement pour la chasse. Aujourd'hui, le métier est en voie de disparition et les seuls maîtres fauconniers restants travaillent pour les aéroports militaires afin d'effrayer les oiseaux migrateurs. Quelques spécialistes des rapaces exercent également dans les zoos, les villes médiévales et les parcs d'attractions. Ils proposent un spectacle, en compagnie de leurs oiseaux.

Sa formation

Il n'existe aucune formation, ni diplôme pour devenir fauconnier. Pour apprendre les rudiments du métier, il suffit de se présenter, armé de patience et de motivation, auprès des structures présentant des spectacles et des bases militaires employant des maîtres fauconniers. La SARL Fauconnerie Merlyn propose également des stages professionnels de fauconnerie (plus de 300 heures étalées sur 40 jours de formation).

Rémunération

Autour du Smic pour débuter.

JOCKEY

Ses missions

Le jockey est choisi pour la course, parmi les lads-jockeys. S'il présente les aptitudes requises (taille et poids notamment), il peut monter en course dès l'âge de 16 ans. Les conditions et l'hygiène alimentaire requises sont néanmoins drastiques, puisqu'un jockey ne peut peser plus de 60 kg en obstacles et 55 kg en plat, sous peine d'être immédiatement évincé des champs de courses. Un jockey est également jugé sur le nombre de courses qu'il remporte.

La profession de jockey est rarement exclusive puisque la plupart d'entre eux assurent également la fonction de lad. Des exceptions existent notamment en région parisienne, où une trentaine de jockeys vivent exclusivement de leurs montes en courses. Il n'existe apparemment aucun jockey de trot vivant exclusivement de ses gains : les entraîneurs drivent souvent eux-mêmes en course.

Sa formation

Voir lad-jockey.

Rémunération

Fluctuante.

LAD-DRIVER/LAD-JOCKEY

Leurs missions

Le lad-jockey est chargé des soins et de l'entraînement des chevaux. Il exécute les ordres d'un entraîneur et surveille étroitement l'état du matériel et des chevaux dont il a la charge. Son principal travail: préparer les chevaux à la course. Pour cela, il monte tous les matins chaque cheval d'une heure à plusieurs heures. C'est aussi lui qui leur donne les soins quotidiens: nourriture, nettoyage des boxes, pansage, soins vétérinaires élémentaires. Il entretient également les selles et les harnais.
Le lad-driver assure, dans les écuries de courses au trot, les mêmes fonctions que le lad-jockey. Il peut driver (conduire le sulky) en courses de trot attelé.

Leurs formations

Le diplôme requis est le CAP agricole lad-cavalier d'entraînement qui se prépare en deux ans. Ceux qui veulent ensuite évoluer vers des fonctions de cadre d'écurie ou s'orienter vers l'élevage de chevaux pourront poursuivre leurs études en Bac pro conduite et gestion de l'entreprise hippique ou dans une école spécialisée comme l'AFASEC (Association de Formation et d'Action Sociale des Écuries de Courses).

Rémunération

Le salaire d'un débutant est proche du Smic, auquel il convient d'ajouter un intéressement aux résultats obtenus en course par les chevaux de l'écurie. Autant dire que l'entraînement a une importance considérable dans le salaire. Remporter une course de trot ou être dans les premiers, c'est toucher entre 5 et 10 % du prix gagné par le cheval.

MAÎTRE-CHIEN

Ses missions

Le maître-chien n'est pas seulement focalisé sur l'éducation de son animal. C'est avant tout une complicité quotidienne qu'il doit mettre en place entre son chien et lui, *via* la nourriture, l'hygiène et les soins inhérents à tout animal. Selon les domaines dans lesquels il intervient, le maître-chien a des responsabilités différentes. Il assure au choix, la prévention contre les actes de malveillance, il surveille ou porte secours, il lutte contre la criminalité et le trafic de drogues... Notez que votre mission ne sera pas la même selon que vous serez maître-chien de recherche, d'avalanche, militaire, etc.

Sa formation

Les agents cynophiles du secteur privé doivent justifier d'un certificat de qualification professionnelle ou d'un titre d'agent cynophile. Un brevet national de maître-chien d'avalanches est également envisageable. L'armée, la gendarmerie et la police nationale proposent aussi des formations à ses agents, après quelques années d'expérience professionnelle.

Rémunération
À partir du Smic.

MARÉCHAL-FERRANT

Ses missions
Artisan de son état, le maréchal-ferrant ferre les pieds des chevaux et s'occupe de leur parage. Souvent indépendant, ce podologue équin vient régulièrement en aide aux vétérinaires. Il ne faut pas voir en ce métier vieux de plus de trois mille ans, un archaïsme... Au contraire, les techniques de maréchalerie sont de plus en plus affinées. Maîtriser et amadouer les équidés requiert toutefois une grande résistance physique !

Sa formation
Le CAP agricole maréchal-ferrant ou le BTM maréchal-ferrant sont les formations de base.

Rémunération
À partir du Smic. En tant qu'indépendant, il est rémunéré au pourcentage par les quelques écuries qui l'emploient (entre 80 et 100 euros par intervention pour un itinérant).

MONITEUR-ÉDUCATEUR DE CHIENS GUIDES D'AVEUGLES

Ses missions
Son travail consiste à élever et à dresser les chiens, la plupart du temps des labradors, qui viendront en aide aux non-voyants et aux personnes handicapées. Il apprend aux chiens à obéir, à apporter des objets, etc. Éduquer un chien guide d'aveugles est une mission extrêmement importante. Les qualités requises pour embrasser la carrière de moniteur-éducateur sont essentiellement la patience, le calme et un certain altruisme.

Sa formation
Formation de quatre ans en alternance, dispensée par l'Association de formation aux métiers du handicap visuel par l'aide animalière (AFH2A). Cette formation comporte deux niveaux : moniteur (2 ans) et éducateur (2 ans). Pour devenir éducateur de chiens guides d'aveugles, il faut préalablement valider la formation de moniteur. Le cursus complet débouche sur le titre d'éducateur de chiens guides d'aveugles (Bac+2).

Rémunération
Environ 1 600 euros pour un éducateur débutant.

SOIGNEUR DANS UN PARC ZOOLOGIQUE

Ses missions
Travailler dans un zoo, côtoyer quotidiennement la faune la plus diversifiée, et devenir le familier du lion, de l'ours polaire, de la girafe ou de l'éléphant… qui n'en rêverait pas ? Mais attention, si la perspective d'approcher tous les animaux du monde est on ne peut plus séduisante, elle n'est réservée qu'à un tout petit nombre : seules cinq à six personnes par an sont recrutées. Le rôle du soigneur consiste surtout à enlever le fumier, à nettoyer les cages et les enclos, et parfois à assister le vétérinaire dans son travail. Il a également pour mission de nourrir les animaux, et ceux-ci le savent bien… C'est le meilleur moyen d'approfondir les relations établies petit à petit avec les bêtes, même les plus sauvages !

Sa formation
Après la troisième, la formation d'animalier en parc zoologique (à la Maison familiale rurale de Carquefou ou au CFAA du Lot). Pour les titulaires du Bac, le CFPPA de Vendôme propose également une spécialisation soigneur animalier. Les soigneurs de zoos municipaux ont le statut d'employés municipaux. En revanche, les soigneurs dans les zoos privés ne bénéficient d'aucun statut officiel, ni de mode de recrutement particulier.

Rémunération
À partir du Smic.

TAXIDERMISTE

Ses missions
La fonction de taxidermiste consiste à redonner une apparence de vie à la dépouille d'un animal. Les clients peuvent être des particuliers qui veulent préserver la mémoire de leur animal de compagnie, des chasseurs souhaitant exhiber des trophées de chasse, ou bien encore des musées pour leurs collections scientifiques. Si la taxidermie vous intéresse, ne perdez pas de vue qu'il s'agit d'ouvrir, de manipuler des cadavres d'animaux avant de leur « rendre la vie ». Il va donc de soi que ce n'est pas un métier pour tout le monde.
Le métier de taxidermiste consiste à stocker et conserver les pièces, avant et après dépouille, les étiqueter, les classer, les nettoyer et les congeler. La prise des mensurations de l'animal, qui doit être extrêmement précise, est concrétisée par le dessin.

Sa formation
La formation au métier de taxidermiste (CAP) est dispensée dans seulement un seul établissement en France : le CFA de la SEPR à Lyon.

Rémunération
Le Smic. De nombreux professionnels sont cependant obligés d'exercer un autre emploi à mi-temps.

TECHNICIEN SUPÉRIEUR DES SERVICES VÉTÉRINAIRES

Ses missions
Il est possible de travailler sous l'autorité d'un vétérinaire inspecteur dans les services vétérinaires du ministère de l'Agriculture et de l'Alimentation en n'étant pas vétérinaire, mais seulement technicien. Le technicien des services vétérinaires n'exerce ni dans une clinique vétérinaire ni dans un cabinet. Sa fonction consiste à rendre visite à tous les établissements qui détiennent des animaux, domestiques ou non, pour vérifier la condition de vie des animaux et lutter contre les maladies. Il vérifie également la conformité des installations. Mais la quasi-totalité de ces techniciens, à la sortie de leur formation, travaillent dans les abattoirs, pour contrôler les conditions d'abattage des animaux, la conformité des ateliers de transformation et des lieux de vente. C'est ainsi qu'il détecte des illégalités éventuelles vérifiant, par là même, la qualité de la viande fournie. Il lui est possible à ce titre d'ouvrir une enquête sanitaire s'il juge que c'est nécessaire.

Sa formation
Formation en un an à l'INFOMA (https://infoma.agriculture.gouv.fr/) après concours d'entrée.

Rémunération
De 1 900 euros bruts mensuels pour un technicien supérieur au 1er échelon à 2 950 euros bruts pour un chef technicien au 11e échelon, dans la fonction publique.

TECHNICO-COMMERCIAL EN ALIMENTATION ANIMALE

Ses missions
Il se rend chez des éleveurs (clients ou non de son entreprise), leur propose et, le cas échéant, leur vend des produits d'alimentation animale fabriqués par l'entreprise qu'il représente. Il doit aussi savoir se montrer à l'écoute des demandes des clients, analyser leurs besoins et problèmes, de manière à proposer les solutions les plus appropriées en termes de prix, de produit et de services. Ce métier nécessite avant tout de très bonnes compétences commerciales, le sens et le goût du contact, de

l'autonomie, et une bonne connaissance des produits vendus. Il est également chargé de la gestion des stocks qu'il doit écouler.

Sa formation

Les offres technico-commerciales s'adressent en majorité à des candidats de niveau Bac+2 (BTSA technico-commercial, BTSA sciences et technologies des aliments complété par une formation commerciale, BUT techniques de commercialisation…), mais sont également accessibles aux ingénieurs agronomes dans les grandes entreprises.

Rémunération

À partir du Smic.

TOILETTEUR POUR ANIMAUX DE COMPAGNIE

Ses missions

Le toiletteur pour chiens est aussi appelé technicien de l'entretien canin. Parmi les nombreuses qualités et aptitudes que ce métier réclame, la patience et la compréhension du chien sont primordiales. Il faut que l'animal se laisse faire, se sente en confiance… Il ne faut pas le laisser s'agiter, même s'il a peur. Il faut aussi faire preuve d'une certaine robustesse : un labrador, par exemple, sera moins facile à maintenir en place qu'un yorkshire… Le toiletteur lave, sèche, brosse et tond le chien dont il s'occupe. Là encore, les possibilités sont multiples : la toilette d'un teckel à poil dur et celle d'un épagneul, par exemple, sont deux choses bien différentes. Les shampooings et produits antiparasitaires doivent être adaptés à chaque cas. D'autant qu'il faut compter avec les goûts et les exigences des propriétaires.

Sa formation

Aucun diplôme n'est exigé pour exercer cette profession et s'installer à son compte. Une seule démarche : s'inscrire au répertoire des métiers. Cependant, sortir d'une école reconnue par la profession et dispensant un enseignement théorique et pratique constitue un atout. Ainsi le BNTC (Brevet national de Toiletteur canin) est un certificat de niveau V homologué par l'État. La formation dure deux ans et s'adresse à des jeunes de 16 à 25 ans ayant le niveau de 3e. Elle peut être réalisée en alternance : via l'apprentissage ou en contrat de qualification sur deux ans.

Rémunération

Un toiletteur débutant ne peut espérer toucher beaucoup plus que le Smic, à moins de reprendre une clientèle et un salon déjà bien établis. Ensuite, les salaires fluctuent. Tout dépend du succès, de la clientèle, et probablement du secteur où l'on exerce !

VENDEUR EN ANIMALERIE

Ses missions

Le rôle du vendeur animalier est d'accueillir, de conseiller, d'informer et bien sûr de convaincre le client d'acheter un animal. Son activité est purement commerciale, il vend non seulement des animaux mais aussi tous les produits dérivés (cages, graines, aquariums...). Il peut tout aussi bien travailler en animalerie, dans le rayon spécialisé d'une jardinerie ou pour le compte d'une société qui importe des animaux exotiques. Dans tous les cas, il est amené à travailler avec de petits animaux très divers (chiens, chats, souris...) qu'il lui faut tous connaître, de manière à savoir exactement comment les nourrir, les soigner, et détecter le moindre signe de maladie. D'autre part, le vendeur en animalerie est chargé de l'entretien des litières, des cages et des aquariums.

Sa formation

Le Bac pro conduite et gestion d'une entreprise du secteur canin et félin ou celui de technicien conseil vente en animalerie est le plus approprié. Un BTSA technico-commercial peut également être suivi après le Bac.

Rémunération

Autour du Smic pour débuter.

VÉTÉRINAIRE

Ses missions

Le vétérinaire est le professionnel de la santé des animaux, de toutes les filières de productions animales, de la santé publique (en maîtrisant la qualité et la sécurité des aliments d'origine animale et en contrôlant les maladies animales transmissibles à l'homme), du bien-être et de la protection des animaux, de la protection de l'environnement et de la biodiversité des espèces.
63,4 % des vétérinaires exercent une activité libérale (médecine et chirurgie des animaux familiers et/ou de production), le reste se répartissant entre les grands corps de l'État (enseignement supérieur, armée, services vétérinaires...), le salariat dans l'agriculture (coopératives agricoles, organismes agricoles à vocation sanitaire), l'industrie (pharmaceutique, agroalimentaire, aliments du bétail...) ou la recherche dans les grands instituts tels que l'Inrae, l'Inserm, le CNRS...

Sa formation

Pour exercer, il faut obtenir le diplôme d'État de docteur vétérinaire. Accès sur concours commun après une classe prépa (Bac+2) et préparation pendant 5 ans dans l'une des quatre écoles nationales vétérinaires (Maisons-Alfort, Lyon, Nantes ou Toulouse). Un accès post-Bac est désormais possible (via Parcoursup) pour 7 années d'études.

Rémunération
Entre 2 000 et 2 500 euros environ pour un débutant.

ZOOLOGISTE

Ses missions
Le zoologiste observe, décrit et classe les animaux morts ou vivants en captivité. Pour cela, il doit les voir évoluer dans leur milieu naturel à l'occasion notamment de reportages photo. Souvent professeur de biologie ou de sciences naturelles, il est également amené à effectuer de nombreux travaux de recherche en collaboration avec les autres chercheurs et associations en zoologie.

Sa formation
Masters et écoles d'ingénieurs en agronomie ou de vétérinaires, complétés par un Doctorat à l'université (Bac+8) ouvrent les portes du marché du travail.

Rémunération
Plus de 2 000 euros en début de carrière.

POUR EN SAVOIR PLUS

Consultez *Travailler avec des animaux*, paru aux éditions Studyrama, collection « Guides J ».

SOCIAL

AGENT DE DÉVELOPPEMENT LOCAL

Ses missions

L'agent de développement local est un médiateur. Il établit un lien entre les institutions et les habitants d'un quartier avec une priorité : impliquer les habitants. Son rôle est de mobiliser l'ensemble des ressources d'un quartier, de le dynamiser par la mise en œuvre d'un projet collectif de développement. Ses responsabilités sont multiples car son travail se définit en fonction des besoins locaux. Il soutient la vie culturelle d'un quartier, participe à des réflexions sur le travail de la police, intervient dans la prévention de la moyenne et petite délinquance, développe les pratiques sportives et de loisirs, assure la liaison entre l'école et le quartier et s'implique dans les actions d'insertion économique. Il favorise également la cohabitation interethnique.

Sa formation

Posséder une bonne expérience du travail social et une grande connaissance du quartier est capital. Les universités ont mis en place de nombreuses formations spécialisées dans le domaine du développement local, de Bac+3 à Bac+5 (Master gestion des territoires et développement local, par exemple).

Rémunération

1 600 euros en moyenne pour un débutant, mais la fourchette reste assez floue dans la mesure où la rémunération dépend du profil et des missions de l'agent de développement.

AGENT TERRITORIAL SPÉCIALISÉ DES ÉCOLES MATERNELLES (ATSEM)

Ses missions

Elle accueille les enfants lors de leur arrivée à l'école et les accompagne tout au long de leur journée. C'est elle qui prépare leur goûter, s'occupe de leur hygiène (lavage des mains, habillage et déshabillage, etc.). De plus en plus, elle délaisse les tâches ménagères pour assister l'enseignant. Ainsi, elle est chargée de veiller à la préparation matérielle des activités et à la décoration de la classe. Bien souvent, elle s'occupe des petites sections des écoles maternelles. Certaines mairies les emploient même durant les vacances scolaires dans des établissements de loisirs où elles exercent peu ou prou les mêmes fonctions que dans les écoles maternelles.

Sa formation

CAP accompagnant éducatif petite enfance.

Rémunération

De 1 653 euros pour une Atsem débutante à 2 294 euros pour une Atsem principale de 1re classe au dernier échelon.

AIDE MÉDICO-PSYCHOLOGIQUE

Ses missions

Il apporte une aide aux personnes dépendantes à cause d'une maladie grave ou d'un handicap. Il est en contact aussi bien avec des enfants qu'avec des personnes âgées. Son rôle oscille entre l'éducatif et le soin. Il vient en aide en particulier aux enfants ou aux adolescents très handicapés : déficients mentaux, moteurs ou sensoriels. Il a également un rôle de soutien et d'accompagnement auprès des personnes adultes handicapées et des personnes âgées dépendantes. Le soutien apporté embrasse la totalité de la vie quotidienne (repas, toilette, lever, coucher et activités d'éveil). Bien souvent, il travaille en relation avec d'autres travailleurs sociaux. C'est ainsi qu'il seconde, selon les structures, les éducateurs dans le secteur de l'enfance ou encore les animateurs auprès d'adultes, et dans certains cas, le personnel soignant et paramédical.

Sa formation

La formation, répartie sur 12 à 24 mois, est sanctionnée par le diplôme d'État accompagnant éducatif et social spécialité accompagnement de la vie en structure collective. Il est également possible de préparer en 3 ans après la troisième le Bac pro accompagnement, soins et services à la personne (option B : en structure).

Rémunération

Smic en début de carrière.

ANIMATEUR SOCIOCULTUREL

Ses missions

Un animateur est un travailleur social qui travaille sur le temps libre des autres. De manière générale, l'animateur socioculturel a pour fonction de concevoir, d'organiser et de développer des activités éducatives, culturelles et sociales. Ces professionnels du travail social peuvent être répartis en trois grandes catégories : les animateurs spécialistes d'un public ou d'une technique particulière, les animateurs généralistes qui possèdent à la fois des compétences techniques et organisationnelles et les animateurs responsables qui ont des fonctions d'encadrement.

Sa formation

On recense différents diplômes tantôt délivrés par le ministère des Solidarités et de la Santé, tantôt par le ministère des Sports ou le ministère de l'Éducation nationale. Voici quelques diplômes et le niveau d'études requis :

- le BASE : ce brevet ne comporte pas de formation. Il sanctionne simplement une aptitude à exercer des fonctions d'animateur ;
- le BAFA : ce n'est pas un diplôme professionnel, mais il est pourtant fréquemment acquis par les animateurs professionnels. Il est délivré par la direction départementale de la Jeunesse et des Sports ;
- le BAFD : diplôme destiné à permettre de diriger, à titre non professionnel et de façon occasionnelle, des enfants et adolescents en centres de vacances ou de loisirs ;
- le CPJEPS AAVQ (certificat professionnel de la jeunesse, de l'éducation populaire et du sport mention animateur d'activités et de vie quotidienne) : c'est le premier niveau de qualification (niveau CAP) professionnelle de l'animation ;
- le BPJEPS (brevet professionnel de la jeunesse, de l'éducation populaire et du sport) : prépare au métier d'animateur dans une spécialité (gymnastique, sports collectifs, animation sociale, loisirs tous publics, etc.) ;
- le DEJEPS (diplôme d'État de la Jeunesse, de l'Éducation populaire et du Sport) ;
- le DEUST animation et gestion des activités physiques et sportives ou culturelles.
- la Licence pro métiers de l'animation sociale, socio-éducative et socioculturelle ;
- le BUT carrières sociales option animation socioculturelle.

Rémunération

Le Smic.

ASSISTANT DE SERVICE SOCIAL

Ses missions

Il (souvent elle) vient en aide aux personnes les plus démunies pour améliorer leur situation sociale, économique, psychologique et culturelle. Insérer, aider : deux actions que les assistantes de service social mènent en direction d'enfants, d'adolescents ou encore de personnes âgées. Cette double mission peut prendre différentes formes : l'assistant de service social informe sur les droits aux prestations sociales, médicales, il oriente vers des lieux spécialisés et participe activement au développement social de quartiers ou de collectivités. Plurielles, les tâches de ce travailleur social dépendent étroitement de l'organisme qui l'emploie. Néanmoins, tous ces travailleurs sociaux sont amenés à effectuer un travail de terrain important, de même que de nombreuses enquêtes sociales.

Sa formation

Diplôme d'État d'assistant de service social (DEASS). Pour décrocher ce diplôme, vous avez le choix entre deux types de formation. Tout d'abord les écoles spécialisées qui recrutent sur concours après le Bac. La formation se déroule sur trois années (reconnue à Bac+3). Vous pouvez également préparer un BUT carrières sociales option assistance sociale.

Rémunération
À partir de 1710 euros bruts mensuels, dans la fonction publique d'État et jusqu'à 1850€ dans des services de la Sécurité Sociale ou dans les établissements pour personnes handicapées..

ASSISTANTE MATERNELLE

Ses missions
Accueillir un ou plusieurs enfants à son domicile. On distingue les assistantes maternelles non permanentes qui s'occupent uniquement de l'accueil de jour et les assistantes maternelles permanentes qui prennent en charge l'enfant de manière continue. Elle doit être disponible et capable d'éveiller l'enfant par toutes sortes de moyens. De manière générale, l'assistante maternelle doit se préparer à avoir une relation affective durable avec le ou les enfants dont elle a la charge.

Sa formation
Pour pouvoir exercer, il faut obtenir un agrément délivré par le Conseil général. L'agrément est accordé pour une durée de cinq ans renouvelables et implique d'avoir un logement à soi, d'être en bonne santé, de maîtriser le français oral et de suivre une formation obligatoire. La durée de cette formation est de 120 heures, mais sa répartition varie selon que l'assistante maternelle est agréée pour l'accueil à titre permanent (120 heures dans les 3 premières années à compter de l'agrément) ou pour l'accueil de jour (80 heures avant l'accueil du premier enfant, puis 40 heures en cours d'exercice).

Rémunération
Le salaire de base est convenu entre l'assistante maternelle et son employeur. Il doit être au moins égal à 2,88 euros par heure et par enfant, auxquels s'ajoutent différentes indemnités (de repas et d'entretien).

AUXILIAIRE DE VIE SOCIALE, AIDE À DOMICILE

Leurs missions
L'auxiliaire de vie sociale intervient auprès de toute personne qui ne peut assumer seule les tâches de la vie quotidienne (personnes âgées, familles, personnes handicapées, malades...). Il les épaule et les assiste pour permettre leur maintien à domicile, contribuer à la préservation, la restauration et la stimulation de leur autonomie, favoriser leur insertion sociale et ainsi concourir à la lutte contre l'exclusion.

Leurs formations

Bien souvent, les professionnelles de l'aide à domicile exercent leurs fonctions sans formation ni diplôme préalable. Il est clair que ce domaine d'activité se caractérise, encore aujourd'hui, par un très faible niveau de qualification. Néanmoins, les formations existent. Le diplôme d'État d'accompagnant éducatif et social spécialité accompagnement de la vie à domicile est le diplôme de référence, accessible après un CAP accompagnant éducatif petite enfance ou un CAP assistant technique en milieux familial et collectif. Un Bac pro services aux personnes et aux territoires ou accompagnement, soins et services à la personne peut aussi faire l'affaire.

Rémunération

Elles sont employées le plus souvent à temps partiel et sont rémunérées à l'heure. Compter le Smic pour débuter.

CONSEILLER CONJUGAL ET FAMILIAL

Ses missions

Comme son nom l'indique, il accueille les familles et les individus et les informe sur des sujets ayant trait à leur vie relationnelle, conjugale, affective ou encore sexuelle. Sa mission? Couples en instance de divorce, violences conjugales, maltraitance ou encore problèmes de communication sont le lot quotidien de ce professionnel de l'écoute. Mais pas seulement, il peut tout aussi bien prodiguer des conseils en matière de contraception et de lutte contre le sida et les MST (maladies sexuellement transmissibles). Dans les centres de planification ou d'éducation familiale, il est tenu de recevoir des patientes dans un entretien préalable à une interruption volontaire de grossesse (IVG).

Sa formation

Pour exercer ce métier, il faut avoir obtenu une attestation de qualification de conseil conjugal et familial délivrée par des organismes agréés par l'État ou à l'Université. La formation s'échelonne sur deux ans. Elle est ouverte aux candidats possédant un diplôme d'État médical, paramédical, social, éducatif, psychologique, juridique ou d'animation, ainsi qu'aux titulaires de l'unité de formation pour une éducation à la vie (160 heures) justifiant de 200 heures d'activité d'accueil ou d'information dans le domaine conjugal.

Rémunération

Ils sont employés le plus souvent à temps partiel et sont rémunérés à l'heure (entre 8 et 12 euros bruts). Dans un cabinet privé, en libéral, une consultation peut atteindre entre 20 et 100 euros de l'heure.

CONSEILLER DANS UNE MISSION LOCALE OU UNE PAIO

Ses missions

Les missions locales et les PAIO (permanences d'accueil, d'information et d'orientation), mises en place au niveau communal ou intercommunal, ont pour mission d'aider les jeunes de 16 à 25 ans sortis du système scolaire sans qualification à trouver une place sur le marché du travail. À la différence des PAIO, les missions locales s'occupent, en plus de l'insertion professionnelle, de l'insertion sociale (logement...). Ce conseiller en insertion sociale et professionnelle reçoit des jeunes en difficulté en entretien individuel, analyse leur situation, les conseille, repère leurs potentialités et les oriente vers le dispositif le plus adapté : formation qualifiante, entreprise d'insertion... Il définit également des actions ou des projets, comme un atelier de recherche d'emploi ou un réseau de parrainage avec les chefs d'entreprise de la région. Dans le cadre de sa mission, le conseiller est aussi amené à visiter des organismes de formation, à prospecter des entreprises éventuellement pourvoyeuses d'emplois, à rédiger des comptes rendus d'évaluation à l'attention d'organismes finançant ces actions d'accueil et d'orientation.

Sa formation

La majorité des conseillers ont un niveau Bac+3 à Bac+5 en sciences économiques, psychologie, droit ou en développement social et insertion (exemple : Licence pro mention insertion sociale : insertion et réinsertion sociale et professionnelle).

Rémunération

À partir de 1 700 euros environ.

CONSEILLER PÉNITENTIAIRE D'INSERTION ET DE PROBATION (CPIP)

Ses missions

Le conseiller conseiller pénitentiaire d'insertion et de probation (CPIP) dépend de l'administration pénitentiaire. Il intervient auprès de délinquants majeurs (détenus ou probationnaires). Il peut exercer en milieu fermé, c'est-à-dire en maison d'arrêt, en centres de détention ou en centrales, mais également en milieu ouvert, dans des comités de probation et d'assistance aux libérés. Sa mission consiste essentiellement à favoriser la réinsertion des délinquants majeurs et à lutter contre la récidive, mais cette mission s'exerce différemment selon le champ d'intervention.

Sa formation

Les CPIP sont recrutés par voie de concours ouverts aux titulaires d'un Bac+3 ou d'une qualification professionnelle reconnue comme équivalente. La formation, qui dure deux ans, est dispensée au sein de l'École nationale de l'administration pénitentiaire (ENAP).

Rémunération

De 2 294 euros pour un débutant à 3 239 euros en fin de carrière.

CONSEILLER EN ÉCONOMIE SOCIALE ET FAMILIALE

Ses missions

C'est le ou la (les femmes sont majoritaires) spécialiste de la vie quotidienne. Ce travailleur social se doit de conseiller les personnes afin de leur éviter le gaspillage, les aider à faire le meilleur choix en fonction de leurs besoins, de leurs goûts et de leurs désirs en connaissance de cause. En effet, le conseiller en économie sociale et familiale aide les familles à gérer au mieux tous les problèmes posés par la vie quotidienne : alimentation, logement, habillement, santé, habitat et environnement, et vie sociale, etc. Le but avoué de ces professionnels est d'éviter l'exclusion sociale des familles.

Sa formation

Diplôme de conseiller en économie sociale et familiale (DCESF). Il s'effectue en deux étapes successives : il faut tout d'abord préparer, en deux ans après le Bac, le BTS économie sociale et familiale, puis suivre une année supplémentaire de préparation au diplôme de conseiller en ESF. La formation est reconnue au niveau Bac+3.

Rémunération

À partir de 1 600 euros.

DIRECTEUR D'ÉTABLISSEMENT D'ACCUEIL DU JEUNE ENFANT

Ses missions

Le directeur d'établissement d'accueil du jeune enfant (EAJE), ou responsable de crèche, assure la gestion matérielle et administrative de la crèche, et gère le quotidien des enfants de moins de 6 ans et des employés. Au quotidien, le directeur définit la politique pédagogique, les menus avec les cuisiniers. Il planifie également le déroulement de la journée, ainsi que les plannings. Le directeur d'EAJE peut également accueillir les enfants et les parents. Il conseille ces derniers dans le cadre de projets éducatifs ou d'accueil. C'est également lui qui organise les réunions et gère les recrutements du personnel. Il possède donc de nombreuses compétences en puériculture, en animation, en gestion et en finance. Le directeur peut diriger une ou plusieurs crèches au sein d'une municipalité, mais également dans le privé (notamment au sein des entreprises).

Sa formation

Le poste de responsable de crèche n'est pas accessible directement aux jeunes diplômés. Il faut obtenir le diplôme d'État de puéricultrice et une expérience pratique d'au moins 3 ans dans ce milieu. Il est également possible d'accéder à la fonction après une formation d'éducateur pour jeunes enfants et une expérience professionnelle auprès des enfants d'au moins 3 ans.

Rémunération

Le salaire d'un directeur d'établissement d'accueil du jeune enfant s'élève à environ 2 500 euros par mois.

ÉDUCATEUR DE JEUNES ENFANTS (EJE)

Ses missions

Il s'agit du spécialiste de la petite enfance. Sa mission ? Favoriser le développement et l'épanouissement des enfants de 3 mois à 6 ans lorsqu'ils se trouvent hors de leur famille pour un temps plus ou moins long. Concrètement, l'éducateur de jeunes enfants s'occupe des enfants individuellement en leur apportant les éléments nécessaires à leur propre développement. L'objectif étant de les préparer à leur future entrée à l'école. Cela signifie entre autres qu'il ne fait pas que du maternage : l'EJE est un travailleur social qui a des connaissances en psychologie et en techniques éducatives. C'est par l'observation fine d'une situation qu'il peut parvenir à dénouer un problème chez le jeune enfant. Il travaille en général avec d'autres professionnels de l'enfance comme les puéricultrices, les auxiliaires de puériculture, les assistantes maternelles ou encore les psychologues.

Sa formation

Diplôme d'État d'éducateur de jeunes enfants (DEEJE) en trois ans.

Rémunération

De 1 827 euros bruts en début de carrière à 2 800 euros bruts en fin de carrière, dans la fonction publique territoriale.

ÉDUCATEUR SPÉCIALISÉ

Ses missions

C'est le spécialiste de l'inadaptation. L'éducateur spécialisé intervient auprès de populations très variées : enfants ou adolescents présentant des troubles du comportement ou des difficultés d'insertion, handicapés moteurs, mentaux ou sensoriels, adultes en difficultés sociales, physiques ou psychologiques.

Sa mission est complexe et multiple. Un éducateur spécialisé est avant tout un médiateur et son rôle diffère selon le lieu d'exercice de son métier. En milieu fermé (foyers d'accueil pour enfants et jeunes inadaptés, instituts médico-éducatifs, ateliers protégés, hôpitaux de jour...) il assiste, par exemple, au quotidien, les personnes en difficulté ou inadaptées. Les éducateurs spécialisés sont également nombreux à travailler en milieu ouvert, par exemple, dans des clubs de prévention où ils accompagnent des jeunes en dehors des horaires scolaires.

Sa formation

Le diplôme d'État d'éducateur spécialisé (DEES) est obligatoire pour devenir éducateur spécialisé. Il se prépare en 3 ans et les candidats sont sélectionnés sur dossier et entretien (via la plateforme Parcoursup).

Rémunération

À partir de 1 700 euros bruts mensuels, au sein de la fonction publique territoriale. Dans la convention collective de l'enfance inadaptée, le salaire brut en début de carrière est de 1 790 euros (hors primes) et de 2 600 euros bruts en fin de carrière.

ÉDUCATEUR TECHNIQUE SPÉCIALISÉ

Ses missions

Il s'agit d'un éducateur possédant une compétence professionnelle qu'il transmet aux personnes dont il a la charge. Il transmet ce savoir dans des domaines très différents qui peuvent aller de la menuiserie à la mécanique en passant par la cuisine ou la comptabilité. Ces domaines de compétences doivent permettre aux personnes en difficulté dont il s'occupe de s'épanouir et de s'insérer professionnellement. Ce travailleur social travaille aussi bien avec des enfants, des adolescents que des adultes. Bien souvent, il œuvre au sein d'une équipe médico-psychopédagogique.

Sa formation

Le diplôme d'État d'éducateur technique spécialisé (DEETS) s'obtient en trois années d'études (Bac +3). Cette formation est accessible aux titulaires du Bac.
À noter : la sélection se fait sur dossier et entretien *via* Parcoursup.

Rémunération
Dans la fonction publique hospitalière, un débutant gagne 2000 euros bruts et aux alentours de 2900 euros bruts au dernier échelon (classe normale).

MÉDIATEUR FAMILIAL

Ses missions
Il intervient auprès de personnes en situation de rupture ou de séparation afin de favoriser la reconstruction de leur lien familial et aider à la recherche de solutions répondant aux besoins de chacun des membres de la famille. Le médiateur familial est un tiers impartial. Il est garant du cadre et du déroulement du processus de restauration du dialogue et de recherche d'un accord mutuel entre les personnes. Son intervention vise principalement à favoriser l'accompagnement du projet des personnes à travers l'organisation de leur rencontre, la restauration d'un dialogue, la gestion de leurs conflits dans le domaine familial et à accompagner la recherche de solutions concrètes en amenant les personnes à trouver elles-mêmes les bases d'un accord mutuellement acceptable.

Sa formation
Le diplôme d'État de médiateur familial (DEMF) confère un niveau Bac+3 et s'obtient en deux ans.

Rémunération
Environ 2000 euros pour un débutant.

MONITEUR-ÉDUCATEUR

Ses missions
Il accompagne les enfants et les adolescents inadaptés ou handicapés. La profession s'est élargie aux adultes en difficulté. Sa mission diffère très peu de celle de l'éducateur spécialisé. Il effectue un travail d'accompagnement et d'aide en liaison avec l'éducateur spécialisé. Il assure, comme lui, l'animation et l'organisation du quotidien d'enfants, d'adolescents, d'adultes handicapés, inadaptés ou de cas sociaux. Cependant, c'est l'éducateur spécialisé qui détient la responsabilité d'élaborer des projets.

Sa formation
Diplôme d'État de moniteur éducateur qui se prépare en deux ans et accessible sans condition préalable de diplôme.

Rémunération
Environ 1600 euros pour débuter.

TECHNICIENNE DE L'INTERVENTION SOCIALE ET FAMILIALE

Ses missions

Son rôle ne s'arrête pas à la prise en charge quotidienne des tâches ménagères. Elle doit également assurer un rôle social, préventif et éducatif. Elle exerce donc un soutien moral auprès de personnes dans une situation difficile, ponctuelle ou durable. Ainsi, elle peut intervenir auprès de femmes à leur retour de maternité mais aussi lors de séparations, d'un handicap récent, d'un décès ou de toute autre situation de troubles. La technicienne en intervention sociale et familiale (ex-travailleuse familiale) aide les personnes à franchir des caps difficiles en les aidant moralement, mais aussi concrètement par des tâches domestiques.

Sa formation

Les techniciennes de l'intervention sociale et familiale sont titulaires du diplôme d'État de technicien de l'intervention sociale et familiale (DETSIF). La formation (950 heures et 8 mois de stage) se déroule sur 18 à 24 mois. Aucun diplôme n'est exigé pour entrer en formation: avoir 18 ans suffit. Mais il faut passer avec succès les épreuves de sélection organisées par le centre de formation.

Rémunération

À partir de 1 600 euros.

POUR EN SAVOIR PLUS

Quelques ouvrages parus aux éditions Studyrama, collection « Guides J »:
- *Les métiers du social*;
- *Travailler avec les enfants.*

Vous pouvez également consulter divers ouvrages parus chez Studyrama, collection « concours » tels que:
- *Accompagnement éducatif et social (AES)*
- *Concours sociaux*;
- *Éducateur spécialisé.*

Rendez-vous également sur les sites internet suivants:
- www.lesocial.fr: portail du secteur social en France;
- https://solidarites-sante.gouv.fr: site du ministère des Solidarités et de la Santé.

SPORT

CONSEILLER DES APS

Ses missions

Le conseiller territorial est une sorte de manager des activités physiques et sportives. Il exerce au sein d'une région, d'un département, d'une commune ou d'un établissement public. Il gère les installations sportives et tous ceux qui les utilisent. Il remplit également une fonction d'animation du sport et coordonne l'administration sportive. Son quotidien? Préparer une réunion avec un représentant du ministère pour mettre au point un festival culturel et sportif au sein de la commune; intervenir quand la sécurité des utilisateurs d'un gymnase semble compromise par une installation, mais aussi gérer l'imprévu: un gardien de piscine en conflit avec un baigneur, par exemple... En somme, il dirige l'intendance afin que tous les sportifs de son territoire d'affectation puissent pratiquer une activité le plus sûrement et le plus confortablement possible.

Sa formation

Concours ouvert aux titulaires d'une Licence ou d'un diplôme de niveau équivalent. Le concours réussi, le candidat est conseiller stagiaire pendant un an, période pendant laquelle il suit une formation organisée par le Centre national de la fonction publique territoriale (CNFPT).

Rémunération

De 1 891 euros (1er échelon du grade de conseiller des APS) à 3 981 euros (9e échelon du grade de conseiller principal des APS).

CONSEILLER TECHNIQUE RÉGIONAL (CTR)

Ses missions

Le CTR assure la promotion du sport sur son territoire et conseille les pouvoirs publics et les fédérations pour l'entraînement des équipes, des formateurs et des arbitres. Il est chargé de la formation des enseignants de tous niveaux. Il détecte et forme l'élite régionale. Son travail lui demande une grande part d'organisation, notamment pour mettre en place un calendrier de compétitions. Mais le CTR est également amené à se déplacer très fréquemment pour rencontrer tous les acteurs de la région. Mobile, il se doit aussi d'avoir le sens du dialogue. L'une des missions, et non des moindres, du CTR est de détecter et de suivre les jeunes espoirs. C'est, en effet, sur ses résultats dans ce domaine qu'il est avant tout évalué. L'encadrement des compétitions régionales, interrégionales, nationales et internationales fait aussi partie de son travail. Il accompagne les enfants pendant tout le temps des tournois qui ont souvent lieu pendant les vacances scolaires et peuvent durer une semaine.

Sa formation

Le CTR est titulaire au minimum d'un DEJEPS et est recruté sur concours selon le niveau présent ou passé de ses capacités sportives individuelles (Licence STAPS bienvenue). Il est nommé par le ministère des Sports sur proposition de la fédération et du directeur régional de leur lieu d'affectation. Les inspecteurs de la Jeunesse et des Sports et les professeurs de sport peuvent également évoluer vers ce poste auprès d'une ligue ou de la fédération de leur spécialité sportive s'ils ont l'aval de celle-ci.

Rémunération

À partir de 2249 euros dans la fonction publique d'État avec le grade de conseiller technique et pédagogique supérieur de classe normale.

DIRECTEUR D'ÉQUIPEMENT SPORTIF

Ses missions

Il a en charge la gestion du personnel des communes dédié au sport et des équipements sportifs. À lui de s'assurer que les conditions réglementaires d'utilisation des équipements sont respectées. Il contrôle l'entretien de la maintenance et étudie éventuellement des projets de rénovation. Il gère également le budget de fonctionnement et les recettes des établissements sportifs. Il assure la promotion des installations, veille au bon accueil des utilisateurs de ces installations, encadre le personnel, optimise l'utilisation des équipements. Il est donc à la fois gestionnaire, administrateur et animateur. Rigoureux, doté d'un sens de l'organisation évident, il doit avoir le sens du contact pour bien manager son équipe mais aussi aller à la rencontre des partenaires du monde sportif pour mettre sur pied des manifestations.

Sa formation

Diplômes universitaires de niveau Bac+2 (DEUST) à Bac+5 (Master) en management, gestion et organisation du sport.

Rémunération

De 1600 à 2200 euros.

ÉDUCATEUR DES APS

Ses missions

L'éducateur territorial des activités physiques et sportives (APS) conduit et coordonne sur le plan administratif, social, technique, pédagogique et éducatif, les APS de la collectivité territoriale ou de l'établissement public qui l'emploie. Il encadre des groupes d'enfants et d'adolescents qui pratiquent ces activités, veille à la sécurité du public et surveille les installations. Comme chef de bassin, il assure la sécurité des usagers de la piscine. Pour cette fonction, il doit posséder un brevet professionnel de la jeunesse, de l'éducation populaire et du sport (BPJEPS) spécialité éducateur sportif mention activités aquatiques et de la natation.

Sa formation

Concours de niveau Bac. Le candidat reçu est recruté par une collectivité au sein de laquelle il est éducateur stagiaire pendant un an.

Rémunération

Le salaire brut d'un débutant est de 1 760 euros dans la fonction publique territoriale.

ENTRAÎNEUR

Ses missions

Il a pour objectif d'amener les athlètes et les joueurs au meilleur de leur forme et de leur niveau, que ce soit sur le plan individuel ou collectif (pour les équipes) à chaque rendez-vous sportif. Il a carte blanche pour y arriver. À lui, par exemple, d'établir le programme d'entraînement adapté en conséquence, selon les forces et les faiblesses de ses poulains. Pour cela, il doit mobiliser des compétences multiples. Son travail repose évidemment sur une parfaite connaissance technique et tactique de son sport pour mettre en pratique des situations de jeu, des combinaisons, des placements et concevoir des stratégies en fonction de l'équipe adverse. Il possède bien sûr d'excellentes notions de l'activité physique, mais il doit aussi faire preuve de psychologie, percevoir les affinités, aplanir les conflits entre les joueurs, avec lui ou avec le club.

Sa formation

Mis à part les originaires du sport amateur de bon niveau ou professionnel, et les membres de la famille, les entraîneurs ne viennent pas d'une filière particulière. L'essentiel étant d'avoir une bonne pratique du sport choisi, ils sont issus du monitorat, de l'animation ou du professorat. À titre d'exemple, le DEJEPS permet d'entraîner des clubs de troisième et de deuxième division, le DESJEPS (Bac+3) d'être entraîneur national.

Rémunération

Même si le sport se professionnalise de plus en plus, il reste encore beaucoup d'entraîneurs bénévoles. Généralement, plus le niveau de compétition est élevé, plus les entraîneurs sont rémunérés (par un club, une fédération ou le sportif lui-même). D'autres facteurs interviennent tels que la discipline sportive et la richesse de l'employeur. Souvent, un entraîneur ne peut vraiment vivre de son salaire qu'au niveau national et international.

INSPECTEUR DE LA JEUNESSE ET DES SPORTS

Ses missions

Il intervient dans des domaines aussi variés que la jeunesse, l'éducation populaire, la prévention de la délinquance, les équipements sportifs et socio-éducatifs ou encore les centres de vacances et de loisirs. Il a pour mission de mettre en œuvre la politique du ministère des Sports au niveau régional ou départemental en faveur du sport et des activités de plein air. Son travail est plus particulièrement orienté vers le contrôle de la réglementation, l'emploi et l'insertion professionnelle des jeunes, les examens et les diplômes, la formation ; la promotion des activités sportives et culturelles ; l'information en direction des jeunes ; le conseil, l'expertise et l'évaluation de ces activités.

Sa formation

Concours ouvert aux titulaires d'un Bac+4.

Rémunération

De 2017 euros bruts en début de carrière à 5174 euros bruts, au dernier échelon du grade d'inspecteur de classe exceptionnelle.

MAÎTRE-NAGEUR SAUVETEUR (MNS)

Ses missions

Le maître-nageur sauveteur, appelé désormais éducateur sportif des activités de la natation, assure la sécurité des baigneurs sur la plage ou au bord des piscines et enseigne la natation. Il doit également mettre en place les lignes d'eau, vérifier l'équipement (toboggans, plongeoirs) et être capable de prodiguer les soins de réanimation. Il est aussi amené à donner des leçons de natation, entraîner les sportifs de haut niveau et animer des activités de bien-être (ex. : aquagym, activités d'éveil pour les bébés).

Sa formation

Le titre de maître-nageur sauveteur est délivré aux titulaires du BPJEPS spécialité éducateur sportif mention activités aquatiques et de la natation ou du DEJEPS natation course. Pour exercer dans une piscine municipale, il faut en outre passer le concours d'éducateur territorial des activités physiques et sportives (niveau bac).
Le brevet national de sécurité et de sauvetage aquatique, quant à lui accessible au niveau 3e, permet de surveiller et de porter secours, sous la responsabilité d'un maître-nageur sauveteur, mais pas d'enseigner. Il existe aussi des formations de niveau Licence : Licence sciences et techniques des activités physiques et sportives – entraînement sportif ou Licence pro animation, gestion et organisation des activités physiques et sportives. Ces diplômes permettent d'exercer à titre rémunéré dans le secteur privé.

Rémunération
À partir du Smic dans le privé et de 1 607 euros dans la fonction publique territoriale. La rémunération croît avec l'ancienneté et diverses indemnités.

MONITEUR DE VOILE

Ses missions
Il enseigne les rudiments aux débutants et les techniques donnant la possibilité de se perfectionner et de se spécialiser vers les différentes formes de pratique de la voile. Le voilier traditionnel a été rejoint par les trimarans, catamarans, planches à voile et autres dériveurs. Le moniteur ne passe pas tout son temps sur l'eau : il doit aussi entretenir le matériel, assurer la gestion du secrétariat administratif et du centre nautique.

Sa formation
Pas besoin d'être né près des côtes maritimes pour être moniteur de voile. La passion de la mer et le BPJEPS spécialité éducateur sportif mention activités aquatiques et de la natation ou le DESJEPS glisses aérotractées nautiques suffisent. Le DESJEPS dure deux ans. Elle est accessible sur examen (épreuves théoriques du niveau de la classe terminale). Une attestation d'aptitude à la natation (100 mètres nage libre, départ plongé et récupération d'un objet immergé à 2 mètres de profondeur) et une attestation de formation aux premiers secours (PSC1) sont également obligatoires.

Rémunération
Le Smic environ.

OPÉRATEUR DES APS

Ses missions
L'opérateur territorial des APS seconde les responsables de l'organisation des activités physiques et sportives. Il peut également assurer la sécurité des installations réservées aux sportifs. Pour la surveillance des piscines et des baignades, il doit posséder au minimum le brevet national de sécurité et de sauvetage aquatique.

Sa formation
Concours pour lequel il faut être titulaire d'au moins un titre ou diplôme homologué de niveau 3 (CAP, diplôme national du brevet).

Rémunération
1 546 euros bruts mensuels pour débuter.

PROFESSEUR DE SPORT

Ses missions

Ce fonctionnaire intervient dans les trois domaines que sont la formation, la promotion des activités physiques et sportives (APS), et l'entraînement. Il peut exercer ses fonctions dans un service du ministère des Sports, une direction départementale ou régionale, ou encore être détaché auprès d'une fédération sportive au sein de laquelle il occupe alors le poste de conseiller technique, d'entraîneur national ou de directeur technique national (DTN).

Sa formation

Concours externe ouvert aux titulaires d'une Licence STAPS ou d'un DESJEPS spécialité performance sportive ou du diplôme de guide de haute montagne.

Rémunération

De 1 891 euros bruts mensuels à 4 714 euros bruts, selon l'échelon et le grade, dans la fonction publique d'État.

PROFESSIONNELS DE L'ALPINISME ET DE L'ESCALADE

Accompagnateur en moyenne montagne

Il peut conduire des promeneurs en espace rural montagnard, sur des sentiers et des zones habituellement non enneigées à l'exclusion des rochers, des glaciers et des terrains nécessitant pour la progression, l'utilisation du matériel ou des techniques de l'alpinisme. Son métier se définit donc par rapport à de nombreuses interdictions. Il encadre des groupes ou des individus lors de randonnées à la journée ou des séjours courts qu'il aura organisés et au cours desquels il rythmera l'effort et veillera à la sécurité.

Le **diplôme requis** est le diplôme d'État d'alpinisme-accompagnateur en moyenne montagne (DEA-AMM).

Guide de haute montagne

C'est un professionnel de la montagne très complet. Les hauts sommets n'ont pas de secret pour ce montagnard émérite qui conduit et accompagne des personnes dans des excursions ou des ascensions de montagne en rocher, neige, glace et terrain mixte. Il maîtrise parfaitement les techniques de l'alpinisme, de l'escalade et de ski de randonnée, de ski hors piste et de ski-alpinisme qu'il enseigne en groupe ou individuellement. Son activité physique est si éprouvante que le guide a bien souvent du mal à l'exercer au-delà de la cinquantaine. Il lui faudra donc penser assez tôt à sa reconversion.

Le **diplôme requis** est le diplôme d'État d'alpinisme-guide de haute montagne.

Moniteur d'escalade
Véritable homme-araignée, il pratique indifféremment l'escalade en milieu urbain ou rural sur des structures artificielles à toutes altitudes, ou sur des sites naturels, situés à une altitude inférieure à 800 mètres, qu'il s'agisse des rochers de Fontainebleau, de murs artificiels ou de véritables falaises. Son activité ne doit pas empiéter sur l'alpinisme. Le **diplôme requis** est le DEJEPS spécialité perfectionnement sportif, mention escalade en milieux naturels.

PROFESSIONNELS DU MANAGEMENT SPORTIF

Leurs missions
Ils ont pour mission d'assurer la promotion d'un produit sportif (équipement, chaussure, vêtement) ou d'une marque. À eux de trouver des sportifs ou des événements à sponsoriser, de mettre sur pied des manifestations ou des rencontres sportives, d'organiser des rendez-vous avec la presse, de préparer des campagnes publicitaires pour les produits, de retenir le média le plus adapté à sa communication, de concevoir des opérations promotionnelles. Leurs actions varient en fonction du budget dont ils disposent et des cibles visées. Elles vont du spot publicitaire pour grand public à échelle nationale à la remise de maillots pour une équipe locale. Leur métier demande donc des qualités au rang desquelles figurent l'enthousiasme, le réalisme, l'imagination.

Leurs formations
Ils sont généralement diplômés (de l'université ou d'écoles spécialisées privées dans le management sportif) en management, marketing et communication et passionnés par le sport. Ambassadeurs du sport par excellence, les sportifs de haut niveau sont bien placés (s'ils ont suivi une formation *ad hoc*) pour se reconvertir dans ce secteur, dans lequel les entreprises exigent parfois la pratique d'une discipline sportive pour mieux s'imprégner du milieu. Ils peuvent également intégrer le service de communication des organisations sportives d'une fédération, d'un grand club ou une collectivité locale.

Rémunération
Fluctuante.

PROFESSIONNELS DU SKI

Entraîneur

L'entraîneur de ski alpin peut exercer auprès des équipes de niveau régional appartenant à la Fédération française de ski.
Le diplôme requis est le diplôme d'État ski – moniteur national ski alpin spécialisé en entraînement ou le diplôme d'État de ski – moniteur national de ski nordique de fond spécialisé en entraînement.

Moniteur de ski alpin

Il explique, démonstration à l'appui, les gestes qu'il faut faire pour maîtriser ses skis. À lui de donner au débutant la confiance nécessaire pour vaincre sa peur et se lancer en toute sécurité, de conseiller et d'orienter ceux qui sont tentés par la compétition pour décrocher les fameux Flocon et Étoiles. Il peut également participer à des randonnées de skieurs dont il assure la sécurité, sur piste et hors-piste, à l'exception des zones glaciaires non balisées et des terrains dont la fréquentation fait appel aux techniques de l'alpinisme.
Le **diplôme requis** est le diplôme d'État de ski – moniteur national de ski alpin.

Moniteur de ski de fond

Il a les mêmes fonctions d'animateur et d'enseignant que le moniteur de ski alpin mais sa spécialité est le ski de fond. Il peut être amené à conduire des randonnées nordiques et des raids nordiques.
Le **diplôme requis** est le diplôme d'État de ski – moniteur national de ski de fond.

Pisteur secouriste

Véritable as des skis, il est considéré comme le saint-bernard des pistes et l'artisan de la qualité du domaine skiable. Il assure la protection des skieurs et intervient en cas d'accidents : il leur donne avant le départ des conseils de prudence et les renseignements adaptés aux conditions météorologiques, aux itinéraires qu'ils ont choisis afin d'optimiser leur sécurité ; en cas de mauvaise chute, d'avalanche, il aura pour mission de ramener le skieur à la station. Tous les jours, il fait l'ouverture et la fermeture des pistes. Il vérifie s'il est nécessaire d'effectuer des travaux de sécurité en déclenchant, par exemple, une avalanche. La sécurité des pistes dépendant aussi de la qualité du domaine skiable, il a en charge l'entretien des pistes qu'il contrôle et balise. Il ne s'en occupe d'ailleurs pas seulement l'hiver, en été, il remet en état pour la haute saison. Il remodèle alors le terrain, retire les pierres et coupe les arbres devenus dangereux, installe des pare-avalanches et entretien le matériel.
Le **diplôme requis** est le brevet national de pisteur-secouriste (option ski nordique ou ski alpin).

POUR EN SAVOIR PLUS

Un ouvrage paru aux éditions Studyrama :
- *Le guide des concours de la fonction publique.*

Quelques sites internet susceptibles de vous intéresser :
- www.sports.gouv.fr : site du ministère des Sports ;
- www.studyrama.com/formations/fiches-metiers/sport/ : pour découvrir d'autres métiers du sport.

TOURISME

AGENT D'ACCUEIL

Ses missions

Les agents d'accueil se trouvent essentiellement dans les offices de tourisme et syndicats d'initiative. Ils sont chargés d'accueillir les touristes français et étrangers, ainsi que les habitants du cru, pour leur fournir toutes les informations dont ils peuvent avoir besoin sur la ville ou la région. Les demandes des vacanciers sont très variées, parfois saugrenues. Elles concernent essentiellement la vie pratique (horaires des spectacles, liste des musées, des hôtels...). L'agent, omniscient, est censé répondre à toutes les questions. C'est lui qui personnifie l'accueil et donne l'image de sa structure d'information.

Sa formation

Les BTS tourisme et commerciaux sont les bienvenus, tout comme les formations en langues étrangères. Il existe également des écoles privées d'hôtesses d'accueil. Les stages, les contrats ponctuels ou saisonniers sont la manière habituelle de se faire connaître.

Rémunération

Les salaires sont bas, généralement au niveau du Smic.

AGENT DE DÉVELOPPEMENT TOURISTIQUE

Ses missions

Il doit valoriser la politique d'aménagement touristique d'un secteur géographique donné. Selon la structure qui l'emploie, on l'appelle également agent de développement local, animateur de pays, assistant technique, chargé de mission développement local. Il apporte des analyses et des conseils en amont des décisions de développement qu'il contribue ensuite à mettre en place. Concrètement, il peut intervenir dans la mise en œuvre d'une politique d'accueil, d'information et d'animation touristique ou la réalisation d'équipements collectifs. Il effectue des actions de communication : accueil presse, campagne de pub ou d'édition et peut mener à bien la création, le montage et la commercialisation d'événements et de produits touristiques divers, ce qui passe par la recherche d'investisseurs privés et de contrats avec les voyagistes. Chaque employeur possède ses objectifs propres.

Sa formation

Les trois quarts des agents de développement touristique possèdent un niveau Bac+4/5 (en géographie, aménagement du territoire ou économie, par exemple).

Rémunération

1 900 euros en moyenne.

AGENT DE VOYAGES

Ses missions

Les métiers de la distribution du voyage portent divers noms. La nomenclature du métier différencie le billettiste, l'agent de comptoir, de réservation ou bien encore le vendeur technique d'agence de voyages, mais on peut regrouper cette fonction sous l'appellation unique d'agent de voyages ou de conseiller en voyages, qui résume bien l'activité exercée. L'employé d'agence de voyages réalise l'ensemble des opérations techniques et commerciales qui aboutiront à la vente du produit, c'est-à-dire qu'il conseille le client, passe des réservations et fournit les titres de transport. Les agences de voyages peuvent travailler avec des touristes individuels, des groupes, une clientèle d'affaires...

Sa formation

BTS tourisme ; BTS management en hôtellerie-restauration.

Rémunération

À partir du Smic.

ANIMATEUR

Ses missions

Les animateurs créent et coordonnent les diverses activités d'un village-vacances, d'un club, d'une résidence de tourisme, d'un camping ainsi que des lieux touristiques équipés d'infrastructures sportives. Selon leur spécialité, ils sont là pour organiser les activités culturelles et sportives, les jeux et les sorties. Au-delà, ils doivent éviter au touriste tous les petits ennuis susceptibles de lui gâcher ses vacances. Selon les entreprises, les animateurs sont rebaptisés en GO (gentils organisateurs) au Club Méditerranée, en pilotes vacances chez Fram ou en *cast members* chez Mickey. Ils exercent en France mais aussi dans les structures à l'étranger, ce qui offre des possibilités de voyages à chaque nouvelle saison.

Sa formation

Le recrutement se fait en général à Bac+2. D'autres qualifications, plus spécifiques de l'animation, sont souvent requises. La plupart des animateurs possèdent le BAFA, mais les autres diplômes du ministère des Solidarités et de la Santé ou du ministère des Sports sont préférables pour trouver un véritable emploi d'animateur. Également possibles, les BTS tourisme ou management en hôtellerie-restauration et certains IUT qui proposent des enseignements d'animation culturelle ; enfin, quelques écoles, le plus souvent privées, proposent des formations spécifiques.

Rémunération

Les animateurs sont souvent payés au Smic, parfois un peu plus, mais ils sont presque toujours logés et nourris.

CHEF DE PRODUIT

Ses missions

Il doit imaginer et surtout concrétiser de nouveaux parcours, de nouveaux voyages, défricher des destinations inédites pour alimenter les beaux catalogues colorés que vous trouverez dans les agences. C'est souvent le spécialiste d'un pays ou d'une aire géographique qu'il connaît comme sa poche, ou bien d'un type de voyage, la randonnée par exemple. Ses connaissances en géopolitique lui permettent de humer l'air du temps, pour sentir les frémissements des pays qui vont s'ouvrir au tourisme. Les phénomènes de mode comptent beaucoup dans les rêves de voyages, et le chef de produit doit posséder des talents de surfer pour prendre la vague au bon moment. Pour juger la qualité de l'offre et chercher des prestataires, il se rend régulièrement sur place, rencontre des guides, visite des hôtels, contacte les transporteurs... Au fil de ses voyages, il développe un indispensable réseau de correspondants.

Sa formation

Le BTS ne permet d'accéder à ce poste qu'au bout de plusieurs années d'expérience. Recrutant à Bac+3, des écoles comme l'ESCAET proposent un MBA spécialisé *International Travel Management* en deux ans, apprécié des professionnels. Notez également la Licence pro métiers du tourisme : commercialisation des produits touristiques proposée dans 14 universités en France (dont celle du Havre et celle d'Artois).

Rémunération

À partir de 2000 euros bruts environ.

CONCEPTEUR FORFAITISTE

Ses missions

Il est responsable de la conception et de la mise au point des circuits qui figurent au catalogue. Il réalise aussi du hors-brochure (produits spécifiques adaptés à la demande précise d'un groupe de clients).

Comme le chef de produit, son rôle est de monter un voyage. Il choisit les modes de déplacement, les hébergements, les visites et les animations, calcule le prix de ces diverses prestations. Une fois assemblés, ces éléments formeront un produit vendu clé en main. Son travail se déroule en plusieurs étapes. Il débute par une phase documentaire pour repérer les correspondants et partenaires possibles. À partir de ces renseignements, il opère une sélection des hébergements et des transports. Le programme doit, autant que possible, mêler la visite de sites incontournables et celle

d'autres, plus originaux. À la fin de son travail, le forfaitiste est en mesure de chiffrer avec précision le prix du voyage. Il rédige un descriptif du produit proposé. Lorsque le voyage qu'il a confectionné est vendu, il se charge du traitement de l'exploitation, du suivi des dossiers et de la facturation.
Sachez que le travail du forfaitiste est sédentaire, il passe le plus clair de son temps dans son bureau. Ordinateur, guides, téléphone et cartes géographiques sont ses outils de travail quotidiens.

Sa formation
BTS tourisme.

Rémunération
1 600 euros en moyenne en début de carrière.

CONSULTANT EN TOURISME

Ses missions
Les investisseurs des projets possèdent rarement les multiples compétences requises pour le montage d'un produit touristique. Ils ont donc besoin de conseils spécialisés. C'est là qu'intervient le consultant en tourisme. Il apporte son savoir-faire en matière de développement, propose un projet, aide à sa concrétisation dans les meilleures conditions. Cette assistance technique s'adresse aux opérateurs privés (compagnies hôtelières, voyagistes, entreprises de BTP...), mais surtout publics (État, régions, départements, communes ou organismes internationaux) qui constituent 60 % du marché.

Sa formation
Un bon consultant doit bien connaître le fonctionnement des équipements touristiques, ce qui implique des études assez poussées, mais surtout de l'expérience. Les postes sont généralement ouverts à des diplômés de niveau Bac +4 ou 5, pas nécessairement en tourisme.

Rémunération
De 2 500 à 4 000 euros environ, mais la rémunération varie en fonction des contrats et de l'importance de leurs clients.

DIRECTEUR D'OFFICE DE TOURISME

Ses missions

Il est chargé de valoriser et de vendre sa ville et sa région, en utilisant au mieux les ressources dont dispose la structure qu'il dirige. Il peut travailler en milieu urbain, dans des stations balnéaires ou de sports d'hiver. Les grands offices de tourisme rayonnent sur le département, la région, voire la France entière comme c'est le cas pour celui de Paris. La première mission d'un directeur est d'encadrer le personnel de l'office en veillant à la qualité des prestations et de l'accueil. Il est aussi responsable de l'information. Il gère les campagnes de communication et sollicite les médias. L'organisation de l'animation lui incombe également: mettre au point des prestations, concevoir et organiser des circuits pour les visiteurs, des animations, gérer les événements existants (un festival, par exemple), contribuer à en créer de nouveaux. Le directeur d'office de tourisme est aussi un comptable et un gestionnaire qui dispose d'un budget annuel. Enfin, il participe activement au développement de sa zone d'influence.

Sa formation

Une Licence est le diplôme minimum exigé. Mais posséder un Master en tourisme, un diplôme d'école de commerce ou d'école spécialisée en tourisme est également est un plus.

Rémunération

Entre 2 400 et 2 900 euros selon la taille de l'office et l'expérience.

GUIDE ACCOMPAGNATEUR

Ses missions

C'est l'ange gardien du touriste de groupe, celui qui veille à ce que le voyage se déroule sans problème majeur. Il est l'ambassadeur du tour-opérateur qui l'a engagé et il doit savoir en défendre les intérêts autant que ceux des voyageurs qui lui sont confiés. Le métier est plus ou moins exotique, selon la destination. Plus la contrée est sauvage et plus le guide devient indispensable et doit être pro. Le guide s'occupe de toutes les questions matérielles liées au voyage. Il peut prendre le groupe en charge à son départ ou l'accueillir sur place, si c'est un correspondant local. Dans le détail, ses attributions sont variées. Lorsqu'il chaperonne un groupe de touristes, il s'assure que chacun d'entre eux a bien rempli les formalités nécessaires (visas, vaccins...) et participe aux procédures d'embarquement aérien. Une fois sur place, il facilite les formalités d'entrée dans le pays, décompte les valises. Pendant le séjour, l'accompagnateur réserve les différentes prestations (chambres d'hôtels, excursions...) et vérifie leur qualité. Son assistance n'est pas seulement technique, il doit également veiller à l'ambiance qui règne à l'intérieur du groupe. Il n'est pas censé présenter la culture ou les curiosités du pays comme le fait le guide-interprète mais cela peut aussi faire partie de ses attributions. Il peut donc faire office de guide dans les autocars, mais doit normalement laisser la place au guide local lors de la visite des sites.

Sa formation

Les accompagnateurs sont souvent titulaires d'un BTS tourisme, d'une Licence ou d'un Master d'histoire de l'art, de géographie ou de langues. Quelques écoles privées comme l'INFA ou Cap Vers incluent des modules accompagnement dans leurs formations.

Rémunération

Entre 1 600 et 2 200 euros mensuels. S'il est rémunéré à la vacation (le plus fréquent), il peut gagner entre 43 et 69 euros par jour, majorés de 10 % pour les journées passées à l'étranger. Il est logé et nourri et peut percevoir des pourboires.

GUIDE-CONFÉRENCIER

Ses missions

Il est chargé d'accompagner des groupes de visiteurs, pour commenter les visites organisées dans les villes, au sein des monuments, des sites et des musées de France. Ces commentaires doivent être faits dans la langue du groupe concerné et être adaptés au niveau de chaque public. Ceux-ci sont fort divers, puisqu'un guide peut très bien avoir à gérer un groupe d'hommes d'affaires, de scolaires, de personnes du troisième âge… qu'ils soient français ou de nationalités variées. Une visite ne s'improvise pas et le guide doit être pratiquement infaillible sur son sujet. Cependant informer ne veut pas dire ennuyer, et c'est au guide de trouver les petites anecdotes dont sont friands les touristes. Il doit également tisser des liens avec l'actualité, ou dresser des parallèles avec l'histoire du pays d'où vient son auditoire. Avant d'en arriver là, le guide mène une longue recherche documentaire pour rassembler les informations nécessaires, tâche qui n'est bien entendu pas rémunérée. Il se procure également les autorisations nécessaires auprès des administrateurs des sites qu'il envisage de faire découvrir à son groupe et se renseigne sur les aspects pratiques de la visite.

Sa formation

Licence professionnelle de guide-conférencier.

Rémunération

Entre 175 et 380 euros bruts la journée selon le lieu (un guide parisien gagne plus qu'un guide en province), la durée et le type de visite.

YIELD MANAGER

Ses missions

Combinant des compétences pointues en gestion et en marketing, le yield manager jongle avec les prix des réservations et le nombre de places disponibles (capacités disponibles) pour optimiser les prix de vente ainsi que le chiffre d'affaires de l'hôtel. Régulièrement, il casse ceux-ci avec des promos de dernière minute. Ainsi, c'est le *yield manager* qui fixe les tarifs des voyages *low-cost* en avion. Un œil braqué en permanence sur les prestations de la concurrence, il connaît parfaitement les périodes creuses et fortes du secteur du tourisme. En fonction des mois, il doit savoir dénicher les produits à valoriser, à mettre en promotion, ou au contraire à augmenter. Le yield manager est en quelque sorte un trader du marché touristique, prêt à détecter toute opportunité de vente au meilleur coût.

Sa formation

Les formations sont variées pour devenir *yield manager/revenue manager.* Le futur yield manager peut opter pour un Bachelor ou une Licence en hôtellerie, un Master en gestion hôtelière ou encore se former en école de commerce. Dans le secteur ferroviaire et aérien, on recrute des Bac+4/5 diplômés en statistiques, mathématiques ou sortant d'écoles d'ingénieurs.

Rémunération

La fourchette de rémunération se situe entre 2800€ et 3400€ bruts par mois pour des postes en début de carrière. Après plusieurs années d'expérience, le salaire peut atteindre 5000€.

POUR EN SAVOIR PLUS

Un ouvrage paru aux éditions Studyrama: *Le guide des métiers du tourisme et de l'hôtellerie-restauration*, collection «Guides J».

Rendez-vous également sur les sites internet suivants:
- www.adn-tourisme.fr: site de la Fédération nationale des organismes institutionnels du tourisme;
- www.entreprises.gouv.fr/tourisme: le site «tourisme» du ministère de l'Économie, des Finances et de la Relance.

TRANSPORT ET LOGISTIQUE

AGENT DE REMONTÉE FILOGUIDÉE

Ses missions

Sa mission est avant tout de conduire une télécabine, un télésiège ou un téléski ainsi que de veiller à la sécurité des passagers. L'agent participe également à la mise en service et à l'entretien de la remontée. Il vérifie l'état des installations, contrôle les forfaits permettant de profiter du domaine skiable. Fort de plusieurs années d'expérience, il peut coordonner l'activité de plusieurs salariés, organiser et contrôler le travail des conducteurs, organiser des opérations de dépannage. L'agent prend alors le nom de coordonnateur de remontées.

Sa formation

CAP transports par câbles et remontées mécaniques.

Rémunération

Autour du Smic.

AGENT DE TRANSIT

Ses missions

Sa mission consiste à effectuer des opérations administratives et commerciales relatives à la circulation internationale des marchandises. Il peut travailler dans une entreprise dotée d'un service import-export ou encore au sein d'une structure regroupant des commissionnaires-opérateurs de transport en trafic international. Il propose alors ses services à différentes entreprises qui ont besoin d'expédier leurs marchandises vers l'étranger ou, au contraire, d'en importer.

Sa formation

Il doit avoir une excellente connaissance des réglementations en cours, en France et ailleurs, maîtriser la langue anglaise, être capable d'agir vite en satisfaisant ses différents interlocuteurs. Bien qu'il s'agisse d'un métier d'expérience, on peut suivre une formation spécifique du type Bac pro logistique, Bac pro organisation de transport de marchandises (ex-bac pro transport), BTS gestion des transports et logistique associée ou BUT gestion logistique et transport.

Rémunération

Le Smic pour débuter.

AGENT LOGISTIQUE

Ses missions

Qu'il soit appelé agent logisticien ou magasinier, ce professionnel est capable d'intervenir à tous les niveaux de la chaîne logistique. Il est alors présent sur toutes les opérations, de l'expédition à la réception. Ses tâches essentielles : la réception des marchandises (déchargement, vérification, tri et classement), la mise en stock (rangement avec l'aide de chariots élévateurs et autres engins de manutention), la préparation des commandes (déstockage et emballage), l'expédition des produits (chargement, arrimage et calage) et enfin la gestion informatisée du stock (inventaire, réapprovisionnement). Ces actions doivent s'exercer dans le respect des procédures, des règles d'hygiène et de sécurité, avec le souci de la satisfaction du client, de la conservation des produits et des marchandises, ainsi que celui de la maintenance des matériels.

Sa formation

Bac pro logistique.

Rémunération

1 700 euros en moyenne.

AIGUILLEUR SNCF

Ses missions

L'aiguilleur assure, en temps réel, les opérations liées au service de la circulation et du cantonnement des trains. Ses outils de travail sont informatisés et les liaisons radio permettent une excellente communication entre la direction opérationnelle, centre nerveux de la gare de triage, et les cheminots placés aux divers endroits névralgiques, ou conduisant les locomotives de manœuvre.

L'une des missions de l'aiguilleur SNCF est donc la circulation des trains. Pour travailler, il s'aide de « plans de trains » présentant les itinéraires préalablement définis. Il y intègre les événements susceptibles de modifier l'ordre établi, comme les retards. À partir d'un poste d'aiguillage, ce professionnel de la sécurité assure le bon espacement entre chaque départ de train et coordonne les opérations de manœuvre. Il veille également à la sécurité des équipes au travail (en cas de travaux) et à la protection des agents intervenants sur les voies (pour des opérations de type graissage, par exemple).

Sa formation

Formation en alternance de 9 mois à la SNCF, pour les titulaires d'un Baccalauréat ou d'un titre de niveau 4 équivalent.

Rémunération

Le Smic pour débuter.

BATELIER OU MARINIER

Ses missions

La tradition batelière relève par excellence de l'artisanat et s'appuie pour l'essentiel sur des péniches de petite capacité. Le plus souvent, ce sont des affaires de famille. On se succède de père en fils pour diriger l'exploitation fluviale. Le batelier, appelé aussi marinier, peut être aidé d'un matelot dans l'exercice quotidien de ses tâches. Être artisan nécessite de savoir tout faire. On est peintre, mécanicien, ajusteur, menuisier, électricien, logisticien. On décide de tout et tout seul. Aussi, si vous vous destinez à ce métier extrêmement polyvalent, vous aurez à choisir la nature de votre chargement (marchandises ou voyageurs), vous gérerez les opérations de A à Z. Cela signifie surveiller le chargement, exécuter les manœuvres, organiser les différentes étapes nécessaires au transport, accomplir les différentes tâches administratives relatives à votre activité.

Enfin, lorsque le batelier se spécialise dans le tourisme fluvial, différentes animations peuvent être proposées : du simple transport d'une rive à l'autre jusqu'aux promenades et croisières sur les fleuves, les rivières ou les canaux. Par ailleurs, les formules se diversifient. Certaines péniches font office de restaurant, d'autres sont des véritables hôtels flottants. La ville de Bruges, connue pour sa multitude de canaux, propose notamment ce type d'hébergement. L'activité touristique sous-entend la gestion d'activités spécifiques. Le marinier et son équipage accueillent les voyageurs, le cas échéant prennent en charge les commentaires qui s'imposent tels que des explications historiques et veillent au confort de la clientèle. Mieux vaut savoir parler et comprendre une ou plusieurs langues étrangères et disposer d'un excellent sens de l'accueil.

Sa formation

CAP ou Bac pro transport fluvial. L'ACP (attestation de capacité professionnelle), l'ASP (attestation spéciale passagers) et le CCR (certificat de conduite au radar) sont, en outre, obligatoires pour organiser des activités de transport.

Rémunération

À partir du Smic et jusqu'à 2 000 euros environ, mais tout dépend de l'activité (transport de marchandises ou de personnes).

CAPITAINE DE LA MARINE MARCHANDE

Ses missions

À bord, il est le plus haut gradé et responsable de la marchandise que son bateau transporte. Il est également responsable de la conduite et de la sécurité du navire. Du haut de la passerelle du navire, un voilier peut passer quasiment inaperçu... Une attention de premier ordre est donc nécessaire. Le capitaine supervise et coordonne également tous les services: navigation, machine, service général. Son travail n'est pas exclusivement technique. Il a en charge des responsabilités d'ordre juridique. En effet, le capitaine est le représentant de l'État et peut, à ce titre, exercer des fonctions d'officier d'état civil. Pour finir, il est le mandataire de l'armateur. Gestion et exploitation commerciale sont des tâches qui lui incombent également. L'exercice de cette charge réclame d'avaler de nombreux milles nautiques. L'expérience d'un capitaine est souvent d'un minimum de dix ans de mer.

Sa formation

L'École nationale supérieure maritime (ENSM) dispense un enseignement supérieur gratuit. On y entre sur concours (niveau Bac ou sur dossier pour les titulaires d'un Bac+2). La durée des études est de cinq ans et demi et les trois premières années sont communes pour tous les étudiants qui choisissent de spécialiser à la fin de la troisième année.

Rémunération

Le salaire est fonction du grade. Un capitaine gagne entre 4500 et 7000 euros.

CHEF D'ESCALE

Ses missions

Professionnel de la coordination, il dirige une escale sur une ligne de sa compagnie aérienne. Suivant l'importance de l'escale, on tient à sa disposition des services techniques et commerciaux d'importance variable. Sa mission consiste pour partie à superviser l'accueil réservé aux passagers. Il procède à l'enregistrement des passagers et des bagages et facilite les formalités de correspondance. En cas de problème lors de la reprise des bagages, il est l'interlocuteur direct des passagers. Il est également responsable des opérations d'approvisionnement des avions. Il suit de près le choix des repas et s'assure du bon déroulement des commandes. Il peut, le cas échéant, diriger une équipe de travail. Il a des contacts avec les différents services de l'aérogare et coordonne les efforts. Ses outils de travail sont l'ordinateur, le téléphone, le fax... Le chef d'escale évolue, souvent debout, au sein de l'aéroport et porte un uniforme.

Bien entendu, travailler dans une zone internationale signifie parler, écrire et comprendre l'anglais. Le chef d'escale a également un sens commercial assuré.

Sa formation

BUT gestion logistique et transport; Bac+5, ingénieur de l'ENAC. Une première expérience commerciale est souvent exigée.

Rémunération

Le salaire d'un chef d'escale se situe entre 2000 et 5000 euros bruts par mois, selon son expérience.

CHEF DE GARE

Ses missions

Le rôle du chef de gare est d'abord commercial. Il participe à la gestion du budget de la gare, cherche à accroître le chiffre d'affaires et tente de mieux faire connaître les différents services SNCF. Il informe, oriente et assiste la clientèle en direct ou par radio. Il est aussi responsable de la sécurité des trains. Il veille à l'état général et au bon fonctionnement des équipements de la gare. En tant que chef d'équipe, il peut être amené à remplacer n'importe quel agent absent.

Sa formation

Une formation de niveau Bac+2 est demandée.

Rémunération

Son salaire varie en fonction de la taille de la gare qu'il gère et de son expérience. Compter entre 2500 euros bruts pour un débutant dans une petite gare et environ 4500 euros bruts, après quelques années d'expérience, dans une gare de taille importante.

CHEF MÉCANICIEN

Ses missions

Cet officier encadre le service machine. Sous ses ordres: l'équipe des officiers chefs mécaniciens et personnel de la machine. À lui de gérer au mieux le planning. Appareils de manutention (matériel d'ancrage, de levage...) et de production de froid n'ont pas de secret pour lui. Au quotidien, le second mécanicien l'assiste dans ses tâches. Cet officier a la direction effective de l'équipe d'entretien, dont la mission est de maintenir en l'état l'ensemble de l'installation machine. C'est à lui que revient la logistique. Il commandera les pièces de rechange, gérera les stocks de matériel et veillera à leur bonne installation.

Sa formation

La formation pour devenir chef mécanicien se déroule à l'ENSM, en formation initiale (3 ans). Le brevet de chef mécanicien 8 000 kW est délivré une fois accomplis 36 mois de navigation effective comme officier mécanicien breveté dans le service machine (ou 24 mois si 12 mois ont été effectués comme second mécanicien).

Rémunération

De 4 500 à 7 000 euros selon l'expérience acquise et l'importance du navire.

CONDUCTEUR D'AUTOCAR

Ses missions

Le transport de voyageurs a un rôle fondamental dans la vie sociale. Le conducteur d'autocar, qui est un conducteur routier, participe à ce mouvement. Il peut exercer sa mission sur des lignes régulières, départementales ou régionales, nationales ou internationales. Il peut effectuer des transports scolaires (comme le transport des enfants sur un site d'activités sportives chaque jeudi de la semaine, du ramassage scolaire). D'autres transports sont occasionnels, lors de séjours linguistiques par exemple… Mais dans tous les cas, le conducteur veille à ce que les consignes de sécurité du transport scolaire soient respectées. Il peut également assurer les liaisons routières pour les sorties d'usine. Le conducteur peut aussi effectuer des transports occasionnels sur des circuits touristiques, nationaux ou internationaux. Dans ce cas, il fait parfois office de guide. Il peut, par exemple, travailler pour une agence de voyages, ou encore pour un comité d'entreprise.

Sa formation

CAP agent d'accueil et de la conduite routière, transport des voyageurs complété par l'obtention d'un permis de conduire spécifique.

Rémunération

Le Smic pour débuter.

CONDUCTEUR DE BUS

Sa formation

Chacun d'entre nous a déjà pesté contre un conducteur de bus qui n'a pas voulu nous ouvrir ses portes au feu rouge. Mais le conducteur ne fait que respecter les règles élémentaires de sécurité. Il a une triple mission : conduite, service, sécurité. Il offre à sa clientèle un transport sûr et confortable sur un itinéraire prédéfini. Il est aussi le représentant de l'entreprise auprès du public et il est donc garant de son image. Une bonne présentation, une expression orale satisfaisante, le sens de l'accueil et un sang-froid à toutes épreuves sont les impératifs de la profession. Mais vous n'êtes jamais vraiment seul : relié à votre terminus, vous donnez des indications de trafic. Et *vice versa*. Vos correspondants visualisent l'état du trafic sur leurs écrans et vous conseillent le cas échéant. Le travail d'équipe n'est pas une formule toute faite pour les conducteurs de bus.

Sa formation

CAP agent d'accueil et de la conduite routière, transport des voyageurs et permis de conduire D.

Rémunération

Le Smic, auquel s'ajoutent des primes pour conduite de nuit ou jours fériés.

CONDUCTEUR DE MÉTRO OU DE TRAMWAY

Ses missions

La conduite est désormais automatisée mais cet agent de conduite doit néanmoins être prêt à intervenir à tout moment. Il connaît parfaitement la signalisation et peut reprendre le pilotage manuel de son engin en cas d'anomalie. Une prudence de tous les instants est nécessaire. Il a en charge le contrôle de l'entrée et de la sortie des voyageurs à bord de son train. Il ne s'agit pas de donner le départ alors qu'un des passagers est en train de grimper à bord...

Sa formation

La formation est le plus souvent dispensée en interne. Pour travailler à la RATP, il faut être âgé de 21 ans au moins, être titulaire d'un diplôme de niveau Bac+2 et avoir un an d'expérience professionnelle. La formation en alternance dure 10 semaines, mais l'embauche définitive est conditionnée par la réussite de tests psychotechniques et une visite médicale.

Rémunération

À la RATP, un agent de conduite débutant gagne environ 1 850 euros bruts (sur 13 mois).

CONDUCTEUR DE TRAIN

Ses missions

Sa mission est de conduire à bon port les marchandises ou les voyageurs qui lui sont confiés. Avant toute chose, le conducteur de train consulte le tableau de marche portant toutes les indications concernant le trajet à effectuer. Au « bureau de la feuille », il prend également note des modifications éventuelles concernant l'état et la sécurité de la ligne qu'il va emprunter. Une fois sur les rails, à lui d'adapter la marche de son train à l'horaire et aux arrêts prévus. Il décide, seul et très souvent rapidement, des mesures à prendre. Bien entendu, cette manœuvre se réalise toujours dans le respect des vitesses autorisées, de la signalisation et d'une sécurité optimale. Il recherche également l'économie d'énergie. En cas d'incident mineur, il peut réparer sa machine. Enfin, il rend compte des conditions de son trajet. Quelques tâches administratives lui reviennent: tenue d'un carnet de bord, rédaction de bulletins de services et rapports d'incidents.

Sa formation

Formation de 9 à 10 mois en alternance dans un centre SNCF ou chez un autre professionnel du rail, pour les candidats de niveau Bac. Une Licence de conducteur de train est également exigée par l'Établissement public de sécurité ferroviaire.

Rémunération

En début de carrière, le salaire est d'environ 1 700 euros (hors primes de travail de nuit, dimanches et jours fériés).

CONDUCTEUR ROUTIER

Ses missions

Bien sûr, la conduite fait partie intégrante du métier. Néanmoins, le chauffeur routier exerce bien d'autres fonctions qui valorisent son travail. De la livraison de fruits et légumes aux convois humanitaires, la profession recouvre des activités très différentes. Il peut se voir confier le transport de marchandises à travers une région. Il peut également être spécialisé en zone courte et effectuer principalement des trajets de ville. Enfin, il sillonne la France et passe les frontières.

Sa formation

CAP conducteur routier marchandises.

Rémunération

Le salaire de base est le Smic, auquel viennent s'ajouter des primes et des frais de déplacement variables en fonction des entreprises. Enfin, l'ancienneté a un impact positif sur le niveau de salaire.

CONSEILLER À LA SÉCURITÉ

Ses missions

Toutes les entreprises qui chargent, transportent ou déchargent des matières dangereuses sont tenues de s'adjoindre les conseils d'un, voire plusieurs, conseillers à la sécurité. Il travaille soit en externe, et peut avoir plusieurs clients, soit en interne pour le compte d'une seule entreprise. Les autorités agissent afin d'aider à la prévention des risques. Le conseiller à la sécurité cherchera par tous les moyens à optimiser les conditions de sécurité. Il veille au respect des règles relatives au transport de marchandises dangereuses et conseille l'entreprise pour leurs applications. Et si, en dépit des précautions prises, l'accident survient, il rédige un rapport décrivant les circonstances de cet accident, son déroulement et ses conséquences. Chaque année, il a également sous sa responsabilité la rédaction d'un rapport sur les activités de l'entreprise qu'il conseille. Son rôle est principalement préventif.

Sa formation

Il doit être titulaire d'un certificat de qualification qui lui est délivré après examen. Le certificat est valable pour cinq ans. Au-delà, le conseiller devra repasser un test, ou encore suivre une formation agréée de recyclage.

Rémunération

À partir de 2000 euros.

CONTRÔLEUR DES TRANSPORTS EN COMMUN

Ses missions

Le métier s'exerce soit au sein de la SNCF, soit dans les bus, les tramways, ou en souterrain dans le métro. On demande parfois de parler une langue étrangère. Il perçoit les recettes du contrôle des titres de transport, dresse des procès-verbaux en cas de fraude. Il peut être amené à assurer la vente de titres de transport et peut encadrer une équipe d'agents commerciaux. Mais son rôle consiste également à accueillir, informer et assister les voyageurs. Il veille à leur confort et à leur sécurité. En cas de litige entre deux voyageurs, il est l'arbitre de la situation.

Sa formation

Un CAP agent d'accueil et de conduite routière, transport de voyageur ou le Baccalauréat permettent d'accéder au métier.

Rémunération

À partir du Smic.

DÉCLARANT EN DOUANE

Ses missions

Il doit être hautement qualifié pour être capable d'établir des déclarations qui sont loin d'être simplifiées, que ce soit au niveau européen ou international. La mission du déclarant est d'établir les documents administratifs qui permettent aux différents transporteurs d'exporter ou d'importer leurs marchandises. Il joue un rôle d'interface entre les services des douanes et un client. Pour exercer son métier, il jouit d'un agrément auprès des services des douanes. Son client lui fournit toutes les pièces nécessaires à l'établissement d'un dossier (factures, déclarations diverses...), après s'être assuré de la solidité de ce dossier, il signe des documents codés qu'il remet à la douane. Le cas échéant, il se déplace sur le terrain et vérifie la nature des marchandises transportées.

Sa formation

BTS gestion des transports et logistique associée ou commerce international ; BUT gestion logistique et transport ; Licence ou Master de droit ; ou encore diplôme de gestionnaire de transport international multimodal et logistique portuaire (proposé par le CNAM).

Rémunération

À partir du Smic.

DÉMÉNAGEUR

Ses missions

Il est avant tout un homme de force en qui une entreprise ou un particulier met toute sa confiance. Il est amené à se déplacer en camion en France ou à l'étranger. Le plus souvent, il travaille dans une entreprise de taille modeste et où les activités de gestion, d'exploitation et de commerce sont exercées par une seule et même personne : le dirigeant. Longtemps, le secteur a employé une main-d'œuvre non qualifiée, mais comme ailleurs, les techniques évoluent. Monte-meubles, valises-vaisselle, emballages sous couverture et autres techniques sont aujourd'hui des aides précieuses pour les professionnels du déménagement.

Sa formation

Effectuer un stage dans une entreprise de déménagement est un bon moyen pour débuter dans la profession. Un CAP déménageur sur véhicule utilitaire léger existe également.

Rémunération

En début de carrière, vous gagnerez probablement aux alentours du Smic. Si vous choisissez de vous installer à votre compte, vous gagnerez beaucoup plus.

DOCKER

Ses missions

L'ouvrier docker prépare le matériel nécessaire aux opérations de chargement, guide les conducteurs d'engins et de levage. Il procède aux tâches de déplacement physique des colis. À la tête des engins de levage et de déplacement des charges, le conducteur procède aux opérations de chargement téléguidées. Avec un peu plus de métier, le docker peut se voir confier l'animation d'une équipe, être responsable de la gestion des hangars, gérer le parc de conteneurs à l'aide de l'outil informatique. Ce docker, appelé pointeur, a également pour mission de veiller à la gestion des stocks : comptage des marchandises entrant ou sortant au dépôt, pesage des lots...

Sa formation

Le certificat d'aptitude à la conduite en sécurité de chariots élévateurs (CACES) est généralement demandé. La formation dure entre 14 (transpalette) et 21 heures (élévateur). Il existe également des certificats de qualification professionnelle dans la manutention portuaire.

Rémunération

Le salaire varie entre 1 700 et 3 100 euros selon la fonction, le statut du docker et le nombre d'heures (majorées ou non) travaillées.

MAGASINIER OU AGENT DE DISTRIBUTION

Ses missions

Également appelé agent de distribution, il participe à la fonction logistique de l'entreprise en assurant la réception, le stockage, la préparation et la distribution des marchandises. Il exerce son métier chez un distributeur (concessionnaire de voitures, de matériel industriel ou agricole...), en entrepôt ou sur un quai. Parfois, le travail s'effectue de nuit. Le magasinier peut également travailler sur des sites particuliers, comme un site frigorifique ou nucléaire. Dans ce dernier cas, une habilitation est requise. Le magasinier travaille seul ou en équipe selon l'importance de la structure. Les entrepôts modernes sont dotés d'installations techniques et nécessitent un personnel qualifié et organisé. Les ordinateurs attribuent des places d'entreposage, impriment les commandes. La saisie de données sur ordinateur, le maniement d'un chariot élévateur ou d'un transpalette électrique ne posent aucun problème à l'agent magasinier. L'alternance de travaux administratifs et pratiques rend le métier varié et attractif. L'entretien du matériel, son nettoyage et la pose d'accessoires font également partie de ses éventuelles attributions.

Sa formation

D'une manière générale, aucun diplôme n'est exigé. Le plus souvent, les entreprises prennent en charge la formation de leurs employés.

Rémunération

Le salaire de départ est au niveau du Smic.

MANAGER DE LA *SUPPLY CHAIN*

Ses missions

Le manager de la *supply chain* définit et déploie une stratégie de gestion de la chaine logistique qui permet de garantir le niveau de qualité attendu par les clients, tout en assurant une sécurisation des différents flux de l'entreprise. De l'approvisionnement à la livraison aux clients, ce professionnel est amené à coordonner son action en interne avec l'ensemble des autres fonctions et en externe avec les autres acteurs de la chaine d'approvisionnement. L'éventail de ses missions varie selon la taille de l'entreprise qui l'emploie. Au quotidien, le manager de la chaîne logistique améliore l'efficacité des processus de la chaîne logistique globale afin de satisfaire les attentes de ses clients. Il met en place des solutions logistiques en adéquation avec les orientations stratégiques de l'entreprise et les attentes de ses clients, comme la livraison express ou la livraison par drone. Son objectif : optimiser le rapport temps/prix/qualité de services.

Sa formation

Pour devenir manager de la *supply chain*, mieux vaut obtenir un diplôme de niveau Bac+5 dans le domaine de la logistique et du transport ou un diplôme d'ingénieur.

Rémunération

Le salaire du manager de la supply chain oscille entre 3750 et 5800€ bruts par mois.

MARIN DE LA MARINE MARCHANDE

Ses missions

Les marins de commerce, qui constituent le personnel subalterne, participent à la manœuvre, à l'entretien et à l'activité du navire sous la conduite des officiers. On débute en tant qu'ouvrier polyvalent, puis on se spécialise en électricité, en hydraulique et systèmes automatisés... Marin, matelot polyvalent, novice, second maître, électricien de bord embarqué, manœuvrier, premier matelot ou timonier: autant d'emplois que l'on trouve à bord d'un bâtiment. Pour tous, il s'agit de participer au service de quart à la passerelle (soit deux fois quatre heures par vingt-quatre heures) et aux tâches d'entretien courant du navire ou des machines. Peinture, graissage, opérations de sauvetage sont des opérations qui reviennent au marin. Il effectue des rondes de surveillance et assure l'entretien du matériel de sécurité. Il prend part activement aux manœuvres d'entrée et de sortie du port en gardant l'œil rivé sur le tableau des commandes et en effectuant le cas échéant les réglages nécessaires. Le marin collabore également aux opérations de chargement et de déchargement du fret pour le transport de marchandises.

Sa formation
Le métier est accessible aux détenteurs d'un Bac pro conduite et gestion des entreprises maritimes ou électromécanicien marine.

Rémunération
À partir du Smic.

OFFICIER DE LA MARINE NATIONALE

Ses missions
Le personnel officier de la Marine nationale est chargé de l'encadrement et de la direction des services. Il est placé sous l'autorité d'un capitaine, le commandant de bord. La formation des membres de l'état-major est obligatoirement reconnue à l'international. La formation doit pouvoir autoriser le marin à embarquer sous pavillon étranger. Un haut niveau d'anglais est exigé. Pour tous, une très bonne condition physique est requise. Des normes d'acuité visuelle, auditive et des couleurs sont fixées. Sur le plan humain, la fraternité est une valeur qui est loin d'être galvaudée. Tout l'équipage est impliqué dans le respect des règles de sécurité. Cette camaraderie défie d'ailleurs la mer. Si l'équipage se voit finalement peu en raison des roulements, il reste cependant fermement soudé.

Sa formation
La formation se suit à l'École navale de Brest après une classe préparatoire scientifique.

Rémunération
À partir de 1 891 euros bruts mensuels (grade d'enseigne de vaisseau de 2e classe de la marine).

OPÉRATEUR DE MAINTENANCE DU MATÉRIEL FERROVIAIRE ROULANT

Ses missions
Il est spécialisé dans tous les matériels et rames du trafic ferroviaire. Il travaille au service de la RATP et de la SNCF. Ce technicien effectue l'entretien régulier et les réparations d'urgence des rames : dépoussiérage, chargement des batteries, réglage des bougies ou encore équilibrage des roues, il participe au contrôle de la conformité de ces différentes opérations. Les matériels et les rames, des plus anciennes aux toutes dernières générations (wagons, TGV, voitures de voyageurs…) ne doivent avoir aucun secret pour lui. Il est à la fois spécialisé en électricité, en hydraulique ou encore en mécanique, tout en étant polyvalent !

Sa formation

CAP maintenance des véhicules ; CAP réalisations industrielles en chaudronnerie ou soudage option soudage ; CAP électricien ou Bac pro maintenance des équipements industriels, puis une formation interne spécifique à la SNCF.

Rémunération

À partir du Smic.

RÉGULATEUR DE TRAFIC

Ses missions

Son obsession, ce sont les heures de pointe et la sécurité. Les yeux rivés sur son écran, il suit à la seconde près l'état du trafic. Lorsqu'il travaille pour un réseau d'autobus, de métro, de tramway ou encore de RER, l'agent régulateur veille à la régularité des horaires du transport dont il a la charge. Dans une entreprise de petite taille, le contact entre conducteur et régulateur de trafic se fait par téléphone. Dans le cas d'infrastructures très développées, l'agent, installé au cœur d'un centre d'exploitation face à différents écrans reliés à des caméras, surveille le trafic et le flux des voyageurs. En cas d'incident, il peut rapidement prévenir les voyageurs de la perturbation et les orienter vers des moyens de transport de substitution. Lorsque l'agent travaille sur un réseau de métro ou de RER, il surveille les infrastructures de la gare (ascenseurs, monte-charge, escaliers mécaniques, appareils de vente automatique) et, informé en direct des incidents, il peut envoyer une équipe d'intervention ou des services de secours.

Dans le cadre de la SNCF, le régulateur de trafic veille à ce que les trains ne prennent pas de retard. Il travaille dans un bureau où il recueille les informations émanant des agents de mouvement, des aiguilleurs, des conducteurs de train et des chefs de gare. Il prend les décisions nécessaires pour assurer la régularité du trafic.

Sa formation

Une formation de niveau Bac+2 est requise mais une formation « maison » est souvent prévue.

Rémunération

À partir de 1 600 euros environ.

RESPONSABLE D'ENTREPÔT

Ses missions

Ce professionnel de l'entreposage a pour mission de gérer et de contrôler les activités de stockage. Plusieurs situations peuvent se présenter à lui selon le niveau de la chaîne logistique auquel il intervient. En amont de la production : il peut, par exemple, prendre en charge le stockage de matières premières ou de biens intermédiaires. Il veille à la bonne réception et à l'inspection des produits. Il décide de leur emplacement et de leur transfert vers les chaînes de production. En aval de la production : son métier consiste à stocker des produits finis qui attendent d'être distribués. Il s'agit pour le responsable d'entrepôt d'organiser et de superviser la mise en magasin. Quels chariots sont les plus appropriés pour transférer les produits ? Quel type de rayonnage choisir pour entreposer des produits fragiles ? Doit-on prévoir un tapis roulant pour faciliter tel transfert ? Voilà les questions qu'il se pose.

Sa formation

Bac +2/3, de type BTS ou BUT. Une formation de niveau Bac +5, de type école d'ingénieurs ou de commerce, est également très recommandée.

Rémunération

À partir de 2 000 euros environ.

RESPONSABLE D'EXPLOITATION

Ses missions

Le responsable d'exploitation est un organisateur de poids. Il planifie, organise et assure le suivi du transport. Lorsque le nombre des véhicules exploités par une entreprise de transport atteint un niveau tel que l'on puisse parler de flotte, le responsable d'exploitation est au premier rang dans l'organisation du transport.

Un lot doit être expédié en Allemagne, trois camions sont mobilisés pour une livraison en Espagne… C'est là qu'intervient le chef d'exploitation. Il veille à ce que les véhicules soient disponibles là où il faut, et en bon état de marche. Toute la difficulté tient dans le fait que les demandes sont irrégulières et soumises à l'imprévu.

Sa formation

Écoles spécialisées dans le transport comme l'ISTELI (Institut supérieur de transport et de la logistique internationale).

Rémunération

À partir de 3 000 euros environ, mais il varie beaucoup en fonction de la taille de l'entreprise, de l'importance de l'unité dirigée, du niveau d'expérience et de responsabilité de ce professionnel.

RESPONSABLE LOGISTIQUE

Ses missions

Le logisticien intervient principalement dans le secteur des transports mais peut aussi exercer son métier dans une grande entreprise de distribution ou chez un industriel. Dans des conditions difficiles, imposées par une concurrence féroce, la mission du logisticien est de veiller à la gestion des flux, depuis la production jusqu'à la livraison chez le client. Ses obsessions : le gain de temps, une réduction des coûts et la limitation du stockage. Il veille à ce que les stocks tournent afin que les denrées ne périssent pas au fond d'un dépôt. Ses interlocuteurs sont nombreux car il est l'interface entre le responsable marketing, le responsable de la production et le client. Il travaille avec des outils informatiques, des logiciels assurant la gestion de la chaîne, et l'internet. Le logisticien reste un homme de terrain. À tout moment, un jeune ingénieur peut, par exemple, être amené à quitter son bureau pour discuter avec des routiers insatisfaits de leurs conditions de travail. Mieux vaut avoir les nerfs solides pour exercer ce métier et être capable de s'adapter à des situations diverses et variées. Cet homme de médiation doit posséder une vue d'ensemble afin de mieux appréhender les problèmes qui surviennent.

Sa formation

Bac pro logistique. Les BTS et BUT ouvrent aussi bien des portes.

Rémunération

Un débutant gagne environ 2 500 euros, mais un directeur de plate-forme expérimenté peut gagner jusqu'à 7 600 euros par mois selon l'importance de l'entreprise.

LA LOGISTIQUE, UN MÉTIER DE RIGUEUR

Ce n'est pas sa Licence d'histoire qui a mené Olivier D. au poste de responsable logistique chez Sealedair Vitembal, entreprise franco-américaine implantée en Espagne spécialisée dans la fabrication de la barquette alimentaire mais ses diverses missions intérim, puis son CDI, accomplis chez Logidis, centrale d'achats de Carrefour.
Aujourd'hui, il gère une équipe de 15 personnes et nous raconte une de ses journées type : *« La première chose que je fais en arrivant entre 7 h 30 et 8 heures est de contrôler le travail de l'équipe de nuit à savoir les entrées de production et les premières préparations de commandes qui doivent partir dans la journée. À 9 heures commence la réunion production entre tous les cadres pour faire un point quotidien sur ce qui se passe dans l'entreprise. Après commence la journée, mon travail consiste à organiser les réceptions, les livraisons, les sorties de production et les transports de la marchandise. Pour ce faire, je suis en contact avec de nombreux interlocuteurs : les commerciaux de Sealedair Vitembal s'il y a des réclamations clients, le service expédition du client pour la gestion de la livraison, plusieurs fournisseurs ; en fait je suis sans arrêt en contact avec tous les secteurs de l'entreprise : production, qualité, maintenance, planning, direction... »*
Mais pour Olivier, l'aspect le plus intéressant de son travail est dans le management et la gestion du personnel, l'aspect psychologique, communicatif est pour lui une source d'enrichissement, mais il met en garde ceux qui souhaiteraient suivre sa voie : *« C'est un métier qui demande une totale disponibilité, mon portable professionnel n'est que très rarement éteint, il faut savoir travailler dans l'urgence et donc savoir faire preuve de réactivité et posséder une certaine résistance au stress... Cependant, le côté positif est que les journées se suivent et ne se ressemblent pas, la seule chose que je sais le matin en me levant est que j'aurai de nouvelles exigences à respecter ! »*
Enfin, Olivier conseille aux futurs logisticiens de passer une journée dans un service expédition pour apprécier l'ambiance et les conditions de travail avant de s'engager, c'est ce qu'il a fait avant d'entrer chez Vitembal France où il a passé quatre ans et il ne l'a pas regretté.
Olivier gagne 32 000 euros par an plus les primes sur objectifs.

POUR EN SAVOIR PLUS

Vous pouvez consulter les sites internet suivants :
- www.aftral.com : site d'Apprendre et se Former en Transport et Logistique ;
- www.mer.gouv.fr/la-marine-marchande-en-france : site dédiée à la marine marchande.

URBANISME
ARCHITECTURE
BTP

CARRELEUR

Ses missions

Si sa mission principale consiste à réaliser le revêtement des sols et des murs des constructions, l'originalité de son activité réside dans les matières avec lesquelles il travaille. Toutes les matières sont permises : ardoise, faïence, grès, marbre, pâte de verre, pierre, plastique, porcelaine... pour ne citer que quelques possibilités parmi tant d'autres. Carreler est tout un art qui nécessite un grand savoir-faire, un goût artistique et une patience aiguë. Le carreleur travaille le plus souvent d'après des dessins ou des instructions écrites. Avant de poser ses carreaux, il travaille le support sur lequel il interviendra. Il devra ainsi réaliser un support très plat sur lequel seront ensuite collés les carreaux. Pour aplatir son support, le carreleur doit maîtriser quelques notions de maçonnerie. Une fois ce travail terminé, il posera les carreaux. Le travail de pose varie selon le type de revêtement. Le carreleur commence par découper les carreaux à la bonne dimension, il les enduit ensuite de colle, de ciment ou de chaux, pour enfin les poser sur le support. Enfin, il devra vérifier l'alignement et le niveau du carrelage.

Sa formation

CAP carreleur-mosaïste ; Bac pro aménagement et finition du bâtiment ; BP carreleur mosaïste.

Rémunération

Le Smic pour débuter.

CHARPENTIER BOIS

Ses missions

Il est spécialisé dans les pièces de bois : son travail est varié puisqu'il consiste à monter des charpentes, des fenêtres, des escaliers, des planchers, des abris de jardin... En principe, le charpentier bois réalise de A à Z les pièces sur lesquelles il travaille. En amont, à partir des plans fournis par un dessinateur ou des indications apportées par son client, il réalise l'épure, c'est-à-dire le dessin en grandeur nature de l'ouvrage. Une fois l'épure achevée, le charpentier va choisir le bois avec le client et enfin procéder à un assemblage des pièces afin de corriger d'éventuels détails techniques. Cette étape en amont est effectuée dans l'atelier du charpentier. Ce n'est que lorsque le charpentier est certain de la solidité de son œuvre, qu'il intervient sur le lieu même du chantier. Il procède alors au montage de la charpente et à l'assemblage définitif des pièces sur le bâtiment. Cette phase requiert un certain sens de l'équilibre et un minimum d'adresse manuelle.

Sa formation
CAP charpentier bois ou constructeur bois ; BP charpentier bois ; Bac pro interventions sur le patrimoine bâti option charpente ; Bac pro technicien constructeur bois ; BTS systèmes constructifs bois et habitat.

Rémunération
À partir du Smic.

COFFREUR-BOISEUR

Ses missions
Il réalise des charpentes en bois ou en fer destinées au moulage et à la prise du béton armé. Il participe fréquemment à la construction des ponts, des barrages et des centrales nucléaires. Effectuer des poteaux ou des dalles est également monnaie courante pour un tel spécialiste du béton.

Sa formation
CAP constructeur en béton armé du bâtiment ; BP maçon ; Bac pro technicien du bâtiment : organisation et réalisation du gros œuvre.

Rémunération
Le Smic en début de carrière.

CONDUCTEUR D'ENGINS DE TRAVAUX PUBLICS

Ses missions
Comme son nom l'indique, le conducteur d'engins de travaux publics est chargé de conduire les engins présents sur le chantier : bulldozers, pelleteuses, chargeuses, niveleuses, décapeuses… Tous ces engins ont vocation à terrasser ou à niveler un terrain pour permettre la construction de l'édifice. Il tracte également tous les matériaux lourds qui ne sont pas manipulés par la grue. Il travaille donc en relation étroite avec les différents partenaires présents sur le chantier qui lui expliquent où ils désirent recevoir leurs marchandises. Connaître les machines sur le bout des doigts est primordial dans ce métier : chaque engin a une fonction particulière et il doit pouvoir passer de l'une à l'autre sans problème. Le conducteur d'engins de travaux publics est également un mécanicien averti, capable de faire face rapidement à la moindre anomalie technique.

Sa formation
Bac pro maintenance des matériels option B matériels de construction et de manutention ; Bac pro travaux publics ; BP conducteur d'engins : travaux publics et carrières ;

CAP conducteur d'engins : travaux publics et carrières ; ou CAP maintenance des matériels option B matériels de construction et de manutention.

Rémunération
À partir de 1 600 euros.

CONDUCTEUR DE TRAVAUX/CHEF DE CHANTIER

Leurs missions
Le conducteur de travaux et le chef de chantier sont un seul et même homme. Le chef de chantier est responsable d'un seul chantier, à la différence du conducteur de travaux qui gère plusieurs chantiers à la fois.
Véritables organisateurs du chantier, ils sont chargés de planifier et de contrôler les tâches accomplies par les différents corps de métiers. En relation permanente avec les acteurs du chantier, ils doivent assurer la concertation entre les partenaires concernés et animer les réunions de chantier. Le conducteur de travaux est un technicien supérieur. Plusieurs missions lui incombent : il doit avant tout effectuer les démarches administratives nécessaires à toute implantation d'un chantier, à l'aide du dossier technique. Ayant un droit de regard sur la bonne marche de la construction, le conducteur de travaux étudie les plans réalisés par les architectes, les devis fournis par les professionnels du bâtiment et les fournitures choisies. En gestionnaire avisé, il prévoit le recrutement de la main-d'œuvre qualifiée, définit les équipes et surveille les factures tout au long de l'exécution des travaux.

Leurs formations
BTS travaux publics ou bâtiment, BUT génie civil construction durable. Différentes Licences professionnelles en bâtiment et construction ou génie civil mènent également à ces deux métiers, ainsi que les écoles d'ingénieurs spécialisées en travaux publics ou construction. Vous pouvez également tenter les concours de la fonction publique ouverts aux titulaires de diplômes de l'enseignement supérieur.

Rémunération
À partir de 2 500 euros environ dans le secteur privé.

COORDONNATEUR DE SÉCURITÉ ET DE PROTECTION DE LA SANTÉ

Ses missions
Organiser la coordination en matière de sécurité et de protection de la santé des travailleurs sur tout chantier de BTP dès lors qu'au moins deux entreprises sont amenées à intervenir sur le même chantier. Il doit analyser, en concertation avec les entreprises, le risque que chacun fait courir aux autres. Il doit également mettre en

commun les moyens de protection pour assurer la continuité de la sécurité. Ainsi, plutôt qu'une entreprise de gros œuvre monte ses grues en arrivant sur le chantier puis reparte avec elles, et qu'ensuite une autre en fasse de même, mieux vaut demander à la première de laisser ses grues. Dès la conception, le coordonnateur prépare les différentes interventions de maintenance sur le futur ouvrage. Il détient également les plans particuliers de sécurité et de protection de la santé de chaque entreprise intervenante. Sur les gros chantiers, la réglementation prévoit en outre la mise en place d'un collège interentreprises de sécurité, de santé et des conditions de travail (CISSCT). Le coordonnateur en sera le président et le principal animateur. À ce titre, il décidera des règles communes destinées à assurer le respect des mesures de sécurité sur le chantier.

Sa formation

BTS métiers des services à l'environnement; BUT hygiène sécurité environnement; Licence professionnelle métiers de l'industrie: gestion de la production industrielle ou Licence professionnelle métiers de la protection et de la gestion de l'environnement.

Rémunération

À partir de 2100 euros.

COUVREUR

Ses missions

Intervenant toujours après le charpentier, le couvreur est le spécialiste des toits. C'est un ouvrier qualifié dans la pose des matériaux de surface de la couverture des bâtiments et dans leur réparation. Alors que le charpentier assure toute l'ossature d'une construction, dont la charpente, le couvreur réalise la toiture à l'aide de divers matériaux: aluminium, amiante, ardoises, asphalte, chaume, plastique, tuiles, zinc... Il est donc appelé à se spécialiser ou à être polyvalent. Toujours à partir des plans dessinés par les architectes, le couvreur prépare le support en bois, c'est-à-dire la charpente sur laquelle il ajustera la couverture. À sa principale activité qui consiste à poser des toitures, d'autres fonctions complémentaires s'ajoutent, comme la pose des cheminées, des chéneaux, des gouttières, des lucarnes, des châssis, des conduits d'eaux pluviales, des bandeaux ou encore des balcons.

Sa formation

CAP couvreur ou étancheur du bâtiment et des travaux publics; MC zinguerie; BP couvreur ou étanchéité du bâtiment et des travaux publics; Bac pro interventions sur le patrimoine bâti option couverture; BTS enveloppe des bâtiments: conception et réalisation.

Rémunération
À partir du Smic. S'il est installé à son compte, il peut percevoir plus de 3 000 euros par mois si son carnet de commandes est rempli.

ÉLECTRICIEN

Ses missions
Il réalise toutes les installations électriques à l'extérieur et à l'intérieur de la construction. Ses fonctions sont variées : éclairage, appareils ménagers, appareils de chauffage, système d'alarme... Il intervient à deux reprises sur le chantier : au début du chantier, au moment du gros œuvre, afin de donner ses consignes au maçon pour les réservations. Il posera ses fils et ses câbles électriques dans les murs porteurs et dans la chape et les réservations réalisées par le maçon l'aideront à retrouver l'emplacement de ces câbles ; avant les travaux de finition, grâce aux réservations, il pourra effectuer les branchements électriques des appareils électroménagers et des appareils d'éclairage.

Sa formation
CAP électricien ; BTM installateur en équipements électriques ; Bac pro métiers de l'électricité et de ses environnements connectés ; BP électricien.

Rémunération
À partir du Smic.

GÉOMÈTRE-TOPOGRAPHE

Ses missions
Le géomètre-topographe intervient principalement dans l'élaboration des plans et des cartes. Son travail consiste à représenter sur un plan les formes d'un terrain, sans oublier de mentionner les détails naturels ou artificiels qu'il comporte. Ces documents sont réalisés à partir de relevés et d'études faites sur place grâce à la photogrammétrie. La photogrammétrie est une application de la stéréophotographie (procédé donnant l'impression du relief par examen de deux images d'un sujet prises avec un écartement comparable à celui des yeux) aux levées topographiques et aux relevés des formes et des dimensions des reliefs et des objets.

Sa formation
Le Bac pro technicien géomètre-topographe est le diplôme de premier niveau ; pour évoluer plus rapidement, mieux vaut être titulaire du BTS métiers du géomètre-topographe et de la modélisation numérique ou diplômé d'une école d'ingénieurs telles que l'ESGT ou l'ESTP, ESITC ou Builders - école d'ingénieurs.

Rémunération

Un technicien supérieur débute avec un salaire moyen de 1 900 euros. Pour un géomètre ingénieur, compter 2 500 euros en moyenne.

THIERRY, ÉCONOMISTE DE LA CONSTRUCTION DANS LE SUD-EST DE LA FRANCE

Thierry G., après avoir été métreur et conducteur de travaux dans diverses entreprises, s'est installé, il y a huit ans, en profession libérale comme économiste de la construction. Ce dernier fait soit essentiellement des métrés, soit, et c'est le cas le plus courant aujourd'hui, fait partie de l'équipe de maîtrise d'œuvre. Thierry nous explique de quoi cela relève : *« Cela consiste à travailler avec l'architecte et les autres bureaux d'études techniques (structure, fluides). L'économiste étant le bureau d'études "généraliste". Il est aussi chargé de la planification de l'opération depuis les études, jusqu'à la livraison du chantier, ce qui passe par la gestion des appels d'offres. Notre position est donc aux côtés du maître d'ouvrage. C'est ce qui m'a attiré puisque l'on prend part aux décisions de conception, notamment dans l'approche financière. Nous avons donc aussi un rôle de conseil en amont de l'opération. Ce qui est également intéressant, c'est d'avoir des relations avec de nombreuses personnes, autant de maître d'ouvrage et d'équipe de maîtrise d'œuvre que de chantier. Ce qui diffère également de mes autres expériences est le fait de travailler sur tous les corps d'état, et non plus sur le gros œuvre uniquement. »*
Concrètement, voici en quoi consiste le métier d'économiste du bâtiment : *« Le maître d'œuvre a besoin de savoir si le projet est viable économiquement, nous effectuons donc des études de faisabilité au stade de la naissance du projet. Seules quelques esquisses sont faites par l'architecte. La difficulté est dans la nécessité d'être juste à 10 % près. Après décision de continuer l'opération par le MO, l'architecte et l'économiste précisent le projet suivant différentes étapes, jusqu'à l'établissement du dossier de consultation des entreprises. Me concernant je dois établir les pièces "écrites" (descriptif, quantitatif, planning et pièces administratives gérant le côté contractuel entre le MO et l'entrepreneur), contrairement aux pièces graphiques établies par l'architecte. Vient alors l'appel d'offres (consultation des entreprises). Et là c'est le verdict puisqu'il faut rentrer dans le budget issu de notre estimation (la tolérance acceptée à ce stade est de 4 % maximum). Ensuite, analyse des offres (vérifier les devis), préparation des contrats de travaux, mise au point du planning détaillé avec les entreprises, coordination des travaux, suivi technique (vérifier que les matériaux mis en œuvre sont conformes à ceux préconisés) et financier (factures des entreprises) jusqu'à la fin du chantier et la mise à la disposition du client (livraison du chantier). Tout ça fait donc un métier de contacts avec une présence sur les chantiers, pour 50 % de mon temps. »*
Thierry souligne que pour lui aucune tâche n'est particulièrement rébarbative, si ce n'est l'évolution d'une part du métier vers tout ce qui est juridique. De plus, la difficulté dans ce métier est la variation du marché et donc des revenus. Quand il a débuté, Thierry gagnait 20 000 euros par an. Il touche désormais plus de 50 000 euros bruts annuels.

INGÉNIEUR DU BTP

Ses missions

Toute construction nécessite l'intervention d'un ingénieur. Il est présent à toutes les étapes du projet: de la négociation avec le client à la signature du contrat en passant par la réalisation d'études techniques qui vont permettre de chiffrer le projet ou de comprendre de quelle façon sera utilisé tel ou tel matériau. L'ingénieur béton, par exemple, étudie la dimension des poutres et des poteaux qui soutiennent le bâtiment. Son intervention est indispensable: un immeuble de vingt étages ne tient pas de la même façon qu'une maison particulière et sans les savants calculs de l'ingénieur béton, comment savoir si une construction résistera au poids de la charpente?
L'ingénieur de chantier, quant à lui, est responsable de la bonne marche des travaux. Souvent secondé par le chef de chantier, appelé également conducteur de travaux, l'ingénieur de chantier dirige les ouvriers présents sur le chantier, tout en vérifiant que les conditions de budget et de délais sont respectées.
L'ingénieur en réhabilitation est le spécialiste des édifices anciens. Sa mission consiste à remodeler des bâtiments anciens pour les rendre plus confortables et plus accessibles au public.

Sa formation

Écoles d'ingénieurs spécialisées dans le bâtiment et les travaux publics (ISBA-TP, ESTP, ENTPE...); Master en génie civil.

Rémunération

À partir de 2500 euros.

MANUELA: LE GÉNIE CIVIL À L'INTERNATIONAL

Après son Deug scientifique section physique-mathématiques (désormais L2), Manuela a suivi une Licence et une maîtrise de génie civil (désormais Master 1) avant d'intégrer l'INSA de Rennes (Institut national des sciences appliquées) section génie civil et urbanisme. Elle nous raconte son parcours: «*Mon premier emploi a été un CDD de 6 mois dans un bureau d'études à Nice, avec comme mission essentielle les études et suivi de travaux de l'agrandissement de l'aéroport de Nice.*» Ce CDD devait être reconduit en CDI, mais Manuela a démissionné pour aller rejoindre son futur mari à Paris ou elle a trouvé un emploi dans un bureau d'études spécialisé dans l'ingénierie papetière: «*Évidemment, j'étais dans la partie travaux (avant-projet, études, appels d'offres, suivi de chantier...), tout de A à Z pour monter une usine qui fabrique du papier... très intéressant!*» Elle a ensuite de nouveau démissionné pour suivre son mari cette fois (qui reste le même homme!) aux États-Unis. «*Là j'ai travaillé trois mois dans un bureau d'études spécialisé en urbanisme et aménagement de parcelles, pas de construction cette fois, juste de l'aménagement de terrain: mettre en forme un terrain vague, dessiner les rues, les parcelles, placer les futures maisons, les conduites de d'eaux, l'électricité, le gaz, dessiner les trottoirs, etc.).*» Cependant, Manuela ne possédant pas les papiers

réglementaires, elle a dû partir travailler en tant que volontaire dans une entreprise qui ne fonctionnait (soi-disant!) qu'avec des volontaires: *«Cette entreprise aidait les personnes à faibles revenus (mais quand même un minimum, environ 1 000 dollars par mois, ce qui n'est pas rien) à construire une maison. Donc chercher les financements, les terrains et les artisans pour construire cette maison, tout le monde participait, tous ceux qui voulaient venaient aider à construire la maison. Ceux qui étaient élus avaient une maison pour presque rien, sous réserve qu'ils participent activement à la construction et le reste. »*
Aujourd'hui, Manuela, installée en Espagne avec son mari et ses deux enfants, a retrouvé un emploi en tant qu'ingénieur civil et occupe le même poste que lors de son premier emploi aux États-Unis.

MAÇON

Ses missions

Ouvrier spécialisé en construction des murs, des fondations, des chapes et des dalles, le maçon exécute aussi bien des réalisations de gros œuvre que de légers ouvrages. Il est le premier intervenant sur le chantier; il a le privilège de commencer l'édifice en posant la première pierre! De son travail vont souvent dépendre la bonne marche du chantier et l'entière satisfaction du client.

Sa formation

CAP maçon ou constructeur d'ouvrages en béton armé; BP maçon ou métiers de la pierre; Bac pro technicien du bâtiment: organisation et réalisation du gros œuvre ou Bac pro interventions sur le patrimoine bâti option maçonnerie; BTS bâtiment.

Rémunération

À partir du Smic.

MENUISIER

Ses missions

Le menuisier est un spécialiste des ouvrages en bois destinés à l'aménagement intérieur et extérieur des logements particuliers et des bâtiments collectifs. À la différence du charpentier, il crée essentiellement de petites pièces et ne participe pas à la réalisation de l'ossature de la construction. Et si le menuisier effectue des meubles utilitaires, à la différence de l'ébéniste, il les réalise sans ornement ou placage.

Sa formation

CAP menuisier installateur; CAP menuisier fabricant de menuiserie, mobilier et agencement; CAP arts du bois; Bac pro technicien constructeur bois; Bac pro technicien menuisier agenceur; Bac pro menuiserie aluminium-verre; BP menuisier; BP menuisier aluminium-verre.

Rémunération
Le Smic pour débuter.

MÉTALLIER

Ses missions
Comme son nom l'indique, le métallier est le spécialiste de la fabrication et de la pose des ouvrages métalliques pour le bâtiment. Le métier a considérablement évolué avec l'essor des nouveaux matériaux. Anciennement appelé serrurier, le métallier est aujourd'hui présent dans beaucoup de secteurs d'activité. Dès qu'un élément de la construction abrite du métal, on fait appel à lui. Son travail est énorme : clefs, portes-fenêtres, balcons, rampes d'escalier, blindage de portes, alarmes, pylônes... d'autant plus que les créateurs, dessinateurs ou architectes ne sont pas en manque d'idées pour inventer toutes sortes d'objets en métal.

Sa formation
CAP serrurier-métallier ; MC technicien en soudage ; Bac pro ouvrages du bâtiment : métallerie ; BP métallier ; BTS architectures en métal : conception et réalisation.

Rémunération
Du Smic pour débuter à environ 3 500 euros pour un artisan métallier à son compte.

PEINTRE EN BÂTIMENT

Ses missions
Il intervient au stade final de la construction. Attention, l'appellation de son activité peut induire en erreur, car il ne se limite pas à peindre les murs extérieurs et intérieurs des maisons. Son travail consiste à prendre en charge la décoration des revêtements muraux de toutes constructions nouvelles ou anciennes. Il peut donc également poser du papier peint, du tissu, de la moquette ou même du verre.
Quel que soit le matériau choisi par le client, le peintre devra préparer son support avant toute application. Il doit par conséquent connaître parfaitement la nature des supports sur lesquels il interviendra et éventuellement adapter ses façons de travailler. Il devra avant tout poncer les murs en béton ou en parpaing, boucher les trous éventuels et poser un enduit. Le support devra être parfait pour recevoir son revêtement final. Une seule imperfection, et tout est à recommencer.
Une fois le support impeccable, le peintre va procéder à la pose du revêtement. Dernière étape : assurer l'étanchéité ou l'imperméabilité des façades sur lesquelles il est intervenu.

Sa formation

CAP peintre-applicateur de revêtements ; MC peinture décoration ; BP peintre applicateur de revêtements ; Bac pro aménagement et finition du bâtiment ; BTS aménagement finition.

Rémunération

À partir du Smic.

PLÂTRIER

Ses missions

C'est un ouvrier spécialisé qui construit des cloisons en plâtre ou qui enduit avec du plâtre les murs et les plafonds. Il intervient à la fin du chantier, lorsque toutes les réalisations de gros œuvre ont été effectuées. Il ne peut commencer son travail avant que la charpente ne soit posée ou que les fondations ne soient fixées. Son activité principale consiste à monter des cloisons parfaitement lisses et polies pour les peintres ou les menuisiers qui interviendront après lui. Contrairement au maçon qui s'occupe du gros œuvre et qui est responsable des fondations de la construction, le plâtrier prend à sa charge toutes les cloisons intérieures. Ces cloisons sont non porteuses : leur objectif est de séparer les pièces entre elles et non d'assurer le maintien de l'édifice. Ces cloisons peuvent être en briques plâtrières ou en préfabriqué ; elles seront ensuite peintes ou recouvertes de papier peint par le peintre en bâtiment.

Sa formation

CAP métiers du plâtre et de l'isolation ou staffeur ornemaniste ; MC plaquiste ; Bac pro aménagement et finition du bâtiment ; BP métiers du plâtre et de l'isolation ; BMA volumes option staff et matériaux associés ; BTS aménagement et finition.

Rémunération

Le Smic pour débuter.

PLOMBIER

Ses missions

C'est un ouvrier qualifié dans l'installation, l'entretien et la réparation des canalisations d'eau et des appareils de distribution d'eau et de gaz. La plupart du temps, il est également chauffagiste ou climaticien. Lorsqu'il est sollicité sur le chantier d'un bâtiment neuf, le plombier intervient après la réalisation du gros œuvre, grâce aux réservations effectuées par le maçon à l'extérieur et à l'intérieur du bâtiment. Ces réservations marquent l'emplacement des canalisations et des différents appareils ménagers. Son activité diffère lorsqu'il est appelé en tant que réparateur. Il n'effectue plus l'installation des canalisations et des appareils ménagers, mais assure leur entretien et leur éventuelle remise en état. Fuite d'eau, problème de chauffe-eau ou de chauffage, joints à changer font partie de son lot quotidien et les débouchés sont assurés dans ce métier.

Sa formation

CAP monteur en installations sanitaires; MC zinguerie; MC maintenance en équipement thermique individuel; BP monteur en installations du génie climatique et sanitaires; BP métiers de la piscine; Bac pro technicien en installation des systèmes énergétiques et climatiques; ou Bac pro technicien du froid et du conditionnement de l'air.

Rémunération

À partir du Smic.

SOLIER-MOQUETTISTE

Ses missions

Dernier acteur parmi les professionnels du bâtiment, il intervient lorsque les murs et les sols sont terminés. Afin d'effectuer un travail soigné et de rendre une construction impeccable, il pose les revêtements finaux après l'intervention du peintre. À la différence du carreleur, il assure tous les revêtements autres que le parquet et le carrelage. Il pose des revêtements de sols en dalles ou en lés, mais aussi des revêtements muraux collés tendus ou de textiles.

Sa formation

CAP peintre applicateur de revêtements; BP peintre-applicateur de revêtements; Bac pro aménagement et finition du bâtiment; BTS aménagement et finition.

Rémunération

Le Smic pour débuter.

POUR EN SAVOIR PLUS

Consultez également les sites internet suivants:

- www.capeb.fr: site de la Confédération de l'artisanat et des petites entreprises du bâtiment;
- www.ffbatiment.fr: site de la Fédération française du bâtiment.

VIGNE ET VIN

CAVISTE

Ses missions

De la vendange à la commercialisation, le caviste est la personne qui assure le suivi et l'élevage du vin depuis la rentrée du raisin jusqu'à la mise en bouteilles. Il travaille sous la direction d'un maître de chai ou du directeur de la cave et suit les indications données par l'œnologue quand il travaille dans une cave coopérative ou une exploitation. Il peut travailler dans les caves coopératives qui font de la mise en bouteilles ou qui livrent à la vente du vin en vrac. Le caviste peut aussi exercer son métier dans des exploitations, généralement de grands domaines (plus de 20 à 25 hectares) dans des régions spécifiques comme la Bourgogne, le Bordelais, ou encore le midi de la France. Le métier exige une résistance physique importante : la manipulation de fûts très lourds comme l'environnement humide et le travail en sous-sol en font un métier presque exclusivement masculin. Notez que le caviste doit posséder des aptitudes à la dégustation : c'est ce qui lui permet de déceler d'éventuels défauts et d'y apporter les rectifications appropriées.

Sa formation

Bac pro conduite et gestion de l'entreprise vitivinicole ; BTSA viticulture-œnologie (Bac+2). Le métier de caviste (plus souvent celui de chef de cave) est également accessible aux titulaires d'un Bac+5 : diplôme national d'œnologue (DNO) ou diplôme d'ingénieur en agronomie.

Rémunération

Elle varie en fonction de l'expérience, du degré de responsabilité et de la renommée du domaine viticole. Un débutant touche le Smic, un caviste expérimenté touche 1 900 euros bruts par mois environ.

CONSEILLER VITICOLE

Ses missions

Ce professionnel est un conseiller agricole (voir p. 54) spécialisé dans les problèmes viticoles. Le plus souvent, il est employé par les chambres d'agriculture et les organismes viticoles.

Sa formation

BTSA viticulture-œnologie, ou encore une formation plus spécifique de conseiller agricole.

Rémunération

2 000 euros en moyenne.

INSPECTEUR ET CONTRÔLEUR VITICOLES

Leurs missions

Tous deux effectuent, pour le compte d'instituts techniques, des contrôles et une assistance technique concernant les plants de vigne. Ils participent à l'élaboration du cadastre agricole. La plupart du temps, ils travaillent dans des instituts du vin de consommation courante (IVCC) ou encore à l'Institut national des appellations d'origine (INAO).

Leurs formations

Pour exercer, l'inspecteur doit posséder un titre d'ingénieur agronome assorti d'un stage de formation. La formation de contrôleur, quant à elle, passe par un BTSA viticulture-œnologie, agrémenté là encore d'un stage de spécialisation.

Rémunération

À partir de 1 700 euros.

MAÎTRE DE CHAI

Ses missions

Ce professionnel assure la direction technique de la cave. Ce qui signifie qu'il est responsable de toutes les opérations que subit le raisin en vue de la fabrication et de la conservation du vin. Il est amené à travailler avec l'œnologue, une fonction qu'il détient parfois lui-même. Il peut également assurer des fonctions administratives : déclaration de récolte, gestion des stocks, etc.

Sa formation

BPA travaux de la vigne et du vin, spécialité travaux de la cave ; Bac pro conduite et gestion de l'entreprise vitivinicole ; BTSA viticulture-œnologie ou encore diplôme national d'œnologue.

Rémunération

Le Smic pour un débutant. Un maître de chai qui effectue les assemblages gagne entre 2 300 et 2 600 euros bruts par mois.

ŒNOLOGUE

Ses missions

Étymologiquement, œnologie signifie science du vin, une définition qui fait d'emblée de ce professionnel un véritable spécialiste du secteur. L'œnologue est en effet chargé

de la direction et de la surveillance des opérations dans les caves, ce qui signifie qu'il doit être à la fois un très bon technicien mais aussi un excellent dégustateur...
L'œnologue doit avoir le sens des responsabilités dans la mesure où il s'occupe du produit de nombreux viticulteurs. Il doit également faire preuve d'une grande endurance au travail. Durant les vendanges, il travaille en effet sept jours sur sept et de douze à vingt heures par jour ! Enfin, des qualités de dégustation et de fin connaisseur sont indispensables à l'exercice de ce métier : l'œnologue devant être capable d'apprécier le produit correspondant à l'intention de la demande.

Sa formation
Diplôme national d'œnologue délivré après 5 ans d'études. Cette formation est proposée dans les universités de Bordeaux, Dijon, Montpellier, Toulouse et Reims, à l'Institut national d'études supérieures agronomiques de Montpellier et à l'École nationale supérieure agronomique de Toulouse. Elle est accessible aux titulaires d'un Bac+3 en biologie, chimie ou agronomie.

Rémunération
De 2100 à 2500 euros en début de carrière.

OUVRIER VITICOLE

Ses missions
Comme son nom l'indique, il s'agit d'un ouvrier qualifié polyvalent qui s'occupe à la fois de la plantation et de la taille de la vigne. C'est également lui qui réalise les traitements des arbres et du sol.

Sa formation
CAP agricole métiers de l'agriculture ; Bac pro conduite et gestion de l'entreprise vitivinicole.

Rémunération
À partir du Smic.

SOMMELIER

Ses missions
Les grands restaurants ont chacun le leur : le sommelier aide les clients à choisir le vin adéquat pour chaque plat et le sert. Il connaît tous les vins et sait conseiller celui le plus adapté aux plats du client. Il compose la carte des vins et les achète aux producteurs en négociant ferme. En salle, le sommelier conseille les clients, fait goûter les alcools choisis et les sert.

Sa formation

MC sommellerie ; Bac pro commercialisation et services en restauration ; BTS management en hôtellerie-restauration option management d'unité de restauration ; BP sommelier.

Rémunération

À partir du Smic.

TONNELIER

Ses missions

Il fabrique et répare tous les fûts en bois. Autrement dit, des tonneaux, des cuves, des barriques.

Sa formation

CAP tonnellerie.

Rémunération

Autour du Smic.

VITICULTEUR/VIGNERON

Ses missions

Le viticulteur exploitant est responsable de l'exploitation de sa vigne. C'est lui qui peut en assurer la vinification et la commercialisation. Il peut aussi bien travailler comme exploitant que comme salarié. Le chef vigneron régisseur se trouve à la tête des grands domaines d'exploitation viticoles.

Sa formation

Le Bac pro conduite et gestion de l'entreprise vitivinicole ; le BTSA viticulture-œnologie ; un Master en viticulture, par exemple.

Rémunération

Les salaires sont différents suivant le niveau de responsabilité et la taille de l'entreprise. Le revenu d'un exploitant propriétaire de ses vignes varie en fonction de la taille, de la situation du domaine et de la qualité de sa production.

INDEX

A

B

C

E

F

G

H

I

J

L

M

N

O

P

S

T

34/38, rue Camille-Pelletan - 92309 Levallois-Perret cedex
Imprimerie Laballery
N° d'impression : 306694
Imprimé en France - 1er trimestre 2023

Service éditorial : Benjamin Dias Pereira, Deborah Lopez
Conception graphique : Catherine Aubin
Crédit photographique : © Cornelius - Fotolia.com ; © James Steidl - Fotolia.com ; © TMAX - Fotolia.com ; © Leah-Anne Thompson - Fotolia.com

Dépôt légal à parution
ISBN 978-2-7590-5220-2